LES

GRAVEURS DE PORTRAITS

EN FRANCE

1492

Tiré à 750 exemplaires :

600 exemplaires sur papier ordinaire
150 exemplaires sur papier vergé

Paris. — Typographie Firmin-Didot et Cⁱᵉ, rue Jacob, 56.

LES

GRAVEURS DE PORTRAITS

EN FRANCE

CATALOGUE RAISONNÉ

DE LA

COLLECTION DES PORTRAITS DE L'ÉCOLE FRANÇAISE

APPARTENANT A

AMBROISE FIRMIN-DIDOT

de l'Académie des Inscriptions et Belles-Lettres

PRÉCÉDÉ D'UNE INTRODUCTION

OUVRAGE POSTHUME

TOME PREMIER

PARIS

LIBRAIRIE FIRMIN-DIDOT ET Cie

56, RUE JACOB, 56

1875-1877

INTRODUCTION

I

Portrait ! image toujours présente des personnes qui nous sont chères, de celles qui nous intéressent : nulle autre manifestation de l'art ne tient peut-être une aussi grande place dans la vie sociale. Qui ne sait le rôle que joue dans les relations intimes une image qui reproduit les traits de ceux que l'on aime, de ceux que l'on a aimés ? Quand la terre s'est refermée sur eux, ne jouissent-ils pas d'une seconde existence auprès des vivants ?

Dans la vie publique, l'homme, poussé par la curiosité inhérente à sa nature, toujours en éveil, toujours inquiète de remonter de l'effet à la cause, et même cherchant à deviner les secrets de l'avenir, s'est de tout temps montré avide de pouvoir contempler, soit la physionomie réelle, soit la personnification empruntée à l'art, de ceux qui ont eu le bonheur ou le malheur d'attirer l'attention universelle. Un grand homme ou un grand criminel surgit ; on veut le voir, pour surprendre dans ses traits les rapports du physique au moral, et constater de quelles formes extérieures il a plu à la nature de le revêtir. Et ce n'est pas à tort, car, comme il est vrai que le plus souvent la physionomie est le reflet fidèle de l'homme intérieur, on se plaît à interroger les portraits de ceux qui, à quelque titre que ce soit, ont joui ou jouissent de la célébrité.

Ces tendances ont toujours été invariables, et dès la plus haute antiquité on se préoccupa de personnifier les images des puissants. Les païens durent commencer par les divinités auxquelles ils donnèrent une forme imaginaire, comme on fit plus tard pour Jésus-Christ, la Vierge et les saints, tant l'idéal même a besoin d'être plastique. Plus tard, on consacrait ainsi le mérite et les actions éclatantes des grands hommes, et, lorsque le modèle faisait défaut, on y suppléait par l'imagination.

La première idée pour la reproduction des figures humaines fut celle d'imiter la nature : c'est ainsi que fut inventée la sculpture, et c'est par cet art que les peuples de l'antiquité reproduisirent, soit en marbre, soit en métaux, tels que or, argent ou bronze, les traits des hommes illustres, pour transmettre leur gloire à la postérité.

Grèce et Rome regorgeaient de statues et de bustes : les temples, les édifices et les places publiques en étaient remplis. De ces chefs-d'œuvre, qui étaient bien certainement de véritables portraits, les sommets de l'art ayant été atteints à cette époque, bien peu malheureusement sont parvenus jusqu'à nous.

Moins heureux encore furent les peintres de l'anti-

quité, qui ne nous ont laissé de souvenirs que dans les
écrits des anciens, tandis que leurs œuvres, tracées sur
des substances fragiles, ont disparu à jamais. A peine,
parmi les images échappées aux cendres du Vésuve,
retrouve-t-on un ou deux portraits peints ; tel est celui
de Sapho, s'il est vrai toutefois qu'il nous représente son
image réelle, et non celle de l'imagination des poëtes :
ut pictura poesis.

Il nous reste néanmoins un assez grand nombre de
portraits des personnages de ces temps reculés, grâce
aux monnaies, aux médailles et aux pierres gravées, et
l'accord fréquent de leur expression plastique avec les
témoignages écrits montre jusqu'à quel point les artistes contemporains savaient saisir les traits de leurs
modèles.

Au moyen âge, le portrait n'a pour ainsi dire pas
d'histoire. Les monnaies ne nous offrent que de mau-
vaises effigies des souverains ; les arts demeurent au
service exclusif du culte : on ne songe même pas à élever
des statues aux hommes illustres, tant la société est
constamment secouée ; les particuliers ont, il est vrai,
à leur disposition, la ressource de faire sculpter leur
propre image ou celle de quelqu'un des leurs, mais ce
n'est que pour orner une pierre tombale, sous la pro-
tection des murs d'une église. On rencontre aussi, dans
quelques rares évangéliaires, missels ou livres d'heures
manuscrits, antérieurs au xvᵉ siècle, des images qui ont
la prétention d'être des portraits, mais qu'il est difficile
d'admettre en cette qualité.

C'est seulement à l'aurore de la Renaissance que, la

peinture ayant pris un plus grand essor, on commença à y recourir plus souvent, mais cet art trop dispendieux, et encore peu exercé, n'était à la portée que d'un petit nombre.

D'ailleurs, ce qu'il fallait, ce que l'on souhaitait, ce n'était plus d'avoir des portraits par exemplaires uniques, individuels, comme la peinture et la sculpture pouvaient en produire, mais de trouver un moyen mécanique pour multiplier aisément les exemplaires d'une même image.

La solution de ce problème qui intéressait au plus haut degré les sentiments intimes, la gloire des uns et l'ambition des autres, ne se fit pas longtemps attendre.

La gravure en relief sur bois et la gravure en creux sur métal, ces deux sœurs de la typographie, et l'invention du papier fournirent les moyens de reproduire à des nombres infinis, et avec une grande facilité d'exécution, les portraits des personnages, et de leur assurer ainsi l'immortalité. Il n'est pas sans intérêt de rappeler ici que Varron, le plus savant des Romains, avait, cent ans avant notre ère, résolu le problème de la multiplication d'une image, par un procédé qui nous est inconnu, mais qui, probablement, avait pour base la gravure en creux (1).

La librairie fut la première à appliquer la nouvelle invention aux portraits des auteurs pour en orner leurs ouvrages ; c'est donc dans les livres qu'il faut chercher les premiers travaux de ce genre. On s'est d'abord servi

(1) Voir le passage relatif à cette invention, dans Pline, *Histoire naturelle*, liv. XXXV, ch. 2.

à cet effet de la gravure sur bois, qui offre relativement le moins de difficultés, et qui, par sa nature, se rattache plus particulièrement à l'impression typographique. L'Italie a devancé tous les pays sur ce terrain, et les plus anciens portraits gravés semblent être ceux qui décorent l'ouvrage jadis célèbre du frère Jacques-Philippe Foresti, dit *Bergomensis : De Claris mulieribus,* imprimé à Ferrare, en 1497, par les soins de Laurent de Rubeis.

Vers 1530, Marc-Antoine Raimondi exécuta au burin le magnifique portrait de *Pierre Arétin.* En 1538, Vesale fit graver, pour la première édition de *Corporis humani fabrica* (Venise, B. Vitali), son propre portrait, dont le dessin fut fait par Jean de Calcar, élève du Titien : c'est l'un des plus beaux portraits gravés sur bois que nous connaissions.

La seconde place appartient à l'Allemagne, ou pour mieux dire à la Suisse, dont le plus grand artiste, Hans Holbein, nous a donné successivement les portraits gravés sur bois de *Thomas Morus* (1518), d'*Érasme* (1519), d'*Ulrich de Hutten* (1536), de *Th. Wyatt* (1538), etc.

En même temps, Albert Dürer, avec les portraits de l'empereur *Maximilien Ier,* de *Patenier,* de *Varnbuhler,* etc., gravés soit au burin, soit sur bois ; et ensuite Lucas Cranach et Henri Aldegrever, acquièrent dans cette spécialité une perfection remarquable.

La Hollande peut s'enorgueillir de Lucas de Leyde, qui grava en 1520 l'admirable portrait de *Maximilien Ier;* Hubert Goltzius et les frères Wierix se font remarquer par leur talent et leur fécondité.

La France ne tarda pas à suivre l'exemple de ses voisines. Le premier en date est peut-être le remarquable portrait de *Jean Martin,* placé sur le titre de sa traduction de *Vitruve* (Paris, J. Gazeau, 1547). Dans l'*Epitome gestorum* (Lyon, B. Arnoullet, 1548), nous trouvons les portraits de nos rois jusques et y compris *François I*er. Le singulier ouvrage de Fr. de Billon : *le Fort inexpugnable de l'honneur du sexe feminin* (Paris, Jean d'Alyer, 1555), est orné d'un très-beau portrait de son auteur ; celui du célèbre graveur lorrain, Pierre Woeiriot, représenté à l'âge de vingt-quatre ans, dessiné et gravé *sur cuivre* par lui-même, figure au titre d'un volume fort rare : *Pinax iconicus* (Lyon, Cl. Baldinus, 1556), et c'est peut-être le plus ancien portrait français exécuté en taille-douce ; enfin, un des chefs-d'œuvre de ce genre, le portrait d'*Ambroise Paré*, gravé sur bois d'après le dessin de notre Jean Cousin, fera toujours rechercher le petit volume du célèbre chirurgien : *la Méthode curative des playes et fractures de la teste humaine* (Paris, J. Le Royer, 1561). La liste serait bien longue s'il fallait énumérer tous les ouvrages ornés de portraits que la France a produits au xvIe siècle. Bon nombre d'entre eux ont probablement disparu, et nos bibliographes se sont montrés, à tort, selon moi, trop indifférents pour ces petits produits de l'art français à sa renaissance.

Pour rencontrer dans notre pays des portraits isolés en dehors des illustrations des livres, il faut descendre jusqu'au règne d'Henri IV. Après les initiateurs de la gravure en France, tels que Jean Duvet, Pierre Woeiriot, Jacques Prévost et René Boyvin, nous arrivons à la période brillante de Jean Rabel, de Thomas de Leu et de Léonard Gaultier.

La gravure sur bois cède de plus en plus le pas à la gravure au burin. Le xvi⁰ siècle est le point culminant de la supériorité de la gravure de portrait à l'étranger ; à partir du xviie siècle, la première place appartient à la France, à condition toutefois de nous incliner devant deux hommes de génie des Pays-Bas, le brillant Antoine van Dyck et le maître de tous à cet égard, l'inimitable Rembrandt. L'Allemagne n'a à cette époque aucun grand artiste à nous opposer ; en Italie, la gravure de portrait décline depuis les successeurs d'Augustin Carrache.

En France, Jacques Fornazeris, Charles de Mallery, Isaac Briot et Jacques Granthomme continuent, avec assez de succès, la manière de Th. de Leu et de L. Gaultier, dont l'influence persistera encore pendant quelque temps.

Jusqu'à cette époque, les graveurs ont rarement eu recours à la collaboration d'un dessinateur, ce qui tenait, sans doute, à ce qu'on fabriquait alors peu de portraits. Dessinateurs eux-mêmes, leurs œuvres, dès le début de l'art de la gravure, parvinrent, par ce double mérite, à se placer au premier rang.

Sous le règne de Louis XIII, la gravure de portrait entre dans une phase nouvelle, grâce à la simplification des procédés. A l'habileté de l'outil, acquise par une pratique longue et pénible, se substitue un moyen mécanique qui supprime en quelque sorte le graveur pour ne laisser en évidence que le talent du dessinateur. L'emploi expéditif de l'eau-forte permet aux peintres eux-mêmes de confier directement leurs pensées au métal, sans crainte d'être trahis, et leur assure du même coup une double renommée. C'est à ce procédé que van Dyck doit son titre de gloire comme graveur, et c'est en le mariant, avec art et mesure, aux traits si fins de sa merveilleuse pointe, que Rembrandt a fait passer dans ses portraits gravés toutes les finesses d'un pinceau admirable. Néanmoins, l'eau-forte séduisit peu de portraitistes en France, tant à l'époque de son introduction que plus tard. Celui qui sut s'en servir avec le plus de bonheur fut Jacques Callot, un des plus spirituels de nos graveurs. A côté de lui prend place son contemporain, Abraham Bosse, auquel nous devons même un charmant portrait à l'eau-forte du grand artiste lorrain. La manière de Pierre Daret, de Claude Mellan, de Michel Lasne, et celle de leurs imitateurs : J. Frosne, Cl. Charpignon, J. Le Blond, J. Isaac, J. Picart, Grég. Huret, Gilles Rousselet, etc., marquent, dans l'histoire de la gravure de portrait en France, une époque de transition.

Ce qui distingue nettement l'école française de toutes les autres dans cette spécialité, ce qui fait son originalité et son grand mérite, ce qui lui a valu une supériorité incontestable, surtout aux XVIIe et XVIIIe siècles, c'est l'amour du vrai et du simple, inspiré par les charmants *crayons* des Clouet et de leurs continuateurs. A partir de ce moment, toute l'attention de nos graveurs se porte sur la physionomie, qu'ils cherchent à rendre avec

fidélité, et souvent avec sobriété. Pureté du trait, précision des formes, énergie sagement contenue, voilà ce
qu'ils surent allier à la grâce de l'exécution, cachant
ainsi le travail de l'outil. Ce n'est pas tout. Ils ne sacrifient jamais le côté essentiel du portrait à l'effet pittoresque, à l'éclat de l'ensemble, mais ils se bornent à
rendre naturellement et sans effort la nature même dans
ce qu'elle offre de plus saisissant, de plus variable, et
par conséquent de plus difficile à exprimer : le mouvement, le jeu, le caractère de la physionomie. Si, entraînés par l'ascendant du génie d'un grand artiste flamand et de son école, ils cherchent à faire briller dans
leurs œuvres l'éclat du coloris, ils ne le font que dans
la juste mesure. Van Dyck fut seul en effet à exercer
une influence réelle sur nos graveurs de portraits, influence profitable pour l'art français, qui, malgré ces emprunts aux qualités incontestées d'un talent supérieur,
a su conserver une puissante individualité. A la faveur
de cet éclectisme raisonné et pratiqué sans exagération,
la gravure de portrait en France, à partir de la seconde
moitié du xvii° siècle, a conquis la première place, que
depuis elle n'a jamais perdue. Celui de nos artistes
qui sut le mieux s'approprier les qualités brillantes des
graveurs flamands et hollandais fut Jean Morin, dont
le talent marque aussi une nouvelle période dans l'art
français, période d'une fécondité surprenante, période
illustrée par les plus beaux génies, période où la gloire
de Robert Nanteuil domine toutes les autres. Qui représente le plus complétement notre école nationale, si ce
n'est Nanteuil, le plus grand de nos maîtres de gravure?

Ce qui lui a valu ce titre glorieux, ce sont non-seulement les qualités précieuses de son burin, mais aussi sa
force dans le dessin. A côté de lui se placent Gérard
Édelinck, d'origine flamande, et Antoine Masson, le plus
habile de nos buristes. De tels maîtres, et surtout
Nanteuil, ne pouvaient manquer de faire d'excellents
élèves. Aussi voyons-nous non-seulement de nombreux
nationaux, mais encore des étrangers venir se former à
notre école. C'est sous la direction de Nanteuil que se
développe le talent de William Faithorne, dont l'Angleterre est fière à juste titre ; c'est à lui que Pierre van
Schuppen et Nicolas Pitau, compatriotes d'Édelinck,
doivent les qualités qui les ont illustrés dans l'art de la
gravure de portraits.

Nous nous bornerons à citer les noms de plusieurs
artistes contemporains qui méritent l'attention, tels que
François de Poïlly, Jean Lenfant, Jean-Louis Roullet,
Pierre Lombart, Antoine Trouvain, Gérard Audran, etc.
L'influence des chefs de notre école continue à s'exercer sur les œuvres de leurs successeurs. Tous les artistes
qui représentent avec honneur la gravure de portrait
en France au XVIIIe siècle ont puisé les principes de
cet art dans les modèles de leurs célèbres devanciers.
La première place appartient aux Drevet père et fils, qui
ont peu d'égaux et presque pas de supérieurs, et dont
la manière énergique et brillante n'a été atteinte par
aucun de leurs élèves ou de leurs nombreux imitateurs. C'est principalement à partir de la seconde
moitié du XVIIe siècle que les graveurs cessent pour
ainsi dire d'exécuter leurs propres dessins pour s'atta-

cher à reproduire les portraits dûs au pinceau des artistes en renom, tels que Philippe de Champagne, Ch. Le Brun, Cl. Lefebvre, L. Ferdinand, P. Mignard, etc. Deux grands portraitistes du siècle de Louis XIV, Hyacinthe Rigaud et Nicolas de Largillière, ont fourni aux Drevet une série d'excellents modèles, et l'ascendant direct de leur talent s'étendit sur tous les graveurs contemporains, parmi lesquels il suffit de citer : François Chereau, Gille-Edme Petit, Michel Dossier, Corneille Vermeulen, Laurent Cars, Gaspard Duchange, Charles et Nicolas Dupuis, Louis Desplaces, Bernard Lépicié, Jean Daullé, Jean-Georges Wille, et Georges-Frédéric Schmidt. Mais, malgré les qualités sérieuses qui distinguent les œuvres de ces artistes, la grande école de gravure de portraits finit presque avec les Drevet. Après eux, il y eut en France des graveurs de talent : il n'y eut plus d'artistes de génie.

Une mention spéciale est due à quelques graveurs charmants de cette époque, tels que Cochin fils, Aug. de Saint-Aubin, Étienne Gaucher, Étienne Ficquet, Pierre Savart, Pierre-Ph. Choffard, J.-B. Grateloup, qu'on a appelés, avec beaucoup d'à-propos, les miniaturistes du burin.

Tous les genres de gravure (la manière noire, celle du crayon, le pointillé, l'aqua-tinte, etc.) ont servi chez nous au portrait, mais c'est toujours là gravure au burin qui a tenu la première place. Parmi les burinistes de mérite de la seconde moitié du xviiie siècle, il faut ranger Jacques-Firmin Beauvarlet, J.-J. Baléchou, et Ch.-Cl. Bervic. Ce dernier n'apparaît qu'à la veille de la tourmente révolutionnaire. Après lui, nous ne rencontrerons plus que deux graveurs de portraits dignes d'être cités : le baron Boucher-Desnoyers, et plus tard Henriquel-Dupont.

En traçant cette esquisse, je n'ai pas eu la prétention d'offrir, même dans le cadre le plus restreint, l'histoire de notre gravure de portrait. M. Georges Duplessis a traité le premier cette question, avec une rare compétence, dans un mémoire couronné par l'Institut de France, mémoire qui fait honneur à notre littérature d'art (1). Ceux qui désireraient acquérir des connaissances spéciales dans cette manière, peuvent y avoir recours en toute confiance.

II.

Pour donner aux portraits l'expression et le charme qui résultent du clair-obscur ; pour obtenir l'éclat et la dégradation des teintes et combiner les lignes de façon à mettre en lumière certaines parties et atténue la valeur des autres ; pour rendre le modelé de la figur humaine, l'animer, la faire vivre ; pour marier la ressemblance physique avec la ressemblance morale, e reconstituer la véritable physionomie du modèle, condition essentielle de tout portrait ; enfin, pour encadrer la figure dans un ensemble harmonieux d'accessoires,

(1) *De la Gravure de portrait en France.* Paris, Rapilly, 1875, in-8, d' iv-158 pp.

il fallait aux graveurs non-seulement une habileté supérieure dans le maniement de l'outil, mais aussi une
connaissance approfondie du dessin. N'ayant pas à sa
disposition la palette magique du peintre, réduit à
tirer tous les effets de la combinaison savante du noir
et du blanc, le graveur, en produisant un chef-d'œuvre,
excite notre admiration bien plus qu'un peintre de
portraits. Aussi est-il facile de comprendre le prix que
les véritables amateurs attachent à la possession de ces
belles estampes marquées du sceau du génie.

Depuis que des études sérieuses ont mieux fait con-
naître les côtés intéressants des portraits gravés, tant
sous le rapport de l'art que sous celui de l'histoire, ils
ont été de plus en plus appréciés, et aujourd'hui ils
sont aussi recherchés en France que dans les pays étrangers. En effet, l'amateur ou l'écrivain d'art ne sont pas
les seuls à s'y intéresser : l'historien lui-même peut y
puiser de précieux enseignements. L'étude attentive
des physionomies des personnages qui ont joué un rôle
dans la vie publique, en nous faisant pénétrer les secrets de leur être moral, peut souvent contribuer à
mieux expliquer leurs actes, et il suffira, à cet égard, de
rappeler que c'est avec beaucoup de raison que la nouvelle école historique a eu recours à l'examen des effigies des souverains et des hommes célèbres qu'offrent
les pierres gravées et les médailles de la Grèce et de
Rome, pour contrôler ou commenter les opinions des
historiens de l'antiquité sur les hommes et sur les évé-
nements.

C'est à ce double point de vue, celui de l'art et celui

de l'histoire, que, durant un demi-siècle, je me suis appliqué à former une collection exceptionnelle de portraits gravés de toutes les écoles, et principalement de ceux de l'école française, qui font l'objet du présent ouvrage. Dans cette dernière série, on peut suivre pas à pas le développement et les vicissitudes de notre art national : tous nos artistes y sont plus ou moins largement représentés. Tous les personnages qui ont marqué dans les diverses conditions de notre vie sociale figurent dans cette curieuse galerie, et fort souvent en représentations multiples. C'est ainsi que l'on peut étudier les changements successifs des physionomies de quelques-uns de nos souverains ou princes du sang, depuis leur berceau jusqu'à leur mort. Si ce n'étaient certaines difficultés matérielles, quel intérêt puissant n'offrirait pas une exposition publique et permanente, organisée avec choix et méthode, des portraits gravés, même en se bornant à ceux de l'école française !

III

Ajouter une pierre de plus à l'édifice que la nouvelle génération veut élever en l'honneur de notre art national, tel est l'objet de ce catalogue. La marche à suivre est tout indiquée par mes devanciers dans cette spécialité : Robert-Dumesnil, de Baudicour, E. Meaume, Faucheux, Delignières, A. de Montaiglon et autres.

Pour ceux des portraits qu'ils ont décrits, je renvoie à leurs ouvrages ; quelquefois, néanmoins, j'ai pu y faire des rectifications ou d'utiles additions (1). Il pourrait paraître puéril d'attacher de l'importance à une description minutieuse des détails de chaque portrait et à une reproduction fidèle des vers, devises et légendes qui y figurent, et cependant rien de tout cela ne peut être indifférent à l'historien de l'art. Une simple dédicace, une adresse d'éditeur, jettent souvent une nouvelle lumière sur la vie de l'artiste, sur ses relations et ses protecteurs. Le biographe et l'héraldiste pourront y trouver aussi d'utiles renseignements.

Contrairement à la méthode habituellement suivie, j'ai classé les portraits des personnages appartenant aux maisons souveraines, non pas dans l'ordre alphabétique de leurs prénoms ou de leurs dynasties, mais dans celui de leurs pays respectifs. Cet ordre historique et géographique présente l'avantage de l'unité, avantage qui disparaît lorsqu'on disperse dans l'alphabet entier les membres d'une même famille, de façon à placer, souvent loin l'un de l'autre, les portraits d'Henri IV et de Marie de Médicis, de Louis XIII et d'Anne d'Autriche, des Condé et des d'Orléans, etc.

Dans mes courtes notices biographiques sur les graveurs, j'ai utilisé pour la première fois, sur une plus

---

(1) L'abréviation : Le B., renvoie au *Manuel de l'amateur d'estampes,* par Ch. Le Blanc ; les initiales *s. n.*, signifient : *sans note,* pour désigner que Le Blanc se borne à l'indication de la pièce, sans la décrire ni en mentionner les états, etc. — L'astérisque indique que le portrait est cité dans la *Liste générale et alphabétique des portraits gravés,* etc., du P. Lelong (Paris, 1809, in-fol.).

grande échelle, les renseignements fournis par les actes de l'état civil des artistes français, récemment publiés.

Ce n'est point par excès d'amour-propre national ni pour élargir le cadre de notre école de gravure, déjà suffisamment riche par elle-même, que j'y ai placé quelques artistes d'origine étrangère, tels que Cala-matta, Carmona, J.-G. Muller, Nic. Pitau, Schmidt, van Schuppen, Wille, etc., revendiqués par les écrivains de leurs pays; je l'ai fait en vertu de cette raison péremp-toire que ce n'est point la nationalité d'un artiste qui détermine l'école à laquelle il appartient, mais bien le caractère de ses œuvres. C'est là où se résument les principes de l'art qu'il a reçus, l'influence des modèles sur lesquels il s'est formé, les tendances auxquelles il a obéi.

Décembre 1875.

CATALOGUE RAISONNÉ

PORTRAITS

ÉCOLE FRANÇAISE.

ANONYMES.

1. Cagliostro (Alexandre, comte DE), 1743-1794. — In-4°. H. 0,138. L. 0,104.

En buste, dans un ovale. Tourné vers la droite, vu de 3/4, le col de sa chemise ouvert. — Sur le socle de l'ovale : *Le comte de Cagliostro.*‖ *Pour savoir ce qu'il est il faut être lui-même.*

A la manière noire, imprimé en couleurs.

Ce portrait, ainsi que ceux décrits aux n°s 15, 16 et 26, font partie d'une collection, très-rare, embrassant tous les personnages qui avaient été impliqués dans le fameux procès du collier. Je possède, dans un recueil de mémoires et de plaidoyers relatifs à ce procès une autre série complète de portraits des mêmes personnages, au nombre de vingt et un, gravés aussi à la manière noire, mais d'un plus grand format. Ils portent cette adresse : *A Paris, chez Basset, rue St-Jacques.*

2. Chasllier (CHALIER), **Marat, Le Pelletier.** — Pet. in-8°. Diamètre 0,048.

Dans un petit médaillon rond, les trois bustes tournés de profil, à gauche. Marat est coiffé d'un mouchoir; les deux autres sont tête nue. Tous les trois ont la poitrine découverte. — Sous les bustes, les trois noms ci-dessus. — Au bas: *A Paris, chez Girard,* etc.

A la manière noire, imprimé en couleurs.

1*

3. **Estaing** (Ch.-H., comte D'), amiral français, 1729-1794. — In-8°. H. 0,152. L. 0,091.

En buste, dans un médaillon entouré d'un cadre et surmonté de feuilles de chêne. Il est représenté vu de 3/4, tourné vers la droite; la tête découverte, en costume d'amiral, avec les insignes de l'ordre du Saint-Esprit. — Sous le portrait: *Charles-Henri, Cte d'Estaing.* — Au-dessous, une vignette représente le comte d'Estaing, après la prise de La Grenade, donnant l'accolade à un sergent de grenadiers. — Au bas de la vignette: *Prise de la Grenade.* — Au-dessous du cadre, cette légende: *En 1779, M. le comte d'Estaing, témoin de la valeur de M. Horadou, sergent de ‖ grenadiers au régiment de Haynault, qui s'est signalé au siège de la Grenade, ‖ en récompense de son courage, l'embrasse et le fait officier.*

Gravé dans le genre de de Marcenay.
Au pointillé. — Belle épreuve, avec toutes marges.

4. *France.* **Louis XIII**, 1601-1643. — In-fol. H. 0,390. L. 0,285.

En buste, vu de 3/4, tourné vers la gauche. Il est représenté jeune, couronné et en costume royal. — Sous le tr. c., on lit, en deux lignes: *Ludovicvs XIII. D. G. Galliæ et Navarræ ‖ rex christianissimus.*
Largement gravé au burin. Pièce fort rare. — Magnifique épreuve.

5. *France.* **Anne d'Autriche**, épouse de LOUIS XIII, 1602-1666. — In-fol. H. 0,384. L. 0,277.

En buste, vue de 3/4, tournée vers la droite. Elle est représentée couronnée et en costume royal. — Sous le tr. c.: *D. Anna d'Avstria, Regis christianissimi sponsa.*
Pendant du portrait précédent. — Belle épreuve, un peu rognée.

6. *France :* **Louis XIII**. — In-fol. H. 0,308, y compris une marge de 0,047. L. 0,189.

A mi-corps dans une bordure ovale, équarrie, tronquée sur les côtés et avec coins marbrés. Vu de 3/4, tourné à droite, regardant vers la gauche. Tête nue, cheveux bouclés. Couvert d'une armure; écharpe fleurdelisée en sautoir. Collerette tuyautée. — Autour de l'ovale: *Virtvti Dam.: Nosa.Qvies.* — Sous le tr. c., dans la marge encadrée d'un simple trait: *Lvdovicvs XIII Borbonivs ‖ D. G. Franciæ et Navarræ ‖ Rex Christianissimvs.*
Gravé dans le genre de Lochon. — Belle épreuve.

7. *France :* **Anne d'Autriche.** — In-fol. H. 0,233. L. 0,210. *

En buste, vue de 3/4, tournée vers la droite, en costume de veuve.
Elle est représentée à l'âge de 42 ans. — Sous le tr. c. :

> *Ce que l'Espagne a de beauté*
> *Se rassemble dans ce visage ;*
> *Anne l'eut pour son appennage*
> *Aussi bien que la chasteté.*

Gravé dans le genre de Lochon. — Belle épreuve.
D'après une note manuscrite sur la marge, ce portrait serait tiré d'un
ouvrage imprimé en 1644.

8. *France* : **Louis XVI**, 1754-1793. — In-fol. H. 0,231.
L. 0,158.

En buste, vu de 3/4, tourné vers la gauche. On a ajouté à la main un
bonnet phrygien peint en rouge, avec la cocarde tricolore. — Sous le
tr. c. : *Louis Seize,* || *Roi des Franceais* (sic), || *Né à Versailles,* etc.
Gravé au pointillé et imprimé en bistre. Très-rare. — Belle épreuve.

9. *France :* **Louis XVI et sa famille.** — In=12. H. du cadre, 0,117. L. 0,083.

Les bustes du roi, de sa femme et de leurs deux enfants, dans un médaillon autour duquel on lit leurs noms, titres et dates de naissance, qui
se trouvent encore répétés au-dessous du médaillon entourant l'écusson
couronné des armes de France. — Au bas : *A Paris, chez Dumarais,* etc.
Lithographie rare, mais les portraits ne sont pas ressemblants.

10. **Geminiani** (François), violoniste et compositeur italien, v. 1680-1762. — In-fol. H. 0,255. L. 0,190.

A mi-corps, vu de face, jouant du violon. — C'est le frontispice d'un
volume dont on lit ce titre au haut du cadre : *L'Art du Violon* || *par Mr.* ||
Geminiani ; et au bas : *A Paris,* || *chez Mr. de la Chevardière, rue du*
Roule, à la Croix-d'Or. A Lyon, Mrs *les Frères le Goux Place des Corde-*
liers.
Gravure à l'eau-forte, très-rare. — Belle épreuve.

11. **Girard**, brocanteur, et l'abbé **de Neufville**, frère du
fermier général. — In-fol. H. 0,287. L. 0,184. *

Ils sont représentés en pied. Girard est debout, vu de profil, tourné
à droite, appuyé sur sa canne, la tête nue et légèrement inclinée.
L'abbé de Neufville est assis dans un fauteuil, vu de profil, tourné

à gauche. Les jambes croisées, il tient sur ses genoux un livre ouvert et en montre du doigt les lettres, que Girard épèle.

Derrière l'abbé, est une porte au-dessus de laquelle on lit : *Pension ou l'on* ‖ *enseigne a lire* ‖ *et a écrire.* — Sous le tr. c., à g. : *L. C. De Carmontelle delin.* 1761.

Belle épreuve.

12. Harlay (A. DE), premier président au Parlement de Paris, 1536-1616. — In-fol. H. 0,255. L. 0,185.

En buste, dans un ovale. Vu de 3/4, tourné vers la droite, en costume de magistrat. — Au-dessous, sur une tablette, ses armes et le nom : *Achilles de Harlay.*

Gravé dans la manière de Lubin. — Belle épreuve.

13. La Fayette (Marie-Jean-Paul MOTIER, marquis DE), 1757-1834. — Petit ovale. H. 0,057. L. 0,051.

En buste, vu de profil, tourné à droite, tête nue, en costume de général.

A la manière noire. Épreuve imprimée en couleurs.

14. Lalain (Jacques DE), surnommé le *Bon Chevalier*, diplomate et guerrier au service de Philippe le Bon, duc de Bourgogne, né vers 1422, tué en 1453, chevalier de la Toison-d'Or en 1452. — In-8º. H. 0,060. L. 0,057. *

En buste, vu de 3/4, tourné vers la gauche, coiffé d'un bonnet et portant au cou les insignes de la Toison-d'Or. — Le même portrait figure en tête de l'ouvrage de Jean d'Ennetières : *le Chevalier sans reproche, Jacques de la Lain;* Tournay, 1633, in-8, fig.

Gravé dans le genre de Jean Picart. — Belle épreuve.

15. La Motte (Jeanne DE SAINT-REMI DE VALOIS, comtesse DE). — In-4º. H. 0,139. L. 0,104.

En buste, dans un ovale, la face tournée vers la droite, vue de 3/4. Elle est coiffée d'un chapeau à larges bords, orné de plumes. Légèrement décolletée. — Sur le socle de l'ovale, les noms ci-dessus.

A la manière noire, imprimé en couleurs.

16. Le Guet d'Esigny d'Oliva (Mlle). — In-4º. H. 0,170. L. 0,116.

En buste, dans un ovale, la face tournée vers la gauche, vue de 3/4.

Elle est en cheveux, avec un foulard sur la tête. Décolletée, portant un collier de perles au cou. — Sur le socle de l'ovale, les noms ci-dessus.

A la manière noire, imprimé en couleurs.

17. Le Pelletier de Saint-Fargeau (Louis-M.), magistrat et homme politique. — Pet. in-fol. H. 0,321. L. 0,217.

En buste, dans un ovale. Vu de 3/4, tourné vers la gauche, la tête ceinte d'une couronne de laurier. — Sur le socle de l'ovale : *Michel Le Peletier St Fargeau.* || *Premier Martir de la Liberté* || *Né à Paris le 29 Mai* 1760. || *Assassiné le 20 Janvier* 1793. — En dehors du cadre, les deux lignes suivantes : *Je suis satisfait de verser mon sang pour la patrie j'espère qu'il servira* || *a consolider la liberté l'égalité et a faire connaitre ses ennemis.* — Plus bas : *A Paris chez le Citoyen Jean,* etc.

A la manière noire, le cadre au burin. — Belle épreuve, à grandes marges.

18. Lorraine (Ch. DE), **duc de Mayenne** et grand chambellan de France, 1544-1611. — In-4°. H. 0,155. L. 0,120.

En buste, dans un ovale. Vu presque de face, couvert d'une armure, tête nue. — On lit dans la bordure : *Charles de Lorrainne, dvc dv Meine* (Mayenne) *et G. C. D. F.* (grand chambellan de France). Dans le petit ornement qui termine cette inscription, on pourrait lire le monogramme : *NC* entrelacés.

Gravé dans le genre de Granthomme. — Très-belle épreuve.

19. Lorraine (Ch. DE), **duc de Mayenne** (le même que le précédent). — In-4°. H. 0,120. L. 0,095.

En buste, dans un ovale. Vu de 3/4, tourné vers la droite, couvert d'une cuirasse, tête nue. — Autour du portrait, dans une bordure : *Charles, dvc de Lorraine.* — Au bas, on lit ces quatre vers :

Grand Duc, le prîce Aisné, des prîces de ta Race
Le Lõrein étõné de tés exploits guerriers,
Ne peut assez trõuer en sõ cloz de lauriers
Pour ombrager ton front tes Temples (sic) *et ta* || *face.*

Gravé dans le genre de Firens. Très-rare. — Très-belle épreuve.

20. Louvard (François), bénédictin de la Congrégation de Saint-Maur, célèbre par ses protestations contre la Constitution *Unigenitus*, 1661-1739. — In-fol. H. 0,250. L. 0,200.

Jusqu'aux genoux, debout, tourné à droite, appuyé sur le dossier d'un fauteuil. Il tient de la main gauche un livre, et de la main droite ses

lunettes. — Au fond, des rayons de livres apparaissent derrière une draperie dont le coin est relevé. — Sans aucune inscription.
Gravé dans le genre de Bazin. Rare. — Belle épreuve.

21. Luxembourg (François-Henri DE MONTMORENCY, duc DE), maréchal de France, 1628-1695. — Pet. in-fol. H. 0,220. L. 0,165.

A mi-corps, dans un ovale. Vu de face, tête nue, couvert d'une armure,
le bras gauche étendu. Un paysage dans le fond.

1er état, avant la lettre. — Très-belle épreuve.

2e état, avec l'inscription suivante, sur un cartouche au bas du cadre :
Le maréchal || *duc* || *de Luxembourg.*
Gravé dans le genre de P. Drevet.

22. Malesherbes (Chrétien-Guillaume ·DE LAMOIGNON DE), homme d'État, 1721-1794. — In-fol. H, 0,322. L. 0,242.

En buste, vu de profil, tourné à gauche. Il est placé dans les nuages
au-dessus d'un tombeau allégorique. — Dans le haut : *Lamoignon de
Malesherbes.* — Sous le tr. c. : *Ministre d'État en* 1776 *et en* 1788. || *Def-
fenseur de Louis XVI en* 1793.

Gravé à la manière noire. — Belle épreuve.

23. Palissy (Bernard DE), v. 1510-1589. — In-fol. H. 0,353. L. 0,269.

En buste, dans un ovale. Vu de 3/4, tourné vers la gauche, tête nue. —
Au-dessus : *B. Palissy.* — L'ovale est enchâssé dans un cadre sculpté, aux
angles duquel se voient des anges jouant de divers instruments ; l'orne-
mentation en est trop compliquée et un peu confuse. — Sous le tr. c.,
à g. : *Imp. Lemercier et Cie, Paris.* — Plus bas, au milieu : *Portrait
inédit, d'après une peinture sur vélin du Musée de l'hôtel de Cluny.*

Belle lithographie, devenue rare.

24. Quesnel (Fr. DE), peintre français, 1544-1619. — In-4°. H. 0,214. L. 0,157.

En buste, vu de 3/4, tourné vers la gauche, coiffé d'un chapeau. Devant lui, sur une table, divers objets de travail, tels que : livres, compas,
palette, pinceaux et écritoire. — Au-dessous : *François Quesnel, pintre* (sic)
de Henry III, || *et grand-père du sçavant Père Quesnel, prêtre* || *de l'Ora-
toire, âgé de 69.* 1613. *l'an qu'il s'est peint.*

Belle épreuve.

25. **Riquet** (P.-P.), ingénieur, auteur du canal de Languedoc, 1604-1680. — In-fol. H. 0,403. L. 0,310.

En buste, dans un ovale autour duquel on lit : *Pierre-Paul Riquet, baron
de Bonrepos*. Il est vu de 3/4, tourné vers la droite. Ses armes, avec couronne et supports, se trouvent au bas de l'ovale.

Gravé dans le genre de G. Vallet. Rare. — Très-belle épreuve.

Pierre-Paul de Riquet, premier du nom, seigneur de Caraman, de
Bonrepos et du canal de Languedoc, mort en 1680, est l'ancêtre direct
des ducs de Caraman actuels. Cette famille est d'origine commune avec
la branche des Riquetti-Mirabeau, à laquelle appartenait le célèbre orateur de la Révolution.

26. **Rohan-Guéméné** (Louis-René-Édouard, prince DE),
cardinal, évêque de Strasbourg, 1734-1803. — In-4°.
H. 0,138. L. 0,104.

En buste, dans un ovale. Tourné vers la gauche, vu presque de face,
tête nue, en petit costume de cardinal, avec la croix du Saint-Esprit. —
Sur le socle de l'ovale, les noms du personnage.

A la manière noire, imprimé en couleurs.

27. **Roland** (Marie-Jeanne PHLIPON, Mᵐᵉ), 1754-1793.—In-8°.
H. 0,101. L. 0,064.

En buste, dans un ovale. Tournée vers la droite, vue de profil, les cheveux dénoués et tombant sur les épaules. — Dans le bas du cadre entourant l'ovale : la scène du tribunal la condamnant à mort.

A la manière noire. — Avant le nom du personnage. — Belle épreuve.

28. **Terray** (Joseph-Marie, abbé), homme d'État français,
1715-1778. — In-8°. H. 0,118. L. 0,073.

En buste, dans un ovale encadré. Il est tourné à droite, vu de 3/4, en
costume d'abbé, avec les insignes de plusieurs ordres. — Derrière lui,
les rayons d'une bibliothèque en partie recouverts d'une tapisserie. —
Dans un cartouche, au haut de la tablette du cadre, ses initiales entrelacées.

A la manière noire. — Avant toute lettre. — Belle épreuve.

29. **Voltaire** (Marie-François AROUET DE), 1694-1766. —
In-fol. H. 0,232. L. 0,240.

Assis dans un fauteuil, accoudé sur une table, tourné à gauche, coiffé
d'un bonnet, il est représenté plongé dans la méditation, tenant une plume
de la main gauche qui est appuyée sur le creux de la main droite. Quelques feuilles de papier et un encrier sont posés devant lui.

Eau-forte, très-expressive. — Belle épreuve.

ALIX (Pierre-Michel),

graveur au burin et à l'aqua-tinta, né à Honfleur en 1762 (et non en 1752), mort à Paris le 27 décembre 1817, il ne pouvait donc pas travailler à Paris jusqu'en 1820, comme le prétend le Nouveau Dictionnaire de Nagler (*Allgemeines Künstler-Lexicon;* tome 1er, Leipzig, 1872), qui, d'ailleurs, a consacré à Alix un excellent article. Élève de Le Bas.

30. **Alembert** (Jean Le Rond d'), 1717-1783. — In-fol. H. 0,250. L. 0,209. (Le B., 64, *s. n.*)

En buste, dans un ovale. Vu de 3/4, regardant à droite, le corps tourné légèrement à gauche ; il est tête nue, les cheveux bouclés. — Sous l'ovale, au milieu, tracé à la pointe : *Gravé par P. M. Alix* 1797.

A l'aqua-tinta, imprimé en couleurs. — Avant la lettre. — Très-belle épreuve.

31. **Bernadotte** (le général), plus tard Charles-Jean XIV, roi de Suède, 1764-1844. — In-fol. H. 0,526. L. 0,380.

En pied, tourné à gauche, en costume de général de la République, tirant son sabre du fourreau. — Au fond, on aperçoit des soldats qui le suivent. — Au bas, à g. : *Dessiné par Hilaire le Dru ;* — à dr. : *Gravé par P. M. Alix ;* — au milieu : *Bernadotte.* || *Se vend à Paris chez Potrelle,* etc.

A l'aqua-tinta. — Belle épreuve.

32. **Buffon** (Georges-Louis Leclerc, comte de), célèbre naturaliste, 1707-1788. — In-fol. H. 0,247. L. 0,207 (Le B., 60, *s. n.*).

En buste, dans un ovale. Vu de 3/4, tourné vers la droite ; la tête nue, les cheveux frisés. — Sous l'ovale, à dr. : *P. M. Alix,* 1793.

A l'aqua-tinta, imprimé en couleurs. — Très-belle épreuve.

33. **Condillac** (Étienne Bonnot de), célèbre philosophe, 1715-1780. — In-fol. H. 0,248. L. 0,208. (Le B., 61, *s. n.*)

En buste, dans un ovale. Vu de 3/4, regardant vers la gauche, le corps tourné vers la droite. Il est vêtu d'une robe d'ecclésiastique, avec rabat et manteau d'abbé ; coiffé de la calotte, les cheveux frisés.

D'après Baldrighi.

A l'aqua-tinta, imprimé en couleur. — Avant toute lettre. — Très-belle épreuve.

34. Diderot (Denis), 1713-1784. — Pet. in-fol., ovale.
H. 0,248. L. 0,210. (Le B., 68, *s. n.*)

En buste, vu de face. — Au bas : *Peint par L. M. Vanloo. — Gravé par
P. M. Alix. — Au milieu : Diderot. — A Paris, chez Drouin*, etc.
A l'aqua-tinta, imprimé en couleurs. — Très-belle épreuve.

35. Dubus-Préville (P.-L.), de la Comédie-Française, 1721-
1799. — In-fol. H. 0,270. L. 0,174.

Dans un ovale, en buste, tourné vers la droite, vu de profil. — En
haut de l'ovale, sur une banderole : *P.-L. Dubus Préville.* — Sur le socle
de l'ovale, se trouvent trois cartouches représentant Préville dans ses divers rôles : celui de gauche dans le rôle de *Cliton*, du *Menteur*; celui de
droite dans le rôle de *Larisole*, du *Mercure galant*, et celui du milieu le
montre en *Crispin*, dans *les Folies amoureuses*. — Au bas, à g. : *Dessiné et
Gravé par P. M. Alix, Filleul du Cit. Preville*; — au milieu : *A Paris
chez l'Auteur*, etc.
A l'aqua-tinta, imprimé en couleurs. — Très-belle épreuve.

36. Helvétius (Claude-Adrien), philosophe, 1715-1771. —
In-fol. H. 0,248. L. 0,210. (Le B., 74, *s. n.*)

Dans un ovale, à mi-corps, vu de face. — Sous le portrait, au milieu :
Gravé par P. M. Alix 1793, inscription faite à la pointe.
Autre état. Au bas : *Peint par Garnerey, d'après L. M. Venloo* (sic). —
Gravé par P. M. Alix; — au milieu : *Helvétius. — A Paris, chez Drouhin*, etc.
A l'aqua-tinta, imprimé en couleurs. — Très-belle épreuve.

37. La Bruyère (Jean de), 1645-1696. In-fol. H. 0,248.
L. 0,208. (Le B., 76, *s. n.*)

En buste, dans un ovale. Vu de 3/4, tourné vers la droite; la tête couverte d'une immense perruque bouclée. — Sous le portrait, autour de
l'ovale : *Gravé par P. M. Alix d'après le Tableau qui étoit à l'Académie
Française.* — Au-dessous : *Jean de la Bruyere.* — Plus bas : *A Paris,
chez Marie François Drouhin*, etc.....
A l'aqua-tinta, imprimé en couleurs. — Belle épreuve.

38. Linné (Ch. de), célèbre naturaliste, 1707-1778. — In-fol.
ovale. H. 0,248. L. 0,210. (Le B., 84, *s. n.*)

A mi-corps, vu de 3/4, portant à la boutonnière la croix de Saint-
Michel. — Au bas : *Roslin, pinx*[t]*. — P. M. Alix, sculp*[t]*.* — Au milieu :
Charles Linné. — A Paris chez Drouhin, etc.
A l'aqua-tinta, imprimé en couleurs. — Très-belle épreuve.

39. **Mably** (l'abbé BONNOT DE), historien et publiciste, 1709-1785. — In-fol. H. 0,246. L. 0,210. (Le B., 85, *s. n.*)

En buste, dans un ovale. Vu de 3/4, tourné vers la droite, en grand costume d'abbé. — Sous l'ovale, au milieu, tracé à la pointe : *Gravé par P. M. Alix* 1792.

A l'aqua-tinta, imprimé en couleurs. — Avant la lettre. — Belle épreuve.

40. **Malesherbes** (Chrétien-Guillaume DE LAMOIGNON DE), homme d'État, 1721-1794. — In-fol. H. 0,249. L. 0,209. (Le B., 78, *s. n.*)

En buste, dans un ovale. Vu de profil, tourné à droite, tête nue, cheveux relevés par devant et bouclés par derrière. — Devant lui un arbre. — Ciel nuageux. — Sous le portrait, autour de l'ovale : *Dessiné par un de ses amis, deux jours avant son arrestation, Et Gravé par P. M. Alix.* — Au-dessous et au milieu : *An II, 1803.* — Plus bas, parallèlement à l'ovale : *Lamoignon de Malesherbes.* — Un peu au-dessus de la planche : *A Paris, chez M. F. Drouhin,* etc.

A l'aqua-tinta, imprimé en couleurs. — Très-belle épreuve.

41. **Mirabeau** (H.-G. RIQUETTI, comte DE), célèbre orateur, 1749-1791. — In-fol. H. 0,247. L. 0,210. (Le B., 86, *s. n.*)

En buste, dans un ovale. Vu de 3/4, regardant à gauche, le corps tourné à droite, la tête couverte d'une petite perruque bouclée. — Sous le portrait, autour de l'ovale, à g. : *Peint d'après Nature par L....;* — à dr. : *Gravé par P. M. Alix;* — au milieu, parallèlement à l'ovale : *Honoré Gabriel Mirabeau* || *Je déclare que si l'on vous a chargé de nous faire sortir d'ici, vous devez demander des ordres pour* || *employer la force, car nous ne quitterons nos places que par la puissance des Bayonnettes. Séance du 23 juin 1789.* — Plus bas : *A Paris chez Drouhin,* etc..... || *Et imprimé chez lui par Bechet.*

A l'aqua-tinta, imprimé en couleurs — Belle épreuve.

42. **Montesquieu** (Charles DE SECONDAT, baron DE LA BRÈDE et DE), 1689-1755. — In-4°. H. 0,426. L. 0,208. (Le B., 89, *s. n.*)

En buste, dans un ovale. Vu de 3/4, tourné vers la droite, en costume de président de parlement. — Fond noir. — Sous l'ovale, au milieu, cette inscription faite à la pointe : *Gravé par P. M. Alix* 1793.

A l'aqua-tinta, imprimé en couleurs. — Avant la lettre. — Belle épreuve.

43. Raynal (Guillaume-Thomas), littérateur et philosophe. 1713-1796. — In-fol. H. 0,249. L. 0,210. (Le B, 93, *s. n.*)

En buste, dans un ovale. Vu de 3/4, tourné vers la droite, la tête nue. — Sous l'ovale, tracé à la pointe, à g.: *Garneray* (sic) *pinx.*; — à dr.: *P. Alix sculp.* 1793.

A l'aqua-tinta, imprimé en couleurs. — Avant la lettre. — Belle épreuve.

44. Rousseau (Jean-Jacques), 1712-1778. — In-fol. H. 0,247. L. 0,211. (Le B., 94, *s. n.*)

En buste, dans un ovale. Vu presque de face, légèrement tourné vers la gauche; la tête couverte d'une petite perruque bouclée. — Sous le portrait, autour de l'ovale, à g.: *Peint par Garnerey;* — à dr.: *Gravé par P. M. Alix.*

A l'aqua-tinta, imprimé en couleurs. — Avant la lettre. — Belle épreuve.

ANSELIN (Jean-Louis),

graveur au burin, né le 26 mai 1754 (et non en 1764), à Paris, où il est mort, avec le titre de graveur du roi, le 15 mars 1823. Élève d'Augustin de Saint-Aubin.

45. Pompadour (Jeanne-Antoinette Poisson, marquise de), 1721-1764. — In-fol. H. 0,214. L. 0,190. (Le B., 10.)

A mi-corps, en jardinière, tournée à droite, tenant de la main gauche des fleurs de lis, et au bras droit un panier de fleurs. — Au bas, à g.: *C. Vanloo pinxit;* — à dr.: *J. L. Anselin sc.*

2e état, avant la lettre, mais avec les noms des artistes gravés au burin et non à la pointe (Voir *Catalogue général*, par Defer). — Très-belle épreuve, à toutes marges (150 à 200 fr.). — Portrait recherché.

Les épreuves avec la lettre portent cette souscription que je trouve intéressante à reproduire : *La Belle Jardinière.* || *Me de Pompadour.* — Au-dessous, en deux lignes : *Gravé d'après le tableau original qui était au château de Bellevue, et se trouve aujourd'hui en la possession de M. Fontanel, associé honoraire et garde des dessins de l'Académie de Montpellier.*

AUBERT (Michel),

graveur au burin, né à Paris vers 1704, mort dans la même ville le 29 avril 1757.

46. *France :* **Louis XV**, 1710-1774. — Gr. in-fol. H. 0,422. L. 0,211. (Le B., 48, *s. n.*) *

A cheval, tourné à la gauche, vu de 3/4. Le bras droit étendu, te-

nant un bâton de commandement. Au fond, une bataille. — Sous le tr.,
c., à g.: *Peint par N. le Sueur;* — à dr.: *Gravé par M. Aubert.* — Au
milieu : *Louis-Quinze, Roy de France* || *et de navarre.* || *a Paris chez la
Veuve Chereau*, etc. — Les armes de *France* et de *Navarre* accolées
occupent le milieu de cette inscription.

Très-belle épreuve.

47. *France* : **Louis**, Dauphin de France, fils du précédent,
   1729-1765. — Gr. in-fol. H. 0,429. L. 0,307. (Le B., 47, *s. n.*)*

A cheval, tourné vers la droite, vu de 3/4. Au fond, le siége d'une
ville. — Sous le tr. c., à g.: *Peint par N. le Sueur;* — à dr.: *Gravé par
M. Aubert.* — Au milieu : *Louis, Dauphin de France,* || *né à Versailles le
4e Septembre* 1729. || *A Paris chez la Veuve Chereau*, etc. — Les armes du
Dauphin occupent le milieu de cette inscription.

Très-belle épreuve.

AUDOUIN (Pierre),

graveur au burin, né en 1768, à Paris, où il est mort le 12 juillet 1822.
Élève de Beauvarlet.

48. *France* : **Marie-Thérèse-Charlotte de France**, duchesse **d'Angoulême**, fille de Louis XVI, 1778-1851. —
   In-fol. H. 0,353. L. 0,250. (Le B., 19, *s. n.*)

A mi-corps, vue de face, ayant sur la tête une couronne de fleurs de
lis naturelles, et tenant, des deux mains, un coin de son vêtement relevé
et rempli de fleurs. — Dans le socle de l'encadrement, on lit : *Son A. R.
Madame* || *Duchesse d'Angoulême.* || *Née à Versailles le* 10 (sic) *décem-
bre* 1778. — Les armes accolées d'*Angoulême* et de *France* occupent
le milieu de cette inscription. — Sous le tr. c., à g. : *Peint d'après
Nature par F. Dumont Peintre du Roi et de son Acad^{ie};* — au milieu :
Déssiné par Bouillon; — à dr. : *Gravé par P. Audoin de l'Académie
des Arts de Vienne;* — et plus bas : *A Paris, chez l'Auteur*, etc.

Très-belle épreuve.

49. **Saint-Aubin** (Mme), comédienne. — In-4°. H. 0,176.
   L. 0,142. (Le B., 54, *s. n.*)

A mi-corps, dans un ovale. Vue de face, costumée en son rôle. — Au
bas : *Gravé par P. Audoin de l'Académie des Arts de Vienne et Graveur
de S. A. J. et R. Madame Mère.* — Au milieu : *Mme St Aubin.* || *Dans
Ambroise, Ou voilà ma journée.* — Et plus bas : *A Paris, chez l'Auteur*, etc.

D'après J. Riesener, qui n'est pas mentionné sur l'estampe.

Très-belle épreuve.

AUDRAN (Charles),

graveur au burin, né en 1594, à Paris, où il mourut en 1674. Fils aîné
de Louis Audran, officier de louveterie sous Henri IV.

50. **Mesmes** (Claude DE), comte **d'Avaux**, homme d'État,
1595-1650. — In-fol. H. 0,331. L. 0,231. (Le B., 289.) *

A mi-corps, dans un ovale formé par une guirlande tressée moitié de
chêne, moitié de laurier. Vu de 3/4, tourné vers la gauche. Aux quatre
coins, en dehors de l'ovale, des emblèmes accompagnés de devises.
— Au-dessous du portrait, ses armes : *Écartelé, au 1, d'azur au crois-*
sant montant de sable ; aux 2 et 3, d'argent à deux lions passants de gueu-
les ; au 4, tiercé en fasce, le premier de gueules, le deux d'or à une étoile
de sable, le troisième ondé d'azur. — Au bas, à g.: *K. Audran, sculp.*
Belle épreuve.

AUDRAN (Gérard),

neveu du précédent et troisième fils de Claude Ier Audran. Né à Lyon le 2 août 1640,
mort à Paris le 26 juillet 1703. Élève de son père, qui était professeur de gravure à l'Académie de Lyon. Gérard Audran, un des plus habiles graveurs
d'histoire, était graveur ordinaire du roi et conseiller en son Académie de
peinture et de sculpture. — Son œuvre a été décrit par Robert-Dumesnil, t. IX,
pp. 237-321, et t. XI, p. 2, auquel nous renvoyons pour les descriptions.

51. *Rome :* **Clément IX** (Jules ROSPIGLIOSI), pape, 1600-
1669. — In-fol. H. 0,348. L. 0,261. (Le B., 242.)

En buste. — Voir Rob.-Dum., 64.
Belle épreuve.

52. **Limoges** (Guillaume DE), fameux chanteur des rues de
Paris. — In-fol. H. 0,492. L. 0,330.

Voir Le Bl., 248, et Rob.-Dum., 68.
Rob.-Dum., 4e état. Très-rare. — Belle épreuve.

AUDRAN (Benoît Ier),

dessinateur, graveur à l'eau-forte et au burin ; et éditeur, né à Lyon le 23 novembre 1661, mort à Ouzouer, près de Sens, le 2 octobre 1721, neveu de Gérard
et fils de Germain, aussi graveur. Élève de son oncle Gérard. Il fut reçu à
l'Académie de peinture le 27 juillet 1709, nommé conseiller de l'Académie en
1715 et ensuite graveur du roi.

53. **Bignon** (Jean-Paul), abbé de Saint-Quentin, bibliothé-

caire du roi et membre de l'Académie française, 1662-1743.
— In-fol. H. 0,347. L. 0,290. (Le B., 244.) *

A mi-corps, dans un ovale au bas duquel sont ses armes : *D'azur, à la croix de calvaire d'argent posée sur une terrasse de sinople d'où sort un cep de vigne accolé à la croix; le tout cantonné de quatre flammes d'argent.* Le personnage est tourné vers la droite, vu de 3/4.

1er état, NON DÉCRIT, avant toute lettre. Fort rare. — Belle épreuve.

2e état. Autour de l'ovale : *Ioannes Paulus Bignon Abbas S^{ti} Quintini comes consistorianus anno ætatis* 41. — Dans la bordure du cadre : *I. Vivien pinxit.* — *Benedict^s. Audran Sculpsit.* — Au bas, dans le socle : *Offerebat humillimus servus* ‖ *Franciscus de Grain clericus Ambianus anno* 1703. — Cette inscription est coupée par un cartouche tenant au cadre et supportant les armes. — Belle épreuve.

54. **Colbert** (J.-Bapt.), ministre d'État, 1619-1683. — Gr. in-fol. H. 0,505. L. 0,385. (Le B., 245, *s. n.*)

A mi-corps, dans un ovale. Vu de 3/4, tourné vers la droite. — Dans le haut de l'ovale, à gauche, est le buste d'un enfant tenant une corne d'abondance, et caché sous une draperie retombant sur la partie droite du cadre. — Dans le milieu du socle, les armes de Colbert, sous lesquelles on lit : *Joannes-Baptista Colbert.* — Au bas, dans le coin à gauche : *C. le Febvre Effigiem pinxit;* et à droite : *Benedictus Audran sculpsit.*

Belle épreuve.

55. *Cologne :* **Joseph-Clément de Bavière,** électeur-archevêque de Cologne, 1671-1723. — Gr. in-fol. H. 0,470. L. 0,360. (Le B., 251, *s. n.*)

Jusqu'aux genoux, assis dans un fauteuil, en costume d'archevêque, tourné vers la gauche, la main droite appuyée contre la poitrine, et la main gauche sur le bras du fauteuil; devant lui, sa mitre est posée sur une table. — Sous le tr. c., à g. : *Josep^s. Vivien pinxit;* — à dr. : *Bened^s. Audran sculpsit.* — Au-dessous : *Josephus Clemens.* — Une inscription de six lignes commençant par : *Dei gratiâ Archi-Episcopus Coloniensis, S. R. I. per Italiam Archi-Cancellarius,* etc. — Cette inscription est coupée par les armes, au bas desquelles se lit cette devise : *Recte, constanter, et fortiter.*

Belle épreuve.

56. **Fénelon,** 1651-1715. — In-fol. H. 0,443. L. 0,321. (Le B., 258.) *

A mi-corps, dans un ovale. Vu presque de face, la tête tournée vers la droite, en petite tenue d'archevêque. — Autour de l'ovale : *M^{re}. François de Salignac de la Motte Fenelon, Archevêque duc de Cambray, prince du St Empi e, Comte de Cambresis*, etc. — Sur le dessus du socle, à g. : *Josep^s. Vivien pinxit* ; — à dr. : *Bened^s. Audran sculpsit* 1714. — Au milieu du socle, dans un cartouche, les armes de Salignac. — Sous le tr. c. : *Présentement chés Buldet. — Se vend à Paris chez B. Audran*, etc.

3e état (*Catal.* Defer). — Belle épreuve.

57. Le Goux de la Berchère (Charles), archevêque de Narbonne, mort en 1719. — In-fol. H. 0,335. L. 0,293. (Le B., 253. *s. n.*) *

A mi-corps, dans un ovale. Tourné vers la gauche, vu de 3/4, en petite tenue d'archevêque. — Dans le milieu du socle est l'inscription suivante : *Illustrissimus Ecclesiæ Princeps* || *D. D. Carolus Le Goux de la Berchere*, || *Archiepiscopus et Primas Narbonensis, Generalium* || *Occitaniæ Comitiorum Præses natus, Regi ab omnibus consiliis*, etc. — Cette inscription est coupée par un cartouche attaché au cadre de l'ovale et supportant les armes de Le Goux, qui sont : *D'argent à une tête de More de sable, tortillée du champ ; accompagnée de trois molettes de gueules.* — Au bas, dans la bordure, à g. : *Boulogne l'aîné pinxit.* — *B. Audran sculp.* : — à dr. : *G Montbard excudit.* 1708.

2e état. — Belle épreuve.

58. Molière (J.-Bapt. POQUELIN DE), 1622-1673. — In-8°. H. 0,149. L. 0,085. (Le B., 256, *s. n.*)

En buste, dans un médaillon. Vu de face, la tête tournée vers la gauche.—Sur le dessus du socle, à g. : *P. Mignard pinx.* ; — à dr. : *B. Audran scul.* — Au milieu du socle : *Jean Baptiste* || *Poquelin, de Molière.*
Belle épreuve.

Le même. Copie du précédent. — In-8°. H. 0,126. L. 0,074. — Sur le milieu du socle : *Jean-Baptiste* || *Poquelin, de Molière.*
Belle épreuve.

59. Willading (J.-F.-A.), bourgmestre de la ville de Berne. — In-fol. H. 0,372. L. 0,258. (Le B., 259, *s.n.*)

A mi-corps, vu de face, ayant le bras droit appuyé sur le dossier d'un fauteuil et tenant à la main la baguette de sa charge. Sur la table, le cachet aux armes de la ville de Berne et sa toque posée sur un coussin. — Au milieu du socle, ses armes : *Écartelé, aux 1 et 4, d'argent à trois clous de sable, 2 et 1 ; aux 2 et 3, d'or au taureau passant de sable.*
Le Blanc ajoute que ce portrait a été gravé d'après J.-Rod. Huber, 1718.
Avant toute lettre. — Belle épreuve.

AUDRAN (Jean),

autre fils de Germain, graveur au burin, né à Lyon le 28 avril 1667, mort à Paris le 17 juin 1756. Il était graveur ordinaire du roi et membre de l'Académie. Élève de son père et de son oncle Gérard.

60. *Angleterre :* **Marie-Éléonore d'Este**, duchesse de Modène, épouse du roi Jacques II.— In-fol. H. 0,294. L. 0,172. (Le B., 349, *s. n.*)

En buste, dans un médaillon ovale, encastré entre deux montants et supporté par un socle recouvert en partie par une draperie frangée, sur laquelle est une couronne antique. Elle est vue de 3/4, regardant à droite, la tête nue et légèrement inclinée vers l'épaule droite; les cheveux en boucles, dont deux retombent sur les épaules; un collier de perles autour du cou; corsage décolleté garni dans le haut d'une large bande d'hermine rehaussée de perles. L'épaule gauche couverte d'un manteau d'hermine. — Sur la tablette du socle: *Marie Eleonor d'Este* || *Epouse de Jacques II. Roy de la Grande* || *Bretagne.* — Sous le tr. c., à g.: *Wander Werff pinxit ;* — à dr.: *J. Audran sculpsit.*
Belle épreuve. — Fait pour l'*Histoire d'Angleterre,* par de Larrey.

61. **Chérier** (Cl.). — In-4°. H. 0,173. L. 0,131. (Le B., 353, *s. n.*) *

A mi-corps, dans un ovale. Vu de 3/4, tourné vers la droite, en costume d'abbé. — Autour du médaillon: *Claudius Cherier e regia societate licentiatus theologus Abbas.* — Sur le dessus du socle: *Jo. Tortebat pinxit.* — *Jo. Audran sculp.* — Au milieu du socle, dans un petit médaillon, ses armes: *Gironné de gueules et d'azur ; un soleil d'or brochant sur le tout.*
Très-belle épreuve.

62. *Cologne :* **Clément-Auguste-Marie-Hyacinthe de Bavière,** électeur-archevêque de Cologne, 1700-1761. — In-fol. H. 0,434. L. 0, 309. (Le B., 352, *s. n.*)

A mi-corps, dans un ovale, la tête tournée vers la droite, vu de 3/4, les épaules couvertes d'un manteau d'hermine. — Autour de l'ovale: *Clément Auguste, Prince de Bavière, Evesque de Munster et Paderborn.*— Au milieu du socle: *Dedié à son Excellence Monseigneur le Baron de* || *Plettenberg, Seigneur de Nortkirchen et de Vogelsang,* || *premier Ministre et grand Maréchal héréditaire de* || *S. A. S. Monseigneur le Prince et Evesque de Munster et* || *Paderborn. Par son très humble et très obéissant*

Serviteur Vivien. Cette dédicace est coupée par un cartouche portant les armes de l'électeur. — Au bas, à gauche : *J. Vivien pinxit;* — à droite : *J. Audran sculp.*

Belle épreuve.

63. **Coysevox** (A.), sculpteur français, 1640-1720. — In-fol. H. 0,365. L. 0,256. (Le B., 356.) *

En buste, vu de face, dans un ovale architectonique; sur la console, à droite, les instruments de travail. — Au milieu : *Antoine Coyzevox* ‖ *Natif de Lion, Sculpteur ordinaire du Roy, ancien* ‖ *Directeur, et Recteur en son Academie Royale.* — Au bas, à g. : *Peint par Hyacinthe Rigaud.;* — à dr. : *Gravé par Jean Audran pour sa* ‖ *Reception à l'Academie en 1708.*

3ᵉ état. — Belle épreuve.

64. **Estrées** (Jean D'), abbé de Vrou, puis archevêque de Cambrai, 1666-1718. — In-fol. H. 0,325. L. 0,247. (Le B., 358.) *

A mi-corps, dans un ovale. Vu presque de face, en grand costume d'abbé. — Autour de l'ovale : *Joannes d'Estrées apud Lusitaniæ Regem nuper Legatus Abbas.* — Sur le socle, à g. : *Hyac. Rigaud pinx.;* — à dr. : *Io. Audran sculp.* — Au milieu, un cartouche avec ses armes.

D'après Lelong, ce portrait aurait été gravé en 1699.

1ᵉʳ état. — Belle épreuve.

65. **Estrées** (Victor-Marie, duc D'), maréchal de France, 1660-1737. — In-fol. H. 0,311. L. 0,213. (Le B., 359, *s. n.*) *

A mi-corps, dans un ovale. Vu de face, le corps tourné vers la gauche, en habit brodé, avec la plaque de l'ordre du Saint-Esprit. — Sur la console, à g. : *N. Largilliere pinx.;* — à dr. : *J. Audran scul.* — Au milieu, ses armes, environnées du manteau d'hermines.

Belle épreuve.

66. *France :* **Louis XV**, 1710-1774. — In-fol. H. 0,452. L. 0,338. (Le B., 362, *s. n.*)

Il est représenté âgé de dix à douze ans, en pied, vu de face, en costume royal. De sa main droite, il prend la couronne posée sur un coussin soutenu par une console; la gauche est appuyée sur la hanche. En arrière, à sa gauche, sur un fauteuil, se trouve le manteau royal fleurdelisé. — Sous le tr. c., à g. : *Peint par Gobert.;* — à dr. : *Gravé par Audran.* — Au milieu, l'écusson de France coupe en deux l'inscription suivante : *Louis Quinze.* ‖ *Roy de France et de Navarre.* — Au-dessous : *A Paris chez Audran Graveur du Roy,* etc.

Très-belle épreuve.

67. Gillet (Fr.-Pierre), avocat, 1648-1720. — In-4°. H. 0,210. L. 0,147. (Le B., 363, *s. n.*)*

En buste, dans un ovale. Vu de 3/4, le corps tourné vers la droite, en costume d'avocat. — Autour de l'ovale : *Franciscus Petrus Gillet in supremo Galliarum Senatu patronus.* — Sur le socle, à g. : *Jo. Tortebat pinx.;* — à dr.: *Jo. Audran sculp. anno* 1715. — Au milieu, dans un petit médaillon, ses armes : *D'argent à deux palmes contournées de sinople.* — Sous le tr. c., deux vers de Juvénal.

Belle épreuve.

68. Secousse (Fr.-R.), curé de Saint-Eustache de Paris, mort en 1770. — In-fol. H. 0,428. L. 0,330. (Le B., 372, *s. n.*)*

Jusqu'aux genoux, vu de 3/4, assis dans un fauteuil, la tête nue et tournée vers la droite, revêtu du costume de docteur de Sorbonne. De sa main droite, il tient sa toque; sa main gauche ouverte est appuyée sur sa poitrine. — Sous le tr. c., à g. : *H. Rigaut* (sic) *pinx.;* — à dr. *J. Audran scul.* — Au milieu, ses armoiries dans un cartouche : *D'azur à un chevron d'argent, accomp. en chef d'un croissant et de deux étoiles, 1 et 2, et en pointe d'une gerbe de blé, le tout d'or.* Ces armoiries sont accompagnées de l'inscription suivante : *Magister Franciscus Robertus Secousse* ‖ *Parisinus, Sacræ Facultatis Par. Doctor Theologus Socius Navarricus, & Ecclesiæ Parochialis* ‖ *S. Eustachii Rector, Anno ætatis L.* — Au-dessous, : *Vovet, Dic. Cons. M. Pet. Nic. Gasse Presb. Parisinus.*

Belle épreuve, à grandes marges.

AUDRAN (BENOÎT II),

dessinateur, graveur à l'eau-forte et au burin, né le 17 février 1698 (et non en 1700), à Paris, où il mourut le 8 janvier 1772. Fils et élève de Jean, qui précède.

69. Blaise, frère feuillant. — In-fol. H. 0,494. L. 0,337. (Le B., 25.)*

Il est représenté dans sa cellule, en pied, vu de 3/4, en costume de feuillant. De la main droite, il appuie sur le verrou de la serrure; son bras gauche pend le long du corps, et dans sa main, il tient un bâton. Un trousseau de clés est attaché à sa ceinture. — Sous le tr. c., à g. : *de Troy pin.;* — à dr. : *B. au. f. sc.* — Au milieu : *Frere Blaise Feullian.* (sic). — Le Blanc donne une petite notice sur la vie du frère Blaise, d'après une note contemporaine.

Très-belle épreuve.

70. Montfaucon (Dom B. DE).. — In-fol. H. 0,295. L. 0,216. (Le B., 31, *s. n.*) *

Jusqu'aux genoux, assis devant une table chargée d'in-folios, vu de 3/4, en costume de religieux. Il est appuyé sur un livre ouvert, la main droite posée sur le poignet de la main gauche, dans laquelle il tient une médaille.

1er état, NON DÉCRIT, avant toute lettre et l'encadrement. — Belle épreuve.

2e état, avec la lettre et l'encadrement. H. 0,308, L. 0,238. — Sous le tr. c., à g. : *Peint par Geuslin;* — à dr. : *Gravé par B. Audran.* — Au milieu : *D. Bern. de Montfaucon. R. de la Cong. de St Maur.* ‖ *Né au Chateau de Soulage Diocese de Narbonne le 17. Jan. 1655. Mort à Paris le 21. Décemb. 1741.* — Au-dessous, sur deux colonnes :

> *Objet de ses sçavantes veilles,*
> *La docte Antiquité cachoit peu de Merveilles,*
> *Qu'en vrai critique il n'ait Sçu voir;*
> *Et par un sort digne d'envie,*
> *L'or* dont un grand Monarque honora son Sçavoir,*
> *Brille moins que l'éclat des Vertus de sa Vie.*

Plus bas : *La Medaille d'Or que l'Empereur lui envoïa (sic) accompagnée d'une Lettre. — A Paris chés l'Auteur, etc. — Belle épreuve.

AVRIL (JEAN-JACQUES), *l'aîné*,

dessinateur et graveur au burin, né le 16 décembre 1744, à Paris, où il mourut le 26 novembre 1831. Élève de J.-G. Wille. Le Blanc attribue les deux portraits ci-dessous à J.-J. Avril *le jeune*, tandis que M. Koloff, dans le Nouveau Dictionnaire de Nagler, les restitue à leur véritable auteur.

71. Brizard (Jean-Bapt. BRITARD, dit), artiste dramatique français, 1721-1791. — In-fol. H. 0,383. L. 0,293. (Le B., 25, *s. n.*)

Jusqu'aux genoux, vu de profil, tourné vers la gauche, tête nue. Il est représenté dans le rôle du roi *Lear*, de la tragédie de Ducis, assis sur l'herbe, adossé contre un rocher et les yeux levés vers le ciel. — Dans l'encadrement, à g. : *Peint par Mme Guiard de l'Academie Royale de Peintures et Sculptures;* — à dr. : *Gravé par J. J. Avril;* — au milieu : *M. Brizard* ‖ *Ô la Douce Lumière!* ‖ *Lear Tragédie de M. Ducis.* — Dans le bas du cadre, à g. : *Ce Tableau Appartient a Mme la Comtesse d'Angiviller;* — à dr. : *A Paris chez Avril le jeune graveur*, etc.

2e état. — Belle épreuve.

72. Ducis (Jean-François), poëte français, 1733-1816. — In-fol. H. 0,378. L. 0,288. (Le B., 29, *s. n.*)

A mi-corps, vu presque de face, assis devant une table, les yeux levés vers le ciel, la tête nue et appuyée sur la main gauche fermée; de la droite, il tient une plume. — Dans le cadre, au bas, à g. : *Peint par Mme Guiard de l'Academie Royal* (sic) *de Peintures et Sculptures* ; — à dr. : *Gravé par J. J. Avril.*; — au milieu : *M. Ducis* || *De l'Academie française Secretaire ordr. de Monsieur frere du Roy.* — Plus bas, à g. : *Le Tableau Appartient A Mme La Comtesse d'Angiviller;* — à dr. : *A Paris Chez Avril le jeune*, etc. 2e état. — Belle épreuve.

BALÉCHOU (Jean-Joseph),

et non Jean-Jacques-Nicolas,

graveur au burin, né à Arles le 19 juillet 1719, mort à Avignon le 18 août 1764. Élève de Michel et de Lepicié.

73. Aved (Mme A.-C.). — In-fol. H. 0,358. L. 0,232. (Le B., 43, *s. n.*)

En buste, dans un ovale recouvert en partie par une draperie. Elle est vue de 3/4, tournée à gauche, la tête nue, avec des perles dans les cheveux. — Sur le socle : *Anne, Charlotte Gauthier* || *de Loiserolle femme d'Aved,* || *Peintre du Roy* — Au-dessous : *peint par Aved graué et présenté par Balechou son ami.* — (Voir aussi ci-dessous, n° 81.) Belle épreuve, avec marges.

74. Brühl (H., comte DE), ministre d'Auguste III, électeur de Saxe et roi de Pologne, 1700-1764. — Gr. in-fol. H. 0,457. L. 0,385. (Le B., 45.)

Jusqu'aux genoux, debout, vu de 3/4, tourné vers la gauche, en costume de ministre, avec les insignes de plusieurs ordres; sa main droite tenant des papiers est appuyée sur une table, où est posé un casque. — Sous le tr. c., à g. : *Sylvestre pinxit;* — au milieu : *Henry Comte de Bruhl* || *Premier Ministre de Sa Majesté le* || *Roy de Pologne Electeur de Saxe.* — Cette inscription accompagne les armes de Brühl, avec couronne, cimier et supports. 2e état. — Belle épreuve.

3e état. — La tête du personnage a été complétement changée et rajeunie. — Sous le tr. c., à g. : *Peint par Louis De Sylvestre p^r Peintre de Sa Majesté* || *le Roy de Pologne Electeur de Saxe.*; — à dr. : *Gravé par Balechoux* (sic) *en 1750.* — Plus bas : comme ci-dessus, au 2e état, avec drapeaux ajoutés aux armoiries. — Belle épreuve.

75. Châteauroux (Marie-Anne DE MAILLY, duchesse DE), favorite de Louis XV, 1717-1744. — In-4°. H. 0,310. L. 0,334. (Le B., 46.)*

Elle est représentée sous la figure de *la Force*. Jusqu'aux genoux, assise, vue de 3/4, la tête tournée vers la droite et le corps vers la gauche; de la main droite, elle tient une torche enflammée, et de la gauche, une épée nue, la pointe en haut. A son côté gauche, on aperçoit la tête d'un lion couché. — Sous le cadre : *La Force*. — Au bas du tr. c., à g. : *J. M. Nattier Pinx.*; — à dr. : *Balechou Sculp.*; — au milieu : *A Paris Chez L. Surugue Graveur du Roy*, etc.

Belle épreuve.

76. Coypel (Ch.-Ant.), peintre français, 1694-1752. — In-fol. H. 0,373. L. 0,266. (Le B., 48, *s. n.*)*

A mi-corps, dans un ovale, vu de face, la tête nue. Il est appuyé sur le coin d'une table, les deux mains l'une sur l'autre, la gauche tenant un porte-crayon. — Sur le dessus du socle, à g. : *Peint par lui même.*; — à dr.: *Gravé par Balechou* ǁ *Eleve de Mr Lepicier* (sic).; — au milieu du socle : *Charles Coypel* ǁ *De l'Académie Royale de Peinture et Sculpture*. — (*Voy.* Le B., art. *Bassechon*.)

Belle épreuve.

77. Crébillon (Prosper JOLYOT DE), poëte tragique, 1674-1762. — In-fol. H. 0,409. L. 0,323. (Le B., 49, *s. n.*)*

Debout, jusqu'aux genoux, vu de face, la tête nue, en robe de chambre doublée de fourrure, appuyant le bras gauche sur le dossier d'un fauteuil. Derrière lui, une table chargée d'in-folios, placée devant une fenêtre, cachée en partie par le rideau. A sa droite, un meuble.

1er état, NON DÉCRIT, avant toute lettre, avant l'encadrement et l'achèvement de nombreux détails. — Très-belle épreuve, peut-être unique.

2e état. H. 0,519, L. 0,369. — Sur la tablette au-dessous de l'encadrement, à g. : *Peint par Aved peintre du Roy en 1746*; — à dr. : *Gravé par Balechou* ǁ *en 1751*; — au milieu : *Prosper Jolyot de Crébillon* ǁ *de l'Academie Françoise, né à Dijon* ǁ *le 13. Janvier 1674*. — Belle épreuve.

78. Crébillon. — In-4°. H. 0,197. L. 0,138. (Le B., 50, *s. n.*)*

En buste, dans un ovale. — Copie réduite du précédent, avec la même inscription placée au bas de l'ovale dans un cartouche. — Sous le tr. c., à g. : *Aved pinx.*; — à dr.: *Balechou sculp.* — Portrait destiné à figurer en tête des œuvres de Crébillon.

Belle épreuve.

79. Grillot, abbé de Pontigny, mort en 1764. — Gr. in-fol. H. 0,460. L. 0,335. (Le B., 56, *s. n.*) *

Assis dans un fauteuil, vu de 3/4 et tourné vers la droite, en costume de docteur de Sorbonne. De la main gauche, il tient, appuyé sur ses genoux, un grand livre ouvert; à droite, sur une table, un gros volume sur lequel repose son bras droit, et à côté, une sonnette retient une feuille de papier portant cette inscription : *Malgré ta modestie ‖ on vera ton portrait ‖ tes amis l'on voulu j'ay ‖ secondé leur zèle ‖ pour qu'a son tour le ‖ mien fut satisfait ‖ il m'eut falùt le peinceau (sic) ‖ d'un Apelle.* — Sous le portrait, au milieu du cadre : *Jacobus Gabriel Grillot ‖ Abbas Pontigniaci Doctor Theologus Parisiensis, ‖ Ordinis cistereiensis Pater Primarius ; — à g. : Autreau Pinxit. ; — à dr, : J. Baléchou Sculpsit.*

Belle épreuve.

80. Jullienne (Jean DE), directeur des Gobelins, mort en 1766. — Gr. in-fol. H. 0,472. L. 0,344 (Le B., 57, *s. n.*)*

A mi-corps, dans un cadre architectonique. Il est en robe brodée, assis dans un fauteuil; vu de 3/4, tourné vers la droite, tête nue. De ses deux mains, il tient le dessin d'un portrait, au bas duquel on lit : *Watteau.* Un porte-crayon est dans sa main gauche. — Sur le socle : *Jean de Jullienne Ecuyer, Chevalier de l'Ordre de St-Michel ‖ Amateur honoraire de l'Académie Royale de Peinture et Sculpture et Propriétaire ‖ des Manufactures Royales des Draps fins et des Ecarlates des Gobelins.* — Au bas : *Presenté par François de Jullieñe son fils ‖ Gentilhomme ordinaire du Roi, — Sous le tr. c., à g.: Peint par de Troye, le père, en 1722.; — à dr. : Gravé par J. J. Balechou en 1752.*

3e état (*Catal.* Defer). — Belle épreuve.

81. Loiserolle (Mlle), sœur de Mme Aved. — In-fol. H. 0,379. L. 0,257. (Le B., 44.)

A mi-corps, assise, vue de face, filant avec un rouet posé sur ses genoux. Elle est coiffée d'un chapeau à larges bords relevés, et dont les brides se croisent sur sa poitrine. Fond noir. — Sur la tablette du cadre, ce quatrain :

> *Mes yeux dans ce portrait admirent le pinceau,*
> *Et par les attributs jugent du caractere ;*
> *Loisir mis à profit, mœurs douces, cœur sincere,*
> *Voilà, je crois, tout le tableau.*

Plus bas, sur la g. : *Peint par Aved. Peintre du Roy. ; — à dr. : Gravé par Baléchou.*

2e état. — Belle épreuve.

82. Néel de Christot (L.-F.), prélat français, 1698-1775. — In-fol. H. 0,420. L. 0,307. (Le B., 62, *s. n.*) *

A mi-corps, dans un ovale. Vu de face, la tête nue, en petit costume d'évêque, tenant de la main droite sa toque. — Sur le socle de l'ovale, à g. : *Peint par Aved.* ; — à dr. : *Gravé par J. Balechou.* — Au milieu du socle : *Louis Francois Néel de Christot* || *Evéque de Séez,* || *Abbé des Abbayes de St Ferreol Dessommes, et de* || *N^{tre} Dame de Silli, Conseiller du Roi en tous ses Conseils* || *et son Conseiller d'honneur au Parlement de Rouën.* — Cette inscription est accompagnée d'un ovale contenant ses armes : *De sable à 4 bandes d'argent ; au chef de gueules.* Belle épreuve.

83. *Parme* : **Philippe**, Infant d'Espagne, duc de Parme, 1720-1765. — In-fol. H. 0,314. L. 0,218. (Le B., 52, *s. n.*) *

A mi-corps, dans un ovale recouvert en partie par une draperie. Il est tourné à droite, vu de 3/4, la tête nue. Couvert d'une cuirasse, avec les insignes de l'ordre de la Toison-d'Or. — Sur le socle, un cartouche supportant ses armoiries, accompagnées de cette inscription : *Don Philippe* || *Infant d'Espagne* — Au-dessous, à g.: *L. R. Vialj pinxit.* — Au bas : *Dédié et présenté A la Reine* || *par son très humble et très obéissant* || *serviteur Balechou.* — Sous le tr. c., au milieu : *Se vend à Paris chez Joullain,* etc.; — à dr.: *Balechou sculp.*

Belle épreuve, à grandes marges.

84. *Pays-Bas* : **Guillaume-Charles-Henri-Friso**, prince d'Orange et de Nassau, dit **Guillaume IV,** stathouder des Pays-Bas, 1711-1751. — In-fol. H. 0,386. L. 0,286. (Le B., 63, *s. n.*)

A mi-corps, dans un ovale architectonique. Vu de 3/4, le corps tourné vers la gauche. Il est représenté tête nue, revêtu d'une armure, avec la plaque de l'ordre de la Jarretière et un grand cordon. Le bras gauche appuyé sur la hanche. — Autour de l'ovale : *Guillau^{me}, Charl^e, Henrⁱ Friso Prince d'Orange et Nassa...; —* Dans le bas : *Natus Die 1° Sept^{bris} Anno 1711* || *Obiit Die 22 Octob 1751.* — Sur le dessus du socle, à g., est posé un casque près d'une épée, la pointe en bas ; — à dr., le drapeau des Pays-Bas, roulé autour de sa hampe. — Au milieu du socle, vers la g. : *Willem, Carel, Hendrik, Friso, Prince van' Orang* || *en Nassav,* accompagnant les armoiries ; couronne de prince ; soutenants : deux léopards couronnés ; devise : *Ie maintiendrai.* — Au bas du tr. c., à g. : *Aued pictor R. galliæ Christ^{mi} pinxit* ; — à dr. : *Balechou sculpsit.*

Belle épreuve.

85. *Pologne :* **Auguste III**, roi de Pologne, 1696-1763. — Gr. in-fol. H. 0,690. L. 0,500. (Le B., 66.)

Il est représenté en pied, au milieu d'un paysage. Vu presque de face, le corps tourné vers la droite, couvert d'une armure, un manteau d'hermine agrafé sur les épaules, tête nue, la main gauche sur la garde de l'épée ; le bras droit étendu et la main posée sur le bâton de commandement, appuyé sur une roche que recouvre en partie son manteau ; à sa gauche se tient un nègre, portant son casque.—Sous le tr. c., à g. : *Peint par Hiacinthe Rigaud Ch. de l'Ord. de S. Michel;* — à dr. : *Gravé par J. J. Balechou natif d'Arles et présenté à l'Academie ‖ Royale de Peinture et Sculpture pour son agrément a Paris ‖ 1750.* — Au milieu : *Auguste III. Roi de Pologne ‖ Electeur de Saxe. ‖ Peint comme Prince Royal et Electoral pendant son sejour à Paris en 1715. par le Chevalier Hiacinthe Rigaud.*

3° état (Le Bl. et *Catal.* Defer). — Très-belle épreuve.

Ce portrait, un des chefs-d'œuvre de la gravure, fut destiné à figurer en tête du *Recueil d'estampes d'après les plus célèbres tableaux de la Galerie royale de Dresde* (Dresde, 1753-57, in-fol.), mais il manque à beaucoup d'exemplaires. Baléchou s'étant permis d'en vendre secrètement les meilleures épreuves à son profit, fut de ce fait exclu de l'Académie de peinture, et dut même se réfugier à Avignon.

86. **Rollin** (Ch.), recteur de l'Université de Paris, 1661-1741. — Gr. in-fol. H. 0,499. L. 0,389. (Le B., 71.) *

Vu presque entier, en costume de recteur, assis dans un fauteuil, et tourné de 3/4 vers la droite. Il a la main gauche ouverte, reposant sur un bureau où sont des in-folios et un encrier. La main droite est appuyée sur le bras du fauteuil et tient une plume d'oie. — Dans la bordure du cadre, au milieu : *Carolus Rollin ‖ Antiquus Universitatis Parisiensis Rector, Eloquentiæ ‖ Professor Regius et Regiæ Inscriptionum et ‖ humaniorum Litterarum Academiæ Socius. ‖ Obiit octogenario major die 14.7bris 1741.* — Plus bas, à g. : *C. Coypel Pinxit.;* — à dr. : *J. Balechou Sculpsit.* — Sous le tr. c. : *Se Vend à Paris chez N. B. de Poilly,* etc.

2° état. — Belle épreuve.

BARBIÉ (J.),

graveur au burin et au pointillé, travaillait à Paris de 1735 à 1779.

87. *France :* **Louis-Auguste**, dauphin de France (plus tard **Louis XVI**), 1754-1793. — Pet. in-12. H. 0,066. L. 0,044.

En buste, dans un médaillon attaché au cadre par un nœud de ruban et soutenu dans le bas par deux branches de chêne. Il est de profil, tête nue, avec le grand cordon passé en sautoir. — Sous le tr. c., à dr. : *I. Barbié fecit.*

Fort rare. — Très-belle épreuve, à grandes marges.

BASAN (Pierre-François),

graveur au burin et à l'eau-forte, et éditeur, né le 23 octobre 1723, à Paris, où il mourut le 12 janvier 1797. Élève de Fessard et de Daullé.

88. Rohan (Armand-Gaston de), dit le cardinal de Soubise, 1717-1756. — In-fol. H. 0,447. L. 0,311.

En buste, dans un ovale architectonique. Vu de 3/4, le corps tourné à gauche, la tête nue, en petite tenue de cardinal, avec la croix de l'ordre du Saint-Esprit au cou. Dans le bas du portrait, ses armoiries. — Au milieu du socle supportant l'ovale : *Serenissime Prince Armand Gaston de Soubise,* || *Cardinal de la Sainte Eglise Romaine, Évêque* || *et Prince de Strasbourg, Landgrave d'Alsace,* || *Prince du Saint Empire Romain, etc.* || *Né le 1. Decembre 1717.* — Sous le tr. c. : *Gravé et Presenté par son très humble et très affectionné serviteur Basan.*

Belle épreuve.

BAUDET (Étienne),

dessinateur et graveur à l'eau-forte et au burin, né à Vineuil (Loir-et-Cher) vers 1636 (et non à Blois en 1643), mort à Paris le 8 juillet 1711 (et non en 1716), âgé de 75 ans ou environ, dit l'acte de son décès. Élève de Séb. Bourdon et de Corn. Bloemaert.

89. Perrault (Ch.), de l'Académie française, v. 1626-1703. — In-fol. H. 0,291. L. 0,190 (Le B., 102, *s. n.*) *

En buste, dans un ovale. Vu de 3/4, tourné vers la droite, la tête nue. —Autour de l'ovale : *Charles Perravlt Cons. dv Roy Controllevr General des Bastimens de Sa Ma^{té}.* — Au milieu du socle, ses armoiries, timbrées d'un casque de chevalier avec ses lambrequins : *D'or à un écusson d'argent en abime; à la bordure d'azur.* — Plus bas, à g. : *Carol. le Brun Pinxit* || *an. 1665.;* — à dr. : *step. Baudet sculp. an. 1675 jussu* || *Acad. Reg. Pict. et sculpt.*

C'est le morceau de réception de Baudet à l'Académie de peinture et de sculpture.

Belle épreuve.

BAZIN (Nicolas),

dessinateur et graveur au burin, né le 10 octobre 1633, à Troyes, où il mourut en 1710. Élève de Claude Mellan. (Voir Corrard de Breban, *les Graveurs troyens;* Troyes, 1868, in-8.)

90. Barrême (François), célèbre arithméticien, mort en 1703. — In-4°, H. 0,180. L. 0,126. (Le B., 156.) *

A mi-corps, tête nue, tourné vers la droite, vu de 3/4. Il est debout devant une table couverte des volumes publiés par lui et dont on lit les titres sur les plats des reliures. De la main droite, il tient un fort volume; l'index de la main gauche est dirigé du côté du cadre. — A l'extrémité gauche de la table : *Bazin. f.* — Au-dessus du portrait, on lit : *Le Portrait vtile par son Ornement* || *Ou l'on voit en abregé le* PAIR, *ou l'Egalité des Monnoyes de France* || *Reduites a la juste Valeur des Monnoyes Etrangeres.* — Plus bas, l'échelle comparée des monnaies françaises et étrangères. — Autour du portrait, on voit des médaillons de formes diverses, reliés ensemble pour former l'encadrement, et qui représentent les vues de Venise, d'Amsterdam, de Gênes, d'Anvers, de Hambourg, de Francfort, de Paris et de Londres; ces vues sont accompagnées de l'indication du *Pair* entre les monnaies de Paris et celles de la ville respective.

Rare. — Très-belle épreuve.

91. Crasset (Jean), de la Compagnie de Jésus. — In-fol. H. 0,246. L. 0,187. (Le B., 162.) *

A mi-corps, dans un ovale. Vu de 3/4, tourné vers la gauche, en costume de jésuite, avec une calotte sur la tête. — Sur le dessus du socle, à g. : *Du Mée eques Pinxit;* — à dr. : *N. Bazin Sculpsit* 1692. — Sur la tablette : *Le Reuerend Père Jean Crasset* || *De la Compagnie de Iesus, directeur de Messieurs de la Congregation* || *établie dans la maison Professe de Paris, ou il est décedé le quatrⁱᵐᵉ* || *Ianvier* 1692. *dans sa soixante et quinzième année.* — Sous le tr. c. : *Se Vend a Paris chez Bazin,* etc.

1ᵉʳ état. — Belle épreuve.

92. *France :* **Marie-Thérèse d'Autriche**, épouse de **Louis XIV**, 1638-1683. — Gr. in-fol. H. 0,576. L. 0,474 (Le B., 169, *s. n.*)*

En buste, aussi grand que nature, dans un ovale. Elle est représentée à l'âge de 43 ans, vue de 3/4, tournée vers la droite, les cheveux en boucles, ornés de perles; boucles d'oreilles et collier de perles. Décolletée; sur ses épaules, un manteau fleurdelisé, doublé d'hermines. — Autour de l'ovale : *Maria Theresia Avstriaca, Galᵛʳᵘᵐ Regina, Lvdovici*

Magni sponsa. — Sous l'ovale, à g. : *Jacobus Le Febure pinxit;* — à dr. : *Nicolaus Bazin Sculpsit* 1681. — Dans le coin de g. : *A Paris au bas de la rue Sainct || Jaques dans la rue gallande;* — à dr. : *Chez un marchᵈ. Linger || pres Sainct blaize.*

Très-belle épreuve.

93. **Larcher** (N.), abbé de Cîteaux, mort en 1712. — In-fol, H. 0,391, L. 0,285. (Le B., 178, *s, n.*) *

A mi-corps, dans un ovale. Vu de 3/4, tourné vers la droite, en costume d'abbé, avec une calotte sur la tête. La main droite, appuyée contre la poitrine, tient un papier. — Autour de l'ovale : *Nicolaus L'Archer Abbas Cistercii Doctor Sorb. Primus Consilliarius Burgondiæ natus, et Totius ordinis generalis.* — Au bas de l'ovale : *Dicabat F. Georgius Maillard cistercii religiosvs.* — Sur le dessus du socle, à g. : *Ioannes Bapt. De Cany Pinx. ad vivum;* — à dr. : *Nicolaus Bazin Sculp.* 1693. — Au milieu du socle, ses armoiries : *Parti, au 1 d'azur semé de fleurs de lys d'argent, chargé en abime d'un écusson de..... à 3 bandes de...... à la bordure de.....; au 2, d'azur à 3 fasces ondées d'argent, surmontées d'un arc-en-ciel au nat.,* qui est Larcher.

Belle épreuve.

BAZIN (Ch.),

peintre, sculpteur, graveur à l'eau-forte et lithographe, né le 3 avril 1802, à Paris, où il est mort en 1859. Élève de Girodet-Trioson et de Gérard.

94. **Broglie** (Albertine DE STAËL, duchesse DE), morte en 1838, fille de Mᵐᵉ de Staël. — Gr. in-8, H. 0,114. L. 0,090.

A mi-corps, assise, les bras croisés, tournée vers la droite, vue de 3/4, coiffée d'un turban. — Sous le tr. c., à g. : *F. Gerard pᵗ* 1820; — à dr. : *Ch. Bazin sᵗ* 1854. — Au milieu et plus bas : *Mᵐᵉ la duchesse de Broglie. || (Albertine de Staël).* — Au-dessous, à dr. : *(Œuvres de Fᵒⁱˢ Gerard).*

Eau-forte. — Belle épreuve, à grandes marges.

BEATRIZET ou BEAUTRIZET (Nicolas),

dessinateur et graveur au burin, né à Lunéville vers 1520 ou avant, mort à Rome après 1560. Son œuvre a été décrit dans Robert-Dumesnil, t. IX, p. 131-179.

95. *France :* **Henri II,** 1519-1559. — Gr. in-fol. H. 0,472. L. 0,321. (Le B., 88.) *

Voir Rob.-Dum., 40. — D'après Luca Penni, selon Mariette.

1ᵉʳ état. — Très-belle épreuve (150 à 200 fr.).

2ᵉ état. — Belle épreuve.

96. Salamanca (Antoine), graveur et célèbre marchand d'estampes. — Pet. in-4°, H. 0,183. L. 0,133. (Le B., 93, *s. n.*)

Voir Rob.-Dum., 44.
Belle épreuve.

BEAUVAIS (Nicolas DAUPHIN de),

dessinateur et graveur au burin et à l'eau-forte, né en 1668, selon les uns, et en 1687, selon d'autres, à Paris, où il mourut en 1753 ou en 1763. Élève de Jean ou de Gérard Audran, et gendre de Gaspard Duchange.

97. Meissonnier (Just-Aurèle), peintre, sculpteur et architecte français, 1675-1750. — In-fol. H. 0,325. L. 0,247. (Le B., 47.)

En buste, dans un ovale, encadré entre deux corniches; des frises sculptées en guirlandes de feuilles de chêne et en moulures, entourent l'ovale. Dans les moulures du bas des frises, à g., une sphère couchée; à dr., quatre volumes. L'ovale est soutenu par une coquille marine. Le personnage est vu de 3/4, tourné à droite, la tête nue, les cheveux bouclés et attachés derrière par un ruban. Le col de sa chemise, ouvert, laisse voir la poitrine ; il est vêtu d'une robe à ramages, entr'ouverte. — Autour de l'ovale : *Justus Aurelius Meissonnier Architecturam Universam Libris IV Tractavit.* — Sous le tr. c., à g. : *J. A. Meissonnier ad vivum del.; —* à dr. : *N. D. de Beauvais perfecit.* — Plus bas au milieu : *A Paris chés Huquier,* etc..... *C. P. R.*

2e état (*Catal.* Defer). — Belle épreuve, à toutes marges.

BEAUVARLET (Jacques-Firmin),

dessinateur, graveur au burin et éditeur, né à Abbeville le 25 septembre 1731 (Bellier de la Chavignerie, *Dictionnaire des artistes,* met 1732), mort à Paris le 7 décembre 1797. Élève de Ch. Dupuis et de Laur. Cars.

98. Bandieri de Laval (M.-J.). — In-4°, H. 0,220, L. 0,153. (Le B., 91, *s. n.*) *

En buste, dans un ovale. Vu de face, tête nue. — Sur le milieu du socle : *M. J. Bandieri de Laval,* || M^{tre} *a Danser des enfans de France et de M^e la Dauphine.* || *Directeur de l'Académie Royale de Danse et* M^{tre} || *des Ballets du Roy.* — Cette inscription est coupée par un cartouche supportant un ovale. — Sous le tr. c., à g. : *Drouais Pinx.;* — à dr. : *Beauvarlet Direx.* — Ce portrait avait été peint en 1770.
Belle épreuve.

99. Barry (la Comtesse DU), 1746-1793. — Pet. in-fol. H. 0,280. L. 0,203 (Le B., 92, *s. n.*) *

Jusqu'à la ceinture, dans un ovale. Vue presque de face, assise, la tête nue, cheveux frisés et poudrés. Elle est représentée en veste de chasse, à larges revers garnis de boutons, le gilet entr'ouvert dans le haut; col et jabot en dentelle. Elle paraît âgée de 25 ans environ. — Sous le tr. c., à g. : *Peint par Drouais.; —* à dr. : *Gravé par Beauvarlet.*

2ᵉ état, avant la lettre (*Catal.* Defer). — Très-belle épreuve (150 à 200 fr.).

100. Béthune (les Fils du duc DE). — In-fol. obl. H. 0,306. L. 0,471. (Le B., 94.) *

Ils sont représentés dans un jardin. L'enfant de droite est assis sur les pans de son manteau; il est de face, coiffé d'un bonnet de hussard, surmonté de plumes. Celui de gauche est également assis sur une roche; il est vu presque de face, la tête nue et inclinée vers la gauche. De la main droite, il tient une guitare appuyée sur sa jambe gauche, la droite étant posée sur une pierre. De sa main gauche, il appuie sur les cordes de l'instrument la patte droite du chien tenu par son frère. — Sous le tr. c. : *Peint par Drouais le fils et Gravé par Beauvarlet.* — Au-dessous : *Se Vend A Paris chez l'Auteur,* etc. — Plus bas : *Et chez Drouais le fils,* etc.

Très-belle épreuve.

101. Bouchardon (E.), sculpteur français, 1698-1762. — In-fol. H. 0,358. L. 0,244. (Le B., 95.)

A mi-corps, dans un ovale architectonique. Assis, vu de 3/4, regardant vers la droite, la tête nue, un livre dans la main gauche. — Sur le socle sont disposés, à droite et à gauche, ses instruments de travail. — Sur la tablette du socle : *Edme Bouchardon.* || *Sculpteur ordinaire du Roy, Professeur en son Academie de Peinture & de* || *Sculpture, décédé le 27. Juillet 1762.* — Sous le tr. c., à g. : *Drouais Pinx.;* — à dr. : *Gravé par J. Beauvarlet.;* — au milieu : *Gravé par Beauvarlet pour sa Réception a l'Académie en 1776.*

Belle épreuve.

102. *Brunswick* : **Ferdinand**, duc DE **Brunswick**, 1721-1792. — In-4°, H. 0,203. L. 0,162. (Le B., 99, *s. n.*)

En buste, dans un médaillon attaché par un nœud de ruban. Il est de profil, tourné vers la droite, la tête nue. Sur sa cuirasse, il porte les insignes de plusieurs ordres. — Autour du médaillon : *Le Prince Ferdinand de Brunswick.* — Sous le tr. c. : *Dessiné par Fꞅᵉ Deschamps*

F⁰ Beauvarlet, d'après la Médaille du Cabinet de Mʳ Damery Chevalier || de l'Ordre Royal et Militaire de Sᵗ Louis.

Belle épreuve.

103. Clairon (Claire-Josèphe-Hippolyte LEGRIS DE LATUDE, connue sous le nom de Mˡˡᵉ), actrice française, 1723-1803. — Gr. in-fol. H. 0,612. L. 0,493. (Le B., 101.) *

Dans le rôle de *Médée.* Elle est représentée richement vêtue, assise dans un char traîné dans les nuages par des dragons ailés. De la main droite, elle tient un poignard, et de la gauche, une torche. Au bas, sur les marches d'un monument, l'on voit ses deux enfants assassinés. A gauche, Jason debout (c'est l'acteur Le Kain), le regard fixé sur *Médée,* tire son glaive du fourreau; derrière lui, on aperçoit deux guerriers. — Sous le tr. c., au milieu : *Hippolyte de la Tude Clairon. Vᵉᵐᵉ Acte de Médée.* || *Gravure donnée par le Roy à Mˡˡᵉ Clairon.* || *Executée d'après le Tableau original de Mʳ Carle Vanloo premier Peintre du Roy, et Chevalier de son Ordre ;* || *par Laurent Cars, et Jacques Beauvarlet, Graveurs du Roy.* || *A Paris chez Beauvarlet, etc.*

Très-belle épreuve.

104. *France :* **Marie-Adélaïde**, dite MADAME ADÉLAÏDE, 4ᵐᵉ fille de Louis XV, 1732-1800. — In-fol. obl. H. 0,251. L. 0,357. (Le B., 106, *s. n.*) *

Elle est représentée sous la figure de *l'Air*, assise sur les nuages, vue de 3/4, tournée vers la droite. De la main droite, elle tient les guides attachées au cou des paons dont on ne voit qu'un seul ; de la gauche, elle relève une draperie qui l'entoure.

D'après le tableau de Nattier, du musée de Versailles.

1ᵉʳ état, NON DÉCRIT, avant la lettre. — Belle épreuve.

105. *France :* **Louis-Joseph-Xavier**, duc de **Bourgogne**, fils du Dauphin, et frère de Louis XVI, 1751-1761. — In-8°. H. 0,141. L. 0,082. (Le B., 97, *s. n.*) *

Dans un cadre, en buste. Vu de 3/4, la tête nue, avec les insignes de l'ordre du Sᵗ-Esprit sur son habit. — Sous le cadre, les armes de France, timbrées d'une couronne de duc et soutenues par des palmes. — Sous le tr. c., à g. : *Frédou pinx.;* — à dr. : *Beauvarlet Sculp.*

Belle épreuve.

106. *France :* **Charles-Philippe**, comte d'**Artois**, et Mˡˡᵉ **Ma-**

rie **Adélaïde-Clotilde**, sa sœur, 1757-1836, 1759-1802. — Gr. in-fol. H. 0,450. L. 0,343. (Le B., 107.)*

Ils sont représentés enfants, la sœur assise sur une chèvre, et le frère auprès d'elle. Il est en pied, presque de face, la tête nue et décoré des insignes de plusieurs ordres. Sa main droite est appuyée sur l'épaule droite de sa sœur; dans la main gauche, il tient de l'herbe. La sœur est vue.de face, coiffée d'un bonnet, le corsage de sa robe décolleté. Son bras gauche est posé sur la tête de la chèvre; de la main droite, elle tient sur ses genoux une corbeille de fruits.

D'après un tableau de Drouais, de 1767, au musée de Versailles.

1er état, avant toute lettre et avant les armes. — Très-belle épreuve.

107. Galitzine (Catherine CANTEMIR, épouse du prince Dmitri), morte à Paris en 1761. — In-4°. H. 0,223. L. 0,154. (Le B., 108, *s. n.*)

Dans un médaillon attaché par un nœud de ruban. Elle est vue de profil, tournée vers la droite, en cheveux, un velours autour du cou et les épaules découvertes. — Autour du médaillon : *Catherine Princesse Galitzin née princesse Cantemir.*

Selon Le Blanc, ce portrait a été gravé d'après Lefèvre.

Belle épreuve.

108. Le Berthon (A.-J.-H.).— Gr. in-fol. H. 0,450. L. 0,332. (Le B., 109, *s. n.*) *

A mi-corps, dans une bordure cintrée. Tourné vers la droite, vu presque de face, tête nue, en costume de magistrat. Il a devant lui un livre que sa main droite tient ouvert, tandis que l'index de la main gauche, qui est retournée, s'appuie sur le verso du feuillet. — Sur le socle, ses armoiries : *D'azur à une couleuvre d'argent posée en pal;* timbrées d'une toque; supports : deux aigles.

1er état, NON DÉCRIT, avant toute lettre. — Très-belle épreuve.

2e état. H. 0,453. L. 0,335. — Les armes sont accompagnées de l'inscription suivante : *Andi J. Hiaci Le Berthon* || *Premier Président* || *du Parlement de Bordeaux* || *Reçu en 1753.*—Sous le tr. c., à g. : *F. J. L. Lonsing pinx. del.;* —A dr. : *J. F. Beauvarlet sculp.* — Belle épreuve.

109. Molière (J.-B. POQUELIN DE), 1622-1673. — In-fol. H. 0,292. L. 0,238. (Le B., 115.) *

Représenté en robe de chambre, assis dans un fauteuil, devant une table portant une écritoire et des papiers. Il est vu jusqu'aux genoux, de 3/4, tourné vers la gauche, tête nue; la main gauche posée sur le bras droit qui est appuyé sur la table.

Le *Catalogue général,* par Defer, décrit *sept* états de cette estampe.

1er état, *non cité* par Le Blanc, avant toute lettre et avant la bordure
la planche entièrement terminée. — Très-belle épreuve (100 fr.).

3e état (*Catal.* Defer). H. 0,438. L. 0,334. — Le portrait est entouré d'un
cadre à larges bordures. Dans le haut, deux ailes étendues et reliées par
une banderole, dont les extrémités, passant dessous, se terminent en branche de vigne retombant de chaque côté du cadre. — Dans la partie
inférieure, un bas-relief représentant les attributs de la comédie (une lyre
une folie et un masque), ornés de feuilles de laurier et entourés d'une
banderole. — Sous le tr. c., au milieu, gravé à la pointe : *Avec Privilege
du Roy.* — C'est le 1er état de Le Blanc. — Très-belle épreuve.

4e état (*Catal.* Defer). — La banderole du haut porte : *J. B. Poquelin
de* || *Moliere.* || *née* (sic) *à Paris en* 1620. (sic) *M. le* 17. *Fevrier* 1673. —
Celle du bas :

> *Respicere Exemplar vitæ morum que,*
> *jubebo Doctum imitatorem.*
>   *Horat.*

Sous le tr. c., à g. : *S. Bourdon Pinx.*; — à dr. : *Beauvarlet Sculp.*; — au
milieu : *A Paris chez le Sr De Mailly,* etc. *Avec Privilége du Roy.* —
Très-belle épreuve.

5e état (*Catal.* Defer). — Les attributs de la comédie sont accompagnés
de cette dédicace : *A Mgrs les Ducs, Daumont de Fleury, de Richelieu* || *et de
Duras.* || *Prs Gentils-hommes de la Chambre du Roy.* || *Par leur très humble
et très Obéissant serviteur de Mailly.* — Belle épreuve.

110. Nollet (Jean-Ant.), physicien français, 1700-1770. — In-8°. H. 0,107. L. 0,078. (Le B., 111, *s. n.*) *

A mi-corps, vu de 3/4, tourné vers la droite, le corps étant de face,
tête nue, en habit ecclésiastique.

D'après Maurice Quentin de la Tour.

1er état, NON DÉCRIT, avant toute lettre et avant la bordure. Rare. —
Très-belle épreuve.

111. Sage (Balthazar-Georges), ingénieur français, membre de l'Institut, 1740-1821. — In-4°. H. 0,160. L. 0,109. (Le B., 117, *s. n.*) *

En buste, dans un ovale. Vu de face, tourné vers la droite, tête nue. —
Sur le socle : *B. G. Sage* || *né à Paris le* 7 *mars* 1740. || *Des Academies
Royales des sciences de Paris, de Stockolm et des Aca* || *demies Imperiale
et Electorale de Mayence. Censeur Royal.* — Plus bas : *Discipulorum
pignus amoris.* — Sous le tr. c., à g. : *F. G. Colson Pinx.*; — à dr. : *J. Beauvarlet f.*

Belle épreuve, à toutes marges.

BELJAMBE (Pierre-Guillaume-Alexandre),

dessinateur et graveur au burin, né à Rouen le 10 mai 1759, mort vers 1820.

112. Bailly (Jean-Sylvain), maire de Paris, 1736-1793. — In-4°. H. 0,199. L. 0,153. (Le B., 8, *s. n.*)

Dans un ovale, encadré de branches de chêne. Il est tourné vers la droite, vu de 3/4, la tête nue. — En haut : *Pour un nouveau Talent une Palme nouvelle.* — Dans la partie inférieure, à dr., une femme, personnifiant la ville de Paris, dont l'écusson d'armoiries se trouve à côté d'elle, présente à Bailly, de ses deux mains, une couronne de chêne ; — à g., une torche dont les parcelles enflammées tombent sur les volumes dus à la plume de Bailly, et posés sur le corps d'un serpent. — Le cadre du portrait est appuyé sur une pierre quadrangulaire portant cette inscription : *J^n S^{vain} Bailly.* || *Maire de Paris,* || *Le premier des Présidens* || *de l'Assemblée Nationale,* || *des Académies Françoise,* || *des Sciences,* || *des Inscriptions etc. etc.* — Sous le tr. c., à g. : *Peint par C. Monet, Peintre du Roi.* ; — à dr. : *Gravé par P. Beljambe, de l'Académie R^{le} de Caen etc.* ; — au milieu : *A Paris chez Beljambe,* etc.

Gravé au pointillé et imprimé en couleurs. — Belle épreuve.

BELLAY (Ch.-L.),

peintre et graveur au burin et à l'eau-forte, né à Paris le 22 mars 1826. Élève de Picot et de Henriquel-Dupont.

113. Thiers (Louis-Adolphe), homme d'État et historien français, né à Marseille le 16 avril 1796. — In-fol. H. 0,203. L. 0,142.

Jusqu'aux genoux. Il est représenté dans son cabinet de travail, vu de face, la main droite sous son gilet, la gauche appuyée sur un meuble. — A g., sur un volume, on lit : *A son ami Mr Thiers Paul Delaroche. 1847.* — *Gravé à l'eau forte par Ch. L. Bellay 1859.*

1er état, avant la lettre, sur papier de Chine, portant l'envoi autographe de M. Thiers à M. Didot.

BENOIST (Antoine),

dessinateur et graveur à l'eau-forte et au burin, né à Soissons en 1721, mort à Londres en 1770. Il n'est pas, contrairement à ce que présume Le Blanc, fils du peintre Antoine Benoist, qui mourut en 1717, âgé de 88 ans.

114. *France :* **Louis XV,** 1710-1774. — In-fol. H. 0,359. L. 0,236.

Dans un ovale architectonique, en buste, vu de 3/4, regardant à

3

gauche, le corps tourné vers la droite. Il est représenté tête nue, portant sous l'habit une cuirasse et le cordon de l'ordre en sautoir. — Autour de l'ovale : *Lovis XV Roy de France et de Navarre*. — Au milieu du socle, ses armes. — Sous le tr. c., à g. : *Blackey pinxit.*; — à dr. : *A. Benoist Sculp.* 1741.; — au milieu : *a Paris chez Benoist*, etc., || *et chez la Veuve de F. Chereau*, etc.

Belle épreuve.

BENOIST (G.-PH.),

dessinateur et graveur au burin, né près de Coutances en 1725, mort à Londres, en août 1770, et non à Paris, vers 1800, comme dit Le Blanc (voir S. Redgrave, *Dictionary of Artists of English School*; Londres, 1874, gr. in-8°).

115. Aved (J.-A.-J.), peintre français, 1702-1766. — In-fol. H. 0,354. L. 0,232. (Le B., 5, *s. n.*) *

Dans un cadre ovale, recouvert à gauche par une draperie. En buste, tourné à droite, vu de 3/4, regardant de face ; tête nue. — Sur le socle, à dr., une palette avec des pinceaux ; — au milieu : *Jacques André Joseph Aved Peintre du Roy* || *et Conseiller de son Accademie Royalle de* || *Peinture et de Sculpture. Né à Douay le* 12. || *Janvier* 1702. || *Mort à Paris le 4. Mars* 1766. — Sous le tr. c., à g. : *Pinxit Aved* 1727.; — à dr.: *G. Benoist Sculp. en* 1762. — Plus bas, à g., ces deux vers d'Horace, dont le second est altéré :

> *Multis ille bonis flebilis occidit*
> *Nulli flebilior quam mihi*

— à dr., ces deux lignes :

> *Ære incidi curavit uxor*
> *Mœrens insolabiliter.*

qui sont en contradiction avec la date de la gravure de ce portrait et celle de la mort d'Aved.

Belle épreuve.

116. Clairon (Claire-Josèphe-Hippolyte LEGRIS DE LATUDE connue sous le nom de Mlle), actrice française, 1723-1803. — In-4°. H. 0,146. L. 0,100. (Le B., 9, *s. n.*)

Dans un ovale, en buste. Vue de profil, tournée vers la gauche, tête nue et couronnée de laurier, la gorge découverte. — Sur la tablette du socle : *Vne Medaille est dans nos mœurs* || *Ce que jadis étoit un Temple.* || *Voltaire.* — Sous le tr. c., à g. : *Gravé d'apres le model* (sic) *en Cire de Lumgbenger par G. Benoist*; — à dr., tracé à la pointe : *G Benoist sculp.*; — au milieu : *Hippolyte Clairon de la Tude.*

Très-belle épreuve.

117. *France* : **Marie-Antoinette d'Autriche** (Josèphe-Jeanne), 1755-1793. — In-8°. H. 0,129. L. 0,084.

En buste, dans un ovale. Vue de profil, tournée vers la gauche, les cheveux frisés, la gorge nue. — Sur la tablette au-dessus de l'ovale : *Marie-Antoinnette Archiduchesse* || *sœur de l'Empereur Dauphine* || *Née à Vienne le 2 nov. 1755.*
1ᵉʳ état, avant le nom du graveur. — Belle épreuve.

118. **Petit** (Antoine), célèbre médecin français, 1718-1794. — Gr. in-fol. H. 0,430. L. 0,343. (Le B., 22, *s. n.*) *

Jusqu'aux genoux, assis dans un fauteuil devant une table, dans son cabinet de travail. Il est représenté en costume de Docteur régent, vu de profil, tourné vers la droite, le bras gauche étendu, retenant par le haut un volume posé debout sur le bureau. La main droite est appuyée sur le bras du fauteuil. Sur sa gauche, une bibliothèque, recouverte en partie par une tapisserie.
1ᵉʳ état, NON DÉCRIT, avant toute lettre. — Très-belle épreuve.
2ᵉ état. H. 0,431. L. 0,345. — Sous le tr. c., à g. : *G. Benoist del. et Sculp.*; — au milieu : *Antonio Petit* || *Viro-immortali.* || *Dic : Dissip : Duchanoy. D : M : P.* || *Et Accad : Scient : Divion : Socius.* — Belle épreuve.

BERNARD (?).

probablement le même que le suivant.

119. *Espagne* : **Marie-Louise d'Orléans**, épouse de CHARLES II, roi d'Espagne, 1662-1689. — In-fol. H. 0,306. L. 0,246.

En buste, dans un ovale. Vue presque de face, le corps tourné vers la gauche. Elle est représentée en cheveux, dont les boucles retombent sur son cou. — Autour de l'ovale : *Marie-Louise d'Orléans Reyne d'Espagne.*
Gravé à la manière noire. — Avant toute lettre. — Belle épreuve.

BERNARD (L.),

graveur à la manière noire, de la fin du dix-septième siècle.

120. *France* : **Louis**, Dauphin de France, fils de Louis XV, 1729-1765. — In-4°. H. 0,312. L. 0,252. (Le B., 7, *s. n.*)

En buste, dans un ovale. Vu presque de face, le corps tourné à gauche;

tête nue et couvert d'une cuirasse. — Dans le coin droit du cadre :
L. Bernard. f. — Sous le tr. c., au milieu : *Monseigneur*.
Gravé à la manière noire. — Belle épreuve.

BERNARD (Samuel),

peintre et grayeur au burin et à l'eau-forte, né le 8 nov. 1615, à Paris, où il
mourut le 24 juin 1687, « âgé d'environ 65 ans, » dit, à tort, son acte de décès,
car il avait à sa mort près de 72 ans. Élève de Simon Vouët et de L. Du
Guernier. Son œuvre est décrit dans Robert-Dumesnil, t. VI, p. 246-251. C'est
le père du fameux financier Samuel Bernard.

121. **Du Guernier** (Louis), peintre en miniature français,
    1614-1659. — In-4°. H. 0,201. L. 0,171. (Le B., 9.)*

> Voir Rob.-Dum., 1.
> 2e état, avec la lettre. — Très-belle épreuve.

122. **Hautmann** (N.), musicien français. — In-4°. H. 0,206.
    L. 0,170. (Le B., 10.) *

> Voir Rob.-Dum., 2.
> 3e état. Rare. — Très-belle épreuve.

BERTONNIER (Pierre-François),

graveur au burin, né à Paris en 1791, mort en 18.... Élève d'Alex. Tardieu.

123. **Descartes** (René), 1596-1650. — In-12. H. 0,090.
    L. 0,058. (Le B., 47, *s. n.*)

> En buste, dans un ovale. Vu de 3/4, tourné à droite, tête nue, cheveux
> longs, couvrant le front et retombant par derrière sur les épaules. — Fond
> noir. — Sous le tr. c., à g. : *Franc. Hals pinx.;* — à dr. : *Bertonnier sc.*
> — inscriptions tracées à la pointe.
> Portrait fait pour l'édition à part (1825) du *Discours de la Méthode pour*
> *bien conduire sa raison*, de Descartes.
> Belle épreuve, avant la lettre, sur papier de Chine.

BERVIC (Charles-Clément),

dessinateur et graveur au burin, membre de l'Institut, né le 23 mai 1756, à Paris,
où il mourut le 23 mars 1822. Élève de J. G. Wille.

124. *France :* **Louis XVI**, 1754-1793. — Gr. in-fol. H. 0,686.
    L. 0,519. (Le B., 7.)

> En pied, en costume royal, debout sur les marches du trône. Il est

représenté vu de 3/4, la main droite tenant le sceptre, appuyé sur un coussin supportant la couronne et la main de justice. De la main gauche, il tient son chapeau orné de plumes. — Dans le bas du cadre : *Louis Seize* || *Roi des Français, restaurateur de la liberté.* || *Présenté au Roi et à l'Assemblée Nationale. Par l'auteur.*— Sous le tr. c., à g. : *Peint par Callet, Peintre du Roi.;* — à dr. : *Gravé en* 1790, *par Bervic, Graveur du Roi.;* — au milieu : *Se Vend à Paris, chez Bervic,* etc.

3e état. — Très-belle épreuve.

Bervic suivit le mouvement révolutionnaire, et, dans une des séances de la Société populaire des Arts, il brisa lui-même la planche de ce portrait. Toutes les épreuves qui se trouvaient chez lui furent déchirées en deux; c'est pourquoi les exemplaires en épreuves anciennes ne se rencontrent généralement qu'avec la déchirure raccommodée. Depuis, la planche (qui existe encore) a été rajustée, et l'on en a tiré des épreuves modernes.

125. **Sénac de Meilhan** (G.), publiciste français, 1736-1803. — Gr. in-fol. H. 0,427. L. 0,334. (Le B., 12.)

Jusqu'aux genoux, assis dans un fauteuil près d'une table. Il est vu de 3/4, la tête tournée vers la droite, le corps de face. La main droite est appuyée sur le fauteuil; le bras gauche étendu, et le revers de la main posé sur un rouleau de papier développé sur la table. — Sous le tr. c., à g. : *J. S. Duplessis, Pinx.;* — à dr. : *Ch. Cl. Bervic, Sculp.* — Au milieu, ses armes : *D'or à 2 fasces d'azur.* Couronne de comte; supports : deux aigles. La date de 1783 au bas de l'écusson.

1er état. — Très-belle épreuve.

2e état. — Les armoiries sont accompagnées de cette inscription : *Gabriel Sénac de Meilhan,* || *Intendant du Hainault.* || *Valencenensis civitas, Beneficiorum memor,* || *offerebat, Anno M.DCC.LXXXIII.* — Belle épreuve.

126. **Vergennes** (Ch. GRAVIER, comte DE), homme d'État français, 1717-1787. — Pet. in-fol. H. 0,289. L. 0,221. (Le B., 9.)

A mi-corps, dans un ovale. Vu de 3/4, tourné vers la droite, tête nue, avec la plaque de l'ordre du Saint-Esprit sur son habit. — Sur la tablette servant de socle, ses armes. — Sous le tr. c. : *Dessiné d'après Nature et Gravé par Clément Bervic en* 1780.

1er état. — Très-belle épreuve.

2e état. — Les armes sont accompagnées de cette inscription : *Charles Gravier Comte de Vergennes,* || *Commandeur des ordres du Roi,* || *Conseiller d'Etat d'Epée. Ministre et Secretre d'Etat* || *ayant le Département des affaires étrangères.* — Belle épreuve.

BLANCHARD (Auguste-Jean-Baptiste-Marie),

graveur au burin, né le 4 avril 1792, à Paris, où il est décédé en 1849.
Élève de son père.

127. *France* : **Joséphine** (Marie-Joseph-Rose TASCHER DE LA
PAGERIE), impératrice des Français, 1763-1814. — In-fol.
H. 0,193. L. 0,152. (Le B., 51, *s. n.*)

En pied. Elle est représentée dans le parc de la Malmaison, assise à
l'ombre des arbres, sur un tertre, à demi étendue et le coude gauche
appuyé contre un exhaussement de terrain. Vue de 3/4, regardant devant
elle, le corps légèrement tourné vers la droite ; tête nue, les cheveux
retenus par des bandelettes. Vêtue d'un peignoir très-décolleté, dont
les manches courtes laissent les bras entièrement nus. De la main
droite, elle relève le pan d'une draperie qui lui entoure les genoux et
sur laquelle elle est assise. — Sous le tr. c., à g. : *Prudhon pinxt.*; — à
dr.: *Blanchard fils sculpt*; — au milieu : *Joséphine* || *Impératrice des
Français.*

Charmante composition de Prudhon, finement gravée. — Très-belle
épreuve, à toutes marges.

BLOIS (A. DE),

graveur à la manière noire, du XVIIe siècle.

128. **Mazarin** (Hortense MANCINI, duchesse DE), nièce du
cardinal, 1646-1699. — In-4°. H. 0,180. L. 0,158.

En buste, dans un ovale. Vue de 3/4, les cheveux bouclés, la gorge nue.
— Sous le tr. c. : *Ortance* (sic) *Manzini Duchesse de Mazarin etc.* —
Plus bas, à g. : *P : Lely pinx.*; — à dr. : *A. De Blois fecit.*; — au milieu :
N : Visscher excudit.

Gravé à la manière noire. — Belle épreuve.

BLOT (Maurice),

dessinateur et graveur au burin et à l'eau-forte, né à Paris en 1754, mort le
13 novembre 1818. Élève d'Augustin de Saint-Aubin.

129. **Corvisart-Desmarets** (Jean-Nicolas, baron), médecin
français, 1755-1821. — In-4°. H. 0,257. L. 0,198. (Le B.,
18, *s. n.*)

Dans un cadre, en buste. Vu de 3/4, tourné vers la gauche, en redingote, avec la petite croix de la Légion d'honneur à la boutonnière. — Sur la tablette du cadre : *J. N. Corvisart*, || *Premier Médecin de S. M. l'Empereur & Roi*, || *Officier de la Légion d'Honneur, Baron de l'Empire, &c., &c.* — Au-dessous et au milieu : *Amico Amici.* — Sous le tr. c., à g. : *Peint par Gérard.;* — à dr. : *Gravé par Blot;* — au milieu, la date : *An* 1809.

Belle épreuve sur papier de Chine, avec grandes marges.

130. *France :* **Louis-Joseph-Xavier-François**, Dauphin, 1781-1789, et **Marie-Thérèse-Charlotte**, dite Madame, 1778-1851, enfants de Louis XVI. — Gr. in-fol. H. 0,450. L. 0,343. (Le B., 20.)

Ils sont représentés presque de face, assis l'un près de l'autre, dans un jardin, au pied d'un arbre. *Madame*, coiffée d'un chapeau de paille, avec ruban dans les cheveux, la robe un peu décolletée, a son bras gauche passé sur l'épaule gauche du Dauphin. De la main droite, elle tient, sur ses genoux, un nid avec quatre petits oiseaux. Le Dauphin, en petite veste, avec collerette, la main droite posée sur le bras droit de sa sœur, tient, de la main gauche, au-dessus du nid, la mère de la couvée. A leurs pieds, le chapeau du Dauphin, recouvrant un bouquet de fleurs. Derrière eux, un berceau de feuillage donnant vue sur l'horizon. — Sous le tr. c., à g. : *Peint par Louise, Elisabeth, le Brun, Peintre du Roi.;* — à dr. : *Gravé par Maurice, Blot, en* 1786. — Au milieu, deux blasons accolés, accompagnés de cette inscription : *Monseigneur le Dauphin, et Madame, fille du Roi.* || *Dédié à la Reine* || *Par son très Respectueux et très fidele sujet Blot.* || *Le Tableau appartient à Sa Majesté.* || *A Paris chez l'Auteur,* etc.

2ᵉ état. — Très-belle épreuve, avec grandes marges.

131. **Géry** (André-Guillaume DE), abbé de Sainte-Geneviève. — In-fol. H. 0,365. L. 0,272. (Le B., 21, *s. n.*)

A mi-corps, dans un cadre architectonique. Il est vu de 3/4, tourné vers la gauche, tête nue, en costume d'abbé. — Au milieu du socle, dans un médaillon, les armes de *France*. — Sous le tr. c. : *Dessiné d'après Nature, et Gravé par M. Blot, en* 1780.

1ᵉʳ état, NON DÉCRIT. — Belle épreuve.

2ᵉ état. — Sur le socle, cette inscription accompagne les armes : *Andreas Guilᵘˢ de Gery.* || *Abbas Sᵗᵃ Genovefæ Parisiensis. prepos.* || *generalis canon. Regul congreg. gal.* || figuré à la main *Natus Remis.* 17 *febr.* 1727. — Sous le tr. c. : *Dessiné d'après nature et gravé par M. Blot, en* 1780. Au-dessous : *Potens exhortari in doctrinâ sanâ.* || *Ep : ad Tit : Cap :* 1° V. 9. — Belle épreuve.

BOILLY (Alphonse),

graveur à l'eau-forte, né à Paris le 3 mai 1801, mort au Petit-Montrouge
le 8 décembre 1867. Élève d'Alex. Tardieu et de Forster.

132. *France* : **Marie-Thérèse-Antoinette**, infante d'Es-
pagne, fille de Philippe V, et première épouse de Louis,
Dauphin, fils de Louis XV, 1726-1746. — In-fol. H. 0,277.
L. 0,199. (Le B., 21.)

En pied, debout sur une terrasse recouverte dans le haut par une draperie formant dais et retenue à gauche par un cordon à glands, entourant
le fût d'une colonne. Elle est vue presque de face, le corps légèrement
tourné vers la droite, tête nue, les cheveux relevés sur le devant, ornés
de perles et se terminant derrière par deux longues boucles tombant sur
ses épaules nues. Vêtue d'une magnifique robe décolletée à grands ramages; manches courtes laissant les bras à demi nus; corsage en pointe
et garni de perles, dans le haut duquel, à gauche, est attaché un bouquet de fleurs. Un manteau fleurdelisé, à longue traîne et doublé d'hermine, est retenu sur ses épaules; il forme sur la gauche draperie. Elle
relève de sa main droite le pan de son manteau, et, dans sa main gauche,
elle tient un éventail fermé. — Près d'elle, un fauteuil et un bouquet de
fleurs par terre. — Sous le tr. c., à g. : *Peint p. Tocqué* 1748.; — à dr. :
Gravé p. Boilly.; — au milieu : *Marie Thérèse Antoinette Infante d'Es-
pagne || Dauphine de France* † 1746. — Au bas de la marge à g. : *Dia-
graphe et Pantographe-Gavard*; — à dr. : *Dessiné par Janet-Lange.* —
Dans le haut de la gravure, à g. : *Gal^rie. His^que. de Versailles S. M.*;
A dr. : **35.**

Très-belle épreuve sur papier de Chine.

BOISSARD (Robert),

dessinateur et graveur au burin, né à Valence vers 1590.

133. *France* : **Henri II de Bourbon**, prince de Condé,
premier prince du sang, 1588-1646. — In-fol. H. 0,338.
L. 0,250.

Non cité par Le Blanc.

Jusqu'à la ceinture, vu de 3/4, tourné vers la droite, tête nue, les cheveux en arrière. Il est représenté à l'âge de 9 ans. — Au-dessus de sa
tête, à g. : *Ætatis suæ IX.* — *AN° DÑO* (sic) 1596. — Plus bas, du même
côté, le monogramme du graveur B. — Sous le tr. c. : *Henricus Borbonivs
Regii sangvinis in gallia primvs princeps || In honorem ac gratiam orna-*

tissimi. ViriRenati Grauiseti ciuis Argentoratensis, hoc opus in ære incisum || feci, eique donaui atqve dicaui. Robertus Boissardus.

Fort rare. — Très-belle épreuve.

BOIZOT (MARIE-LOUISE-ADÉLAÏDE),

dessinateur et graveur au burin, fille d'Antoine Boizot, peintre, et sœur de Louis-Simon, dessinateur et sculpteur, née à Paris le 15 août 1744 (et non en 1748), morte vers 1800. Élève de son père et de J. Flipart.

134. *Allemagne :* **Joseph II**, empereur, 1741-1790. — In-4°. H. 0,185. L. 0,128. (Le B., 3, *s. n.*)

En buste, d'après un bas-relief, dans un ovale. Il est tourné à droite, vu de profil, la tête nue. — Sur la tablette : *Joseph II. || Empereur.* — Sous le tr. c., à g. : *Dessiné par L. S. Boizot ; —* à dr. : *Gravé par Marie Lse. Ade. Boizot en* 1777.; — plus bas : *Se vend à Paris chez J. J. Flipart*, etc. Belle épreuve.

135. *France :* **Louis XVI**, 1754-1793. — In-8°. H. 0,212. L. 0,157. (Le B., 7, *s. n.*)

Dans un médaillon, retenu par un nœud de ruban et des guirlandes de fleurs. En buste, vu de profil, tourné à gauche, tête nue, le grand cordon en sautoir. — Sur la tablette : *Louis XVI. || Roy de France.* — Sous le tr. c., à g. : *Dessiné par L. S. Boizot. ; —* à dr. : *Gravé par Marie Lse Ade Boizot ; —* au-dessous : *Se vend à Paris, chez J. J. Flipart*, etc. — Et plus bas : *Se vend présentement A Paris chés Basset*, etc. Belle épreuve.

136. *France :* **Marie - Antoinette d'Autriche** (Josèphe-Jeanne), 1755-1793. — In-fol. H. 0,213. L. 0,158. (Le B., 8, *s. n.*)

En buste, dans un médaillon (comme le précédent). Elle est tournée à droite, vue de profil, décolletée ; coiffure à boucles étagées, avec aigrette et un voile retombant sur l'épaule. — Sur la tablette : *Marie Antoinette || d'Autriche Reine de France.* — Sous le tr. c., à g. : *Dessiné par L. S. Boizot.; —* à dr. : *Gravé par Marie Lse. Ade. Boizot* 1775. ; — au milieu : *Se vend à Paris, chez J. J. Flippart*, etc. Pendant du précédent.

Très-belle épreuve, à toutes marges.

137. *France :* **Marie - Antoinette.** — In - fol. H. 0,212. L. 0,157.

En buste, dans un médaillon (comme le précédent). Elle est tournée à gauche, vue de profil, décolletée. Coiffure unie, relevée, qui cache l'oreille, dont on ne voit que le pendant formé d'une grosse perle allongée. Sur le sommet de la coiffure, un diadème avec une fleur de lis ; un voile s'enroule autour des cheveux et retombe en arrière. — Sur la tablette : *Marie Antoinette* || *d'Autriche Reine de France.* — Sous le tr. c., à g. : *Dessiné par L. S. Boizot Sculpteur du Roy ;* — à dr. : *Gravé par Marie L^{se}. A^{de}. Boizot* 1781 (date presque effacée). — Au bas : *Se vend à Paris chez J. J. Flipart,* etc..... || *Se vend présentement, A Paris chez Basset,* etc.

Belle épreuve.

138. *France :* **Louis-Stanislas-Xavier,** comte de Provence (plus tard **Louis XVIII**), 1755-1824. — In-4°. H. 0,212. L. 0,157. (Le B., 10, *s. n.*)

En buste, dans un médaillon (comme le précédent). Il est tourné à gauche, vu de profil, tête nue, un cordon en sautoir. — Sur la tablette : *Louis Stanislas X^{ier}. Cte. de Provence* || *Monsieur* || *frere du Roy.* — Sous le tr. c., à g. : *Dessiné par L. S. Boizot ;* — à dr. : *Gravé par M^{rie}. L^{se}. A^{de}. Boizot en* 1776. — Au bas : *Se vend A Paris chez J. J. Flipart,* etc.

Belle épreuve, à toutes marges.

139. *France :* **Marie-Joséphine-Louise de Savoie,** comtesse de **Provence,** 1753-1810. — In-4°. H. 0,212. L. 0,157. (Le B., 9, *s. n.*)

En buste, dans un médaillon (comme le précédent). Elle est tournée à droite, vue de profil. — Sur la tablette : *Marie Josephe Louise Ctesse. de Provence* || *Madame.* — Sous le tr. c., à g. : *Dessiné par L. S. Boizot ;* — à dr. : *Gravé par M^{rie}. L^{se}. A^{de}. Boizot.* — Au-dessous : *Se vend à Paris chez J. J. Flipart,* etc.

Pendant du précédent.

Belle épreuve, à toutes marges.

140. *France :* **Charles-Philippe,** comte d'**Artois** (plus tard **Charles X**), 1757-1836. — In-4°. H. 0,210. L. 0,156. (Le B., 5, *s. n.*)

En buste, dans un médaillon (comme le précédent). Vu de profil, tourné à droite, tête nue, avec les insignes de la Toison d'or au cou et la plaque de l'ordre du Saint-Esprit sur la poitrine. — Sur la tablette :

Charles Philippe, || *C*[te]. *d'Artois.* || *frere du Roy.* — Sous le tr., à g. :
Dessiné par L. S. Boizot; — à dr. : *Gravé par M*[rie]. *L*[se]. *A*[de]. *Boizot en*
1776. — Au-dessous : *Se vend à Paris, chez J. J. Flipart,* etc.....
Très-belle épreuve, avec toutes marges.

141. *France* : **Marie-Thérèse de Savoie,** comtesse **d'Ar-**
tois, 1756-1805. — In-4°. H. 0,212. L. 0,156. (Le B., 4, *s. n.*)

En buste, dans un médaillon (comme le précédent). Elle est tournée
à gauche, de profil, décolletée, les cheveux relevés, au sommet desquels
il y a un foulard formant coiffure. — Sur la tablette : *Marie-Thérèse*
|| *C*[tesse] *d'Artois.* — Sous le tr. c., à g. : *Dessiné par L. S. Boizot.;* — à
dr. : *Gravé par M*[rie]. *L*[se]. *A*[de]. *Boizot en* 1778. — Plus bas, au milieu : *Se*
vend à Paris, chez J. J. Flipart, etc.
Pendant du précédent.
Très-belle épreuve, avec toutes marges.

142. *France* : **Élisabeth,** sœur de Louis XVI, 1764-1794. —
In-4°. H. 0,213. L. 0,157. (Le B., 11, *s. n.*)

En buste, dans un médaillon (comme le précédent). Elle est de profil,
tournée à gauche, décolletée, la coiffure relevée, un foulard sur le som-
met des cheveux. — Sur la tablette : *Madame Elisabeth* || *sœur du Roy.*
— Sous le tr. c., à g. : *Dessiné par L. S. Boizot.;* — à dr. : *Gravé par*
M[rie]. *L*[se]. *A*[de]. *Boizot, en* 1780. — Plus bas, au milieu : *Se vend à Paris,*
chez J. J. Flipart, etc.
Belle épreuve.

LES BONNART.

La famille Bonnart occupe une place assez large dans les fastes de
la gravure française pendant la seconde moitié du dix-septième siècle et la première moitié du dix-huitième. Tous ses membres appar-
tiennent au domaine de l'art et s'allient à des familles d'artistes
Personnellement graveurs de second ordre, ils exploitent des ateliers
d'où sortent des centaines d'estampes qui consistent principalement
en portraits et en costumes, dont la valeur historique n'est pas
médiocre. Le Blanc met au nom des Bonnart 624 pièces, et il est
loin d'être complet.

Les historiens de la gravure et les biographes se sont fort peu
occupés de cette famille, dont ils ne connaissent même pas tous les
membres ni le degré de leur parenté : les dates leur font absolument
défaut. L'essai de généalogie qui suit a été dressé à l'aide de renseignements puisés dans le *Dictionnaire critique de biographie et*

d'histoire, par Jal (2ᵉ édition, Paris, 1872), et dans les *Actes d'état civil d'artistes français*, etc., publiés par Herluison (Orléans, 1873).

Le plus ancien membre dont les actes fassent mention est :

PIERRE Bonnart, imprimeur, décédé le 19 septembre 1681, rue du *Chat-qui-Pesche* (paroisse Saint-Séverin), et inhumé le lendemain. D sa femme, Marie LECONTE, on ne lui connaît que deux filles :

I. MARIE, mariée : 1° à Pierre PHILIPPE, graveur ; 2° le 19 ao 1680, à Pierre RIVASSON, sculpteur.

II. DENISE, citée dans l'acte de mariage de sa sœur.

HENRI (Iᵉʳ) Bonnart, désigné comme frère du précédent dans l'acte de mariage, de P. Rivasson, est qualifié de « marchand [imprimeur] de taille-douce et bourgeois de Paris » dans l'acte de son inh - mation, qui eut lieu à l'église Saint-Benoît le 13 mars 1682. Il demeurait alors à *l'enseigne de l'Aigle,* rue Saint-Jacques. De son union avec Marguerite MARTIN, inhumée dans la même église, le 20 août 1687, il eut plusieurs enfants, qui suivent :

I. HENRI (II) Bonnart, baptisé le 16 novembre 1642 (paroisse Saint-Séverin), maître-peintre, graveur et bourgeois de Paris, recteur de l'Académie de Saint-Luc, décédé rue Saint-Jacques le 13 nove - bre 1711. Le Blanc lui attribue 201 pièces, dont 20 sujets de sain- teté, 46 portraits et 135 estampes de costumes.

De son mariage avec Marie-Madeleine PIERRE, morte le 7 mai 1721, âgée d'environ 65 ans, on ne connaît qu'un fils : JEAN-BAPTISTE-HENRI Bonnart, peintre et graveur, marié avec Marie FONTAINE, décédé rue Saint-Jacques, *au Coq,* le 22 février 1726, âgé d'e - viron 48 ans, et inhumé le lendemain dans la cave de la chapelle du Saint-Sacrement, à l'église Saint-Séverin. Le Blanc ne connaît de lui que deux estampes de mœurs.

II. ROBERT Bonnart, baptisé le 3 novembre 1652 (paroisse Saint-Séverin), eut pour parrain Robert Nanteuil « maître-graveur en « taille-douce, lequel a imposé le nom », dit l'acte. Nommé d'abor peintre et graveur du roi, il devint ensuite professeur-adjoint à l'Académie de Saint-Luc. Élève de Van der Meulen, il grava plusieurs estampes d'après ce maître. Le Blanc ne cite de lui que 9 pièces. Le 10 septembre 1680, il épousa Catherine LORNE, fille de François LORNE, « l'un des deux cens barbiers-perruquiers réser- « vés par Sa Majesté », et sœur d'un autre François Lorn , peintre. Elle mourut le 31 mars 1729, âgée d'environ 75 ans, rue Saint-Jacques, à *l'Ange gardien,* et fut inhumée le lendemain l'église Saint-Séverin. Son mari lui survécut. Les biographes l'o toujours confondu avec son fils ROBERT-FRANÇOIS Bonnart, professeur de l'Académie de Saint-Luc, qui vivait encore en 1759.

III. JEAN-BAPTISTE Bonnart, baptisé le 5 avril 1654 (paroisse Saint-Séverin), peintre et graveur du roi, épousa, le 6 décembre 1686, Antoinette HÉRAULT (née le 13 juillet 1642), fille d'Antoine HÉRAULT, peintre, et veuve de Guillaume CHASTEAU, graveur. Elle mourut le 7 août 1695, *sur le pont Notre-Dame* (paroisse Saint-Gervais), tandis que son mari vivait encore en 1752. Le Blanc met au nom de Jean-Baptiste Bonnart 34 sujets, dont un *Jésus-Christ au mont des Oliviers*, d'après Ant. Coypel, 9 portraits et 24 costumes.

IV. NICOLAS Bonnart, « marchand-graveur et bourgeois de Paris, » épousa Marie COUILLET ou COUILLAUD DE LA CROIX. C'est lui qui continua à exploiter le fond paternel, à *l'Aigle noir,* rue Saint-Jacques, et Le Blanc lui attribue 379 pièces, dont 15 sujets de sainteté, 27 sujets de mythologie, 32 d'histoire, 24 portraits et 208 estampes de costumes, scènes de mœurs, etc. Huber (*Manuel des curieux*) mentionne d'autres sujets de sainteté, gravés en partie d'après son frère Robert Bonnart. Tout porte à croire que ce Nicolas est le même qu'un autre désigné dans les actes comme époux de Marie Conijaud. Sa mort est marquée au 16 février 1718, à l'âge de 81 ans, ce qui prouverait qu'il était l'aîné des frères. Il eut plusieurs enfants, entre autres :

1. NICOLAS (II) Bonnart, marchand-graveur, rue Saint-Jacques, qui épousa, le 27 janvier 1716, Louise PARIS, et mourut le 27 février 1762, âgé d'environ 74 ans. C'est sans doute lui qui eut pour fils un NICOLAS (III) Bonnart, marchand-graveur, rue Saint-Jacques, époux de Catherine-Thérèse LANDRY, et dont une fille, MARIE-THÉRÈSE, née posthume, fut baptisée le 24 décembre 1759, tenue sur les fonts par Robert-François Bonnart, professeur de l'Académie de Saint-Luc (voir plus haut).

2. LOUIS Bonnart, prêtre, docteur en théologie de la Maison royale de Navarre et curé de Châtillon, près Paris. Il vivait encore en 1762.

3. MARIE-SUSANNE Bonnart, née vers 1668, mariée, en février 1707, à Jean-Baptiste DE POILLY, « marchand-graveur du Roy, académiste », qui mourut en 1728.

V. MARIE Bonnart, mariée, le 25 juillet 1666, à Nicolas LEVESQUE, graveur en taille-douce. Morte le 5 novembre 1708, âgée de 66 ans.

BONNART (Henri II),

peintre, graveur et éditeur, né en 1642, à Paris, où il mourut, le 13 novembre 1711 (voir ci-dessus). Sur quinze portraits qui suivent, un seul porte le nom de Henri Bonnart, non pas en qualité de graveur, mais en celle d'éditeur. Néanmoins Le Blanc en attribue quatre à cet artiste ; quant aux autres, ils me paraissent sortir, sinon du même burin, du moins du même atelier.

143. *Angleterre :* **Jacques II**, 1633-1701. — Pet. in-fol. H. 0,273. L. 0,193. (Le B., 21, *s. n.*)

Il est représenté en pied, debout sur une terrasse, vu de 3/4, tourné vers la droite, coiffé d'un chapeau orné de plumes ; les boucles de sa perruque lui retombent sur les épaules. Il est vêtu d'un habit à ramages, le grand cordon en sautoir, culotte courte et épée au côté. Sa main droite est appuyée sur la hanche. La gauche, gantée, est posée contre sa poitrine. — Sous le portrait, entre les traits du cadre : *Se vend a Paris chez Berey Graveur,* etc... . *Avec Privilege.* — Sous le tr. c. : *Jacques Second, Roy d'Angleterre.*
Belle épreuve.

144. *Angleterre :* **Marie-Éléonore d'Este,** duchesse de Modène, épouse du roi JACQUES II, morte en 1718. — Pet. in-fol. H. 0,275. L. 0,193. (Le B., 22, *s. n.*)

En pied, debout sur une terrasse. Elle est vue de 3/4, tournée à gauche, coiffée d'un bonnet en dentelles tuyautées, à deux étages superposés, et dont les brides retombent sur le dos. Elle porte au cou une petite croix suspendue à un collier de perles. Vêtue d'une robe avec tunique à traîne. Les coudes appuyés sur les hanches, les mains gantées et croisées l'une sur l'autre, un éventail fermé dans la main gauche. — Entre les traits du cadre, au bas du portr. : *Se vend a Paris chez Berey Graveur,* etc..... *Avec Privilege* 1697. — Sous le tr. c. *Marie Eleonore d'Este,* || *Reine d'Angleterre.*
Belle épreuve.

145. *Danemark :* **Charlotte-Amélie de Hesse-Cassel,** épouse du roi CHRISTIAN V, morte en 1714. — Pet. in-fol. H. 0,279. L. 0,196.

En pied, vue de 3/4, regardant vers la droite, le corps tourné vers la gauche. Elle est représentée debout sur une terrasse, au pied d'un escalier à rampe en fer forgé. Coiffée comme la précédente. Un collier de perles au cou. Vêtue d'une robe à volants avec tunique à traîne. Les mains cachées dans un manchon. — Entre les traits du cadre : *se vend à Paris chez A. Trouvain,* etc..... *avec Privilege du Roy.* — Sous le tr. c.

Charlotte Landgrave de Hesse Cassel, Reyne de Dannemarc, fille du || *Landgrave Guilleaume* (sic), *et d'Hedwige Sophie Princesse E^{te} de Brandebourg.*

Belle épreuve.

146. Erizzo (Madame Nani).—Pet. in-fol. H. 0,278. L. 0,198.

En pied, représentée debout sur une terrasse. Elle est vue presque de face, le corps légèrement tourné à gauche. Haute coiffure de dentelle tuyautée sur le sommet de la tête. Collier de perles au cou. Vêtue d'une robe richement brodée, corsage avec tunique à traîne. Le bras droit passé dans son manchon, un éventail fermé à la main. Le bras gauche à demi plié et la main ouverte. Derrière elle, son valet de pied, le chapeau dans la main droite, porte de la gauche la traîne de la robe. — Entre les traits du cadre : *se vend a Paris chez Trouuain,* etc..... *auec Priuilege du Roy.* — Sous le tr. c. : *Madame Nani Erizzo Ambassadrice de* || *Venise en France.* 1697.

Belle épreuve.

147. *France :* **Louis de France,** surnommé le **Grand Dauphin, 1661-1711. —** Pet. in-fol. H. 0,272. L. 0,190.

En pied, debout près d'une tente. Vu de face, le corps tourné vers la gauche, coiffé d'un chapeau orné de plumes ; une longue perruque dont les boucles lui retombent sur le dos. Il est vêtu d'un habit richement brodé, avec manches à parements garnis de boutons. Il porte en sautoir le grand cordon ; l'épée au côté. Sa main droite est appuyée sur sa canne ; le bras gauche étendu dans la direction d'un camp que l'on voit, à gauche, dans le fond. — Sous le tr. c. : *Loüis Dauphin de France.* — Plus bas : *A Paris chez I. Mariette,* etc.

Belle épreuve.

148. *France :* **Philippe II d'Orléans,** duc de **Chartres** (plus tard **Régent de France), 1674-1723. —** Pet. in-fol. H. 0,277. L. 0,197.

En pied, debout sur une terrasse dallée. Vu de face, coiffé d'un tricorne orné de plumes sur les bords. Vêtu d'un habit ajusté, ouvert sur la poitrine et laissant voir le grand cordon passé en sautoir ; l'épée au côté. Le bras droit à demi plié, la main presque ouverte. La main gauche dans la poche de côté de son vêtement. — Au bas du portrait, entre les traits du cadre : *se vend a Paris chez A Trouuain,* etc. — Sous le tr. c. : *Monsieur Le Duc de Chartres.*

Belle épreuve.

149. *France :* **Élisabeth-Charlotte de Bavière,** appelée

la **duchesse d'Orléans** et surnommée *la Palatine,* 1652-
1722. — Pet. in-fol. H. 0,273. L. 0,194.

En pied, vue de 3/4, tournée à droite, vêtue en amazone à longue
traîne; assise sur une chaise à dossier élevé; coiffée d'un chapeau à bor
relevés, garnis de plumes. Une cravache dans la main gauche; le bas
droit à demi plié, la main entr'ouverte. — Sous le tr. c. : *Elizabet
Charlotte Palatine Duchesse d'Orléans* || *Fille de Charles Louis Prîñc
Palatin du Rin* (sic) *Électeur de l'Empire et de Charlotte Fille du
Lantgraue* (sic) *de Hesse est née le 17. may 1652. et a épousé en 1671.
le 16. 9bre. Mr frere vnique du Roy.* — Au-dessous : *A Paris che
J. Mariette,* etc.
Belle épreuve.

150. *France :* **Marie-Adélaïde de Savoie,** épouse de Loui
DE FRANCE, duc DE BOURGOGNE, 1685-1712. — Pet. in-fol.
H. 0,268. L. 0,193.

En pied, debout sur une terrasse. Vue de face, le corps tourné à ga -
che; tête nue, les cheveux courts et bouclés, entremêlés de perles.
Vêtue d'une robe à longue traîne, sur laquelle sont brodées des fleurs
de lis. Elle tient un éventail fermé dans sa main droite; le bras gauche
pendant. — Sous le portrait, entre le double tr. du cadre, à g. : *De-
signé* (sic) *par B. Picart et se vendent a Paris, rue Saint-Jacques,
chez N. Bonnart à l'Aigle.* — Dans l'angle droit : *A. P.* — Sous
tr. c. : *Marie Adelaide Princesse de Savoye Duchesse de Bourgogne.*|
Fille ainée de S. A. Royalle Victor Amédée 2. || *Duc de Savoye e
d'Anne* || *Marie d'Orléans. Née a Turin le 6e. Decembre 1685. et mari
le 7e. Decembre 1697.*
Belle épreuve.

151. *France :* **Louise-Élisabeth de Bourbon-Condé**
épouse de LOUIS-ARMAND II DE BOURBON, prince DE CONTI
1693-1775. — Pet. in-fol. H. 0,282. L. 0,199. (Le B., 38, *s. n.*)

En pied, assise dans un fauteuil, devant une cheminée. Elle est vue
de 3/4, regardant à droite; sur le sommet de la tête, une haute coi
fure de dentelle tuyautée et de rubans; autour du cou, un collier de
perles et un boa. Vêtue d'une robe à longue traîne et à grands ramage
Le bras droit appuyé sur le fauteuil; dans la main gauche un écran. S
pieds reposent sur un tabouret oblong. — Au bas, entre les tr.
cadre : *A Paris chez J. Mariette,* etc... *avec privilege du Roy.* — Sou
le tr. c. : *Madame la Princesse de Conty Doüairiere.*
Belle épreuve.

152. Grimaldi. — Marguerite DE LORRAINE-HARCOURT, duchesse DE VALENTINOIS, épouse d'Antoine Grimaldi, morte le 30 octobre 1724. — Pet. in-fol. H. 0,271. L. 0,196. (Le B., 63, *s. n.*)*.

En pied, debout sur une terrasse, dans la cour intérieure d'un palais. Vue de face, le corps légèrement tourné à droite; sur la tête, une haute coiffure de dentelle tuyautée; collier de perles. Elle est vêtue d'une robe à traîne; sur les épaules, une mante de tulle garnie de dentelles. Dans la main gauche, un éventail fermé; le bras droit étendu vers la droite. — Entre les traits du cadre, au bas du portrait : *Se vend a Paris chez Berey Graveur*, etc. *Avec Privilege.* — Sous le tr. c. : *Madame La Duchesse* || *de Valentinois.*

Belle épreuve.

153. Maintenon (Franç. D'AUBIGNÉ, marquise DE), 1635-1719. — Pet. in-fol. H. 0,238. L. 0,179. (Le B., 49, *s. n.*)

En pied, debout, vue de 3/4, regardant vers la gauche, les cheveux relevés, bouclés sur les côtés; une haute coiffure de fleurs ornée de rubans. Vêtue d'une robe à raies, avec tunique à traîne; collier de perles. Le bras droit pendant, un mouchoir à la main; dans la main gauche, un éventail fermé, le bras à demi étendu. — Entre les traits du cadre, à g. : *Chez HBonnart*, etc., *auec priuil.* — Sous le tr. c. : *Françoise d'Aubigné Marquise de Maintenon portée par vn* || *sentiment de piété à prendre soin de l'Éducation des Jeunes filles de qualité, a obtenu* || *du Roy la fondation de la Maison de St Cyr, ou sont eleuées 250. Demoiselles depuis* || *l'age de 7. ans jusqu'à 20. a tous les deuoirs de pieté et à tous les exercices propres de leur sexe.*

Belle épreuve.

153 *bis*. Maintenon (Mme de). — Pet. in-fol. H. 0,284. L. 0,207.

En pied, debout, vue de 3/4, tournée à droite; elle a une haute coiffure de dentelle tuyautée, la tête couverte d'une capuche nouée sous le menton; les épaules couvertes d'une mante. Elle porte une robe à longue traîne. Son bras droit est passé dans son manchon; dans la main gauche, un livre de prières ouvert. A ses pieds, un riche coussin. — Sous le tr. c. : *Madame de Maintenon.* || *à L'ÉgLise.* — Plus bas : *Se Vend a Paris chez Berey*, etc. *Avec Privilege du Roy.* 1697.

Belle épreuve.

154. *Savoie :* Victor-Amédée II (François), duc de Savoie, puis roi de Sicile et de Sardaigne, 1666-1732. — Pet. in-fol. H. 0,273. L. 0,191.

En pied, debout sur une terrasse. Vu de 3/4, tourné légèrement à

4

droite, tête nue, une longue perruque tombant sur les épaules. Vêtu habit sous un pardessus entièrement ouvert, avec manches à paremen Épée au côté. Sa main droite, dégantée, est appuyée à la ceinture; sous le bras gauche, il tient son chapeau, et, dans la main, sa canne et son gant. — Entre les traits du cadre : *Se vend a Paris chez Berey*, etc. *Avec p vilege du Roy 1697.* — Sous le tr. c. : *Victor Amedé 2. (sic) Duc Sauoye*, || *Prince de Piédmont, Roy de Cypre. etc.*
Belle épreuve.

155. **Soubise** (Anne CHABOT DE ROHAN, princesse DE), m -tresse de Louis XIV, 1648-1709. — Pet. in-fol. H. 0,275. 0,192.

En pied, debout sur une terrasse. Vue de 3/4, tournée vers la droi haute coiffure de dentelle tuyautée et de velours. Vêtue d'une manul garnie de dentelle ; robe à traîne. La main gauche posée sur l'av bras droit; elle tient dans sa main droite un éventail fermé, le br gauche passé dans son manchon. — Entre les traits du cadre : *Se ven à Paris, chez Trouuain*, etc... *auec priuilege du Roy.* — Sous le tr. *Madame la Princesse de Soubize* (sic).
Belle épreuve.

156. *Toscane* : **Cosme-III de Médicis**, sixième grand-du 1642-1723. — Pet. in-fol. H. 0,257. L. 0,184.

En pied, debout sur une terrasse. Vu de 3/4, regardant vers la droi Coiffé d'un chapeau orné de plumes ; longue perruque. Vêtu d'un h ajusté, à revers rabattus ; écharpe nouée sur le devant en gui ceinture, épée au côté. Le bras droit à demi plié; la main gauch appuyée sur la hanche. — Entre les traits du cadre, à g. : *HBonnart, auec priuil.* — Sous le tr. c. : *Monsieur le Prince de Toscane* || *aisné, et Successeur de Monsieur le Duc de Toscane de L'jllustre ma de Médicis*, || *et l'un des plus puissants Princes d'jtalie.*
Belle épreuve.

BONNART (NICOLAS),

frère du précédent, graveur au burin et éditeur, mort le 16 février 1718 (voir ci-dessus).

157. *France* : **Louise-Françoise de Bourbon** (appel *Mademoiselle de Nantes*), bâtarde de Louis XIV, épouse Louis III, duc DE BOURBON, prince DE CONDÉ, 1673-1743. Pet. in-fol. H. 0,271. L. 0,195. (Le B., 153, s. n.)

En pied, debout sur une terrasse, au pied d'un escalier placé de

elle. Vue presque de face ; sur le sommet de la tête, une haute coiffure de dentelle tuyautée, garnie de perles. Vêtue d'une robe à longue traîne ; collier de grosses perles, auquel est attachée une croix. Elle porte sa main gauche à un bouquet de fleurs fixé sur le haut du corsage. Un éventail est passé autour du poignet de sa main droite, dissimulée en partie dans la poche de sa robe. A sa droite, un tabouret supportant une corbeille de fleurs. — Entre le double trait du cadre : *Se vend à Paris chez Bérey Graveur*, etc. *Avec Privilège* 1697. — Sous le tr. c. : *Madame La Duchesse* || *de Bourbon.*
Belle épreuve.

BONNET (Louis-Marin),

dessinateur, graveur au lavis et à la manière du crayon, et éditeur, né à Paris en 1743, mort vers 1793.

158. *France :* **Louis XV**, 1710-1774. — In-fol. H. 0,451. L. 0,360. (Le B., 235, *s. n.*)*

En buste, dans un ovale tronqué des côtés, avec coins ornés de feuillage. Vu presque de face, la tête nue. Il est revêtu d'une cuirasse et porte au cou les insignes de la Toison d'or. Un manteau fleurdelisé lui recouvre l'épaule gauche. — Dans le coin droit du cadre : *Bonnet, sculp.* — Sous le tr. c. : *Louis XV. Roy de France et de Navarre, Né à Versailles le 15 Février 1710.* — Plus bas : *Gravé par Bonnet, d'après le Tableau de Monsieur Michel Vanloo Peintre du Roy, Directeur des Eleves protégés de Sa Majesté.* — Au-dessous : *A Paris, chez Bonnet,* etc.
Gravé à la manière du crayon. — Belle épreuve.

BOSSE (Abraham),

peintre, architecte, dessinateur et graveur à l'eau-forte et au burin né à Tours vers 1602 (et non vers 1605 ou 1611), mort à Paris (et non pas à Tours) le 14 février 1676 (et non en 1678), âgé d'environ 74 ans, dit son acte de décès. Son œuvre a été décrit par M. Georges Duplessis : *Catalogue de l'Œuvre de Abraham Bosse* (Extrait de la *Revue universelle des Arts*) ; Bruxelles et Paris, 1859, in-8.

159. **Callot** (Jacques), célèbre graveur, 1593-1635. — Gr. in-4. H. de la planche 0,246. L. 0,139. Dimensions intérieures de l'ovale contenant le portrait : H. 0,051. L. 0,039. (Le B., 887, *s. n.*)

Voir G. Duplessis, n° 1,234.
État non cité, avec cette adresse au bas : *Fagnani exc. rue des Prouueres.*
Belle épreuve.

160. **Larcher** (Michel), président en la chambre des compt
— In-8°. H. 0,136. L. 0,089. (Le Bl., 788.)*

Voir G. Duplessis, n° 554.
Très-belle épreuve.

BOUCHER (François),

célèbre peintre et graveur à l'eau-forte, né le 29 septembre 1703, à Paris, où
mourut le 30 mai 1770, fils de Nicolas Boucher, maître-peintre (mort en 17
Élève de Fr. Lemoine. Son œuvre gravé a été décrit par M. de Baudicour, t I
pp. 40-102.

161. **Watteau** (Antoine), peintre français, 1684-1721.
In-fol. H. 0,335. L. 0,229. (Le B., 83, s. n.)*

D'après Watteau lui-même.
Voir de Baudicour, 45. — Sous le tr. c. : *A Paris chez Huquier,* etc
Avec Privilege du Roy.
2e Etat. — Belle épreuve.

BOUDAN (Alexandre),

graveur en taille-douce et éditeur, mort à Paris en avril 1671.

162. *France :* **Anne d'Autriche**, épouse de Louis XIII, 160 -
1666. — In-4°. H. 0,166. L. 0,125.

En buste, vue presque de face, tournée vers la gauche. Elle est en c
veux, avec un peigne rehaussé de perles. Décolletée, portant un collie
perles. — Sous le tr. c.: *Anne d'Austriche Royne de France et de Nava*
— Au-dessous : *A Boudan excud.*
Belle épreuve.

BOUILLARD (Jacques),

dessinateur, graveur au burin et éditeur; né le 14 septembre 1744, à Vers
mort à Paris le 30 octobre 1806.

163. *France :* **Marie-Joséphine-Louise de Savoie,** co
tesse **de Provence,** 1753-1810. — Pet. in-fol. H. 0,16
L. 0,141.

En buste, dans un médaillon ovale. Vue de face, le corps tourné
la droite, tête nue, cheveux relevés en arrière. Un fichu, ouvert sur
devant et laissant voir la gorge, lui couvre les épaules. — Sous le ca e

les armes accolées de *France* et de *Savoie*, surmontées d'une couronne. 1ᵉʳ état, ayant toute lettre. — Belle épreuve.

164. *France :* **Élisabeth de France,** sœur de Louis XVI, 1764-1794. — Pet. in-fol. H. 0,162. L. 0,141.

En buste, dans un médaillon ovale. Elle est vue presque de face, tournée vers la gauche. Ses cheveux sont ornés des plumes attachées à un voile. — Sous l'ovale, les armes de *France,* surmontées d'une couronne, entourées d'étoiles et accompagnées de branches de fleurs de lis; le tout au milieu d'un rayonnement. L'inscription suivante accompagne les armoiries : *Elisabeth Philippine || Marie Helene de France, || Née à Versailles le 3. May 1764. et morte || à Paris le 10. May 1794.* — Au bas : *Gravé d'après le tableau de Mᵉ Guiard, du Cabinet de M. de Francheville.* 1ᵉʳ état, avant l'adresse du graveur. — Belle épreuve, à grandes marges.

165. *France :* **Marie-Thérèse-Charlotte de France,** duchesse **d'Angoulème,** fille de Louis XVI, 1778-1851. — Pet. in-fol. H. 0,166. L. 0,130.

En buste, dans un médaillon ovale. Vue de 3/4, tournée à droite. Elle porte sur la tête une toque de velours noir; un fichu, noué sur la poitrine, laisse entrevoir la gorge. Au cou, une chaîne avec médaillon. — Autour de l'ovale : *Marie Thérèze Charlotte de France, Madame, née à Versailles le 19 Decembre 1778.* — Sous l'ovale, les armes de *France,* surmontées d'une couronne, au milieu de rayons, et entourées d'une guirlande de roses et de branches de lis sortant de deux carquois enflammés. — Ces armes sont accompagnées de cette phrase : « *Oui* « *mon Oncle, c'est celle dont ils ont laissé || périr Le Père, La Mère,* « *La Tante, qui vous || Demande à Genoux Leur Grace et la paix.* » — Au-dessous, à dr. : *Lettre De Madame Thérèze au Roi, à Sa sortie de France.*

Belle épreuve, avec marges.

BOULANGER (Jᴇᴀɴ),

dessinateur et graveur au burin et au pointillé, né à Amiens en 1607, mort à Paris vers 1680.

166. **Ambroise** (le père), religieux de l'ordre de Saint-François. — In-fol. H. 0,333. L. 0,262. (Le B., 57, *s. n.*)*

En buste, dans un ovale. Vu de 3/4, tourné vers la gauche, en costume de religieux. — Sur le socle de l'ovale, à g. : *Pr Geor. Perrotteau. Minor. Pinx.;* — à dr. : *Jboulanger. fecit.*

Belle épreuve.

167. Arnauld (la mère Jeanne-Catherine-Agnès de Saint Paul), 1592-1671. — Pet. in-fol. H. 0,252. L. 0,186. (L B., 61, *s. n.*)*

Dans un cadre, représentée en prière devant un crucifix. Elle est vue d 3/4, en costume d'abbesse de Port-Royal, les mains jointes sur la poitrine Derrière elle, l'on aperçoit les bâtiments du monastère avec les dépendances. — Sur la tablette du cadre : *La R. Mere Catherine Agnes de S. Pau Arnavld cy deuant* || *Abbesse de Port Royal. Elle est morte le 19. Feurie 1671, en odeur de tres grande piete.* || *Os suum aperuit sapientiæ, et le clementiæ in lingua ejus. Prouerb. 31.* — Dans le bas du cadre, à g P. *de Champagne Pinx.;* — à dr. : *J. Boulanger sculp.*
Belle épreuve.

168. Richelieu (Armand-Jean DU PLESSIS, cardinal, duc DE 1585-1642. — In-fol. H. 0,276. L. 0,206.

En buste, tourné à droite, vu de 3/4. Il est coiffé d'un bonnet carré petit costume de cardinal. A sa gauche, vers le bas, se trouve le mono gramme du graveur. — Aux angles supérieurs de la planche, deu cartouches de formes différentes ; dans celui de g., les armes du cardi nal ; dans celui de dr., on lit : *Ætatis* || *suæ. 45.* || *1630.* — Sous l tr. c. : *Pourtraict de Mr le Cardinal de Richelieu.* — Plus bas, ce quatre vers sur deux lignes :

L'on voit en un coup dœil paroitre en ce visage,
Celuy de la vertu, du scauoir, du courage.
Ton esprit surpassant la force du langage,
Il faut se contenter de peindre ton visage.

Belle épreuve.

169. Vincent de Paul (saint), 1576-1660. — In-fol. H. 0,234 L. 0,203.*

En buste, vu de 3/4, tourné vers la droite, en costume de religieu avec la calotte sur la tête. — Au bas du tr. c., six lignes commença par : *Vincent de Paul Prestre, Fondateur ou Instituteur et premie Superieur General de la Congregation* || *de la Mission et des Filles l la Charité,....* et finissant par : *est decedé à Paris en la Maison d St Lazare le 27. Septembre 1660. aagé de 85. Ans.* — Plus bas, à dr. *Boulanger fecit.*
Fort rare, — Très-belle épreuve.

BOUTELOUP (Louis-Alexandre),

graveur au burin, né à Paris en 1761.

170. *Naples :* **Marie-Caroline-Louise d'Autriche,** épouse de Ferdinand Ier, roi de Naples, 1752-1814. — In-4°. H. 0,173. L. 0,133.

Médaillon encastré dans un ovale en maçonnerie aux deux tiers et séparé du reste par une terrasse. Elle est en buste, vue de profil, tournée à gauche, décolletée, les cheveux relevés, au sommet desquels un foulard retenu par un ruban perlé. — Dans le cadre du médaillon, au haut : *feix. — feax.* — Au bas du médaillon, les armes d'*Espagne* accolées à celles d'*Autriche,* surmontées d'une couronne royale. — A g. dans l'ovale, sur la terrasse, un serpent, armé de son dard, sort d'un puits placé sur un tertre ; — à dr., une tour crénelée et fenestrée, près de laquelle un arbre pommeté. — Sous les armoiries, un cartouche avec cette inscription : *Caroline || Reine de Naples.* — Sous l'ovale, tracé à la pointe : *Dessiné et Gravé par L. Boutelou,* 1786.

Belle épreuve, imprimée en bistre.

171. **Richelieu** (Louis-François-Armand du Plessis, duc de), maréchal de France, 1696-1788. — In-4°. H. 0,237. L. 0,166. (Le B., 3, *s. n.*)

Dans un ovale. Il est représenté presque de profil, tourné à droite, tête nue ; revêtu d'une cuirasse ; un manteau d'hermine est jeté sur ses épaules. Il porte les insignes de l'Ordre du Saint-Esprit. — Au milieu de la tablette, ses armoiries.

1er état, avant toute lettre. — Belle épreuve.

A la manière noire. — Gravé par Bouteloup, d'après un buste en terre de Deseine, sculpteur.

BOYVIN (René),

dessinateur et graveur au burin et à l'eau-forte, né à Angers vers 1530, mort, à ce qu'on croit, à Rome en 1598. Son œuvre est décrit dans Robert-Dumesnil, t. VIII, pp. 18-88, auquel nous renvoyons.

172. **Bucer** (Martin), ministre luthérien, 1491-1551. — In-4°. H. 0,170. L. 0,123. (Le B., 200, *s. n.*)*

Voir Rob.-Dum., 103.
Belle épreuve.

173. **Calvin** (Jean), 1509-1564. — In-4°. H. 0,168. L. 0,123.
(Le B., 201, s. n.)

> Voir Rob.-Dum., 104.
> Belle épreuve.

174. *France* : **Henri II,** 1518-1559. — In-fol. H. 0,263.
L. 0,194. (Le B., 202, s. n.)

> Voir Rob.-Dum., 105.
> Belle épreuve (120 à 150 fr.).

175. *France* : **Henri III,** 1551-1589. — In-fol. H. 0,433.
L. 0,251. (Le B., 203.)

> Voir Rob.-Dum., 106.
> 2e état. — Belle épreuve (120 à 150 fr.).

176. **Huss** (Jean), chef des Hussites, 1373-1415. — In-4°.
H. 0,170. L. 0,124. (Le B., 205.)

> Voir Rob.-Dum., 108.
> 1er état. — Très-belle épreuve.

177. **L'Épine** (Jean DE), ministre calviniste. — In-4°. H. 0,169.
L. 0,122. (Le B., 206.)

> Voir Rob.-Dum., 109.
> 1er état. — Belle épreuve.

178. **Luther** (Martin), 1483-1546. — In-4°, H. 0,169. L. 0,123.
(Le B., 207.)

> Voir Rob.-Dum., 110.
> 1er état. — Très-belle épreuve.
> C'est une copie en contre-partie du portrait gravé par Aldegraver.

179. **Marot** (Clément), poëte français, 1495-1544. — In-4°.
H. 0,167. L. 0,124. (Le B., 208, s. n.)

> Voir Rob.-Dum., 111.
> Belle épreuve.

180. **Marot** (Clément). — In-4°. H. 0,167. L. 0,121. (Le B.,
209, s. n.)

> Voir Rob.-Dum., 112.
> Belle épreuve.

181. Mélanchthon (Philippe), réformateur, 1497-1560. — In-4°. H. 0,168. L. 0,123. (Le B., 212.)

Voir Rob.-Dum., 115.
1er état. — Belle épreuve.
C'est une copie en contre-partie du portrait gravé par Aldegraver.

182. Zuingle (Ulrich), réformateur, 1484-1531. — In-4°. H. 0,168. L. 0,123. (Le B., 214, *s. n.*)

Voir Rob.-Dum., 117.
Belle épreuve.

BRADEL (P.-Jean-Baptiste),

dessinateur et graveur au burin et à l'eau-forte, né à Paris vers 1750.

183. Éon de Beaumont (Ch.-G.-L.-Aug.-A.-Tim. d'), ambassadeur et écrivain politique, 1728-1810. — In-fol. H. 0,309. L. 0,210. (Le B., 6, *s. n.*) *

En buste et en femme, vue de 3/4, tournée vers la gauche. Elle a sur la tête une coiffe de tulle, les cheveux ondulants, des pendants en perles en forme de poire; une mante sur les épaules laisse la gorge à découvert. Au cou, une croix attachée à un ruban de velours; la croix de Saint-Louis brille sur son corsage. Sur la tablette du cadre : *Charlotte-Genevieve-Louise-Auguste-Andrée-Timothée* || *d'Éon de Beaumont,* || *Chevalier de l'Ordre Royal et Militaire de Saint Louis,* || *Capitaine de Dragons, et des Volontaires de l'armée,* || *Aide-de-Camp de MM. le Maréchal-Duc et Comte de Broglie,* ||. *Ministre-Plénipotentiaire de France auprès du Roi de la Grande-Bretagne.* || *Née à Tonnerre le 5. Octobre 1728. Ætatis 35.* — Sous le tr. c. : *Dessiné et Gravé par JB. Bradel, d'après nature et les Originaux communiqués par Mademoiselle d'Éon à ce Seul Artiste.* — Plus bas : *A la Mémoire des Héroïnes Françoises* || *Jeanne d'Arc, Jeanne Hachette, etc. etc. etc.* — Sur le bord de la planche, à g. : *Avec Privilége du Roi.;* — à dr. : *Par JB Bradel.;* — au milieu : *A Paris, chez l'Auteur,* etc.

Belle épreuve, avec marges.

BRÉA (de),

peintre et graveur à la manière du lavis, de la fin du xviiie siècle.

184. Calonne (Charles-Alexandre de), homme d'État français, 1734-1802. — In-fol. H. 0,394. L. 0,330.

Presque entier, assis dans un fauteuil, devant un bureau. Il est vu de face, en costume de ministre, appuyant son bras droit sur la papiers placés sur le bureau. L'une des feuilles porte pour inscription Assemblee || Des Notables || fevrier || 1787. Il tient dans la main un pli avec la suscription : Au Roi. Le bras gauche pend le long du corps. — Sous le tr. c., à g. : Mᵈᵉ. Le Brun pinx.; — à dr. : De Bréa sculpt.; — au milieu. Monsieur de Calonne || Ministre detat sous Louis XVI. — Plus bas : Publié a Londres en Decembre 1802 par W. Richardson Nᵒ 31. Str n A la manière noire. — Belle épreuve.

BRIOT (Isaac),

graveur au burin, du dix-septième siècle. Son œuvre est décrit dans Robert Dumesnil, t. X, pp. 205-244.

185. Amboise (Georges D'), cardinal, archevêque de Rouen 1460-1510. — In-4º. H. 0,169. L. 0,135. *

> Voir Rob.-Dum., 177.
> Belle épreuve.

186. Marini (Jean-Baptiste), connu en France sous le nom du Chevalier Marin, poëte italien, 1569-1625. — In-4º. H. 0,184. L. 0,142. (Le B., 70.)

> Voir Rob.-Dum., 189.
> 2ᵉ état. — Belle épreuve.

187. Richelieu (Armand-Jean du Plessis, cardinal, duc de), 1585-1642. — Gr. in-fol. H. 0,397. L. 0,297. (Le B., 71, s. n.)

> Voir Rob.-Dum., 192.
> Belle épreuve.

BROSSARD-BEAULIEU,

peintre et graveur de la fin du dix-huitième siècle (Voy. sur lui le Catalogue général, par Defer).

188. Juigné (Antoine-Éléonore-Léon Leclerc de), archevêque de Paris, 1728-1811. — In-fol. H. 0,479. L. 0,328.

Assis dans un fauteuil. Il est représenté en petit costume d'archevêque, vu presque de face, tourné vers la droite de 3/4, tête nue, ten de sa main gauche et sur ses genoux son bonnet carré. De la mai droite, il feuillette un grand volume placé, presque droit, sur une tabl à côté d'autres livres. Derrière lui, une draperie, retenue dans le hau

cache en partie les rayons d'une bibliothèque chargés de volumes. A sa
gauche, on voit encore des livres, sur une chaise et sur le parquet. —
Sous le tr. c. : *Antonius Eleonorius Leo Le Clerc de Juigné*, || *Parisus* (sic)
Natus 2 Nov. 1728. || *Catalaunensis Episcopus anno 1764. Archiepisco-
pus Parisiensis anno 1781.* — Au-dessous : *Peint par son très humble
Serviteur Brossard Beaulieu.*

Gravé au pointillé, mêlé de manière noire.

Belle épreuve.

BUGEY,

graveur au burin du xviiie siècle.

189. Broglie (V.-F. duc DE), maréchal de France, 1718-1804.
— In-fol. H. 0,481. L. 0,309.*

Il est représenté à cheval, sur un champ de bataille ; tourné à droite,
vu presque de face. Coiffé d'un tricorne, orné d'un nœud de ruban. Le
bras droit étendu tient le bâton de maréchal. Une cuirasse recouvre son
costume ; il porte en sautoir le grand cordon. — Sous le tr. c., à g. :
M. Loir Pinxit. ; — à dr. : *Bugey Sculp.* 1761. ; — au milieu : *Victor
François Duc de Broglie*, || *Prince du St. Empire, Maréchal de
France etc.* — Suivent quatre vers sur deux lignes :

> *La France craignoit pour sa Gloire,*
> *Ses Lauriers étoient sans Vigueur*
> *Quand ce Héros, par sa Valeur,*
> *Dans son camp fixa la Victoire.*

Ces vers et l'inscription accompagnent ses armes : *D'or au sautoir
ancré d'azur* ; couronne et manteau de pair.

Belle épreuve.

CALAMATTA (Louis),

dessinateur et graveur au burin, né à Cività-Vecchia le 12 juin 1802, mort à Milan.
le 8 mars 1869, et inhumé à Nohant (Indre). Élève de Marchetti. Il est considéré
comme appartenant à l'École française.

190. *France :* **Napoléon Ier.** — In-folio. H. 0,334. L. 0,275.
(Le B., 15.)

Masque en buste, vu de face, couronné de lauriers et posé sur une
tablette. Le grand cordon avec la croix de la Légion d'honneur est en-
roulé autour du cou et cache en partie la lame d'une épée nue posée
à plat. Sur la face de la tablette, on lit : *Napoleone.* — Dans l'encadrement, plusieurs sujets allégoriques. Sur le côté inférieur, l'aigle impé-

riale reposant sur des foudres. — Sous le tr. c. : *Dessiné et gravé par Calamatta d'après le plâtre original moulé à Ste Hélène || par le Docteur Antommarchi.* — Plus bas, à g. : *Paris chez Pieri-Bénard*, etc.; — à dr. *Et chez Rittner et Goupil*, etc.; — au milieu : *Imprimé par Chardon ainé.*

Très-belle épreuve sur papier de Chine.

191. Ingres (Jean-Dominique-Auguste), célèbre peintre français, 1781-1867. — In-fol. H. 0,303. L. 0,235.

À mi-corps, vu presque de face, assis devant une table, un crayon dans la main droite. Sur le bord de cette table, on lit : *Ingres || à ses Eleves;* — un peu à dr. : *Rome 1835.* — Sous le tr. c., à g. : *Inciso da me;* — au milieu : *L. Calamatta.;* — à dr. : *Parigi 1839.*

Au trait. — Belle épreuve.

CARMONA (Manuel-Salvador),

graveur au burin, né à Madrid en 1730, mort dans cette ville en 1807. Quoique d'origine étrangère, Carmona appartient à l'École française de gravure par son maître Charles Dupuis, par le caractère de ses travaux et par son admission à l'Académie de peinture.

192. Boucher (Fr.), célèbre peintre et graveur, 1703-1770. — In-fol. H. 0,344. L. 0,242. (Le B., 14.) *

À mi-corps, dans un ovale architectonique. Vu de 3/4, tourné à droit tête nue. Il est assis de côté sur une chaise dont le dossier se trouve sous son aisselle droite. Dans sa main droite, il tient un porte-crayon. — Sur le dessus du socle, à g., sa palette et des pinceaux; — à dr., une feuille de papier roulée et un carton à dessin.

1er état, avant toute lettre. — Très-belle épreuve.

4e état. — Sur le socle, au milieu : *François Boucher. || Natif de Paris, Peintre ordinaire du Roy et Recteur || en son Academie de Peinture et de Sculpture.* — Sous le tr. c., à g. : *Roslin Suedois pinx;* — à dr. : *Gra par Manuel Salvador Carmona pour sa reception à l'Academie 1761.* — Belle épreuve.

193. Cervantes Saavedra (Michel DE), 1547-1616. — In-4 H. 0,207. L. 0,143. (Le B., 16, *s. n.*)

En buste, dans un médaillon ovale, entouré d'une guirlande de laurier se terminant dans le haut en couronne, liée avec le médaillon à un feston retenu de chaque côté du cadre, à une patère et retombant jusqu'à bas. Le personnage est vu de 3/4, tourné à gauche, tête nue, le manteau jeté sur l'épaule gauche. — Au-dessous du médaillon, sur le dessus d la tablette, à g., une lyre, une branche de laurier et un encrier ; — à dr., un volume ouvert, appuyé sur d'autres livres. Au dos de l'un, on lit : *D. Quixote.* — Sur la tablette : *Miguel de Cervantes || Saavedra.* — Sous le tr. c., à g. : *Joseph del Castillo la inventó y dibuxó.* ; — à dr. : *Manuel Salvador y Carmona la grabó.*

Belle épreuve.

194. Collin de Vermont (Hyac.), peintre français, 1693-1761. — In-fol. H. 0,347. L. 0,238. (Le B., 17.) *

A mi-corps, dans un ovale. Vu de 3/4, tourné à gauche, tête nue. — Sur le dessus du socle, à g., sa palette soutenue par des pinceaux posés sur une feuille de papier roulée.

1er état, NON DÉCRIT, avant toute lettre. — Belle épreuve.

3e état. H. 0, 350. L. 0,238. — Sur la tablette du socle, on lit : *Hyacinthe Collin de Vermont. || Natif de Paris, Peintre ordinaire du Roy et Adjoint a Recteur || en son Academie de Peinture et de Sculpture.* — Sous le tr. c., à g. : *Roslin Suedois pinx.* ; — au milieu : *Gravé par Manuel Salvador Carmona pour sa reception a l'Académie en 1751.* — Belle épreuve.

CARS (JEAN-FRANÇOIS),

graveur au burin, né en 1670 à Lyon (?), mort à Paris en 1763. Aucun des portraits ci-dessous n'est cité par Le Blanc.

195. Corneille (P.), 1606-1684. — In-8°. H. 0,123. L. 0,073.

En buste, dans un ovale. Vu de 3/4, tourné vers la gauche, en soutane, avec rabat, et coiffé d'une calotte. — Autour de l'ovale : *Pierre Corneille ne a Roven en l'année M.D.C.VI.* — Sur le dessus du socle : *J. F. Cars filius. sculp.* — Au milieu de la tablette du socle, ses armoiries : *D'azur à la fasce d'or, chargée de 3 têtes de lion de gueules, et accompagnée de 3 étoiles d'argent, 2 et 1* ; timbrées d'un casque de chevalier, avec lambrequins, cimier et supports.

Belle épreuve.

196. *France :* **Philippe II d'Orléans**, duc de Chartres (plus tard **Régent de France**), 1674-1723. — Gr. in-fol. H. 0,485. L. 0,423.

A mi-corps, dans un ovale. Vu presque de face, le corps tourné vers la droite, tête nue ; recouvert d'une cuirasse, le grand cordon en sautoir, ceint d'une écharpe. La main gauche appuyée sur la hanche, la main droite posée sur un bâton de commandement. — Au bas du portrait, dans l'ovale, un cartouche avec les armes non terminées.

1er état, avant toute lettre. — Belle épreuve.

197. Poncet de la Rivière (Michel), archevêque de Bourges v. 1672-1730. — Gr. in-fol. H. 0,472. L. 0,375. *

A mi-corps, dans un ovale architectonique. Vu de 3/4, tourné à droi Il est en petit costume d'archevêque, la calotte sur le sommet de la, é — Au milieu du socle, ses armoiries : *D'azur à la gerbe d'or, liée même, sommée de deux tourterelles affrontées et accompagnées en che d'une étoile, le tout d'or.* — Autour de l'ovale, on a tracé à la plume ce inscription : *Michaele Poncet de la Riuepie* (sic) *Andegauensis episcop* 1er état, avant toute lettre. — Très-belle épreuve.

CARS (LAURENT),

dessinateur et graveur à l'eau-forte et au burin, né à Paris en mai 1699, mort le 14 avril 1771. Fils du précédent et élève de Fr. Lemoine.

198. Boucher (Fr.), célèbre peintre et graveur, 1703-177 — In-8°. H. 0,172. L. 0,121. (Le B., 23, s. n.) *

En buste, dans un médaillon retenu par un nœud de ruban. Il es u de profil, tourné à gauche, tête nue. — Au-dessous du médaillon : *Fr - cois Boucher.* — Sous le tr. c., à g. : *Dessiné par Cochin fils.* ; — à dr . *Gravé par Lau. Cars.* Belle épreuve, avec toutes marges.

199. Bourdon (Séb.), peintre et graveur français, 1616-167 — In-fol. H. 0,359. L. 0,246. (Le B., 24.) *

En buste, dans un cadre architectonique. Vu de 3/4, tourné à gauc en cheveux ; une draperie lui couvre la poitrine. A sa droite, son valet muni d'une toile. A gauche, sur la tablette supportant le ca des pinceaux avec sa palette, garnie de couleurs, un livre placé sur rouleau de papier et un carton à dessin. 1er état, avant toute lettre (*Catal.* Defer). — Très-belle épreuve. 2e état. — Dans le haut de la face de la tablette, on lit : *fait par H* gadud (sic). — Plus bas : *Sébastien Bourdon || de Monpellier* (sic), *Pein ordinaire du Roy, Recteur en son || Academie de Peinture et de Scul ture || Gravé par Laurent Cars pour sa réception à l'Académie en 1733.* Belle épreuve.

— **Clairon** (Mlle). — Voir plus haut, n° 103.

200. France : Louis XV, 1710-1774. — Gr. in-fol. H. 0,56 L. 0,447. (Le B., 19.)

Pièce allégorique, sous forme ovale, sur la naissance des deux premiè enfants de Louis XV, deux jumelles : *Louise-Élisabeth* et *Anne-Hé riette*, nées le 14 août 1727. — La scène a lieu devant le temple de Janus situé à gauche. Le roi, âgé alors de 17 ans, est représenté au milieu de la planche, en pied, debout, vu de 3/4, regardant vers la gauche, le corps de face. Il est vêtu en empereur romain, tête nue, les cheveux bouclés retombant sur les épaules. Sa main gauche est appuyée sur un gouvernail; de la main droite, il reçoit une branche d'olivier que lui présente une jeune femme, portant sur la tête une couronne à l'antique et relevant de la main gauche le pan de sa tunique. Derrière elle, on voit un guerrier, à mi-corps, la tête d'un cheval et un chêne auquel est pendu un trophée d'armes. Aux pieds du roi, à droite, un homme nu, renversé, ceint d'un diadème, serrant dans la main gauche un collier de perles brisé. A la gauche du roi, une jeune femme, ayant le haut du corps découvert, est assise sur un nuage et tient dans ses bras deux enfants nus, dont l'un est au sein. Devant elle, un ange agenouillé avec une flamme au-dessus de la tête. Au dernier plan, à l'entrée du temple, on voit une Furie s'enfuyant, une torche à la main. — Au-dessus, sur un nuage, Mercure se dirige vers l'entrée du temple, sur un geste de commandement de Minerve, qui se trouve à sa gauche, accompagnée de la Renommée. Sur le premier plan, trois enfants nus, dont l'un tient un crayon, le second, une plume, et le troisième, un compas, prenant des mesures sur un globe. — Sous le tr. c., à g. : *F. le Moine pinx.*; — à dr. : *L. Cars sculp.*; — au milieu, séparée par un cartouche renfermant les armes de Pardaillan, on lit cette dédicace : *A Monseigneur Louis Antoine de Pardaillan* || *de Gondrin, Duc d'Antin, Pair de France, Chevalier des Ordres du Roy, Lieutenant general de ses Armées, et de la haute* || *et basse Alsace, Gouverneur et Lieutenant general pour sa Majesté des Villes et Duché dOrléans et païs Orléannois,* || *Directeur general des Bâtimens et Jardins du Roy, Arts Manufactures et Académies Royales.* — Au-dessous, à dr. : *Par son tres humble et tres obéissant Serviteur* || *F. Le Moine.* — A gauche, sous la dédicace : *A Paris chez I. Cars*, etc.

Belle épreuve.

Il est étonnant que les biographes de Lemoine ne citent même pas ce curieux tableau, qui se trouve, dit-on, au musée du Louvre.

201. Hozier (P. D'), généalogiste français. — Gr. in-fol. H. 0,432. L. 0,342. (Le B., 32, *s. n.*) *

A mi-corps, dans un ovale architectonique dont la partie supérieure est recouverte par une draperie. Vu presque de face, tourné vers la gauche, tête nue, portant au cou les insignes de l'ordre de Saint-Michel. — Sur la tablette du socle, à g. : *L Cars sculp.* — Dans un cartouche cette inscription : *Mre Pierre d'Hozier,* || *Seigneur de la Garde en Provence, Chevalier de l'Ordre du Roy,* || *l'an 1628. Juge d'Armes de France, et Maitre d'Hôtel ordinaire de sa* || *Majesté l'an 1642. Généalogiste de ses Ecuries l'an 1643. et Conseiller* || *d'Etat l'an 1654.* || *Il naquit à Marseille*

le 10. Iuillet 1592. et il mourut le 30. Novembre || de l'an 1660. à 68. ans. || Sa mémoire prodigieuse, et la connoissance parfaite qu'il av toutes || les Maisons et Races du Royaume et même de l'Europe, l'a rendu digne || de la confiance des Rois Louis XIII. et Louis XIV. || V son Eloge Page 229. de l'Histoire Généalogique des Familles Nobl Provence. — Au bas du portrait, sur la bordure de l'ovale, ses a ries : D'azur à la bande d'or, accompagnée de 6 étoiles de même, gées en orle, surmontées d'un casque avec lambrequins et cimier
Très-belle épreuve.

202. **Prault** (P.), imprimeur-libraire français. — In
H. 0,169. L. 0,120. *

En buste, dans un médaillon retenu par un nœud de ruban. de profil, tourné à droite, tête nue. Au-dessous du médaillo Prault. || Typographus Parisiensis. — Sous le tr. c., à g. : Dessi N. Cochin.; — à dr. : Gravé par Lau. Cars 1755.
Belle épreuve.

203. **Rohan** (Armand-Gaston-Maximilien DE), cardinal, 1
1749. — Gr. in-fol. H. 0,497. L. 0,425. (Le B., 35.) *

A mi-corps, dans un ovale recouvert, sur le côté droit, par une perle. Il est représenté en petit costume de cardinal, vu de 3/4, o vers la droite, avec les insignes de l'ordre du Saint-Esprit au c Autour de l'ovale : Ser. Pr. Arm. Gasto. de Rohan. S. R. E. Car et Pr. Arg. Alsat. Landg. S. R. I. P. R. — Sur la console, à g. crosse d'archevêque, une épée et un chapeau de cardinal; à dr., croix, une mitre et un encensoir. — Sur l'angle gauche de la cons sous le chapeau de cardinal, on lit : Rigaud Pinx. — Sur l'angle dro à côté de la mitre : L Cars filus. Sculp. — Sur la tablette, de cha c des armoiries, l'inscription suivante : Offerebat Joannes Georgi selmus C. de || Serponte Nob. Patritius Mediolanensis.
2e état. — Très-belle épreuve.

204. **Slodtz** (S.-A.), sculpteur français, mort à Paris en — In-4°. H. 0,175. L. 0,127.

En buste, dans un médaillon attaché dans le haut du cadre p nœud de ruban. Vu de profil, tourné à gauche, cheveux relevés su devant et bouclés sur les côtés. — Sous le médaillon, dans la gra au milieu : Sébastien Antoine || Slodtz l'aîné || Dessinateur du C du Roy. — Sous le tr. c., à g. : Dessine par Cochin le Fils.; — à Gravé par L. Cars.
Belle épreuve, avec marges.

205. **Slodtz** (P.-A.), sculpteur, frère puîné du précédent, 1702-1758. — In-4°. H. 0,172. L. 0,122.*

En buste, dans un médaillon attaché dans le haut du cadre par un nœud de ruban. Vu de profil, tourné à droite, tête nue, cheveux bouclés et relevés sur le devant. — Sous le médaillon, dans la gravure : *Paul Ambroise* || *Slodtz.* || *Sculpteur du Roy, Proffesseur* (sic) *en son Académie Royale de Peinture et Sculpt.* — Sous le tr. c., à g. : *Dessiné par N. Cochin;* — à dr. : *Gravé par Lau : Cars.*

Belle épreuve, avec marges.

206. **Slodtz** (René-Michel), dit *Michel-Ange*, ou *le Romain*, sculpteur, frère des précédents, 1705-1764. — In-4°. H. 0,172. L. 0,123. (Le B., 36, *s. n.*) *

En buste, dans un médaillon attaché dans le haut du cadre par un nœud de ruban. Vu de profil, tourné à droite. — Sous le médaillon, dans la gravure : *Michel-Ange* || *Slodtz.* || *Sculpteur du Roy.* — Sous le tr. c., à g. : *Dessiné par Cochin fils.;* — à dr. : *Gravé par Lau Cars.*

Belle épreuve, avec marges.

Selon Jombert (*Catal. de l'Œuvre* de Ch.-Nic. Cochin fils), les portraits ci-dessus des deux premiers Slodtz ont été gravés en 1755, et le dernier en 1756.

CASA (Niccolò della),

graveur au burin français, et non italien, né en Lorraine au commencement du seizième siècle. Son nom français devait être *De la Maison*. L'œuvre de cet artiste, composé de cinq pièces, dont les quatre portraits qui suivent, a été décrit, quelquefois incomplétement, dans Robert-Dumesnil, IX, pp. 180-183.

207. *Allemagne :* **Charles-Quint**, 1500-1558. — Gr. in-fol. Dim. de la pl. H. 0,508. L. 0,366. (Le B., 3, *s. n.*)

En buste, tête nue, vu de 3/4, dirigé vers la droite, dans une bordure ovale autour de laquelle on lit : *Carolus V. aug. imp. caes.* Cette bordure est placée entre deux colonnes, etc. Voir le complément de la description dans Rob.-Dum., 3.

Copie en contre-partie de portrait de Charles V, gravé par Eneas Vico, d'après le Titien.

Belle épreuve (100 à 150 fr.).

208. **Bandinelli** (Baccio), sculpteur italien, 1487-1559. — In-fol. H. 0,292. L. 0,216. (Le B., 2.)

Jusqu'aux genoux, vu de 3/4, tourné vers la droite, debout. Voir la suite de la description dans Rob.-Dum., 2.

2e état. Très-rare. — Superbe épreuve.

209. *France :* **Henri II,** 1518-1559. — Gr. in-fol. Dimensions de la pl. H. 0,415. L. 0,295.

Voir Rob.-Dum., 5.

On attribue ce portrait à della Casa, en raison de l'analogie qu'offre sa gravure avec celle du portrait de Côme de Médicis. Néanmoins, à défaut d'autres preuves, il est permis d'avoir un doute à cet égard rien qu'en comparant ces deux estampes. La gravure du portrait de Côme de Médicis est assez raide et rugueuse, tandis que celle de Henri II, surtout dans les minutieux détails de sa riche armure, est d'une finesse telle qu'elle fait penser à un ciseleur de génie. En effet, un écrivain autorisé, Ottley, rédacteur du catalogue d'une collection célèbre en Angleterre, celle de sir Masterman Sikes (1824), croit que la gravure de ce portrait est peut-être l'ouvrage de Benvenuto Cellini. Defer, dans son *Catalogue,* le classe aux anonymes.

Portrait rarissime. — Superbe épreuve provenant de la collection de M. Niel, auquel elle fut envoyée de New-York (800 à 1,000 fr.).

210. *Toscane :* **Cosme II de Médicis,** quatrième grand-duc, 1590-1621. — In-fol. H. 0,432. L. 0,298.

Voir Rob.-Dum., 4. — D'après Baccio Bandinelli.
2e état. — Belle épreuve.

CATHELIN (Louis-Jacques),

dessinateur et graveur au burin et à l'eau-forte, né à Paris en 1739, mort en 1804. Élève de J.-Ph. Le Bas.

211. **Alembert** (Jean Le Rond d'), 1717-1783. — In-8° H. 0,189. L. 0,135.

En buste, dans un médaillon retenu par un nœud de ruban. Il est tête nue et tourné à droite. — Sur la tablette : *J. d'Alembert.* — Sous le tr. c., à g. : *Dessiné par C. N. Cochin. ;* — à dr. : *Gravé par L. J. Cathelin.*

Belle épreuve.

212. *Allemagne :* **Marie-Thérèse,** impératrice, 1717-1780. — Gr. in-4°. H. 0,253. L. 0,179. (Le B., 16, *s. n.*)

En buste, dans un ovale entouré de rameaux d'olivier. Elle est vu de 3/4, tournée vers la droite ; vêtue de deuil, une coiffe de tulle noir sur la tête. — Au-dessus de l'ovale, une couronne d'étoiles entourée de rayons. — Au milieu de la tablette du socle, ses armoiries, avec l'inscription suivante : *Marie Therese* || *Imperatrice Douairiere, Reine d'Hongrie* et de || *Bohême, Archiduchesse d'Autriche, etc.* || *Présentée à Madame la Dauphine par Bligny Lancier du Roi, le 26 Janr 1774.* — Sous le tr. c., à g. : *Peint à Vienne par Ducreux,* || *Peintre de leurs Majestés Impes;* — à dr. : *Gravé à Paris par L. J. Cathelin.;* — au milieu : *A Paris chez Bligny,* etc.

Belle épreuve.

213. **Baléchou** (Jean-Joseph), graveur français, 1719-1764. — In-fol. H. 0,291. L. 0,200. (Le B., 6, *s. n.*) *

En buste, dans un médaillon attaché par un nœud de ruban. Vu de 3/4, tourné vers la droite, tête nue, les cheveux bouclés et le col de la chemise dégrafé.

1er état, avant toute lettre (*Catal.* Defer). — Très-belle épreuve, avec marges.

2e état. — Sur la tablette du socle, on lit : *J. J. Balechou.* || *Célèbre Graveur.* — Sous le tr. c., à g. : *Peint par J. Arnavon Chanoine à Avignon.;* — à dr. : *Gravé par L. J. Cathelin Graveur du Roi.* — Belle épreuve.

214. **Clairaut** (Alexis-Claude), mathématicien français, 1713-1765. — In-4°. H. 0,237. L. 0,170. (Le B., 9, *s. n.*)

En buste, dans un médaillon attaché au haut du cadre par un anneau. Vu de profil, tourné à droite, tête nue. — Sur le milieu de la tablette : *Clairaut.* — Sous le tr. c., à g. : *C. N. Cochin del.;* — à dr. : *Cathelin sculp.*

Belle épreuve.

215. **Diderot** (Denis), 1713-1784. In-4°. H. 0,189. L. 0,136.

En buste, dans un médaillon retenu par un nœud de ruban. Vu de profil, tourné à droite, la tête nue. — Sur la tablette : *D. Diderot.* — Sous le tr. c., à g. : *Dessiné par C. N. Cochin.;* — à dr. : *Gravé par L. J. Cathelin.*

Belle épreuve.

216. *France :* **Louis-Joseph de Bourbon,** prince **de Condé,** général, chef de l'armée des émigrés, 1736-1818. — In-fol. H. 0,326. L. 0,221. (Le B., 10, *s. n.*) *

En buste, vu de 3/4, tourné vers la droite. Il est tête nue, et porte en sautoir le grand cordon.

1er état, avant toute lettre (*Catal.* Defer). — Très-belle épreuve.

2e état. H. 0,325. L. 0,222. — Sur la tablette : *Louis Joseph* || *de Bourbon* || *Prince de Condé* || *Né le 9 Aoust 1736.* — Sous le tr. c., à g. :

CATHELIN.

Peint par B. Le Noir.; — à dr.: *Gravé par L. J. Cathelin.;* — au milieu. *A Paris chez Bligny*, etc.

Belle épreuve.

217. *France* : **Marie-Joséphine-Louise de Savoie,** comtesse **de Provence,** 1753-1810. — In-fol. H. 0,254. 0,181.

En buste, dans un médaillon ovale, retenu dans le haut par un aneau; des guirlandes de fleurs retombent de chaque côté du médaillo Vue de 3/4, tournée vers la gauche, tête nue, les cheveux relevés sur le devant, un nœud de ruban passé autour du cou, corsage à épaule è très-décolleté et magnifiquement orné. — Au milieu de l'appui, sur equel repose le médaillon, un petit ovale contenant un cartouche, s monté d'une couronne, où sont les armes accolées de *Provence* et de *Savoie.*

1er état, avant toute lettre. — Très-belle épreuve.

218. *France :* **Charles-Philippe,** comte d'Artois (plus t d **Charles X),** 1757-1836. — In-4°. H. 0,257. L. 0,183.

En buste, dans un ovale. Il est vu de 3/4, tourné vers la droite, ê e nue, en costume de général, avec les insignes de l'ordre de la Toison d'or, et le grand cordon passé en sautoir. — Sur le cadre de l'ovale et le milieu de la tablette, les armes d'*Artois*, avec un trophée de drape u Sur la tablette, cette légende : *Charles Philippe Comte d'Artois* || *Fils de France et Petit Fils du Roy* || *Louis Quinze le bien Aimé* || *Né à Versai le 9 Octobre 1757.* — Sous la tablette et dans le cadre: *Présenté par Bligny Lancier du Roy.* — Sous le tr. c., à g. : *Frédou Pinx.;* — à dr. : *Cathel'n Sculp.* 1773.; — au milieu : *A Paris Chez Bligny,* etc.

Belle épreuve.

219. *France :* **Marie-Thérèse de Savoie,** comtesse d' tois, 1756-1805. — In-4°. H. 0,259. L. 0,181.

A mi-corps, dans un ovale. Elle est assise, vue presque de face, toum e légèrement vers la droite. Ses cheveux sont relevés, et, sur leur sommet une légère coiffure de mousseline ornée de plumes. Décolletée jusqu' la naissance de la gorge. — Sur le dessus du socle, de chaque côté, e l'ovale, une branche de fleurs de lis naturels. Au-dessous de l'ovale, médaillon avec les armes d'*Artois*, accolées à celles de *Sardaigne-Sa oie* — Sur la tablette du socle : *Marie-Thérèse Princesse de Savoye* || *Comtesse d'Artois Née le 31 Janvier 1756.* || *Marié* (sic) *a Versailles le 16 vembre 1773.* || *Presentée par Bligny Père Lancier du Roi.* — Sous l c., à g. : *Drouais Peintre du Roi Pinxit.;* — à dr. : *Cathelin Graveu p Roi Sculp.* — Plus bas et au milieu : *A Paris chez Bligny,* etc.

2e état, avec la lettre. — Belle épreuve.

220. **Franklin** (Benjamin), 1706-1790. — In-fol. H. 0,337. L. 0,236. (Le B., 14.)

A mi-corps, vu de 3/4, tête nue. Revêtu d'une houppelande bordée de fourrures, il paraît être assis devant une table sur laquelle est déroulée une carte portant sur le côté gauche le mot : *Philadelphie.*
D'après M. Filleul, peintre de portraits à Paris en 1780.
1er état, avant la lettre. — Très-belle épreuve.

221. **Grétry** (André-Ernest-Modeste), célèbre compositeur français, 1741-1813. — In-fol. H. 0,270. L. 0,190.

A mi-corps, dans un ovale. Vu presque de face, la tête nue. — Sur la tablette du socle : *A. E. M. Grétry.* — Au-dessous, ces vers :

> *Par des plaisirs réels et de fausses allarmes*
> *Ce puissant Enchanteur calme ou trouble nos sens;*
> *Mais de son amitié peut-on goûter les charmes*
> *Sans égaler au moins son cœur à ses talens ?*

Sous le tr. c., à g. : *Peint par L^{se}. V^e. Le Brun, Peintre du Roi en* 1785.;
— à dr. : *Gravé par L. J. Cathelin Graveur du Roi* 1786. ; — au milieu :
A Paris chés l'Auteur, etc. || *A. P. D. R.*
Belle épreuve, à toutes marges.

222. **Jeliotte** (Pierre), chanteur français, 1711-1782. — In-fol. H. 0,393. L. 0,285. (Le B., 17.) *

Il est représenté à mi-corps, vu presque de face, la tête nue et légèrement inclinée vers la droite, le corps tourné à gauche. Il joue de la lyre.
D'après L. Tocqué.
1er état, avant toute lettre (*Catal.* Defer). — Très-belle épreuve.

223. **La Bruyère** (J. DE), 1644-1696. — In-4°. H. 0,242. L. 0,163.

A mi-corps, vu de 3/4, le corps tourné vers la gauche. — Sur le dessus du cadre, la trompette de la Renommée, avec un masque et des branches d'olivier. — Sur la tablette du socle : *Jean de la Bruyère,* || *de l'Académie Françoise.* — Au-dessous, ces vers :

> *Tout esprit orgueilleux, qui s'aime,*
> *Par mes leçons se voit gueri;*
> *Et dans mon livre si cheri*
> *Apprend à se haïr soi même.*

Sous le tr. c., à g. : *De St Jean Pinx.;* — à dr. : *L. J. Cathelin Sculp.*
Belle épreuve, avec marges.

224. Le Bas (Jacques-Philippe), graveur français, 17
1783. — In-8°. H. 0,186. L. 0,140. (Le B., 18, *s. n.*)

En buste, dans un médaillon retenu par un nœud de ruban. Il est
de profil, tourné à gauche, tête nue. — Sur la tablette : *J. Ph. Le B*
Graveur du Roi. || *Conseiller en son Académie Royale de Peinture et Sc*
ture, || *et Pensionnaire de Sa Majesté.* — Au-dessous du tr. c., à g.
siné par C. N. Cochin Ch^er de l'Ordre du Roi, en 1776.; — à dr. : *v*
par L. J. Cathelin, Graveur du Roi, et son Elève. 1782.
Belle épreuve.

225. Paris de Montmartel (J.), financier français, 46
1766. — Gr. in-fol. H. 0,620. L. 0,428. (Le B., 20, *s. n.*

Il est dans son cabinet, assis dans un fauteuil ; vu de face, la tête n
les deux mains posées sur ses genoux, la jambe gauche croisée
la droite. — Au bas, sur la tablette du cadre, on lit : *Messire Jean*
De Monmartel || *Cons^er. d'Etat, Marquis de Brunoy, Comte de Sa*
gny, Baron de Vagouville, || *Seigneur de Chateaumeillan, Chateau*
et Autres Lieux. — Au milieu de cette inscription, dans un cartou
ses armes : *D'or à une fasce d'azur chargée d'une pomme d'or feui*
et tigée de sinople ; supports : deux lions. — Sous le tr. c., à g. : *La*
d'après M. Q. de la Tour ; — au milieu : *L'Habillement et le Fond* e -
sinés, et le Tout Conduit par Ch. N. Cochin Fils. ; — à dr. : *Gravé*
L. J. Cathelin.
2e état, avec la lettre. — Belle épreuve.

226. Piccini (Nicolas), compositeur italien, 1728-1800
In-fol. H. 0,271. L. 0,192. (Le B., 21.)

En buste, dans un ovale. Vu de 3/4, tourné vers la droite, tête nue
Une branche de laurier est posée sur le socle. — Sur la tablette :

> *Nic. Piccini.*
> *Avec une grace divine*
> *Tour à tour comique et touchant*
> *S'il est le Moliere du chant*
> *Il n'en est pas moins le Racine.*

Sous le tr. c., à g. : *Peint par Robineau. ;* — à dr. : *Gravé par Cat*
Graveur du Roi. ; — au milieu : *A Paris, chez Basan,* etc.
2e état, avec la lettre. — Belle épreuve, à toutes marges.

227. Prault (Laurent-François), imprimeur-libraire de Par
mort le 15 septembre 1780. — In-8°. H. 0,170. L. 0,42
En buste, dans un médaillon. Vu de profil, tourné à gauche, tête

Au bas du médaillon : *L. F. Prault.* || *Filius primo genitus.* || *Typographus Parisiensis.* — Sous le tr. c., à g. : *C. N. Cochin filius del.* 1765. ; — à dr. : *L. J. Cathelin Sculp.* 1766.

Belle épreuve.

228. Terray (Joseph-Marie), abbé, homme d'État, 1715-1778. — In-fol. H. 0,409. L. 0,310. (Le B., 25, *s. n.*) *

Jusqu'à mi-jambes, vu de 3/4, tourné vers la gauche. Il est assis, tête nue, en costume d'abbé, portant au cou la croix du Saint-Esprit. Dans sa main droite, appuyée sur ses genoux, est une plume d'oie. De la gauche, il tient des papiers, sur la première feuille desquels on lit : *Il est ordonné à M. Antoine Jean Baptiste Dutartre*, etc... finissant par : *Versailles ce premier Janvier* 1774. || *Louis.* — Et plus bas : *Terray.* — A sa droite, se trouve une table sur laquelle on voit différents objets, entre autres une sonnette et un bonnet carré. — Au milieu, sous le tr. c., ses armoiries : *D'azur à la fasce d'argent, chargée de 5 mouchetures d'hermine de sable, et accompagnée de 3 croix treflées d'or; au chef de même, chargé d'un lion issant de gueules;* couronne de marquis.

1ᵉʳ état, NON DÉCRIT, avant toute lettre. — Belle épreuve.

2ᵉ état. — Sous le tr. c., à g. : *Peint par Roslin, Chevalier de l'Ordre de Vasa* 1774.; — à dr. : *Gravé par L. J. Cathelin, pour sa Réception à l'Académie.* — L'inscription suivante est coupée par les armes : *Joseph Marie Terray* || *Ministre d'État, Commandeur Secretaire des Ordres du Roi,* || *Controleur général des Finances, Directeur et Ordonnateur des Batiments de Sa Majesté,* || *Jardins, Arts, Académies, et Manufactures Royales,* || *Abbé des Abbayes de Molesme et Troarn, Seigneur de la Motte, Tilly; et autres Lieux.* — Belle épreuve.

229. Tocqué (L.), peintre français. — In-fol. H. 0,347. L. 0,240. (Le B., 26.) *

Debout, à mi-corps, dans un ovale architectonique. Il est vu de 3/4, tourné vers la droite, tête nue. De la main gauche, il tient sa palette et des pinceaux; le bras droit est tendu : il semble peindre. — Sur la tablette : *Louis Tocqué* || *Peintre ordinaire du Roi, Conseiller de l'Académie Royale* || *de Peinture et de Sculpture, Associé de l'Académie Royale de Danemarck,* || *Né à Paris en* 1696, *mort en* 1772. — Sous le tr. c., à g. : *Peint par J. M. Nattier.;* — à dr. : *Gravé par L. J. Cathelin.*

2ᵉ état, avec la lettre. — Belle épreuve.

230. Turgot (Ét.-Fr.), gouverneur général de la Guyane française, 1721-1789. — In-fol. H. 0,323. L. 0,239. (Le B., 27, *s. n.*) *

A mi-corps, vu de face, le corps tourné vers la gauche, tête nue, la

main droite dans le gilet et le chapeau sous le bras. — Au bas du po
trait, dans le cadre, on lit : *Etienne François Turgot.* || *G. D. L. G.* —
Sous le tr. c., à g. : *Peint par F. Drouais le fils* 1757.; — à dr. : *Gra*
par L. J. Cathelin 1764.

Très-belle épreuve.

231. Vernet (Claude-Joseph), célèbre peintre français, 17 1789. — In-fol. H. 0,394. L. 0,285. (Le B., 28.)*

En buste, dans un ovale. Vu presque de face, le corps tourné vers
gauche, tête nue, les cheveux rejetés en arrière. En costume de tra
de la main gauche, il tient des pinceaux et sa palette appuyée s
bras.

1er état, avant toute lettre. — Belle épreuve.

2e état. H. 0,391. L. 0,283. — Sur la tablette, on lit : *Joseph Ver-*
net. || *Peintre du Roi,* || *et Conseiller en son Académie de Peintu*
Sculpture. — Sous le tr. c., à g. : *Peint par L. M. Vanloo* 1768.; — à
Gravé par L. J. Cathelin 1770.; — au milieu : *à Paris chés l'Auteur,* e
— Belle épreuve, avec toutes marges.

232. Vernet (Claude-Joseph), le même que le précédent. In-8°. H. 0,174. L. 0,122.

En buste, dans un médaillon retenu par un nœud de ruban.   s
tourné à gauche, vu de profil. — Au bas du médaillon, dans le cadr
J. Vernet. — Sous le tr. c., à g. : *J. M. Moreau Junior del.* 1767.
à dr. : *L. J. Cathelin Sculp.* 1767.

Belle épreuve.

233. Voisenon (C.-H. DE FUSÉE, abbé DE), littérateur França 1708-1775. — In-8°. H. 0,123. L. 0,075. (Le B., 30, s. n

En buste, dans un médaillon. Il est tourné à droite, vu de profil,
nue et vêtu d'une soutane. — Sur la tablette : *Claude-Henry de F*
de Voisenon. || *de l'Académie Françoise,* || *Abbé de l'Abbaye Royale*
Jard, || *Né en* 1708. — Plus bas, ce quatrain :

> *Arbitre des talens qu'il aime et qu'il possede,*
> *L'Esprit est dans ses vers d'accord avec le gout,*
> *Toujours nouveau sans cesse à lui-même il succede,*
> *Et sans prétendre à rien, il a des droits sur tout.*

Sous le tr. c., à g. : *Dessiné par C. N. Cochin fils* 1755.; — à dr. : *Gr*
par L. J. Cathelin 1764.

Belle épreuve.

CAYLUS (Philippe-Claude-Anne de Tubières, comte de),

dessinateur et graveur à l'eau-forte, archéologue et littérateur, né à Paris
le 31 octobre 1692, mort, dans la même ville, le 5 septembre 1765.

234. Falconet (Camille), médecin et littérateur français,
1671-1762. — In-4°. H. 0,197. L. 0,143. (Le B., 337, *s. n.*)*

Jusqu'aux genoux, assis dans un fauteuil. Vu de profil, tourné à droite,
lisant. Un mouchoir lui couvre la tête. — Au-dessus de la tablette du
cadre, à g. : *M^e. Doublet In.*; — à dr. : *Cx. Sculp.* — Sur la tablette,
ces vers :

> *Dibutade peignit, son maître fut l'Amour,*
> *Et son Amant fut son modele.*
> *L'Amitié triomphe à son tour,*
> *Elle a fait ce portrait fidele.*

Gravé à l'eau-forte. — Rare. — Belle épreuve.

CHAUVEAU (François),

peintre et graveur au burin et à l'eau-forte, né en 1621 à Paris, où il mourut
le 3 février 1676. Élève de Laurent de la Hyre.

235. Rabelais (Fr.), v. 1483-1553. — In-8°. H. 0,148.
L. 0,105.

Il est représenté assis dans un fauteuil, devant une table et écrivant.
Vu de 3/4, tourné à droite, vêtu en docteur et coiffé du bonnet carré. Il
tient de sa main gauche les feuilles du manuscrit sur lequel il écrit. —
Sur sa gauche, un rayon de livres. — Au-dessus de sa tête, sur un cadre,
on lit : *Les Epîtres* || *de* || *M^e. Francois Rabelais* || *Docteur en Medi-*
cine (sic). || — Dans le coin droit de la table, se trouve à l'envers ce mono-
gramme du graveur 🕭.

C'est le frontispice de la première édition de ses Épîtres; Paris, 1651,
in-8°.

Belle épreuve.

CHENAY (Paul),

graveur contemporain. Élève de Bosio et de M. Durand.

236. *France :* **Marie de Médicis**, épouse de Henri IV,
1573-1642. — In-fol. H. 0,355. L. 0,276.

En buste, vue presque de face, tête nue. — Au milieu, sous le portrait : *Paul Chenay d'après P. P. Rubens.* — Au-dessous : *Marie de Médi-*
cis. — Plus bas ; *Tiré du Cabinet de M^r le Comte Nils Bark.* — Cette

ligne est coupée par un écusson armorié, avec deux cigognes pour supports. — Plus bas, à g. : *Cat. Crozat* N° 343. *Coll. Comte de Tessin*; — à dr. : *Imp^{ie} F. Chardon aîné, 30, r. Hautefeuille, Paris.*

Gravure aux deux crayons qui a été exposée aux salons de 1853, 1855 (le dessin est maintenant au Musée du Louvre).

Belle épreuve.

CHENON (Père),
graveur au burin (Voir le *Catalogue général*, par Defer).

237. Launay (Bernard-René JOURDAN, dit DE), gouverneur de la Bastille, 1740-1789. — In-4°. Dimens. de la plan H. 0,225. L. 0,168. Dim. de l'ovale : H. 0,159. L. 0,130.

En buste, dans un ovale. Vu de 3/4, tourné vers la gauche, tête n Il est en costume de gouverneur et décoré. — A sa droite, on aper o la silhouette de la Bastille. — En dehors de l'ovale, à g. : *Pint* (sic) *a le Comte Cagliostro; —* à dr. : *Gravé par Chenon père;* — au bas, milieu de la marge, on lit : *Le Marquis de Launay || Gouverneur d Bastille || Décapité le 14 Juillet 1789, En la Place de Greve à Paris. || P avoir fait tirer sur le peuple apres avoir arboré le drapeau blanc. || Mo - trum horrendum, informe, ingens, cui lumen ademptum. || Virg.* Cette inscription est divisée en deux et au milieu se voit une piqué a haut de laquelle la tête ensanglantée du gouverneur.

Imprimé en bistre. — Belle épreuve.

CHENU (Pierre),
graveur au burin et à l'eau-forte, né à Paris en 1718, mort vers 1780.
Élève de Le Bas.

238. Favart (Marie-Justine-Benoîte DURONCEREY, Mme), trice française, 1727-1772. — In-4°. H. 0,158. L. 0,0 (Le B., 43, s. *n.*)

En buste, dans un ovale entouré de branches de rosier. Elle est e presque de face, la tête nue et les cheveux bouclés, un nœud de velo autour du cou, retombant sur son corsage qui est ouvert et lais e gorge à découvert. — Au-dessous de l'ovale, sur une banderole, ces tre vers :

> Par ses talens, sa grace naturelle,
> Justine plait sans le secours de l'art ;
> Et du Laurier qui couronne Favart,
> L'amour detache une feuille pour elle.

> L. D. S...

Sous le tr. c., à g. : *Garand del.;* — à dr. : *Chenu sculp.*
Belle épreuve.

239. Verneuil (Catherine-Henriette DE BALZAC D'ENTRAIGUES, marquise DE), maîtresse de Henri IV, 1579-1633. — In-12. H. 0,130. L. 0,079.*

En buste, dans un médaillon ovale, attaché au haut du cadre par un nœud de ruban. Vue de 3/4, tournée vers la droite, tête nue, les cheveux relevés et bouclés sur le devant; une grande collerette autour du cou. — Sur la tablette : *La Marquise* || *de Verneuil.* — Au-dessous de la tablette, dans la gravure, à g. : *P**** ; — à dr. : *Chenu Sculp.*
Belle épreuve.

CHEREAU (FRANÇOIS),

dessinateur et graveur au burin et à l'eau-forte, né à Blois le 20 mars 1680, mort à Paris le 15 avril 1729. Élève de Pierre Drevet et de Gérard Audran.

240. *Angleterre :* **Louise-Marie Stuart,** fille du roi Jacques II et de Marie d'Este, 1692-1712. — In-4°. H. 0,363. L. 0,263.

A mi-corps, dans un cadre ovale figuré en pierre. Elle est vue de 3/4, tournée à gauche, tête nue, avec perles dans les cheveux. Légèrement décolletée, avec le manteau d'hermine sur les épaules et formant draperies sur l'ovale. Elle porte en sautoir une écharpe de pierres précieuses et de perles. — Dans la bordure de l'ovale, à g. du manteau : *Peint par A. S. Belle Pintre* (sic) *de S. M. Brit.;* — à dr. : *Gravé par F. Chereau.* — Au milieu du socle, un médaillon renfermant les armoiries. — Sous le tr. c., au milieu : *Lovise Marie,* || *Princesse de la Grande Bretagne.* — Plus bas, un peu à g. : *A Paris chez le Sr Belle,* etc.
Belle épreuve.

241. *Angleterre :* **Marie-Clémentine Sobieska,** petite-fille de Jean III, roi de Pologne, et épouse de Jacques-François-Édouard STUART (Jacques III), dit *le premier Prétendant,* 1701-1735. — In-4° H. 0,231. L. 0,171.

A mi-corps, dans un ovale. Vue presque de face, le corps tourné vers la gauche, tête nue, avec perles et aigrette dans les cheveux, décolletée; un manteau doublé d'hermine sur le bras droit. — Sur le socle, à g. : *Trinisani Romæ Pinxit en 1721.;* — à dr. : *F. Chereau sculp.* (presque entièrement effacé). — Au milieu de la tablette : *La Princesse Sobieski.* — Sous le tr. c., à g. : *A Paris chez F. Chereau,* etc.. *Avec Privil. du Roy.*
Belle épreuve.

242. Boileau-Despréaux (Nicolas), 1636-1711. — In
H. 0,259. L. 0,180. (Le B., 18, *s. n.*)

En buste, vu de 3/4, tourné vers la droite, le corps à gauche ; tête nu
un sourire sur les lèvres. — Sur la tablette du cadre, ce quatrain :

> *Boileau Sut remplacer Horace,*
> *Seul il Sut remplacer et Perse et Juvenal ;*
> *Mais de cet auteur sans égal,*
> *Qui remplira jamais la place.*

Au-dessus du tr. c., à g. : *H. Rigaud P.;* — à dr. : *F. Chereau F.*
Très-belle épreuve.
Portrait gravé en 1710, d'après le grand tableau peint par Rigau
1704, aux frais de J. J. Coustard, conseiller au Parlement. Il étai
tiné à figurer en tête d'une édition des œuvres de Boileau. (Voir aus
loin, n° 410.)

243. Chéron (Élis.-Sophie), peintre français, 1648-1711.
Gr. in-4°. H. 0,297. L. 0,241. (Le B., 22.)*

Jusqu'aux genoux, vue de 3/4, tournée à droite, tête nue. Décolle
Elle semble être assise. De sa main gauche, elle maintient sur ses geno
des feuilles de papier, sur lesquelles elle dessine. — Sous le tr. c., à
Ipsa se pinxit anno ætatis suæ 35.; — à dr. : *F. Chereau sculpsit.;* —
milieu, on lit : *Elizabeth Sophie Cheron femme de Jacques le Hay,*
de || l'Academie Royalle de Peinture le 11°. de Juin 1672. aggreg
l'Academie || des Ricovrati de Padoue le 9°. de Fevrier 1699. morte à
le 3°. || de Septembre 1711. agée d'environ 63. ans.
2° état, avec la lettre. — Très-belle épreuve.

244. Detlev von Dehn (Conrad), homme d'État allema
— Gr. in-fol. H. 0,434. L. 0,338. (Le B., 23.)

A mi-jambes, debout, vu de 3/4, tourné vers la gauche, tête e
revêtu d'une cuirasse. Il est enveloppé dans un grand manteau. De
main droite, il s'appuie sur un casque posé sur une table ; sa main gauc
est sur la hanche. — Sous le tr. c., à gauche : *Hyac'? Rigaud pinx* ·
à dr. : *F. Chereau lainé sculpsit;* — au milieu : *Conradvs Detle*
Dehn. || Sereniss. Avgvsti. Gvillelmi-Brvnsvic et Lvnebvrg Dvcis || St
Minister intimvs eivsque || Ad regem christianissimvm a 1723. extra o
nem ablegatvs || Senatvs cœnobiorvm præses ecclesiæ Gandesiensis
cerna || Hæreditarivs in Wendhavsen Schœningen || Riddagshavs
Lemmie. etc. Cette inscription est coupée par un cartouche avec se
armes : *D'or à une marmite à deux anses et trois pieds de sable; aco*
pagnée en chef de 3 étoiles d'argent.
2° état. — Belle épreuve.
3° état. — Sur le manteau est brodée la croix de Danebrog. — o

le tr. c., à g. : *Hyac'? Rigaud pinxit.* 1728 ; — à dr. : *Gravé a Paris par F. Chereau* 1ᵉʳ *graveur du Cabinet du Roy.*; — au milieu : *Conr. Detlev. A. Dehn. S. R. I. Comes.* || *Dvc Brvnsv. et. Lvneb. statvs Minist. intim.* || *Capitvl. S. Blas. Brvnsv. Decan. eccles. Gandes. Pincern. hæred.* || *Ordin. Danebrog. Eqves.* — Cette inscription est coupée par d'autres armes que celles du 2ᵉ état. — Sur la droite : *A Paris, chez la* Vᵉ *Daullé.* — Belle épreuve.

Contrairement à la date de 1728 qui figure au 3ᵉ état, à la suite du nom de Rigaud, il est certain que le portrait original a été peint en 1723 et gravé en 1728 ; les changements qui constituent le 3ᵉ état n'ont été faits qu'en 1730.

245. Fleury (André-Hercule DE), cardinal, homme d'État, 1653-1743. — In-fol. H. 0,418. L. 0,327. (Le B., 25, *s. n.*)*

En buste, dans un ovale. Vu de 3/4, tourné vers la droite, tête nue, en petit costume de cardinal. — Autour de l'ovale : *Andr. Hercules de Fleury, S. R. E. Cardinalis, Ant. Forojul. Ep. Regni Administer, Magnus Reginæ Eleemosynarius etc.* || *Offerebat B. Bauyn Sorb. Prior.* — Sur la corniche de la console de support, à g. : *Hyacintvˢ. Rigaud pinx.*; — à d. : *Franciscus Chereau major Sculp.*; — au milieu de la console, dans un cartouche, ses armoiries : *Ecartelé : aux 1 et 4, d'azur à trois roses d'argent, 2 et 1; aux 2 et 3, coupé de gueules et d'azur, au lion naissant d'argent, brochant sur le gueules.*

Le portrait original a été peint par Rigaud en 1705 et gravé d'abord pa Fr. Chereau en 1725, pour la thèse de J. S. Brissart. En 1726, Chereau regrava ce même portrait, où la tête est prise dans le tableau de 1705, tandis que le buste fut repeint exprès par Rigaud pour la circonstance : c'est l'estampe ci-dessus.

246. *France* : Philippe II, duc d'Orléans, Régent de France, 1674-1723. — Pet. in-4°. H. 0,257. L. 0,179. (Le B., 32, *s. n.*)*

Dans un ovale, à mi-corps. Vu de 3/4, tourné à droite, tête nue; il est recouvert d'une armure sur laquelle passe le grand cordon. — Autour de l'ovale : *Philippe d'Orleans Petit Fils de France Regent du Royaume.* — Sur le socle de l'ovale, à g. : *J. B. Santerre pinxit.*; — à dr. : *Fr. Chereau sculpsit.*

1ᵉʳ état. — Belle épreuve.

2ᵉ état. — Sur la tablette du socle ce quatrain :

> *Jcy loin de briguer vn éloge flateur* (sic)
> *Philippe ami du vrai, qu'il cherche, qu'il désire*
> *D'Un critique ingénu se rend le protecteur,*
> *Un Prince sans défauts ne craint point la satyre.*

— Belle épreuve.

247. *France* : **Louis XV, 1710-1774.** — Gr. in-fol. H. 0,5
  L. 0,443.

En buste, dans un ovale armorié, posé sur un socle. Il est re
senté jeune, vu de 3/4, tourné vers la droite, tête nue, cheveux long
bouclés ; revêtu d'une cuirasse sur laquelle le grand cordon passe en
toir. L'épaule gauche est recouverte par son manteau ; il semble a
main sur la hanche, et tenir, de la droite, la garde de son épée. —
la corniche du socle, à g. : *Hy. Rigault Pinxit.* — Sur la tab
Louis XV: Roy De France || *Arriere petit fils de Louis 14 né a Versa*
le 15. Fevrier 1710. lequel a tenu son || *lit de justice en son Parlem*
12. Septembre 1715. — Sous le tr. c., au milieu : *a Paris chez Ch* e
Le Jeune, etc. — Belle épreuve.

248. **Gassot** (Robert), sieur de Deffend, abbé de Cla va
  en 1718. — In-fol. H. 0,462. L. 0,323.*

A mi-corps, dans un ovale. Vu de 3/4, tourné vers la gauche, e
tume d'abbé ; coiffé de la calotte. — Autour de l'ovale : *Robertus*
de Deffens Abbas Claræ Vallis. || *Offerebat F. Petrus Mayeur.* — S
dessus du socle, à g. : *J. Defrenaud P.;* — à dr. : *Chereau Sculp.;*
le milieu du socle, dans un cartouche, ses armes : *Ecartelé : aux 1*
d'azur au chevron d'or, accompagné de 3 roses d'argent, bouto
d'or, 2 et 1 ; aux 2 et 3, d'azur à une bande d'argent, cottoyée de e
cotices potencées et contre-potencées d'or de onze pièces. Sur le tou
sable à la bande échiquetée de gueules et d'argent de deux traits.
Belle épreuve.

249. **Geoffroy** (Mathieu-François), apothicaire de Paris, 1
  1753. — In-fol. H. 0,387. L. 0,275. (Le B., 27, *s. n.*)*

A mi-corps, dans un cadre architectonique. Il est représenté d
le corps tourné vers la droite. Le bras droit ployé et la main entr'ou e e
  1er état, NON DÉCRIT, avant toute lettre. — Très-belle épreuve,
grandes marges.
  2e état. — Sur la tablette de la console, on lit : *Matthæus Francis*
Geoffroy Parisinus || *Natus Anno MDCXLIV Pharmacop. Par. Præ*
tus A. MDCLXXXIV. || *Ædilis A. MDCLXXXV. Consul A. MDC*
Ob. A. MDCCVIII. || *Parenti Optimo* || *Hoc Pietatis Monumentum O*
cravit Claud. Joseph. Geoffroy Pharmacop. Par. Præfec. || *Regiæ Utri*
Scientiarum Academiæ Paris & Londin Socius. — Plus bas, à g. :
Largilierre pinxit; — à dr. : *F. Chereau sculp. 1718.* — Belle épre e

250. **Gondrin** (Louis-Antoine DE PARDAILLAN DE), duc d
  tin, 1665-1736. — In-fol. H. 0,420. L. 0,330. (Le B., 33

Jusqu'aux genoux, vu de 3/4, tourné vers la droite. Il est revêtu cuirasse, l'épée au côté ; sur ses épaules, un manteau doublé d'hermine. Il porte en sautoir les insignes du Saint-Esprit. La main gauche est appuyée sur la hanche ; le bras droit étendu tient un bâton de commandement ; son casque se trouve auprès. — Sous le tr. c., à g. : *Peint par Hyacinthe Rigaud ;* — à dr. : *gravé par Fr. Chereau ;* — au milieu : *Louis Antoine de Pardaillan de Gondrin* || *Duc d'Antin, Pair de France, Lieutenant general des Armées du Roy et de la haute et basse Alsace, Gouverneur et Lieutenant* || *general pour sa Majesté des Villes et Duché d'Orleans et Pays Orleanois, et de la ville et Château d'Amboise, Surintendant et* || *Ordonnateur general des Bâtimens et Jardins du Roy, Arts, Manufactures, Academies Royales, et Conseiller du Conseil* || *de Regence.*

2e état, avec la lettre. — Belle épreuve.

Ce portrait a été peint par Rigaud en 1713, et gravé deux fois par F. Chereau en 1724 ; la première, avant le 3 juin, date de la nomination du duc d'Antin comme chevalier de l'ordre du Saint-Esprit ; la seconde, postérieurement à cette date, car les insignes de cet ordre ont été ajoutés à la planche. L'estampe ci-dessus appartient à cette seconde date.

251. Largillière (Nicolas DE), peintre français, 1656-1746. — In-fol. H. 0,451. L. 0,333. (Le B., 30, *s. n.*)*

A mi-corps, dans un cadre architectonique. Vu de 3/4, tourné à droite, tête nue, le col de sa chemise entr'ouvert. De la main gauche, il montre une toile placée sur un chevalet ; sa main droite est posée sur un carton de dessin, et il tient entre ses doigts un porte-crayon. — Sur la tablette : *Nicolavs De Largillierre* (sic) *In Regia* || *Picturæ Academiâ Professor.*

> *Tu mihi te pictum, qua polles arte, dedisti :*
> *Te tibi Chalcographi conformem cuspide reddo,*
> *Vt tibi quam fluxi vitam tribuere colores,*
> *Æterno per me serves in sæcla metallo.*

Ludovicus d'Assenet Amicus Amico αντιδωρον. — Sous le tr. c., à g. : *N. de Largillierre pinx.;* — à dr. : *F. Chereau sculp.* 1715. — Plus bas, sur deux colonnes, ce quatrain qui est la traduction des vers latins :

> *Tu m'as donné tes traits peints de ta main sçavante,*
> *Ami je te les rends gravez* (sic) *par le Burin,*
> *Que sur la toille* (sic) *ainsi ton image vivante*
> *Soit immortelle sur l'airain.*

1er état, avant le mot *Cancellarius...* — Belle épreuve.

252. Launay (Nicolas DE). — In-fol. H. 0,416. L. 0,330. (Le B., 31.)*

A mi-jambes. Il est représenté vu de 3/4, la tête nue et tournée vers la gauche ; le corps à droite. Il indique quelque chose de la main gauche, et, de la droite, il s'appuie sur le bord d'une table recouverte d'un tapis.

— Sous le tr. c., à g. : *peint par Hyacinthe Rigaud en 1713.*; — à gravé *par Fr. Chereau en 1719.*; — au milieu : *Nicolas de Lau Escuyer Conseiller* (sans point sur l'*i*) *Secretaire du Roy, Maison ronne de France et deses Finances,* || *Directeur de la Monnoye de dailles et de l'Orfévrerie de sa Majesté.*

2e état, avec la lettre. — Belle épreuve.

253. **Lorraine** (François-Armand DE), évêque de Baye fils de Louis de Lorraine, comte d'Armagnac, 1665. — In-fol. H. 0,462. L. 0,328.

A mi-corps, dans un ovale figuré en pierre. Il est tourné à gauche de 3/4, tête nue, cheveux longs et bouclés, revêtu du petit co d'évêque avec pèlerine à capuchon. Une croix pectorale suspendue cou par un large ruban passé sous son rabat. Il semble avoir l droit étendu. — Au milieu du socle, un cartouche, incliné vers la avec les armoiries de *Lorraine.*

D'après R. Tournières.

1er état, avant toute lettre. — Belle épreuve.

254. **Pernot** (Andoche), abbé de Cîteaux en 1727. — In- o H. 0,434. L. 0,335. (Le B., 35.)*

A mi-corps, dans un ovale figuré en pierre, posé sur un socle. Da haut, retenue par des cordons à glands, une draperie tombant d gauche de l'ovale, cache en partie la bordure. Il est vu de face, c d'une calotte, les épaules couvertes de sa pèlerine; il a une v u milieu du front; à son cou, la croix pectorale suspendue à un ruban. — Au milieu du socle, un cartouche contenant ces a e *Parti : semé de France, chargé en cœur d'un écusson bandé d'or et d de six pièces,* qui est Cîteaux (abbaye); *et d'argent à 3 bandes de sa au chef cousu d'azur, chargé d'une aigle éployée d'or,* qui est Pe n l'écu accompagné d'une mitre et d'une crosse et surmonté du cha d'abbé.

D'après le tableau peint par Rigaud en 1727, et qui l'accommoda la gravure, d'un rideau et autres ornements. La gravure est de 172 c'est le dernier ouvrage de F. Chereau qui mourut subitement peu e y avoir mis la dernière main.

1er état, avant toute lettre. — Très-belle épreuve.

255. **Polignac** (Melchior DE), cardinal, 1661-1741. — In- H. 0,428. L. 0,338. (Le B., 37.) *

Jusqu'à mi-jambes, assis dans un fauteuil. Vu de 3/4, regardan e la gauche, le corps tourné vers la droite. Il est représenté revêtu du e costume de cardinal, avec la croix de l'ordre du Saint-Esprit au co ' la main gauche, il tient, debout sur ses genoux, un grand in- o relié, au dos duquel on lit : *AntiLu* || *cretivs;* de la main droite, il en tourne les feuillets. Près de lui, à sa gauche, une table sur laquelle sont posés des livres, ainsi que son bonnet carré. Dans l'angle gauche du cadre, on lit : *Peint* [en 1715] *par Hyacinte* (sic) *Rigaud, Chevalier de l'Ordre de St Michel;* — Dans l'angle droit : *Gravé par François Chereau, Graveur du Cabinet du Roi 1729.* — Sous le tr. c., au milieu : *Melchior S. R. E. Presbyter, tituli Stæ Mariæ de Angelis ad terminos Cardinalis de Polignac,* || *Archiepiscopus Auscitanus, Abbas & Comes Corbeiæ, Aquiscincti, Boniportus, Mausonii & Begarii,* || *Regiorum Ordinum Commendator, Regiis apud Sanctam Sedem, negotiis Præfectus ; antea Ludovici* || *Magni Legatus in Poloniam et Bataviam, Sacræ Rotæ Auditor & Regii Sacelli Magister.* — Cette inscription est séparée par les armes : *Fascé d'argent et de gueules.*

3e état, avec le nom de Rigaud et l'addition des insignes de l'ordre du Saint-Esprit (*Catal.* Defer). — Belle épreuve.

256. **Renaudot** (Eusèbe), orientaliste, membre de l'Académie française, 1646-1720. — In-fol. H. 0,415. L. 0,314. (Le B., 38.) *

Jusqu'aux genoux, assis dans un fauteuil. Vu presque de face, tourné à droite. Il est en costume de congréganiste de l'Oratoire. Dans sa main droite, est un livre posé debout sur une table. Sa main gauche est appuyée sur le fauteuil dont il tient l'extrémité du bras. On aperçoit par une fenêtre, à sa gauche, l'église de Saint-Pierre de Rome.

1er état, NON DÉCRIT, avant toute lettre. — Très-belle épreuve.

2e état. — Sous le tr. c., à g.: *J. Ranc pinxit.;* — à dr. : *F. Chereau lainé sculpsit;* — au milieu : *Eusebius Renaudot* || *Vnus è XL viris Academicis* || *Obiit 1a Septembris 1720 ætatis suæ anno 74.* — Belle épreuve.

257. **Rousseau** (Claude-Bernard). — In-fol. H. 0,416. L. 0,330. (Le B., 39, *s. n.*)*

Jusqu'aux genoux, assis dans un fauteuil. Vu de 3/4, tourné à droite, tête nue, en costume de conseiller, avec une croix au cou. Il s'appuie de son bras gauche sur un bureau, et tient dans la main un rouleau de papier développé; la main droite repose sur ses genoux. — Sous le tr. c., à g. : *Chereau s.;* — au milieu, l'inscription suivante : *Claude Bernard Rousseau* || *Ecuier Conseiller du Roi Auditeur ordinaire en sa Chambre des Comptes de paris Chevalier des ordres militaire et* || *hospitaliers de Nôtre-dame du Mont carmel et de S. Lazard* (sic) *de Jerusalem, né le 14 Avril 1648 mort le 20 Fevrier 1720* || *Pierre Claude Rousseau son second fils a fait graver ce portrait par respect pour la memoire de son pere.*

Belle épreuve.

CHEREAU (Jacques), le jeune,

dessinateur et graveur à l'eau-forte et au burin, né à Blois le 29 octobre 168 (
non en 1687 ni en 1694), mort à Paris le 1ᵉʳ décembre 1776 (et non en 1759),
d'environ 89 ans, dit son acte de décès. Élève de son frère François.

258. *Angleterre :* **Georges Iᵉʳ**, fils aîné d'Ernest-Auguste de
Brunswick, électeur de Hanovre, 1660-1727. — In-fo .
H. 0,386. L. 0,272. (Le B., 11, *s. n.*)

En buste, dans un médaillon équarri supporté par un socle. Pers -
nage représenté de profil, tourné à gauche, tête nue, cheveux long et
bouclés. Il est couvert d'une cuirasse, sur laquelle est son manteau do
blé d'hermine, agrafé sur l'épaule gauche.—Fond noir.— Sur la tab e
du socle : *Georgius D. G. Mag. Britanniæ || Franciæ et Hibernⁱ Rex |
Fidei Defensor., || Brun : & Lunen : Dux S. R. I. Arch Thesau : & El c
tor. &c. || Inauguratus XX. die Octobris* 1714. — Cette inscription es
coupée, au milieu, par un cartouche surmonté de la couronne royale e
renfermant ses armoiries; au bas, sur une banderole, cette devis
Dieu et mon droit... — Sur la plinthe du socle, à g. : *G. Kneller Báro-
net de Mag. Britani. || et S. R. Imp. Eques pinx. &c;—* à dr. : *ab Ori-
ginali Chereau Junior Sculpt.*
Rare. — Belle épreuve.
Le Blanc mentionne ce portrait deux fois : d'abord au nom de Fran s
Chereau (nº 14), ensuite à celui de Jacques Chereau, où il le désigne u
format in-4º.

259. *Angleterre :* **Charles-Édouard Stuart**, dit le *Secon
Prétendant,* fils de Jacques III, 1720-1788. — In-4º. H. 0,23
L. 0,171.

A mi-corps, dans un ovale. Il est vu de 3/4, tourné vers la gauch e
corps à droite; la tête recouverte d'une longue perruque rétomban s
les épaules. Revêtu d'une cuirasse, le grand cordon passé en sauto
son manteau, avec collet de fourrure, sur l'épaule gauche. — Sur e
socle, à g. : *A. S. Bellé p.;* — à dr. : *I. Chereau f.* — Sous le tr
à dr. : *A Paris chez F. Chereau,* etc.
Belle épreuve.

260. **Colbert** (Charles-Joachim), prélat français, 1667-1738
— In-fol. H. 0,435. L. 0,342. (Le B., 12.) *

Presque entier. Il est assis dans un fauteuil; tourné à droite, en e
costume d'évêque. Sa main droite est appuyée sur le bras du faute
de la main gauche, reposant sur un bureau, il tient un cahier de papie
ouvert. Au-dessus du bureau, une bibliothèque. — Au milieu du cadre

dans un ovale, ses armes : *D'or à la couleuvre ondoyante d'azur posée en pal.* — A g., au-dessous de l'angle du cadre : *Peint par j. Raoux*; — à dr.: *Gravé par jacques Chereau.*; — au milieu du cadre : *Charles Joachim || Colbert Evêque de Montpellier.* — Ces inscriptions sont faites à l'encre ordinaire.

1er état, avant toute lettre. — Très-belle épreuve.

261. Montaigne (Michel EYQUEM DE), moraliste français, 1533-1592. — In-fol. H. 0,216. L. 0,157. (Le B., 13, *s. n.*) *

A mi-corps, dans une bordure figurée en pierre, dont les côtés sont dissimulés dans l'encadrement ; l'inscription qui se trouve au milieu n'est visible qu'à moitié. Personnage vu de 3/4, tourné vers la droite, le corps à gauche, tête chauve. Il est vêtu d'un justaucorps, un manteau sur l'épaule droite; de sa main gauche, il tient un livre posé debout sur une tablette, sur laquelle s'appuie aussi son coude. — Dans le haut, une draperie relevée. — Fond noir. — Autour de la bordure : *Michel Seigneur de Montagne* (sic). — A gauche, sur la tablette du socle, on voit des volumes couchés, dont l'un, appuyé sur la bordure, porte sur le plat, ces armes : *D'azur semé de feuilles de trèfle, à une patte de lion posée en face, le tout d'or;* — à droite, au bas du portrait, sur le coin de la draperie, un volume portant sur le plat une balance avec la devise : *Que sçais-je.* — Sous le tr. c., à dr. : *Gravé par Chereau le jeune 1725.* — Sous le tr. de l'encadrement : *Michel Seigneur de-Montagne* (sic).

D'après Genest.

Belle épreuve.

262. Prie (Agnès BERTHELOT DE PLÉNEUF, marquise DE), maîtresse de Louis-Henri, duc de Bourbon, 1698-1727. — In-fol. H. 0,266. L. 0,217. (Le B., 16, *s. n.*) *

Jusqu'aux genoux, assise dans un jardin. Vue de 3/4, tournée à droite; en cheveux, la tête légèrement inclinée sur l'épaule gauche. Elle est accoudée du bras droit sur un coussin posé sur le dessus d'une balustrade, et tient perché sur son doigt un oiseau qui chante. De sa main gauche et avec l'index, elle semble l'accompagner. — Au-dessous du cadre, dans l'angle g. : [Carle] *Vanloo pinx.*; — à dr. : *Chereau le jeune sculp.*; — au milieu, sur deux rangs, ces huit vers :

> *Sur votre belle Main ce Captif enchanté ?*
> *De l'aile méprisant le secours et l'usage;*
> *Content de badiner, de pousser son Ramage:*
> *N'a pas, pour être heureux, besoin de Liberté.*
> *Le Cœur, né libre, Iris ? n'a de plus chere envie,*
> *Que d'atteindre, au-plutôt, le Temps de s'engager :*
> *Est-il* (sic) *coulé ? ce Temps, si doux, mais trop Leger!*
> *Ah! que la Liberté nous pèse dans la Vie.*
>
> *J. Verdur.*

Plus bas, au milieu : *à Paris chez Chereau le jeune*, etc.

Belle épreuve, avec toutes marges.

Portrait anonyme; mais, d'après le P. Lelong, il représente la fameuse marquise de Prie.

263. **Sabran** (Louise-Charlotte DE FOIX-RABAT, épouse de Jean-Honoré, marquis DE), maîtresse du Régent, 1693-1768 — In-fol. H. 0,266. L. 0,215. (Le B., 17, *s. n.*) *

À mi-corps, vue de 3/4, la tête tournée à gauche où elle regarde, le corps à droite. Elle est représentée en cheveux, l'épaule gauche entièrement découverte et laissant le sein à nu. Elle tient dans ses mains un colombe couchée sur un coussin. — Au-dessous du cadre, à g. : [Carle *Vanloo pinx.*; — à dr. : *Chereau le jeune Sculp.*; — au milieu : *à Pa chez Chereau le jeune*, etc. — Plus bas, sur deux rangs, ces huit ver .

Qu'un timide Artisan Esclave du Scrupule,
Des Objets qu'il nous peint voile tous les Appas !
Ni Dessein, ni Couleur, ne nous rapellent pas,
Et l'Œil avec mépris voit le soin ridicule.
Mais voyant de Philis les Attraits ravissans,
Exprimés d'une Main hardie, ingénieuse :
*Du plus charmant des Dieux l'ardeur impérieu*se
Sempare de nos Cœurs, et saisit tous nos sens.

Jv. (sans doute J. Verd c.)

Pendant du précédent. — Très-belle épreuve.

Portrait anonyme. Il ne faut pas confondre cette marquise de Sabran née de Foix, avec Françoise-Éléonore de Jean de Manville (née en 7 0 morte le 27 février 1827), épouse d'abord du comte Joseph de Sab lieutenant général des armées navales, mort en 1775, et depuis remarié au chevalier, puis marquis de Boufflers, poëte-académicien.

264. **Sévigné** (Marie DE RABUTIN-CHANTAL, marquise DE, 1626-1696. — In-8°. H. 0,130. L. 0,075. *

En buste, dans un médaillon ovale équarri supporté par un socle. V de 3/4, tournée vers la droite, tête nue, les cheveux longs et bouclés voile attaché derrière la tête et ramené sur l'épaule droite. Elle est vê e d'une robe dont le corsage est décolleté et garni de perles ; sur son b gauche, est posé un manteau de fourrure. — Au bas du portrait, sur a bordure du médaillon et sur celle du socle, un cartouche surmonté de couronne de marquis et contenant les armes des Sévigné : *Écarte de sable et d'argent*; accolées à celles des Rabutin-Chantal : *Écartelé : a* 1 *et* 4, *cinq points d'argent équipollés à quatre de gueules; aux* 2 *é* 3 *d'azur à la croix d'argent.* — Sur le dessus du socle, à dr. : *Jac. Cher Sculp.* — Sur le milieu du socle : *Marie de Rabutin Chantal* ‖ *Marqu de Sévigné.*

Belle épreuve.

265. Soanen (Jean), prélat français, 1647-1740. — In-fol.
H. 0,432. L. 0,348. (Le B., 19, s. n.) *

Jusqu'à mi-jambes, assis dans un fauteuil. Vu presque de face, tourné
vers la gauche, en petit costume d'évêque, la calotte sur la tête. La main
gauche est ouverte et posée sur le bras du fauteuil. Le bras droit s'appuie
sur un bureau, où l'on voit des in-folios ainsi que des feuilles ma-
nuscrites et une écritoire. Par l'ouverture d'une fenêtre, on aperçoit
l'église de Senez et les fortifications de la ville. — Sous le tr. c., à g. :
Peint par J. Raoux. ; — au milieu : *Jean Soanen || Evêque De Senez.* —
Cette inscription est placée de chaque côté d'un médaillon renfermant
ses armes : *D'azur à une fasce crénelée de 4 pièces d'or, accompagnée en
pointe d'un croissant d'argent ; au chef d'argent à 3 mouchetures d'hermine.*

Très-belle épreuve.

266. Vincenti (Jean-Marie), chancelier de Venise, né en 1724.
— In-fol. H. 0,408. L. 0,302. (Le B., 21.)

En buste, dans un ovale. Vu de 3/4, tourné vers la droite, tête nue,
avec les insignes de sa charge sur l'épaule gauche. — Autour de l'ovale :
*Joannes Maria Vincenti Æques et Magnus Venetiarum Cancellarius. Æt.
suæ. LII.* — Sur le dessus du socle, à g., une épée ; — à dr., des épe-
rons. — Au-dessous, à dr., sur la plinthe : *Chereau Sculp.* — Sur la ta-
blette : *Creatus die 16 Februarii.* || *Milᵒ. Septigent Vigesᵒ. quarto, mᵉ vᵒ.*
— Au milieu de cette inscription, se trouve un cartouche avec ces armes :
*Coupé : au 1, d'or à la coupe de gueules ; au 2, de gueules à 3 montagnes
d'or* ; l'écu surmonté d'une couronne de marquis ; cimier : une aigle
issante au naturel ; supports : deux léopards.

Très-belle épreuve.

CHEVILLET (Juste),

dessinateur et graveur au burin, né à Francfort-sur-le-Mein, en 1729, mort........
Élève de G.-F. Schmidt et de J.-G. Wille ; il devint le beau-frère de ce
dernier.

267. Chardin (Jean-Baptiste-Siméon), peintre français, 1699-
1779. — Gr. in-4ᵒ. H. 0,320. L. 0,224. (Le B., 54.)

En buste, vu de 3/4, tourné à gauche. Il est coiffé d'un mouchoir roulé
autour de la tête et attaché avec un ruban ; il porte des besicles.
D'après le portrait de Chardin, peint par lui-même en 1771.
1ᵉʳ état, avant toute lettre. — Très-belle épreuve.

268. Diderot (Denis), 1713-1784. — In-fol. H. 0,341. L. 0,256.

En buste, dans un ovale enchâssé dans un cadre sculpté. Il est représenté de 3/4, tourné vers la gauche, tête nue, le col de sa chemise vert et laissant voir la poitrine. Derrière lui, un rayon de bibliothè avec des volumes. — Sur la tablette supportant l'ovale : *Diderot*, || *l'Académie de Berlin*. — Sous le tr. c., à g. : *Dessiné par Bounieu d' près un Buste de Mᵣ Houdon,... gravé par Chevillet*.

Belle épreuve.

269. *France* : **Louis-Philippe**, duc **d'Orléans**, fils du Louis et aïeul du roi Louis-Philippe, 1725-1785. — Gr. in H. 0,270. L. 0,184. (Le B., 57, *s. n.*)

En buste, dans un médaillon ovale retenu par un nœud de rub est vu de 3/4, tourné à droite, tête nue, portant les insignes de l'o du Saint-Esprit brodés sur son habit, et, dessous, le grand cordon pass sautoir. — Au milieu de la tablette du socle : *Louis Philippe d'O leans* || *Duc de Chartres*. — Cette inscription est coupée par les ar — Sous le tr. c., à dr. : *Dessiné et Gravé par Chevillet*. — Plus bas . *Paris chez l'Auteur*, etc.

Belle épreuve.

270. **Hannetaire** (Eugénie), actrice française,..... — In H. 0,381. L. 0,300. (Le B., 68 et 73, *s. n.*)

Jusqu'aux genoux, assise, vue de 3/4, tournée à droite. Elle est re sentée dans le rôle d'une jeune sultane, jouant de la harpe.

D'après Le Gendre.

Belle épreuve, mais rognée aux traits du cadre.

271. **Jordan** (Jean-Louis), négociant, 1712-1759. — In f H. 0,409. L. 0,289. *

A mi-corps, dans une bordure cintrée. Vu presque de face, assis à un fauteuil, les mains posées sur une table et tenant une lettre.

1ᵉʳ état, avant toute lettre.

En marge, au bas de la planche, est écrit à la main : *jean lou dan, D'après j. M. falbe*. 1762. *gravé par Chevillet*.

272. **Lenoir**, lieutenant de police. — In-fol. H. 0,2 L. 0,187. (Le B., 56, *s. n.*)

En buste, dans un médaillon avec nœud de ruban au sommet. Il es de 3/4, tourné à droite, tête nue. — Sur la tablette du socle : *De magistrat* || *Cheri et Bienfaisant*, || *Par les Gardes Orfèvres de Paris* || *MDCCLXXVIII*. — Cette inscription est coupée par ses armoiries : *D' à un chevron d'or, accompagné en chef de deux têtes de Maure contou de sable, tortillées d'argent, et, en pointe, d'une grappe de raisin de a feuillée de sinople.* — Sous le tr. c., à g. : *Peint par Greuze Peintre du Roi.; —* à dr. : *Gravé par Chevillet Graveur de leurs M. I. et Royale.*

Belle épreuve, avec marges.

273. **Sartine** (A.-R.-J.-G. DE), comte D'ALBY, lieutenant général de police, 1729-1801. — In-fol. H. 0,403. L. 0,311.

Jusqu'aux genoux. Il est représenté debout dans sa bibliothèque, la main gauche appuyée sur un livre posé verticalement sur son bureau, où l'on voit aussi des papiers sur l'un desquels on lit : *Ordonnance du Roy.* — De la main droite, il relève le pan de son manteau. — Sous le tr. c., à g. : *Peint par Vigée.; —* à dr. : *Gravé par Chevillet.; —* au milieu : *Antoine-Raymond-Jean-Gualbert-Gabriel de Sartine* || *Chevalier, Conseiller d'Etat, Lieutenant Général de Police* || *de la Ville de Paris.* || *Res urbanas moribus ornat, legibus emendat.* — *Hor. Ep. I. L. II.* — Et plus bas, à dr. : *D. D. d'Hemery.* — Cette inscription est coupée par un cartouche, surmonté d'une couronne, où se trouvent ses armes : *D'or à la bande d'azur chargée de 3 sardines d'argent.*

Belle épreuve.

CHOFFARD (PIERRE-PHILIPPE),

dessinateur et graveur au burin, né en 1731, à Paris, où il est mort le 7 mars 1809, âgé de 77 ans et 11 mois, dit son acte de décès. Élève de l'ornemaniste Babel.

274. **La Rochefoucauld** (Franç. VI duc DE), prince de Marsillac, célèbre moraliste, 1643-1680. — In-8°. H. 0,119. L. 0,075.

En buste, dans un médaillon ovale avec cadre oblong figuré en pierre, sur fond noir. Vu presque de face, le corps tourné à droite; en perruque. Il est couvert d'une armure. — Au haut du médaillon, sur une tablette, on lit : *Francois VI. Duc de la Rochefoucauld* || *Né en M.DC.XIII. M. en M.DC.LXXX.* — Au bas du médaillon, sur un manteau d'hermine couvrant toute la partie inférieure du cadre, deux volumes couchés, dont l'un, ouvert, porte : *Maximes* || *et* || *Reflexions* || *morales* || *du Duc* || *[L] a Rochefoucauld ;* — Au-dessus de ces livres, une épée passée dans le collier de l'ordre du Saint-Esprit. — A droite, une couronne de duc, ayant pour cimier une mélusine, surmonte un écusson avec ses armes : *Burelé d'argent et d'azur, à 3 chevrons de gueules brochant sur le tout, le premier écimé.* — Sous l'encadrement, à g. : *Peint en Email par Petitot.; —* à dr. : *Gravé en 1779 par PP. Choffard* || *Des. et Grav. de L. M. Imp. et du Roi d'Espagne.*

Belle épreuve, à toutes marges.

COCHIN (CHARLES-NICOLAS), *le père,*

dessinateur et graveur à l'eau-forte et au burin, « graveur du Roy en son Académie royale de peinture et sculpture », né le 29 février 1688, à Paris, mort le 5 juillet 1754, fils d'un Charles Cochin, peintre à Paris.

275. Lesueur (Eust.), célèbre peintre français, 1616-1655. — In-fol. H. 0,359. L. 0,235. (Le B., 293.) *

A mi-corps, dans un ovale architectonique. Vu de 3/4, tourné vers la gauche, tête nue, un manteau jeté sur l'épaule droite. De la main gauche, il tient un rouleau de papier déplié, laissant voir une esquisse. — Sur le dessus du socle, des pinceaux passés dans le doigté d'une palette, et un porte-crayon. — Au milieu de la tablette : *Eustache Le Sueur || de Paris, Peintre ordinaire du Roy, et Professeur || en son Académie de Peinture et de Sculpture.* — Sur le côté droit de la base du socle : *Gravé par Charles Nicolas Cochin pour || sa Reception à l'Academie en 1731.*
D'après Lesueur lui-même.
Belle épreuve.

COCHIN (CHARLES-NICOLAS), *le fils,*

dessinateur et graveur à l'eau-forte et au burin, né le 22 février 1715, à Paris, où il mourut le 29 avril 1790, âgé « d'environ 77 ans, » dit son acte de décès. C'est le plus célèbre de tous les artistes de cette famille. Fils et élève du précédent.
Consulter : *Catalogue de l'Œuvre de Ch. Nic. Cochin fils,* par Ch. Ant. Jombert, Paris, 1780, in-8°.

276. Bouchardon (Edme), sculpteur français, 1698-1762. In-4°. H. 0,172. L. 0,123. (Le B., 283, *s. n.*) *

En buste, dans un médaillon retenu au haut du cadre par un nœud de ruban. Vu de profil, tourné à gauche, tête nue. — Fond quadrillé. — Sous le médaillon, dans la gravure : *Edme Bouchardon. || Sculpteur du Roy.* — Sous le tr. c., à g. : *Dessiné par C. N. Cochin le fils.* — Gravé par le même, selon Jombert, en 1754.
Belle épreuve, avec marges.

277. Caylus (Anne-Claude-Philippe DE TUBIÈRES, DE GRIMOÀRD, DE PESTELS, DE LÉVI, comte DE), archéologue français, 1692-1765. — In-4°. H. 0,172. L. 0,123. (Le B., 284, *s. n.*) *

En buste, dans un médaillon retenu par un nœud de ruban. Vu de profil, tourné à droite, tête nue, cheveux bouclés. — Fond quadrillé. — Sous le médaillon, dans la gravure : *Ph. Cl. A. de Thubieres. || Comte de Caylus.* — Plus bas, au milieu, un peu au-dessus du tr. c. : *Dessiné par Cochin le fils* 1752. — Gravé par le même, selon Jombert.
Belle épreuve.

278. Duclos (Ch. Pineau), célèbre littérateur français, 1704-
1772. — In-4°. H. 0,175. L. 0,128. (Le B., 288.)*

En buste, dans un médaillon retenu par un nœud de ruban. Vu de
profil, tourné à gauche, tête nue. — Fond quadrillé. — Sous le médaillon,
dans la gravure : *Charles Duclos.* || *Historiographe de France* || *De l'Aca-
demie Françoise, et de celle des Belles Lettres.* || *Dessiné par C. N. Cochin
le fils en* 1763.

Gravé à l'eau-forte.

2e état. — Belle épreuve.

279. Marigny (Abel-François Poisson, marquis de Vandières et de), frère de Mme de Pompadour, directeur général des bâtiments, jardins, arts et manufactures du Roi,
1727-1781. — In-4°. H. 0,170. L. 0,120. (Le B., 294.)*

En buste, dans un médaillon attaché par un nœud de ruban. Il est de
profil, tourné à droite, tête nue. — Sous le médaillon, dans la gravure :
Mr. le Marquis || *de Marigny.* — Sous le tr. c., au milieu, tracé à la
pointe : *Cochin filius delin. et Sculp* 1757.

Le Blanc rapporte que ce portrait a été « gravé en 1752 sous le titre
de marquis de Vandières et terminé en 1757 sous celui de Marigny ».
Or, selon Jombert, le premier porte le nom de Watelet, ce qui ferait
supposer deux portraits différents, gravés à cinq ans d'intervalle.

Gravé à l'eau-forte et fini au burin. — Belle épreuve.

280. Parrocel (Charles), peintre français, 1688-1752. —
In-4°. H. 0,173. L. 0,122. (Le B., 297.)*

En buste, dans un médaillon attaché par un nœud de ruban. Il est de
profil, tourné à droite, tête nue. — Dans la gravure, sous le médaillon :
C. Parrocel. || *Peintre de Batailles.* — Sous le tr. c., à g. : *C. N. Cochin
filius delin.;* — à dr. : *C. N. Cochin, et N. Dupuis Sculpserunt.*

Belle épreuve.

Commencé par Cochin fils, ce portrait fut terminé par Dupuis en 1753.

281. Seguier (Antoine-Louis), magistrat français, 1726-
1792. — In-4°. H. 0,177. L. 0,125. (Le B., 303, *s. n.*)*

En buste, dans un médaillon attaché au haut du cadre par un nœud de
ruban. Représenté de profil, tête nue. — Fond quadrillé. — Au-dessous
du médaillon, dans la gravure du cadre : *A. L. Seguier* || *Avocat Général
du Parlement de Paris,* || *De L'Académie Françoise.* — Sous le tr. c., à
g. : *C. N. Cochin filius del. et Sculp.*

Belle épreuve, avec marges.

282. **Turenne** (Godefroy-Charles-Henry DE LA TOUR, ap é *prince de*), général et amateur, 1728-1792. — In° H. 0,171. L. 0,121. (Le B., 304, *s. n.*) *

En buste, dans un médaillon retenu dans le haut par un nœu d ruban. Vu de profil, tourné à droite, tête nue. — Fond quadrillé — Sous le médaillon, dans la gravure : *Mr. le Prince || de Turenne.*

Jombert affirme que ce portrait a été gravé par Cochin fils en 1756 Gravé à l'eau-forte et fini au burin. — Belle épreuve.

COGNIET (Léon),

peintre et lithographe contemporain, membre de l'Institut, né en 1794. Élève de P. Guérin.

283. **Guérin** (Pierre), peintre, 1774-1833.—In-fol. Dimensi de la planche : H. 0,320. L. 0,225. H. du portrait 0,183

En buste, vu presque de face, la tête nue et légèrement inclinée. — Sous le portrait, à g. : *Lith. Delpech.* ; — à dr. : *Léon Cogniet* ; — au milieu : Pre. *Guérin.*

Belle épreuve.

Le dessin original de ce portrait a figuré au Salon de 1831.

COQUERET (Pierre-Charles),

graveur à la manière du lavis, né en 1761, à Paris, où il est mort en 18. Élève de Janinet.

284. **Masséna** (André), duc **de Rivoli**, prince **d'Essling**, réchal de France, 1758-1817.—Gr. in-fol. H. 0,522. L. 0,3

En pied, auprès d'une table. Vu de face, la tête nue et tournée de vers la droite, où il regarde ; en costume de général. Il tient de la gauche, appuyée contre sa poitrine, des papiers sur lesquels on *Préliminaire d || paix signé* (il s'agit des préliminaires de Leoben main droite, tenant son sabre, s'appuie sur la table que recouvre en grande partie une carte d'Italie, développée, et sur laquelle est une p e de pistolets, le chapeau du général et une branche de laurier. — F nd noir. — Sous le tr. c., à g. : *Dessiné par Hilaire le Dru.* ; — à *Gravé par Coqueret et La Chaussée;* — au milieu : *Massena.* — l bas : *Se vend à Paris*, etc.

A la manière du lavis. — Belle épreuve.

285. **Pichegru** (Charles), général français, 1761-1803. Gr. in-fol. H. 0,522. L. 0,357.

En pied. Vu de face, en costume de général, coiffé de son chapeau

De la main droite, il tient, par la garde, son sabre placé verticalement à sa gauche, ainsi qu'une liasse de papiers; il est accoudé du bras gauche sur la poignée de son sabre, le menton appuyé sur sa main. — Saus le tr. c., à g. : *Dessiné par Hilaire.* [le Dru]; — à dr. : *Gravé par Coqueret.;* — au milieu : *Pichegru.* — Plus bas : *Se vend à Paris,* etc. A la manière du lavis. — Belle épreuve.

COSSIN (Louis COQUIN, *dit*),

peintre et graveur au burin, né à Troyes, en Champagne, le 8 janvier 1627 (et non en 1633), mort à Paris après 1686 (et non en 1668). (Voir Corrard de Breban, *les Graveurs troyens.*)

286. Cassini (Jean-Dominique), astronome français, 1625-1712.— In-fol. H. 0,336. L. 0,194 *.

A mi-corps, debout, vu presque de profil, tourné à gauche. Il est tête nue, les épaules recouvertes d'un manteau; de la main droite, il désigne le firmament; dans la gauche, il tient une lunette d'approche. Devant lui, dans le cadre d'une fenêtre, est installée une sphère. Dans le fond, on aperçoit un observatoire et des personnages munis d'instruments.

Cité par Corrard de Breban, n° 35.

1er état, avant toute lettre. — Très-belle épreuve.

287. Chauveau (Fr.), graveur français, 1621-1676. — In-4°. H. 0,250. L. 0,206. (Le B., 8.) *

A mi-corps, assis, tête nue, vu de face. Le coude droit repose sur le dossier de la chaise; le coude gauche est appuyé sur une table; dans la main, il tient, dans une position presque verticale, une plaque de cuivre sur laquelle est gravée une Minerve. A côté, sur la table, on voit ses burins et deux petits médaillons. — Sous le tr. c., à g. : *Le Febure || pinxit || L. Cossinus || Fecit* 1668.; — à dr. : *Boudan excudit || rue st Iacques à || l'image sainct || Maur.;* — au milieu: *François Chauveau || De L'Academie Royale.*

1er état (Le Blanc). — Belle épreuve.

288. Colbert (J.-Bapt.), marquis **de Croissy** et DE TORCY, diplomate français, 1665-1746. — Gr. in-fol. H. 0,520. L. 0,436. (Le B., 9, *s. n.*)*

En buste, aussi grand que nature, dans un ovale dont les côtés de la bordure sont tronqués. Vu de 3/4, tourné à droite, tête nue, cheveux longs et bouclés. Vêtu d'un habit à grands ramages; magnifique cravate de dentelle. — Fond noir. — Autour de l'ovale : *Ioan. Babt. Colbert Marchio de Croissy.* — Au bas du portrait, dans le blanc supérieur de l'ovale : *Offerebat hvmillimvs servvs Philippvs de Sainct Massens de*

Viéville.— Au-dessous, dans le blanc inférieur, à g. : *De Troy Pinx*
à dr. : *L. Cossin sculps.* 1682.

Belle épreuve.

Le Blanc cite une seconde fois ce même portrait au n° 12.

289. Conrart (Val.), littérateur et premier secrétaire pe,
tuel de l'Académie française, 1603-1675. — In-4°. H. 0,2 9
L. 0,193. (Le B., *s. n.*)*

A mi-corps. Il est vu de 3/4, regardant à gauche, assis devant une
De la main droite, il tient une plume d'oie, le bras appuyé con
table ; la gauche est posée sur une feuille de papier. Longs cheveux
sommet de la tête couvert d'une calotte. Sur la table, un encrier, un
un couteau et des papiers.

1er état, NON DÉCRIT, avant toute lettre. — Très-belle épreuve.

2e état. — Sous le tr. c., à g. : *C. Le Feure pinx.* ; — à dr. : *L.
Sculp.* ; — au milieu : *Valentin Conrart Conseiller et Secrétaire
Maison et ‖ Couronne de France et de ses finances Secrétaire de l'A
mie françoise.* — Belle épreuve.

Corrard de Breban, qui mentionne ce portrait avec éloges, dit, à to
fut gravé d'après de Troy. Il donne l'année 1683 comme date de la gr

290. Conrart (Jacques), avocat au Parlement, neveu du
cédent. — In-fol. H. 0,311. L. 0,244*.

A mi-corps, debout, vu de 3/4, tourné à droite ; revêtu de la rob
vocat ; la tête couverte d'une longue perruque ; la main gauche
sur son cœur ; de la droite, il tient le bord d'une table.— Sous le
à g. : *Barthelemy pinx.* ; — à dr. : *L. Cossin Sculp.* ; — au milie
cobus Conrart.

Cité par Corrard de Breban, n° 34.

Très-belle épreuve.

291. Corneille (Pierre), 1606-1684. — In-fol. H. 0,
L. 0,191. (Le B., 11, *s. n.*)*

A mi-corps, assis, vu de 3/4, tourné à gauche, les mains appuyé
un volume posé sur ses genoux. — Sous le tr. c., à g. : *F. Sicre*
— à dr. : *L. Cossin sculp.*

Cité par Corrard de Breban, n° 11.

1er état, avant toute lettre (*Catal.* Defer). — Très-belle épreuve,
marges.

292. Doujat (Jean), jurisconsulte et littérateur franç
1609-1688. — In-fol. H. 0,244. L. 0,195 *.

A mi-jambes, debout dans son cabinet. Il est vu presque de fac

nue, en costume de docteur en droit. De la main droite, il tire un volume
de sa bibliothèque, en partie cachée par une draperie ; de la gauche, il
relève le pan de sa robe. Près de lui, un livre ouvert posé sur une table.
— Sous le tr. c., à g. : *F. Sicre pinx.;* — à dr. : *L. Cossin sculp.*

1er état, avant la lettre.

2e état. — Sous le tr. c. : *Jean Doujat Pr. Profesr. du Roy & Docteur
Regent ez Droits :* || *Doyen de l'Acadmie. Françoise et Historioghe. Latin de
sa Majeste.* — Au-dessous, au milieu : *Friquet excudit C. P. Reg.* —
Belle épreuve.

293. Doujat (Jean), le même que le précédent. — In-4°.
H. 0,196. L. 0,144. (Le B., 13, *s. n.*)*

A mi-corps, dans un ovale. Vu de 3/4, la tête nue, en costume de
professeur. — Autour de l'ovale : *Ioan. Doviat. Antecessor. Paris.
Regior. Professor. et Academ. Franc. Decan.* — Dans le cadre, au-dessus de
la tablette, à g. : *Aymée Marg. Gillet Cossin pinx;* — à dr. : *L. Cossin sculp.*
Belle épreuve.

294. Roupert (Louis), orfévre. — In-4° en travers. L.
0,201. H. 0,144. (Le B., 7, *s. n.*)*

A mi-corps, debout, vu de 3/4, tourné à droite, le corps de face. Il est
représenté tête nue, accoudé du bras droit et tenant dans ses mains une
feuille de papier sur laquelle est un dessin d'ornement. Ses épaules sont
couvertes d'un manteau ; ses oreilles sont parées de boucles avec pendants. Sur sa gauche, est une table chargée de ses instruments de travail
et d'un vase contenant des branches d'ornement, en métal. Sur le bord
de la table, on lit : *Louis Roupert Mtre Orfeure* (sic) *A Metz.* — Sur le
côté droit du tapis recouvrant la table : *P. Rabon pinxit* || *Ludouicus
Cossinus sculp.* || 1668.

1er état, avant le nom de Mariette. — Belle épreuve.

Ce portrait figure en tête d'un recueil de huit planches de dessins de
feuilles et d'ornements composés par l'orfévre Roupert et gravés par Cossin, qui y a ajouté, dit Corrard de Breban, « de petites scènes très-
jolies ». Ces huit planches sont tirées sur six feuilles.

295. Soleysel (Jacques DE), sieur du Clapier et de la Berar-
dière, écuyer du roi dans sa grande écurie, 1617-1680. —
In-fol. H. 0,244. L. 0,200. (Le B., 18, *s. n.*)*

A mi-corps, debout, adossé au tronçon d'une colonne. Il est vu de 3/4,
tourné à gauche, regardant de face ; tête nue, couvert d'une cuirasse. De
sa main gauche, il tient un livre posé verticalement sur une table. Il est
accoudé sur la base de la colonne, la main droite appuyée sur un bâton.
Au fond, un manége où l'on voit dresser des chevaux.

1er état, NON DÉCRIT, avant toute lettre. — Très-belle épreuve.

COUTELLIER,

dessinateur et graveur au burin et au pointillé, de la fin du dix-huitième siè

296. Contat (Louise), célèbre actrice française, 1760-18
— In-4°. H. 0,187. L. 0,158.

En buste, dans un ovale, vue de profil et tournée à gauche, les che u
relevés et bouclés; au sommet de la tête, deux plumes avec un vo
tombant par derrière. Elle est décolletée, le sein droit à demi déco
au côté gauche, un bouquet de fleurs. — Sous le tr. c., à g. : *Cou*
del. et sculpt.; — à dr. : *Avec Priv. du Roi; —* au milieu : *Melle. C*
De la Comédie françoise || *Dans le role de Susane. Mariage de Figa*
Gravé au pointillé et imprimé en couleur. — Belle épreuve.

297. Menier (Joseph), acteur français. — In-4°. H. 0,15
L. 0,126.

A mi-corps, dans un ovale. Vu de 3/4, tourné vers la droite
regarde, tête nue, en costume de théâtre, le col de sa chemise ou
Au bas de l'ovale : *Joseph Menier* || *Né à Perpignan le 21 Dec. 1752* e
a la Comedie Italienne en 1776. — Au-dessous, le quatrain suiva
deux colonnes :

> *Jamais outré, jamais extrême*
> *En gaîté, comme en sentiment,*
> *Son talent est toujours le même,*
> *Et paroit toujours différent.*

Plus bas : *A Paris chez Mondhare et Jean,* etc..... *A. P. D. R.*
Gravé au pointillé et imprimé en couleur. — Belle épreuve.

298. Michu (Louis), chanteur, 1754-1802. — In-4°. H. 0
L. 0,134.

A mi-corps, dans un ovale. Vu de 3/4, tourné à gauche. Il est r
senté dans le rôle *du Magnifique.* — Au bas de l'ovale, entre le
traits du cadre : *Michu; —* Et plus bas : *reçu à la Comedie Italien*
1775. — Au-dessous, le quatrain suivant sur deux colonnes :

> *Dans ses yeux son âme s'explique.*
> *Dans sa bouche tout est charmant,*
> *Et la nature en le formant,*
> *Lui dit; jouez le Magnifique.*

Plus bas : *A Paris chez Mondhard et Jean,* etc......... *A. P. D.*
Gravé au pointillé et imprimé en couleur. — Belle épreuve.

COUVAY (Jean),

dessinateur et graveur au burin, né à Arles en 1622.

299. *France :* **Marie Stuart**, épouse de François II, 1542-1587. — In-fol. H. 0,360. L. 0,274. (Le B., 81, *s. n.*) *

Jusqu'aux genoux. Elle est représentée assise, vue de 3/4, tournée vers la droite. Vêtue d'une robe à corsage d'hermine, garni de perles, avec le manteau fleurdelisé, doublé d'hermine, sur les épaules. La tête couverte d'une dentelle, surmontée de la couronne de France. Sa main droite, posée sur ses genoux, retient le pan de son manteau. Dans sa main gauche, le bras à demi plié, elle tient un mouchoir. Dans le haut, derrière elle, une draperie formant le fond. A droite, près d'elle, sur une table recouverte d'un tapis semé de fleurs de lis, est posée une couronne, sur laquelle on lit : *Covronne D'Ecosse.* Au-dessus de cette table, dans l'embrasure d'une fenêtre, est figurée une salle où est représentée la scène de la décapitation de cette reine. Elle est agenouillée sur l'échafaud, la tête sur le billot, le cou à nu où deux coups de hache sont marqués. Près d'elle, le bourreau, la hache relevée, s'apprête à frapper. — Sous le tr. c., sur deux colonnes, est une inscription en latin et en français ; la première forme neuf lignes, commençant par : *Maria Stvart Heroinarum præstantissima.....* et finissant par *R. S.* 1587. *suæ ætatis* 46. — Nous transcrivons celle en français : *Marie Stvart Incomparable Princesse en pieté, vertu, et beauté, fut fille vnique de Iaqves* || *V. Roy d'Ecosse et de Marie de Lorraine. elle perdit son pere huict iours apres sa naissance, et* || *fut amenee en france a 5 ans : où a 15 elle Espousa François 2. qui ne regna que 16 mois. Retournée* || *en Escosse, elle se remaria premierement auec le Comte Lenox duquel elle eut Iaqves Roy d'Ecosse* || *et d'Angleterre : secondement auec Botvel vn des plus puissant* (sic) *d'Ecosse, qui la contraignit a ce faire,* || *tant par force que par les pressantes persuasions des plus grans du royaume. depuis ses subiectz pro-* || *testans la mirent en prison, d'ou s'estant sauuée, et ayant perdu la bataille contre eux, elle se refu-* || *gia en Angleterre : où apres vn emprisonnement de plus de 20 ans, elle eut la teste tranchee, de* || *trois coups de hache, par le cruel, et perfide commandement de la Reine Elizabeth* || *l'an mil cinq cens octante sept, estant aagée de quarante six ans.* — Au dessous : *J. Couuay sculp. et excudit. cum priuilegio Regis Christian.* Belle épreuve.

300. *France :* **Philippe I**er **de France**, appelé d'abord duc d'Anjou, puis, à l'avénement de Louis XIV, *Monsieur,* et, en 1660, duc **d'Orléans**, 1640-1701. — In-fol. H. 0,393. L. 0,298. (Le B., 86, *s. n.*)

Représenté à l'âge de sept ans. A mi-corps, dans un cadre historié, accompagné de 4 emblèmes. Il est vu de 3/4, tourné à droite, coiffé d'un bonnet orné de grandes plumes, revêtu du manteau d'hermine, avec le collier du Saint-Esprit. De la main droite, il tient un bâton de commandement; la gauche s'appuie sur le cadre. Le premier emblème placé dans la partie supérieure du cadre, à gauche, représente une étoile rayonnante, accompagnée du signe astronomique de Jupiter. On lit au bas : *Svblvceʈ. Iovis Imperio;* — à dr., le second emblème représente un fragment du zodiaque avec le signe des gémeaux; — au bas : *Maior Minor obseqvitvr.* — Dans l'angle gauche du bas, un palmier avec cette devise : *Adversvs pondera svrgit;* — à droite, un chêne ou un laurier avec cette devise : *Havd fvlmina terrent.* — Au-dessus du cadre, la couronne royale, avec des branches de laurier et des palmes. — Au bas du cadre et au milieu : *Dvci andegavensi || vnico Regis. fratri || Justus d'Eg- mont pictor Regius Inuentor dicat et consecrat anno || 1643.* — Sous le tr. c.: *A paris Chez Juste d'egmont, Rue Royal* (sic), *au Louys* (13) *le Juste;* — *Cum. priuilegio Regis Christianissimi et Ordinum Confederatoru* — *J. Couuey* (sic) *sculp.*

Belle épreuve.

301. Richelieu (Armand-Jean DU PLESSIS, cardinal, duc DE). 1585-1642. — In-fol. H. 0,268. L. 0,218.

En buste, vu de 3/4, tourné à droite, en petit costume de cardinal, a ec la croix du Saint-Esprit au cou. — Sous le tr. c., à dr. : *J. Co ay sculp.*

Avant la lettre. — Belle épreuve.

COYPEL (ANTOINE),

peintre et graveur à l'eau-forte, né en avril 1661, à Paris, où il mourut le 7 vier 1722. Son œuvre a été décrit par Robert-Dumesnil, t. II, p. 163-171, et t. XI, p. 42-44.

302. Voisin (Catherine DESHAYES, dite LA), fameuse empo- sonneuse, exécutée à Paris en 1680. — Gr. in-fol. H. 0,39 L. 0,279. (Le B., 13.) *

Voir Rob.-Dum., II et XI, 13.
2e état. Rare. — Belle épreuve.

COYPEL (CHARLES-ANTOINE),

peintre et graveur à l'eau-forte, né le 11 juillet 1694, à Paris, où il mourut le 14 juin 1752. Fils et élève du précédent. Son œuvre a été décrit par Robert- Dumesnil, t. II, p. 225-333.

303. Maroulle ou MARULLO (Jean-Antoine DE), graveur a a-

teur et protecteur des arts, d'origine italienne, 1674-1726. — In-fol. Dim. de la planche : H. 0,223. L. 0,170. (Le B., 21.) *

Voir Rob.-Dum., II, 22.

1er, 2e et 3e états. — Belles épreuves.

4e état. — Sur le socle de l'ovale, ces quatre vers (et non huit) en huit lignes, vers non cités dans Robert-Dumesnil :

> *Voicy ce Connoisseur profond, || sage modeste*
> *de ce Fidel amy le portrait seul || nous reste*
> *les talens qu'il cachoit, la || douceur de ses mœurs*
> *bien mieux que sur l'airain l'ont || gravé dans nos cœurs.*

Ce quatrain est séparé par un cartouche couronné contenant ses armes : *Coupé de gueules et d'or, une merlette d'argent placée dans le 1er.* — Plus bas : *Dessiné et gravé par Son amy Coypel.*

Eau-forte. — Belle épreuve avec marges.

CREPY ou CRESPY (JEAN),

dessinateur, graveur au burin et éditeur, né en 1660.

304. **Thomassin** (Louis DE), prêtre de l'Oratoire et évêque de Sisteron, 1619-1695. — In-fol. H. 0,392. L. 0,301.

A mi-corps, dans un ovale. Vu de 3/4, tourné vers la droite, en petit costume d'évêque, tête nue. — Autour de l'ovale : *Ludovicus de Thomassin Episcopus Sistaricensis Princeps Lurii, Regi a Consiliis.* — Au-dessus du socle et au milieu, dans un petit ovale, ses armes : *D'azur à la croix écotée d'or, sur le tout : de sable semé de faulx d'argent.* — Au bas du socle, à g. : *Bouijs Pinx.;* — à dr. : *Crespy Scul.*

Belle épreuve.

CREPY ou CRESPY (LOUIS), *le fils,*

dessinateur, graveur au burin et éditeur, vivait dans la seconde moitié du siècle dernier.

305. *France :* **Louis XV,** 1710-1774. — Pet. in-fol. H. 0,229. L. 0,176. (Le B., 15, s. n.)

A mi-corps, dans un ovale. Il est vu de 3/4, tourné à gauche, tête nue, couvert d'une armure, le manteau d'hermine jeté sur l'épaule droite et le grand cordon en sautoir. — Sur la tablette du socle : *Louis Quinze || Roy de France et de Navarre.* — Sous le tr. c., à g. : *Peint par Vanloo;* — à dr. : *Crepy le fils Sc.* — Au milieu : *A Paris chez Crepy le fils,* etc.

Belle épreuve.

306. *France* : **Marie Leszczynska** (Catherine-Sophie-F -
cité), épouse du précédent, 1703-1768. — Pet. in-
H. 0,231. L. 0,178.

A mi-corps, dans un ovale. Vue de 3/4, tournée à droite, tête nue e
cheveux frisés et ornés de perles; boucles d'oreilles en forme de poires
Légèrement décolletée. — Sur la tablette supérieure du socle, à g
lit : *Vanloo pinxit.* — Sur la tablette, au milieu : *Marie Princesse d
Pologne Reine* || *de France et de Navarre.* — Cette inscription est cou e
par un cartouche, surmonté de la couronne royale, où sont accolées e
armes de *France* et de *Leszczynski.* — Sous le tr. c., au milieu : *AP*
chez Crepy le fils, etc.
Pendant du portrait précédent. — Belle épreuve.
Le peintre de ces deux portraits est Louis-Michel Vanloo.

CRESPY (CHARLES-ÉDOUARD LE PRINCE, baron D

connu sous le nom de CRESPY-LE-PRINCE,

peintre, amateur et lithographe contemporain.

307. **Didot** (Jules), imprimeur, fils de *Pierre* DIDOT, l' i é
1794-1871.—Pet. in-fol. Dimensions de la planche : H. 0,
L. 0,190. H. du portrait 0,175.

En buste, vu presque de face, tête nue, en costume d'officier supé
de la garde nationale, avec deux décorations. — Sous le portrait à
C L. P. 1826.; — à dr. : *Lith. de C. Motte.* — Plus bas, au milie   e
presse ornée de branches de laurier et de chêne, avec les deux
d'une médaille de premier prix décernée à Jules Didot, en 1823,   o
ses travaux typographiques.
Lithographie rare.

CROISEY (P.),

dessinateur, graveur au burin et éditeur, mort au commencement de ce sièc

308. *France :* **Marie-Antoinette d'Autriche** (Josep
Jeanne), 1755-1793. — In-fol. H. 0,318. L. 0,209. (Le B.
s. n.)

En buste, dans un médaillon ovale, orné de roses et de branches de
retombant de chaque côté. Elle est représentée de 3/4, le corps to
gauche, décolletée; les cheveux relevés et bouclés, ornés de perle

nœud de ruban autour du cou. — Sur le dessus de la tablette, support-
tant l'ovale, sont assis deux anges tenant des oiseaux. — Au milieu de la
tablette : *Marie Antoinete* (sic) ‖ *Archiduchesse d'Autriche*, ‖ *Dauphine de
France.* — Cette inscription est coupée par les armes accolées du *Dauphin et d'Autriche*. — Dans l'ombre projetée par la tablette, on lit : *inv.
& fecit Ornamenta.* — Sous le tr. c., au milieu : *A. P. D. R.* (Avec privilége du Roi) ; — et au-dessous : *A Paris, chez Croisey*, etc.

Belle épreuve.

D***

309. **Thomas** (Antoine-Léonard), littérateur français, 1732-
1785. — In-4°. H. 0,184. L. 0,124. *

En buste, dans un médaillon retenu au haut du cadre par un nœud
de ruban. Vu de profil, tourné à droite, tête nue. — Fond noir. — Au bas
du médaillon, sur une tablette : *Antoine Thomas* ‖ *De l'Academie Françoise* ‖ *Né à Clermont en Auvergne.* — Sous le tr. c., à g. : *Cochin. del.;*
— à dr. : *D. *** — Dans la marge : *Chez Blignij Lancier du Roi, dé-
corré* (sic) *par leurs M^tes imperialle* (sic) *de* ‖ *Vienne de trois médaille* (sic) *d'or de leurs Portraits. Cour du* ‖ *manege. A Paris.*
Belle épreuve.

DARET (PIERRE),

dessinateur, peintre et graveur au burin, né à Paris, en 1604, selon les uns, en
1610, selon d'autres, marié, le 10 septembre 1633, à Gillette Guinet ; mort au
château de La Luque, près de Dax, le 29 mars 1678 (et non en 1675, à Paris), âgé
de 74 ans. Les actes de l'état civil constatent qu'il eut deux fils : 1° PIERRE,
peintre en miniature, mort le 28 novembre 1677, à l'âge de 45 ans ; 2° JEAN,
baptisé le 24 juin 1636, qu'il ne faut pas confondre avec un JEAN Daret, peintre
et graveur à l'eau-forte, né à Bruxelles en 1613, mort en 1668, à Aix.

310. **Aligre** (É. D'), chancelier de France, 1550-1635. —
In-4°. H. 0,208. L. 0,148. *

Dans un cadre ogival, en buste, vu presque de face, tête nue. Au-dessus de sa tête, sur une draperie, ses armoiries : *Burelé d'or et d'azur,
au chef du second, chargé de 3 soleils du premier;* l'écu surmonté d'un
casque avec ses lambrequins. — Sous le tr. c. : *Estienne D'Aligre, Chancellier de France.* — Plus bas, à g. : *P. Mariette ex.;* — à dr. : *Daret
Scul. cx. cum priuil. Reg.*
Belle épreuve.

311. **Aubespine** (Charles DE L'), marquis de Châteauneuf-

sur-Cher, garde des sceaux, 1580-1653. — In-fol. H. 0,362.
L. 0,291. *

En buste, vu presque de face, coiffé d'une calotte, en costume de ses
fonctions, avec la croix de l'ordre du Saint-Esprit sur la poitrine. —
Sous le portrait : *Illvstrissimvs Vir Dominvs Carolvs Albaspinævs* || *Sacrorum Galliæ Sigillorvm Cvstòs* ||. *Questa diu Themis absentem te Gallica, rursus* || *Quæsito meritis gaudet honore fruj.* — *G. M.* — Plus bas :
*Daret a graué cette Image pour tesmoigner son zele a sa patrie, qu'il consacre a l'Immortelle Vertu de Monseigneur le Garde des Sceaux de
France. A Paris l'an 1650.* || *Elle s'imprime sur le Quay de Gesures, avec
priuilege du Roy. Chez l'Autheur au Rossignol.* — Cette inscription est
coupée par les armes placées au milieu de la tablette : *Ecartelé : aux 1*
et 4, d'azur au sautoir d'or, accompagné de 4 billettes de même, qui est
de l'Aubespine moderne ; *aux 2 et 3, de gueules à la croix ancrée de vair,*
qui est de La Châtre ; couronne de marquis ; cimier : un casque de chevalier vu de face avec son panache ; l'écu environné du manteau d'hermine ; supports : deux autruches.

Belle épreuve.

312. Biron (Ch. DE GONTAUT, duc DE), maréchal de France, 1562-1602. — In-4°. H. 0,203. L. 0,143. *

Dans un cadre ogival, en buste, vu de 3/4, tourné vers la droite, tête
nue, couvert d'une armure, avec un grand cordon en sautoir. — Au-dessus de sa tête, sur une draperie qui tient le côté gauche du cadre, ses
armes : *Ecartelé d'or et de gueules.* — Sous le tr. c. : *Charles de Gontaut Duc de Biron, &ª.* || *Pair et Mareschal de France.* — Plus b
dr. : *Daret ex. cù. priuil.*

Belle épreuve.

313. Cinq-Mars (Henri COIFFIER, dit *Ruzé d'Effiat,* marqu DE), favori de Louis XIII, 1620-1642. — In-8°. H. 0,095 0,078. (Le B., 48, *s. n.*)*

En buste, dans un ovale, vu de 3/4, tourné vers la droite, tête nue. —
Autour de l'ovale, on lit : *Henry Rvzé Deffiat Marquis de Cinq Mars
Grand Escvier de France.*

Portrait le plus authentique et de toute rareté. — Belle épreuve.

314. Duvergier de Hauranne (Jean), abbé de Saint-Cyran, célèbre théologien français, 1581-1643. — In-4° H. 0,175. L. 0,151. *

En buste, vu de 3/4, tourné vers la droite. Il est tête nue, en petit costume d'abbé. — Sous le portrait : *Mre Iean du Verge* (sic) *de Hauran*

Abbé de Saint Ciran || *decedé l'II° d'octobre 1643 âgé de 62 ans.* — Au-dessous, les six vers suivants :

> *L'Humilité profonde et la haute Science*
> *Firent en ce grand Homme une sainte alliance :*
> *Il mesprisa l'honneur, les biens, et les plaisirs :*
> *Il vit comme vn neant ce que le Monde enserre,*
> *Et son cœur pour obiet de ses nobles desirs,*
> *N'eut que Dieu dans le Ciel, & l'Église en la terre.*

A la hauteur de l'avant-dernier vers, à g. : *D. Dumoustier pinx.;* — à dr. : *P. Daret sculp.* 1645.

Belle épreuve.

315. *France :* **Anne d'Autriche et ses enfants** (Louis XIV et Philippe de France), 1601-1666. — In-fol. H. 0,290. L. 0,197.

Assis sur le trône, surmonté d'un baldaquin. Anne d'Autriche, placée à gauche, est vêtue du costume de veuve, vue de 3/4, tournée vers la droite, le bras droit appuyé sur son siége ; elle tient un mouchoir dans sa main gauche, posée sur ses genoux. Près d'elle, sur la première marche, un coussin supportant une couronne. A sa gauche, Louis XIV, enfant, vu presque de face, le corps à droite, tient sur ses genoux une couronne, et un sceptre dans la main droite. Son frère Philippe est vu de 3/4, la tête légèrement inclinée. Un jeune chien, dressé sur ses pattes de derrière, appuie celles de devant sur les genoux de l'enfant, qui, de la main gauche, lui caresse la tête. Les pieds des enfants reposent sur des coussins placés sur la dernière marche, au milieu de laquelle sont gravées les lettres *L. P.* (qui signifient peut-être *Lebreton Pinxit*). — Derrière une balustrade, sur la plinthe de laquelle on lit : *Daret sculpsit,* se tient un garde appuyé sur sa hallebarde, la main gauche sur la hanche.

Belle épreuve.

316. *France :* **Marguerite de Lorraine,** duchesse d'Orléans, seconde femme de GASTON-Jean-Baptiste de France, 1613-1672. — In-4°. H., y compris les armes, 0,154. L. 0,125. (Le B., 60, *s. n.*)

A mi-corps, dans un ovale armorié. Vue de 3/4, tournée vers la gauche, tête nue, les cheveux relevés et frisés. — Au bas de l'ovale : *Marguerite De Lorraine Dvchesse d'Orleans deuxiesme Fille de Fr*||*ançois Comte de Vaudemont et de Christine de Salm. Son Altesse Royalle Gaston de France Duc* || *d'Orleans de Chartres et de Valois, contracta alliance auec ceste Illustre et Vertueuse Princesse l'an 1632; en qu* || *oy sa constance et sa generosité ont fait voir un exemple qui sera a iamais admiré*

de la postérité : pour auoir ‖ *cueilly, souz le Regne du feu Roy Loïs*
Iuste son frere, ceste fleur au milieu de plusieurs espines. Aussy ‖ *Dïe a*
comblé ce Mariage de bonheur, par vne lignée qui a fait renouueller
la personne du ieune Duc ‖ *de Valois, la branche d'Orleans feconde*
de plusieurs Roys et Princes du Sang de la Maison de France. ‖ *Ce ïeu e*
Prince mourut au Palais D'orleans le 10 Aoust 1652 aagé (sic) *de 2*
— Au-dessus du tr. de la pl. : *A Paris chez Daret auec priuilege du R*
1652.

Belle épreuve.

317. *France :* **Anne-Marie-Louise d'Orléans**, duc é
de Montpensier, connue sous le nom de *Mademoise*
héritière de sa branche et épouse secrète du premier
DE LAUZUN, 1627-1693. — In-4°. H., jusqu'au bas du
son, 0,156. L. 0,125. *

A mi-corps, dans un ovale armorié. Vue de 3/4, tournée vers la d o
tête nue, les cheveux relevés et frisés, décolletée jusqu'à la naissance
seins. — Au bas de l'ovale : *Anne Marie Louise d'Orleans souuerai*
Dombes, Princ‖esse de la Roche sur-Yon, Dauphine d'Auuergne, Duc
*de Montpensier, de S*ᵗ *Fargeau,* ‖ *et de Chastelleraud. Contesse de*
sur Seine et de Mortain &c. Seule Fille de Gaston Fils ‖ *de France*
d'Orleans et de Marie de Bourbon Duchesse de Montpensier sa pʳᵉ. *Fem*
Elle ‖ *prit naissance a Paris le 29 May 1627, et fut leuée sur les fon*
Baptesme par la Reine An- ‖ *ne d'Espagne en 1636, le 17*ᵉ *Iullet* (si
haute naissance, les rares qualitez et les autres vertus de ‖ *cette Ill*ʳᵉ
cesse, l'un des principaux ornements des deux branches d'Orleans e
Bourbon, la ren‖dent le premier et le plus éminent party, entre
les Princesses de l'Europe. — Au-dessus du tr. de la pl. : — *A Paris*
Daret auec priuil. du Roy 1652.

Belle épreuve.

Portrait à 25 ans de la célèbre et ambitieuse *Mademoiselle,* qui é
ce moment à la recherche d'un époux couronné, après avoir longte
songé à Louis XIV lui-même. Ce qui est curieux, c'est que ce po
fût publié *avec privilége du Roi* à une date où cette ardente protec 'ce
de la Fronde était en disgrâce auprès de son souverain.

318. *France :* **Henri-Jules de Bourbon**, prince de Cond
appelé duc **d'Enghien** du vivant de son père, le Gr
CONDÉ, 1643-1709. — In-4°. H., jusqu'au bas de l'écuss
0,158. L. 0,126. *

A mi-corps, dans un ovale armorié. Vu presque de face, la tête n
couvert d'une cuirasse, avec un grand cordon en sautoir. — Au ba
l'ovale : *Henry de Bovrbon Dvc D'Angvien Fils aisné de Louis de*

boñ II du nom || *Prince de Condé, et de Claire Clemence de Maillé Brezé; nasquit a Paris le 29 Iuillet 1643. C'est un* || *Prince de tres grande Esperance.* — Plus bas, au-dessus du tr. de la pl. : *A Paris chez Daret auec priuil du Roy* 1653.

Belle épreuve.

319. Richelieu (Armand-Jean DU PLESSIS, cardinal, duc DE), 1585-1642. — In-fol. H. 0,361. L. 0,271. *

Assis dans un fauteuil placé dans son cabinet de travail devant une table recouverte d'un tapis et sur laquelle divers objets, tels que : sablier, sonnette, écritoire, livres, etc. Il est vu presque de face, le corps tourné à droite, en petit costume de cardinal, coiffé d'un bonnet carré. Le bras droit appuyé sur le fauteuil; la main gauche posée sur la table et tenant une feuille de papier, sur laquelle on lit : *Monseigneur.* Sur la muraille, près de la fenêtre, son chiffre entouré d'une couronne de laurier; au-dessus, ses armoiries surmontées du chapeau de cardinal, entre les cordons duquel sont deux ancres entrelacées (marque de la dignité de surintendant général de la navigation). Au-dessous de son chiffre, deux cornes d'abondance. — Derrière son fauteuil, à gauche, sur la plinthe du cabinet, on lit : *Daret. sc.*

Avant la lettre. — Belle épreuve.

320. Toiras (Jean DE SAINT-BONNET, seigneur DE), maréchal de France, 1585-1636. — In-4°. H. 0,232. L. 0,178. *

En buste, sur un fond simulant une feuille de papier. Vu presque de face, tourné vers la droite, tête nue, les cheveux crépus; couvert d'une cuirasse, le grand cordon passé en sautoir; les épaules couvertes par une immense collerette. — Sur la tablette : *Io. De Sainct Bonnet* || *D. A Toiras* || *Franciæ Marescallvs.* — Au bord de la feuille de papier, à g. : *Cl. Mellan Gall'. pinx.;* — à dr. : *Romæ sup. pin, Daret ex.*

Belle épreuve.

DAULLÉ (JEAN),

graveur au burin, né à Abbeville le 18 mai 1703, mort à Paris le 23 avril 1763. Fils de Jean Daullé, orfèvre, et d'Anne Dennel. Élève de Robert Hecquet. Son œuvre a été décrit par Em. Delignières (*Catalogue raisonné de l'œuvre gravé de Jean Daullé d'Abbeville, précédé d'une notice sur sa vie et ses ouvrages.* — *Extrait des* Mémoires *de la Société d'émulation d'Abbeville.* — *Abbeville,* 1872, in-8), auquel nous renvoyons pour les descriptions.

321. Aguesseau (Henri-François D'), chancelier de France, 1668-1751. — Pet. in-fol. H. 0,232. L. 0,174. *

Voir Delign., 1. — D'après J. Vivien.

Belle épreuve, avec marges.

322. *Angleterre :* **Charles-Édouard Stuart** (Louis-Philip e Casimir), fils aîné de Jacques III, dit *le Prétendant,* 1788. — In-fol. H. 0,413. L. 0,287.

> Voir Delign., 77.
> 1er état. — Très-belle épreuve, avec marges.

323. *Angleterre :* **Charles-Édouard Stuart** (le même e précédent). — Pet. in-4°. H. 0,247. L. 0,179. (Le B., 23.

> Voir Delign., 78.
> 2e état. — Belle épreuve.

324. *Angleterre :* **Henri-Benoît Stuart,** dernier de sa cardinal d'York, second fils du Prétendant Jacques 1705-1807. — In-fol. H. 0,401. L. 0,278.

> Voir Delign., 79.
> 2e état. — Très-belle épreuve.

325. Aubaïs (Charles DE BASCHI, marquis D'), historien gé logiste français, 1686-1777. — In-4°. H. 0,258. L. 0,179. *

> Il est vu de 3/4, tourné à droite, tête nue.
> Voir Delign., 7. — D'après Peronneau.
> 2e état. — Belle épreuve.

326. Baron (Michel BOYRON, *dit*), célèbre acteur fran 1653-1729. — In-fol. H. 0,399. L. 0,280. *

> Voir Delign., 8. — D'après Fr. de Troy.
> 2e état. — Très-belle épreuve.
> 3e état. — Belle épreuve, à toutes marges.

327. Caylus (Marthe-Marguerite de Valois, DE VILLETTE MURÇAY, comtesse puis marquise DE), mère du comt Caylus, antiquaire et artiste (*V.* ci-dessus, p. 73). 1729. — In-fol. H. 0,366. L. 0,276. (Le B., 24, *s. n.*)

> Voir Delign., 84. — D'après Hyacinthe Rigaud.
> Très-belle épreuve.
> Voici la description que consacre au portrait de cette femme di guée l'académicien Van Hulst (*Mémoires inédits sur la vie et les œu des Membres de l'Académie royale,* etc. Paris, 1854, 2 vol. in-8 p. 199) :
> « Buste avec une main, accommodé par M. Rigaud [en 1743] sous

« tête en miniature, avec les autres accompagnements nécessaires pour
« faire une estampe un peu ornée, telle que la désiroit le comte de
« Caylus, qui cherchoit ainsi à éterniser la tendresse qu'il conservoit
« d'une nièce du plus rare mérite. »

328. Chambroy (Lazare), abbé de Sainte-Geneviève, 1678-
1750. — In-fol. H. 0,374. L. 0,278. *

Voir Delign., 11. — D'après Peronneau.
Belle épreuve.

329. Cochin, le fils, (Charles-Nicolas), dessinateur et graveur
français, 1715-1788. — In-4°. H. 0,174. L. 0,123. (Le B.,
26, *s. n.*)*

Voir Delign., 14. — D'après Cochin lui-même.
Belle épreuve.

330. Coffin (Charles), littérateur français, 1676-1749. — Gr.
in-fol. H. 0,465. L. 0,326. *

Voir Delign., 15. — D'après Fontaine.
Très-belle épreuve, avec marges.

331. Coignard (Jean-Baptiste), imprimeur-libraire français,
1660-1737. — Gr. in-fol. H. 0,460. L. 0,324. *

Voir Delign., 16. — D'après G. Voiriot, écrit sur l'estampe : *Voirieau*.
État NON DÉCRIT, avec la lettre et les noms des artistes, mais avant
la mention : *Et de l'Académie imperiale d'Augsbourg*, à la suite du
nom de Daullé.
Très-belle épreuve, à toutes marges.

332. Favart (Marie-Justine-Benoîte DURONCERAY, Mme.), actrice française, 1727-1772. — Gr. in-fol. H. 0,470. L. 0,322.
(Le B., 28.) *

Voir Delign., 18. — D'après Carle Vanloo.
État avant la mention : *Portrait en pied de Me Favart.*
Très-belle épreuve, avec marges.

333. Feuquières (Catherine-Marguerite MIGNARD, comtesse
DE), fille du peintre Pierre Mignard, et épouse de Jules DE
PAS, comte DE FEUQUIÈRES, 1652-1742. — In-fol. H. 0,400.
L. 0,305. (Le B., 29.) *

Voir Delign., 47. — D'après P. Mignard.

Elle est représentée tenant le portrait de son frère.

1er état, avant l'adresse du graveur. — Très-belle épreuve.

Au témoignage de Saint-Simon, la comtesse de Feuquières, c l e par son esprit et sa beauté, fut une femme galante avant et après n mariage.

334. *France* : **Louis d'Orléans, duc d'Orléans, fil** u RÉGENT, 1703-1752. — In-fol. H. 0,308. L. 0,210. *

Voir Delign., 52. — D'après Ch. Coypel.
Très-belle épreuve.

335. *France* : **Louis-Philippe d'Orléans, duc de Cha** fils du précédent, 1725-1785. — In-fol. H. 0,398. L. 0,

Voir Delign., 50. — D'après A. S. Belle.
2º état, NON DÉCRIT, avec l'adresse de la veuve Belle. — Trè -
épreuve.

336. *France* : **Marie Leszczynska** (Catherine-Sophi - cité), épouse de LOUIS XV, 1703-1768. — Gr. in-fol. H. 0 6 5 L. 0,484.

Voir Delign., 40. — D'après J.-L. Tocqué.
Avec la lettre. — Très-belle épreuve, à grandes marges.

337. *France* : **Louis de France**, Dauphin, fils de Lou 1729-1765. — In-fol. H. 0,391. L. 0,270. *

Voir Delign., 34, dont la description contient deux erreurs :
1º Le personnage est qualifié à tort de Louis XV ;
2º La date de sa naissance, inscrite dans le cadre de l'ovale, n'e MDCCXXIV, mais MDCCXXIX.
D'après A. S. Belle.
Très-belle épreuve.

338. *France* : **Louis de France** (le même que le précé — In-fol. H. 0,361. L. 0,239.

Voir Delign., 36. — D'après J.-L. Tocqué.
2e état. — Belle épreuve.

339. *France* : **Marie-Josèphe de Saxe**, seconde épo précédent, 1731-1767. — Gr. in-fol. H. 0,669. L. 0,48

Voir Delign., 41. — D'après Louis de Silvestre.
Belle épreuve.

340. Gasparini (Nicolas), abbé de S. Antoine. — In-fol.
H. 0,325. L. 0,216. *

Voir Delign., 21. — D'après J.-B. Lombard.
Belle épreuve.

341. Gauffecourt (CAPPERONNIER DE), bibliophile français,
ami de J.-J. Rousseau, 1691-1766. — In-fol. H. 0,322.
L. 0,340. (Le B., 30, *s. n.*) *

Voir Delign., 23. — D'après Nonnotte.
Très-belle épreuve.

342. Gendron (Claude DESHAYES), oculiste français, 1663-
1750. — Gr. in-fol. H. 0,438. L. 0,348. (Le B., 31, *s. n.*) *

Voir Delign., 24. — D'après Hyac. Rigaud.
1er état, avant toute lettre. — Superbe épreuve, avec marges.
3e état, avec la lettre : décrit par M. Delignières. — Très-belle épreuve.
4e état, NON DÉCRIT. — Le mot *facult* est écrit par un *F* majuscule.
— Belle épreuve.
Le portrait original a été peint par Rigaud en 1704, qui accommoda
aussi une fenêtre pour cette gravure faite seulement en 1737.

343. *Hesse-Hombourg :* **Anastasie,** landgravine de Hesse-
Hombourg, née princesse TROUBETZKOÏ, veuve : 1° de Dé-
métrius Cantemir, célèbre hospodar de Moldavie ; 2° de
LOUIS-JEAN-GUILLAUME-GRUNO, prince héréditaire de Hesse-
Hombourg, général au service de la Russie, mort avant
1746. — Gr. in-fol. H. 0,461. L. 0,379.

Voir Delign., 2. — D'après Roslin.
La description donnée par M. Delignières n'est pas très-exacte. Ainsi,
la sphère n'est pas *posée sur* la table, mais *aux pieds de* la table. Le
petit chien n'est pas couché près du tabouret, mais il est *debout, la
patte de droite sur le tabouret,* et il regarde sa maîtresse.
2e état, avec la lettre, mais avant les noms du peintre et du graveur.
— Superbe épreuve.
3e état, avec la lettre et les noms des artistes. — Très-belle épreuve.

344. Lamoignon (Guillaume DE), premier président du
parlement de Paris, 1617-1677. — In-4°. H. 0,255. L. 0,188.

Voir Delign., 27. — D'après Valade.
Belle épreuve.

345. La Peyronie (François GIGOT DE), illustre chirur. français, 1678-1747. — Gr. in-fol. H. 0,506. L. 0,377.

Voir Delign., 58. — La tête d'après Hyacinthe Rigaud.
1er état, NON DÉCRIT, avant la lettre et avec retouches au cra. e la main du graveur. — Très-belle épreuve.
2e état, NON DÉCRIT, avant la lettre. — Très-belle épreuve.
3e état, avec la lettre : c'est celui décrit par M. Delignières. — e épreuve.

346. Laubrière (Charles-François LEFEBVRE DE), évêque . Soissons, mort en 1738. — In-fol. H. 0,498. L. 0,365

Voir Delign., 28. — D'après J.-A. Aved.
1er état, NON DÉCRIT, avant toute lettre. Très-rare. — Superbe
2e état, avec la lettre. — Belle épreuve.

347. Lavergne (Mlle), nièce de Jean-Étienne Liotard, suisse. — Gr. in-fol. H. 0,525. L. 0,408.

A mi-corps, assise sur une chaise et lisant une lettre. Vue de 3 née vers la gauche, tête nue, les cheveux courts et relevés, attach s e rière par un ruban; une croix suspendue au cou à un velours. e e en pointe, lacé par devant, légèrement décolleté; deux épingl dedans, sur le côté gauche. Manches larges à ramages et relev i bras. — Sous le tr. c., à g. : *J. E. Liotard pinxt.*; — à dr. : *Ravenet sculpt.* — Au milieu et plus bas : *Mademoiselle Laver de Mr Liotard.* — Plus bas : *A Londres chez L'Auteur*, etc.
Rarissime épreuve de ce portrait qui avait échappé aux reche M. Delignières.

348. Lemercier (Pierre-Augustin), imprimeur de la Paris, 1666-1734. — In-fol. H. 0,463. L. 0,353. (Le B., 33,

Voir Delign., 29. — D'après L.-M. Vanloo.
1er état, avant toute lettre. — Superbe épreuve.
2e état. H., 0,461. L., 0,353 : c'est celui décrit par M. Deligni e Belle épreuve.

349. Lorraine (Charles-Alexandre DE), gouverneur des Pays-Bas, grand-maître de l'ordre teutonique, l'empereur François Ier, et oncle de la reine Marie-nette, 1712-1780. — Pet. in-fol. H. 0,256. L. 0,175. 35, *s. n.*)*

Voir Delign., 30. — D'après Martin de Meytens.
2e état. — Belle épreuve, avec marges.

350. **Mariette** (Jean), graveur et imprimeur-libraire français, 1660-1742. — In-fol. H. 0,424. L. 0,291. (Le B., 36,
s. n.) *

Voir Delign., 43. — D'après Ant. Pesne.
1er état, avant toute lettre. — Superbe épreuve, avec marges.
2e état, avec la lettre. — Belle épreuve.

351. **Maupertuis** (Pierre-Louis Moreau de), géomètre français, 1698-1759. — Gr. in-fol. H. 0,501. L. 0,348. (Le B., 37,
s. n.) *

Voir Delign., 44. — D'après R. Tournières.
1er état, avant toute lettre. — Très-belle épreuve.
3e état, NON DÉCRIT, avec la lettre et avec les vers de Voltaire. —
Belle épreuve.

352. **Narbonne-Pelet** (Marie-Diane-Antoinette DE ROSSET
DE FLEURY, vicomtesse DE), fille d'André-Hercule (Ier) de
Rosset, premier duc de Fleury, petite nièce du cardinal de
Fleury, ministre d'État, et première épouse de François-
Raimond, vicomte de NARBONNE-PELET, général, 1721-1754.
— Gr. in-fol. H. 0,507. L. 0,331.

Voir Delign., 70. — Très-belle épreuve.
Ce charmant portrait est un hommage posthume, rendu à la défunte
épouse, par son mari (*Æternum vovet, discat et consecrat Conjux bene
memor Conjugi bene meritæ*), qui y fit ajouter, en outre, cet éloge em-
phatique :

*Femme charmante et accomplie, douée de toutes les vertus ; ornée des
plus rares qualités de l'esprit et du cœur ; pleine de graces, de mérites et
d'agréments ; parfaite et incomparable en tout ; digne des regrets de tous
les gens de bien, au-dessus de tous leurs éloges ; à qui Rome payenne et
la Grèce savante eussent dressé des autels ; que la religion chrétienne et
la voix des peuples canonisent ; vray modèle de la femme forte ; les déli-
ces de son mari ; la joye et le bonheur de sa famille ; enfin la gloire et
l'ornement de son pais, de son sexe et de son siècle.*

L'inconsolable époux ne garda pas longtemps le souvenir de ce trésor
perdu, car il se remaria à peine cinq ans après le décès de sa première
femme.

353. **Nestier** (DE), écuyer ordinaire du roi. — Gr. in-fol.
H. 0,485. L. 0,375. *

Voir Delign., 48. — D'après Delarue.
1er état, avant l'adresse de Buldet. — Belle épreuve.

354. Pallu (Martin), de la compagnie de Jésus, direc
la congrégation de la Vierge, 1661-1742. — Pet.
H. 0,255. L. 0,185. (Le B., 40, *s. n.*) *

Voir Delign., 55. — D'après Nonnotte.
Belle épreuve.

355. Pellissier (Mlle), actrice de l'Opéra, 1707-1749.
fol. H. 0,375. L. 0,278. (Le B., 42, *s. n.*) *

Voir Delign., 57. — D'après H. Drouais.
État NON DÉCRIT, avec l'adresse : *Chez Jacob rue St Jacque
Mr Simart Libraire attenant la rue du Plâtre. A. P. D. R.*
Belle épreuve.

356. Pinto de Fonseca (Emmanuel), grand maître e
dre de Malte, 1681-1773. — In-fol. H. 0,276. L. 0,183
B., 43, *s. n.*)

Voir Delign., 60. — D'après H. Rigaud (?).
État NON DÉCRIT, avec la lettre, mais sans les armes.
Très-belle épreuve.

357. Puységur (Jacques-François II DE CHASTENE
maréchal de France, 1654-1743. — In-fol. H.
L. 0,197. *

Voir Delign., 66. — D'après R. Tournières.
1er état, NON DÉCRIT, avant l'inscription sur le livre, avant tout e e
à la marge, et avant les armes. — Superbe épreuve.
2e état, celui décrit par M. Delignières. — Très-belle épreuv

358. Racine (Jean), 1639-1699. — In-4°. H. 0,227. L. 0
Voir Delign., 67.
Très-belle épreuve.

359. Rigaud (Hyacinthe), peintre français, 1659-17 3
Élisabeth **de Gouy**, sa femme.. — Gr. in-fol. H. 0
L. 0,333. (Le B., 45.) *

Voir Delign., 69. — D'après Rigaud lui-même.
2e état, avec la lettre et la mention, après le titre, de la réce
l'Académie. — Superbe épreuve, à toutes marges.
Voici ce qu'en dit Van Hulst : « Peint en 1742, ou plutôt co
« car il n'y a jamais eu qu'un [dessin] pour faire cette estampe,
« les deux têtes qui ont été gravées d'après deux tableaux faits plu

« années auparavant : celle de M. Rigaud au moins 10, celle de sa femme
« plus de 25 ans.

360. **Rousseau** (Jean-Baptiste), poëte lyrique français, 1670-
1741. — Gr. in-fol. H. 0,435. L. 0,321. (Le B., 46, *s. n.*).*

> Voir Delign., 71. — D'après J.-A. Aved.
> 1er état, NON DÉCRIT, avant l'encadrement, la lettre et les noms des
> artistes. — Superbe épreuve.
> 2e état, NON DÉCRIT, avec l'encadrement et les noms des artistes ins-
> crits sur une feuille de papier placée sous les livres, mais avant la dédi-
> cace. — Très-belle épreuve.
> 3e état, celui décrit par M. Delignières. — Belle épreuve.

361. **Saint-Simon** (Claude DE), évêque de Metz, 1695-1760.
— Gr. in-fol. H. 0,497. L. 0,362. *

> Voir Delign., 74. — D'après Hyac. Rigaud.
> 1er état, NON DÉCRIT, avant toute lettre et avant la gravure des armes
> dont l'ovale est en blanc. — Très-belle épreuve, à toutes marges.

362. **Thiboust** (Claude-Louis), imprimeur et libraire, 1667-
1737. — In-8°. H. 0,143. L. 0,100. *

> Voir Delign., 83.
> 1er état, celui décrit, mais sans la mention, dans l'ovale : *à 70 ans.* —
> Très-belle épreuve.
> 3e état, qui est le 2e décrit par M. Delignières. — Belle épreuve.

363. **Vintimille** (Charles-Gaspard-Guillaume DE), archevêque de Paris, 1655-1746. — In-4°. H. 0,260. L. 0,172. *

> Voir Delign., 87. — D'après Hyac. Rigaud.
> 1er état, NON DÉCRIT, avant la dédicace. — Belle épreuve.
> Cette estampe, exécutée en 1737 et où le personnage est représenté
> en buste, a été prise dans un grand tableau peint par Rigaud en 1731 et
> gravé d'abord en 1736, par Claude Drevet, en figure jusqu'aux genoux.

DAVID (CHARLES),

dessinateur et graveur au burin, né à Paris vers 1600. (Voir *Catalogue général*,
par Defer.)

364. *Angleterre:* **Élisabeth,** fille de Henri VIII, 1533-1603. —
Pet. in-4°. H. 0,202. L. 0,144.

> En buste, dans un ovale, au milieu d'un cartouche, sur fond carré

noir. Vu de 3/4, tournée vers la droite, en costume de reine, avec ne grande collerette montante, et la couronne sur la tête.

1er état, avant toute lettre. — Belle épreuve.

2e état. — Autour de l'ovale, on lit : *Elizabeth Royne DAngleterre e DIrlande*. — Sur la tablette, au bas du portrait, dans l'ovale : *Mor ua Anno MIserICorDIæ* (les majuscules composent le chiffre MDCIII da de sa mort) *Æt.* 70. — Au-dessous, à dr. : *C. Dauid Ft.* — Belle épr e.

365. Chevreuse (Marie DE ROHAN, duchesse de), fille d' er-cule de Rohan, duc de Montbazon, veuve de Charles D'A BERT, duc DE LUYNES, connétable de France, et remarié a Claude DE LORRAINE, duc DE CHEVREUSE, fils de Henri le *Balafré*, duc de Guise, 1600-1679. — In-fol. H. 0,296. L. 0,224.

Jusqu'aux genoux, debout, vue presque de face, en cheveux, de letée, avec un collier de perles. Un éventail dans la main droite gauche est posée sur sa hanche. — Sous le tr. c., sur deux colonnes, e six vers suivants :

> *Ne me crois pas (mon cœur) dhumeur tant indicrette*
> *De vouloir refuser ta flame sy discrette,*
> *Puisque desia (sic) l'amour*
> *Sy tost que je te veis s'empara de mon ame*
> *Et embrasa mon cœur d'vne sy viue flame*
> *Quil ne respire plus synon pour ton amour.*

— Au-dessous de ces vers et au milieu : *C. Dauid fecit — Te B excud. — Cum Priuilegio Regis.*

Portrait de toute rareté. On croit qu'il représente la fameuse fayo d'Anne d'Autriche, bien qu'il soit anonyme, ce qui laisse toujours s sister un doute. — Belle épreuve.

DAVID (FRANÇOIS-ANNE),

graveur à l'eau-forte et au burin, né à Paris en 1744, mort dans la même ville, le 2 avril 1824. Élève de J.-Ph. Le Bas.

366. Diderot (D.), 1713-1784. — In-4°. H. 0,211. L. 0,1

A mi-corps, assis dans un fauteuil, devant une table où l'on voit es papiers, un encrier et une sonnette. Il est vu presque de face, regard vers la gauche, le corps tourné à droite, tête nue, les cheveux co e relevés sur le devant, le col de sa chemise ouvert, revêtu d'une ro e e chambre. Il s'appuie du coude gauche sur la table, la main mi-f e placée à la hauteur de la poitrine. Il écrit avec une plume d'oie. 1er état, avant toute lettre. — Belle épreuve.

2e état. — Sous le tr. c., à g. : *Peint par L. M. Vanloo.* ; — *Gravé par David Elève de M. le Bas.* ; — au milieu : *Denis Diderot ‖ De l'Académie des Sciences de Berlin.* — Plus bas : *A Paris chés le Bas Graveur*, etc. — Belle épreuve.

367. *France :* **Louis-Stanislas-Xavier,** comte de **Provence,** puis Monsieur (plus tard **Louis XVIII**), 1755-1824. — In-fol. H. 0,391. L. 0,290.

A mi-corps, dans un ovale. Vu de 3/4, tourné vers la droite, tête nue, chapeau sous le bras gauche, la main dans le gilet. Il porte en sautoir le grand cordon. — Au haut de l'ovale, dans la bordure : *Louis Stanislas Xavier, Monsieur.* — Au bas de l'ovale, sur deux lignes, ce quatrain :

> *Des talens, des vertus l'heureux assortiment*
> *Font adorer ce Prince et cherir son image :*
> *De tous les arts il attire un hommage ;*
> *De tous les cœurs, un   liment.*
> *Par Mr Cosson.*

— De chaque côté des armes de France, sur la tablette du socle : *Présenté à Madame ;* — au-dessous, à dr. : *Par son très humble et très ‖ Respectueux Serviteur David.* — Sous le tr. e., à g. : *Peint par Drouais en 1771 ;* — à dr. : *Gravé par A. F. David en 1766 ;* — au milieu : *à Paris chés l'Auteur*, etc.

Belle épreuve.

368. Netscher (Gaspard), peintre allemand, 1639-1684, **son épouse et son fils.** — In-fol. H. 472. L. 0,356. (Le B., 12, *s. n.*)

Dans une ogive. Au premier plan, l'enfant, coiffé d'un bonnet, est assis sur un coussin posé sur l'appui de la fenêtre. Il est vu de 3/4, regardant vers la droite ; il tient une pomme dans la main droite. Au second plan, sa mère, vue presque de face, tête nue ; portant un collier de perles et légèrement décolletée. De sa main droite, elle tient l'enfant par le bras. De son épaule gauche, descend, sur l'appui de la fenêtre, une écharpe sur laquelle repose sa main. Au troisième plan, Netscher, vu de 3/4, dans l'ombre, placé à la dr. de sa femme et à la g. de son enfant. Il est tête nue, et sa main droite est posée sur les jupes de l'enfant. — Sur une tablette placée au-dessous de l'ogive, on lit : *Gaspard Netscher ‖ Son Epouse Et Son Fils ‖ Peint Par Lui-Même En* 1674. — Sous le tr. c., à g. :

8*

Peint par Gasp. Netscher.; — à dr.: Gravé en 1772. par Fr. David, élève de M. le Bas.; — au milieu: Dédié à Monsieur Le Marquis de Marigny, Conseiller du Roi en ses Conseils, Commandeur de ses Ordres, ‖ Conseiller d'État ordinaire d'Epée, Directeur et Ordonnateur Général ‖ des Bâtimens, Jardins, Arts, Académies et Manufactures Royales; — au-dessous, à dr.: Par son très Humble et très Obeissant ‖ Serviteur le Bas — Cette dédicace est coupée, au milieu, par les armoiries suivantes, surmontées d'une couronne de marquis: *De gueules à deux poissons adossés d'argent.* — A g., sous la dédicace, en deux lignes: *A Paris chès le Bas Graveur,* etc.

Belle épreuve.

DAVID (JÉRÔME),

dessinateur et graveur au burin et à l'eau-forte, frère de Charles David, dont il a été parlé plus haut.

369. *France :* **Louis XIII,** 1604-1643. — In-4°. H. 0,215 0,069 de marge. L. 0,181.

Jusqu'aux genoux, debout, vu de 3/4, tourné vers la droite, le corps de face, tête nue. Il est revêtu d'une cuirasse, les épaules couvertes par le manteau royal, doublé d'hermine. Il porte le collier du Saint-Esprit, épée au côté. De sa main gauche, touchant à la hanche, il tient le pan de son manteau. Sa main droite est appuyée sur une canne, le bras écarté. — Sous le tr. c.: *Al Christianiss. E Gloriosiss. Lvigi XIII. Re Di Francia il Givsto ‖ Per la Roccella Espugnata.* — Au-dessous de c tte inscription, vingt-huit vers italiens, placés sur deux colonnes sép ées par une fleur de lis. La première colonne commence par *Drizzi a im- mortal gloria,* etc.... et finit par: *Opposé in van lé,* etc....; la seconde colonne commence par : *Ceda ài tronfi tuoi,* etc....; le dernier vers es : *Soura i Giganti hà la fatal tua spada.*

Christoforo ferrari: 16..

Belle épreuve.

DELATRE (JEAN-MARIE),

graveur au burin et à la manière du crayon, né à Abbeville en 1746. Élève de Bartolozzi.

370. **Colómbe** (Marie-Thérèse-Théodore ROMBOCOLI-RIGGIER dite), actrice renommée de l'ancienne Comédie italienne, 1734-1837. In-4°. H. 0,160. L. 0,118. (Le B., 11, n.

En buste, dans un ovale. Vue de profil, tournée à droite, tête nue es cheveux relevés sur le devant, formant de gros nœuds derrière et escendant en boucles sur les épaules; un voile, attaché dans les cheveux, retombe par derrière; la gorge découverte. — Sur la tablette : Melle Colombe L'Ainée, || Pensionnaire du Roi, || Reçue à la Comédie-Italienne en 1773. — Sous la tablette, dans la gravure : née à Venise le 29 8bre.1754. — Sous le tr. c., à g. : Dessinée daprès le Moine ; — à dr. : Gravée par Delatre; — au milieu, sur toute la largeur de la gravure : A Paris chès Esnauts et Rapilly, etc... A.P.D.R.

Belle épreuve.

371. Linguet (Simon-Nicolas-Henri), avocat et écrivain politique, 1736-1794. — In-4°. H. 0,156. L. 0,103.*

En buste, dans un médaillon. Vu de profil, tourné à gauche, tête nue. — A gauche, appuyé contre le socle et posé debout sur la tablette, un livre ouvert où on lit : Plaidoyer || et || Mémoires || pour le Comte || de Morangiés || 1772-1773. — Au milieu du socle : S. N. Henri || Linguet; — et plus bas sur la tablette : Né a Rheims en l'année 1736. — A droite, sur la tablette, contre le socle, trois volumes, une écritoire avec une plume d'oie, une feuille de papier déroulée, une canne et deux ailes d'oiseaux. — Sous le tr. c., à g. : Grave (sic) par Delattre. — Sous toute la largeur de la gravure : A Paris ches Esnauts et Rapilly, etc. A.P.D.R.

Belle épreuve.

DELAUNE ou DE LAUNE (CHARLES-ÉTIENNE),
dit Stephanus,

dessinateur et graveur à l'eau-forte et au burin, né à Paris ou à Orléans en 1518, mort à Strasbourg en 1595. Son œuvre a été décrit dans Robert-Dumesnil, t. IX, pp. 25-130.

372. France : **Henri II**, 1518-1559. — Pet. in-8°. H. 0,091. L. 0,068.

Voir Rob.-Dum., 311.

Très-belle épreuve. (150 à 200 fr.)

373. Lorraine (François DE), duc **de Guise**, père du Balafré, 1519-1563. — Pet. in-4°. H. 0,159. L. 0,121.

Dans un cadre sculpté, à mi-corps, vu de profil, tourné à droite, tête nue. Couvert d'une armure; il tient, dans la main gauche, le bâton de commandement, et, du bras droit, il s'appuie sur son casque orné d'un panache. — Au-dessous de la bordure, on lit : Franciscus Dvx A Gvisia.

Pièce anonyme (Voir Catal. gén., par Defer).

Très-belle épreuve.

374. **Paré** (Ambroise), célèbre chirurgien, v. 1517-1590 —
In-4°. H. 0,176. L. 0,136. (Le B., 214.)*

Voir Rob.-Dum., 313.
Belle épreuve.

DELVAUX (Remi-Henri-Joseph),

graveur au burin, né à Paris en 1748, selon les uns, et à Lille en 1750, selon
d'autres, mort à Paris en 1823. Élève de Noël Lemire.

375. **Châtelet** (Gabrielle-Émilie Le Tonnelier de Breteuil,
marquise du), 1706-1749. — In-8°. H. 0,129. L. 0,083.

Dans un ovale équarri, à mi-corps, vue presque de face, le corps
à droite, tête nue et légèrement inclinée vers la gauche, cheveux re e és
sur le devant et bouclés, retombant sur les épaules en longues fri
Elle est vêtue d'un corsage bordé de fourrure ; décolletée jusqu la
naissance des seins. — Sur la tablette : *Mme. Du Châtelet*. — Sous
c., à g. : *M. A. Loir pinxt.* ; — à dr. : *R. DElvaux Sculp.*
Belle épreuve.

DEMARTEAU (Gille),

dessinateur, graveur au pointillé et à la manière du crayon, né à Liége en　22,
mort à Paris le 31 juillet 1776, âgé de 54 ans ou environ, dit son acte de décès

376. **Magimel** (Ph.-A.), 1692-1772. — In-4°. H. 0,256.
0,162. *

Dans un médaillon ovale, posé sur un socle, et retenu dans le haut par
un nœud de ruban. En buste, vu de profil, tourné à droite, tête nue,
les cheveux rejetés en arrière. — Sur le dessus de la corniche, à g. :
Aubert delineavit ; — à dr. : *Demarteau Sculpsit*. — Sur la tablette :
Ph. A. Magimel. || *Ancien Juge Consul, Anen Grand Garde du Corps de*
L'orfévrerie de Paris, mort en 1772. *Agé de* 80 *ans.*
Imitation d'un dessin à la sanguine. — Belle épreuve.

377. **Vanloo** (Charles-André, dit *Carle*), peintre français
1705-1765. — In-fol. H, 0,419. L. 0,325. (Le B., 31, s m)

A mi-corps, vu de profil, tourné à droite, coiffé d'un bonnet de fourrure, le bras gauche étendu, la main à demi fermée, le doigt indicateur
écarté. Il s'appuie du bras droit sur la tablette ; dans sa main est un
crayon muni de sanguine. Il est vêtu d'une robe de chambre à ramages,
un foulard autour du cou. — Au bas de la tablette, à dr. : *Carle Van oo.*
Sous le tr. c., l'inscription suivante : *Carle Vanloo Peintre*

Ecuier Chevalier De L'ordre de S. Michel,|| Directeur Des Eleves Prote-gés Par Sa Majesté. || Dedié a Madame Vanloo son Epouse; — au-dessous, à dr. : *Par son tres humble et tres Obeissant || Serviteur Demarteau l'ainé.* — Dans l'angle gauche, au bas, on lit : *Demarteau lné. Sculp.*

Imitation d'un dessin aux trois crayons fait par Vanloo et dont je possède l'original. — Belle épreuve.

DENON (Dominique VIVANT, baron),

dessinateur et graveur à l'eau-forte, né à Givry, près Chalon-sur-Saône, le 4 février 1747, mort à Paris le 27 ou le 28 avril 1825. Élève de Claude Hallé.

378. **Barère de Vieuzac** (Bertrand), célèbre conventionnel, 1755-1841. — In-fol. H. 0,320. L. 0,254.

A mi-jambes, vu de 3/4, tête nue, les cheveux séparés au milieu. Il est représenté à la tribune, vêtu d'une redingote à brandebourgs, ceint d'une écharpe; le col de sa chemise ouvert, le bras droit étendu, le gauche demi-ployé, tenant dans sa main un rouleau de papier. — Draperies dans le fond. — Sur le haut de la tribune, on lit : *Liberté.*

D'après Isabey.

1er état, avant toute lettre. — Belle épreuve.

Dans son *Histoire de l'art pendant la Révolution,* Renouvier s'exprime en ces termes sur cette estampe : « Pièce exécutée précieusement à l'eau- « forte et au lavis, qui est certainement le plus curieux des portraits que « l'on peut avoir du rapporteur. »

379. **Denon** (Dominique VIVANT, baron), 1747-1825. — In-fol. H. 0,196. L. 0,166. (Le B., 42, *s. n.*)

A mi-corps, vu de 3/4, tourné à gauche, tête nue, les cheveux rejetés en arrière, le visage souriant.— Sous le tr. c., à g. : *Isabey del:; —* à dr. : *Denon scul :*

Eau-forte, avant la lettre. — Belle épreuve sur papier de Chine.

380. **Wael** (Lucas et Corneille DE), frères, peintres flamands, 1591-1676, 1594-1662. — In-fol. H. 0,277. L. 0,200.

A mi-corps. Le personnage de gauche est vu de profil, tourné à droite, tête nue et légèrement dénudée sur le devant; il est drapé dans son manteau. L'autre, à droite, est vu de face, le corps un peu à droite, une petite houppe de cheveux sur le sommet de la tête; il est également drapé dans son manteau, dont le haut retombe et laisse voir son vêtement de dessous. Il a le bras droit recourbé, la main à demi fermée, le pouce et l'index écartés. Derrière eux, un pilastre.

D'après Van Dyck.

1er état, avant toute lettre. — Très-belle épreuve, avec marges.

DESNOYERS (Auguste-Gaspard-Louis BOUCHER, baron),

dessinateur, peintre et graveur au burin, membre de l'Institut, né le 19 ou le 0
décembre 1779, à Paris, où il mourut le 16 février 1857. Élève de Le Thière, p u
le dessin, et de Darcis et d'Alex. Tardieu, pour la gravure.

381. *France* : **Napoléon** Ier, 1769-1821. — Gr. in o
H. 0,655. L. 0,486. (Le B., 67.)

En pied, dans un cadre orné d'*N* placés au milieu d'une couronne
feuillage. Debout sur le trône, il est vu de face, le corps légèrement t   e
à gauche. En costume d'empereur, la tête ceinte d'une couronne de a -
rier, les épaules couvertes par le manteau impérial, doublé d'herm
parsemé d'abeilles, sur lequel est le collier de la Légion d'honneur,
au côté. De sa main droite, le bras étendu, il tient le sceptre surm
d'un aigle. Près de lui, à gauche, la main de justice et le globe
monté d'une croix sont placés sur un coussin muni de glands
repose sur un tabouret frangé. — Sur la tablette du cadre : *Napole n
Grand.* — De chaque côté de la tablette, une guirlande retenue par de
aigles et surmontée d'attributs de souveraineté.

D'après Franç. Gérard.

1er état, avant le nom des artistes. — Superbe épreuve, à gr
marges, de cette estampe remarquable. Collection Debois. (150 à 2

DESPLACES (Louis),

dessinateur et graveur au burin et à l'eau-forte, né à Paris en 1682,
mort en 1739.

382. **Duclos** (Marie-Anne de Chateauneuf, Mlle), célèbre
actrice, morte le 18 juin 1748. — Gr. in-fol. H. 0,
L. 0,377. (Le B., 64, *s. n.*)*

A mi-jambes, dans le rôle d'*Arianne*. Elle est représentée debo
vue presque de face, regardant vers la droite, en cheveux orné   e
plumes sur le sommet de la tête; décolletée jusqu'aux épaules, le
demi-nus et étendus de chaque côté du corps. Une ceinture de   e
à la taille. Au-dessus, dans les airs, un ange venant la couron   r
avec une couronne formée d'étoiles étincelantes, et tenant dans la   n
gauche un sceptre passé dans l'œil d'un masque ainsi qu'une cour
de laurier. A gauche, un rocher surplombant la mer; au pied du roc   e
deux vieillards, et un jeune homme (*Thésée*) couronné de feuille
vigne, qui montre du doigt Mlle Duclos. — Sous le tr. c., àg. : *N. de*

gillierre (sic) *pinx.*; — à dr. : *L. Desplaces Sculp.* 1714.; — au milieu, les douze vers suivants, à trois colonnes :

> *Qui mieux que toy, Duclos, actrice inimitable*
> *De ton art connoist les beautés?*
> *Qui sçut jamais donner vn air plus veritable*
> *A des mouvements imités.*
> *Ah! que j'aime a te voir en amante abusée*
>   *Le visage noié de pleurs,*
> *Hors l'inflexible cœur du parjure Thesée*
> *Toucher, emporter tous les cœurs.*
> *De tous nos mouvements es-tu donc la maitresse*
> *Tiens-tu nôtre cœur dans tes mains,*
> *Tu feins le desespoir, la haine, la tendresse,*
> *Et je sens tout ce que tu feins.*
>
>   *H. de la M.*

— Plus bas, vers la g. : *Se vend à Paris chez Tramblin,* etc.
2ᵉ état, avec la lettre. — Belle épreuve.

383. Silvestre (Charles-Fr. DE), maître de dessin de Philippe V, roi d'Espagne, 1667-1738. — In-fol. H. 0,322. L. 0,238. (Le B., 67, *s. n.*) *

A mi-corps, dans l'embrasure d'une fenêtre cintrée dans le haut, et dont le montant à droite est couvert par une draperie. Vu presque de 3/4, tourné vers la gauche; coiffé d'un béret. Il s'appuie, du bras gauche, sur le dessus du bord de la fenêtre, ayant sous la main une feuille de papier où est figuré un paysage et sur laquelle il dessine avec un porte-crayon. — Sous le portrait, sur une banderole, on lit : *Franciscus Silvestre* || *Philippi V. Hispaniarum Regis Catholici,* || *Serenissimi Principis Burgundiæ Ducis, et S. P. Ducis Bituricensis,* || *Delineationum Magister : ætatis suæ* 43. — Plus bas, à g. : *I. Herault pinx.* 1710.; — à dr. : *L. Desplaces Sculp.*
Belle épreuve.

384. Titon (Marguerite BÉCAILLE, veuve). — In-fol. H. 0,426. L. 0,334. *

A mi-jambes, assise dans un fauteuil, vue presque de face, en costume de veuve, les cheveux relevés, recouverts d'une coiffe en tulle noir. Corsage légèrement décolleté, avec garniture de dentelle et bijou pour agrafe. La main gauche, posée sur ses genoux, tient un pan de sa mante; elle s'appuie du bras droit sur un livre fermé, posé sur une tablette. — A g., dans l'angle du cadre, on lit : *N. de Largillierre* (sic) *pinxit;* — à dr. : *L. Desplaces sculp.* 1715.; — au milieu : *Marguerite Bécaille veuve de Maximilien Titon,* || *Ecuier Seigneur d'Ognon, des Baronies de Berre, Istres et Lançon, &c. Fondatrice avec son mari de* || *la Maison et Couvent des Dames Religieuses hospitaliéres de l'Ordre de St. Augustin à St Mandé* || *prés Vincennes en l'an M.DCC.VI. — La sagesse & la piété accompagnent sa charité.* — Cette inscription est coupée par un cartouche surmonté d'une couronne de baron, supportant les armes de Titon, barons du Tillet : *De gueules au chevron d'or, accompagné de trois casques d'argent, les deux du chef posés de profil et contournés, celui de la pointe posé de face;* accolées à celles de Bécaille : *D'or à une tête de voûte de sable, fermée d'une porte d'or ; au chef d'azur, chargé d'un cygne d'argent, accompagné de deux étoiles d'or.*

2e état, avec la lettre. — Belle épreuve.

Voir plus loin le portrait de son mari gravé par Pierre Drevet.

DESROCHERS (ÉTIENNE),

graveur au burin et éditeur, né à Lyon vers 1661 (et non en 1693, comme Le Blanc), mort à Paris le 8 mars 1741, âgé d'environ 80 ans, selon son acte e décès.

385. *Angleterre :* **Louise - Marie Stuart**, 1692-1712. In-8°. H. 0,144. L. 0,100.

A mi-corps, dans un ovale appuyé sur un piédestal. Vue de face, le corps légèrement tourné vers la gauche, tête nue, les cheveux ornés de perles, relevés sur le devant et bouclés sur le sommet de la tête. Corsage légèrement décolleté ; manche courte, laissant le bras gauche à demi nu. Elle tient dans sa main un bouquet de fleurs à la hauteur de n épaule droite que recouvre son manteau. — Autour de l'ovale : *Loü e Marie Stvart Princesse d'Angleterre Fille dv Roy Iacqve 2 et de Marie Eleonor D'Este Née le 28 Ivin 1692.* — Sur le dessus du piédestal, *Aig. Larsilliere* (sic) *P.* — Sur la corniche : *Gravé par E. Desrochers et se vend chez luy rue St Jacque au Mecenas a Paris.* — Sur la tablette ce quatrain :

> *Votre vértu, Princesse, et votre illustre Sang*
> *Doivent vous procurer une Auguste Alliance;*
> *Si tout est deu* (sic) *par l'un au Sort de la Naissance*
> *Vous sçaurez bien par lautre en soutenir le rang.*

Belle épreuve.

386. Escobar (Ant.), *jésuite espagnol,* 1589-1669. — In-8°. H. 0,144. L. 0,100. (Le B., 33, *s. n.*)

En buste, dans un cadre appuyé sur un piédestal, dont les angles intérieurs du haut sont concaves et les coins quadrillés. Personnage représenté de 3/4, tourné vers la droite, vêtu d'une soutane à collet relevé. Il est coiffé d'un bonnet carré, sous lequel on aperçoit sa calotte.

— Au bas du portrait, sur une feuille de papier recouvrant en partie le cadre, on lit : *Le vray portrait du R. Pere || Antoine Escobar Théolo- || gien de la Compagnie de Jesus.* — Sur la tablette, ce quatrain :

> *Ce Casüiste débonnaire*
> *Sur les maux des pecheurs versant lhuile et le miel*
> *Par sa doctrine salutaire*
> *Ouvre à tous les Chrétiens la grande porte du Ciel.*

Pièce anonyme, attribuée à Desrochers.
Belle épreuve.

387. Fillon (Mlle), dite *la Présidente*, fameuse proxénète. — In-8°. H. 0,143. L. 0,100. *

A mi-corps, dans un médaillon ovale, reposant sur une banderole, le tout supporté par un piédestal. Vue de 3/4, tournée vers la droite, le corps à gauche. Elle est représentée tête nue, les cheveux relevés sur le devant, ornés de brillants, et qui se terminent en deux longues boucles retombant sur les épaules ; sur le front, des accroche-cœur. Vêtue d'un corsage décolleté, lacé sur le devant et garni, sur les épaules, de deux pierres fines. — Au bas du portrait, sur la banderole : *M^{le}. Fillon || Surnommée la Présidente.* — Sur le dessus du piédestal, de chaque côté de la banderole : *ED. fec.* — Sur la corniche : *à Paris chés Daumont rue S^{t}. Martin.* — Sur la tablette, le quatrain suivant :

> *Toujours compatissante aux foiblesses humaines*
> *Mon art Scut applanir la route des plaisirs*
> *L'Amour ne forma plus d'inutiles desirs.*
> *Je reformay ses loix, je suprimay ses peines.*

Au pointillé. — Belle épreuve.

388. Noailles (L.-Ant. DE), cardinal et archevêque de Paris, 1651-1729. — Gr. in-fol. H. 0,497. L. 0,409. *

En buste, dans un ovale. Vu de 3/4, tourné vers la droite, en petit costume de cardinal, coiffé de la calotte. La croix du Saint-Esprit suspendue au cou par un large ruban. — Autour de l'ovale : *Eminen-^{tmus}. Ludovicus Antonius de Noailles. S. R. Eclesiæ Presbiter Cardinalis, Archip^{copus} Parisiensis, Dux et Par Franciæ. || Offerebant FF. P. F. Combette Nozerenus et L. Robert Lugdunæus Ord. Minorum.* — Sur le dessus de la corniche du socle, au milieu : *Gravé par E. Desrochers APa* (sic) *rue S^{t}. Jacques au Mecenas.* — Au bas du portrait, couvrant la bordure, et sur le milieu du socle, un cartouche renfermant ses armoiries : *De gueules à la bande d'or;* l'écu timbré d'une couronne de duc, surmontée du chapeau de cardinal ; le tout environné du manteau d'hermine.
Belle épreuve.

389. Poerson (Ch.-Franç.), peintre français, 1653-1725. —
In-fol. H. 0,346. L. 0,239. (Le B., 94, *s. n.*) *

A mi-corps, dans un ovale architectonique, posé sur un socle. Il est
vu de face, le corps tourné à droite, coiffé d'une grande perruque
frisée. Son gilet et son vêtement entr'ouverts. La croix du Mont-Carmel
et de Saint-Lazare est attachée par un ruban à sa boutonnière. — A g. de
la tablette du socle : *Peint par N. || de Largillierre* (sic).; — à dr. : *Gravé
par || E. Desrochers || pour Sa Recep- || tion a l'Academie || en* 1723. — Sur
la tablette du socle : *Carolvs Franc^us. Poerson Eques || B^me. Virginis d
Monte Carmelo et S. Lazari, Pictor ordin^s. Regis Chri- || stianissim
olim in sua Regia Academia Picturæ, et Sculpturæ || Professor Aca
miæ Gallicæ Præfectus Insignis Academiæ || S. Lucæ de Urbe Princep n c
non inter Arcades præclarus. &c.* — Cette inscription est coupée par e
armoiries : *D'azur au sautoir d'or cantonné de quatre montagnes d'a
gent ; au chef d'argent, chargé d'une croix de...*; l'écu timbré d'un cas
couronné de face, orné de ses lambrequins ; supports : deux levret e
colletées.

Belle épreuve.

390. Richelet (César-Pierre), lexicographe français, 1632-
1698. — In-8°. H. 0,145. L. 0,100. *

En buste, dans un médaillon ovale reposant sur une banderole, le tou
supporté par un piédestal. Vu presque de face, le corps tourné à gauche,
tête nue, recouverte d'une grande perruque bouclée. Vêtu d'une ro e
à grands ramages. — Sur la banderole, au-dessous du portrait : *Pierr
Richelet || Connu dans la République des Lettres || Sur tout par Son Dic-
tionnaire Francois || né à Cheminon en Champagne mort. A Paris en || 1698.
Agé de 67 ans.* — Sur la corniche du piédestal : *Se vend A Paris Che
E. Desrochers,* etc. — Sur la tablette, ce quatrain :

> *Richelet demontrant dans son Dictionnaire
> De la langue francoise et l'Usage et les Loix :
> Fit vn Ouvrage necessaire
> Plus aux Etrangers qu'aux francois.*

— Sous le tr. c. : *Gacon.*
Belle épreuve, avec marges.

391. Sanchez (Thomas), jésuite espagnol. — In-8°. H. 0,14
L. 0,097.

En buste, dans un médaillon ovale, disposé comme le précéde
Vu de 3/4, tourné vers la gauche, vêtu d'une soutane, les épaule
couvertes par un manteau. Il est coiffé d'un bonnet carré. — Sou le
portrait, sur la banderole, on lit : *Thomas Sanchez || Iesuite né a*

Cordoüe en Espagne || *l'an* 1551. *mort a Grenade en* 1610. — Sur la corniche du piédestal : *Gravé par E Desrochers AParis,* etc." — Sur la tablette, ces vers :

Zelé pour le Salut des ames
Le grand Sanchez ayant fouillé
Dans les replis d'un cœur souillé
Et noirci d'impudique flames (sic) :
Presenta ce docte traité
A la mere de pureté.

Belle épreuve.

392. Scudéry (Madeleine DE), romancière, 1607-1701. — In-8°. H. 0,145. L. 0,100. *

En buste, dans un médaillon ovale, disposé comme le précédent. Vue presque de face, le corps tourné vers la droite, la tête nue et légèrement inclinée vers son épaule droite. Les cheveux, ornés de perles avec aigrette, forment sur le devant des accroche-cœur, et se terminent, par derrière, en deux longues boucles qui retombent sur les épaules. Pendants aux oreilles, et collier de perles. Le corsage de sa robe est à grands ramages, et garni de boutons. Son manteau lui couvre l'épaule gauche. — Sur la banderole, au bas du portrait : *Magdelaine de Scuderi* || *Surnommée la Sapho, de son* || *Siecle elle fut de l'Academie de Ricovrati* || *de Padoue et mourut a Paris le 2 Juin* 1701. — Sur la corniche : *Se vend AParis Chez E. Desrochers,* etc. — Sur la tablette du piédestal, ce quatrain :

Si la Grece autrefois fertile en beaux Esprits
S'applodissoit de voir sa Sapho sans pareille
La France en Scudery produit vne merveille
Qui ne luy fait pas moins d'honneur par ses ecrits.

Belle épreuve.

DEVAUX (JEAN),

graveur-imagier du siècle dernier.

393. Dubus-Préville (Madeleine-Angélique-Michelle DROUIN, femme), actrice française, 1734-17...—Pet. in-fol. H. 0,248. L. 0,178.

En pied. Dans le rôle de *Dealton,* dans l'*Écossaise.* Vue presque de profil, regardant à droite, le corps de face, coiffée d'un chapeau de dentelle noire, relevé par derrière ; vêtue d'une robe à panier, à larges manches. Les poings fermés, le bras gauche un peu écarté du corps. Elle tient dans sa main droite un éventail fermé. — Sous le tr. c., à g. :

Simonnet deli ; — à dr. : *Devaux Sculp.* ; — au milieu : *Angelique Drou*
Femme Preville, || *de la Comédie Françoise et Pensionnaire du Roi e*
1757. || *Quoi ! être trahie, abandonnée pour cette petite Creature —* De
ton dans l'Ecossaise Ac. 2. Scen. 3.

Belle épreuve.

394. La Ruette (Marie-Thérèse VILLETTE, M^(me)), actrice française. — Pet. in-fol. H. 0,250. L. 0,181.

En pied. Dans le rôle de *Babet,* dans les *Sabots.* Vue de 3/4, tour e
vers la droite, coiffée d'un chapeau de paille, les cheveux relevés
nœud de velours autour du cou, décolletée jusqu'à la naissance
seins, vêtue d'une robe courte relevée sur les côtés, manches la
laissant à découvert les avant-bras. Nœuds de ruban au corsage
manches. Elle tient dans la main droite un panier rempli de brin
et est chaussée de gros sabots. Devant et derrière elle, on voi   e
arbres. — Sous le tr. c., à g. : *Simonet del ;* — à dr. : *Devaux*
— Plus bas, au milieu : *Marie Therese de Villette F^(me). Laruette* ||
sionnaire du Roi ; Reçue a la Comedie Italienne en 1760. — Au des o

> *Babet.*
> *Ah ! ah ! ce n'est pas cela*
> *Cela qui me met en peine.*

A dr. : *Les Sabots en un acte* || *Scene VII.* — Dans le haut, à dr. : n° 5

Belle épreuve.

DIEN (C.-M.-FRANÇOIS),

dessinateur et graveur au burin, né le 11 novembre 1787, à Paris, où il e t.
mort le 20 août 1865. Elève de Reboul et de Audouin. (Voir *Catalogue g*
par Defer.)

395. Chantal (sainte Jeanne-Françoise FREMIOT, veuve e
M. le baron DE), 1572-1641. — Pet. in-8°. H. 0,122. L. 0,0

A mi-corps, dans un ovale équarri. Vue de 3/4, tournée vers la gauc e,
en costume de religieuse, avec une croix sur la poitrine. — Sur une
blette au-dessous de l'ovale : *Sainte Chantal,* || *Fondatrice de l'Ord*
de la Visitation. — Sous le tr. c., au milieu : *Dessiné et Gravé*
C. MF. Dien ; — Plus bas : *A Paris, chez J. J. Blaise Libraire,* etc.

Belle épreuve.

396. Choiseul - Gouffier (Marie-Gabriel-Florent-Augu te
comte DE), diplomate français, 1752-1817. — In-fol. H. 0,2
L. 0,220. (Le B., 10, s. n.)

En buste, dans un cadre orné. Vu de 3/4, tourné vers la droi e a tête nue, les cheveux rejetés en arrière. Il est vêtu d'une redingote à collet montant. — Dans le cadre, au bas, ses armoiries : *D'azur à la croix d'or cantonnée de 18 billettes d'argent;* l'écu surmonté de la couronne de comte. — Sous le cadre, à g. : *Boilly pinx.;* — à dr. : *M. F. Dien sculp.;* — au milieu, cette inscription : *M. G. F. A. Comte de Choiseul-Gouffier,* || *Ancien Ambassadeur de France à Constantinople,* || *de l'Académie Française et de celle d'Inscriptions et Belles-Lettres,* || *Pair de France.* — Plus bas : *A Paris, chez J. J. Blaise.*

Belle épreuve.

397. Roland (Marie-Jeanne PHLIPON, Mme), 1754-1793. — In-8°. H. 0,103. L. 0,065.

En buste, dans un ovale. Vue de profil, tournée à gauche, coiffée d'un mouchoir noué autour de la tête, les cheveux retombant sur les épaules, un fichu autour du cou et croisé sur la poitrine. — Sur la tablette : *Mme Roland.* — Sous le tr. c. : *MF. Dien Sculp.*

Belle épreuve, à toutes marges.

DOSSIER (MICHEL),

graveur au burin, né en 1685, à Paris, où il mourut vers 1750. Élève de P. Drevet.

398. Gilbert (Grégoire), religieux de l'ordre des Augustins de Paris, 1637-17... — Gr. in-fol. H. 0,483. L. 0,330. (Le B., 9, *s. n.*)*

A mi-corps, dans un cadre architectonique, cintré dans le haut et surmonté d'un cartouche orné d'un mascaron. Il est vu de 3/4, regardant vers la gauche, le corps tourné à droite. Vêtu du costume de son ordre, le capuchon rabattu, tête nue. Il tient la main droite appuyée sur sa poitrine. — Sur le dessus de l'appui du cadre, dans l'angle à droite, une grande feuille de papier sur laquelle sont posés un porte-crayon et un livre fermé. — Sur le dessus du socle, à g., on lit : [Fr.] *de Troy. Pinxit.;* — à dr. : *M^l. Dossier Sculpsit.* — Sur la tablette du socle : *R^{do}. P. Gregorio Gilbert Parisino Augustinensi Ætatis 76. Professionis 61. quem fratres Voto-* || *rum suorum observantissimum quem pictores artis suæ peritissimū Coluerunt, quem Ludovici Magni* || *sex Oratores, Regis et suis rebus per-utilem exterisq3. principibus gratum in 7. Legationibus per* || *30. annos secum habere studuerunt, Iconem in singulare animi monimentum Sculpebat et* || *Offerebat Michael Dossier 1713.*

Belle épreuve.

399. Neyret de la Ravoye (Anne VARICE DE VALLIÈRE, Mme), épouse de Jean Neyret de la Ravoye, seigneur de

Lisse et de Beaurepaire, grand audiencier de Franc
belle-mère de Marc-Antoine-Front de Beaupoil,
échanson de France. — Gr. in-fol. H. 0,416. L. 0,
(Le B., 5, s. n.)

Sous les traits de *Pomone*.

Sur le premier plan, au milieu de la gravure, une jeune femm
présentée à mi-jambes, vue presque de face, regardant vers la gauc
le corps tourné vers la droite, tête nue, les cheveux bouclés et re n
par un ruban ; décolletée jusqu'à la naissance des seins. Elle est
sur un banc de pierre qui est adossé à un tronc d'arbre autour du el
grimpe un cep de vigne chargé de raisins. De la main gauche
s'appuie sur le banc. Le bras droit est légèrement recourbé, l
entr'ouverte, l'index écarté. — Derrière elle, *Vertumne*, sous le
d'une vieille femme ; à mi-corps, vue presque de profil, tournée à   e
et regardant *Pomone*. Elle est coiffée d'une capuche qui lui cac
partie le côté gauche de la figure. A demi couchée sur le banc de
elle est appuyée sur le coude droit, et tient dans la main un jon
bras gauche recourbé à hauteur de la figure, la main fermée et le   o g
indicateur en l'air. — Sous le tr. c., à g. : *Hyacint°. Rigaud pi*   ;
à dr. : *M. Dossier sculpsit;* — au milieu sur deux colonnes, hui

> *Aux doux airs que le Peintre donne*
> *A la vieille de ce tableau,*
> *Je croirois Vertumne et Pomone*
> *Le vray sujet de son pinceau.*
> *Par cette fable avec adresse*
> *Il prouve cette verité :*
> *Rien ne charme plus la vieillesse*
> *Que la Jeunesse et la Beaute.*
>
>   *Gacon*

Plus bas, au milieu : *A Paris chez Drevet Graveur*, etc.
Très-belle épreuve.

Dans l'*Histoire des peintres*, par M. Ch. Blanc, à l'article Rigaud
trouve la gravure du tableau original dont cette estampe est l e
sentation en contre-partie. Elle y est intitulée : *Jeunesse et Vieille*   e
malheureusement la notice ne contient même pas une ligne de e
gnements relatifs à ce sujet. Le Blanc ne connaît pas non plus
sonne représentée sur cette estampe, bien que le catalogue Pa g
Dijonval, et, depuis, Nagler l'aient nommée. Par bonheur, Van
nous fournit toutes les indications nécessaires et nous informe
portrait original peint par Rigaud en 1703 et gravé par Dossier en   09
représente Mᵐᵉ Neyret de la Ravoye jusqu'aux genoux, sous la fi
de Pomone, groupée avec une autre qui représente Vertumne, «
« qui n'est que de simple accompagnement, n'étant pas portrait. »

DREVET (Pierre),

graveur au burin, né à Loire (Rhône) le 20 juillet 1663 (et non à Lyon en 1664), mort à Paris le 9 août 1738 (et non en 1739), « âgé de 75 ans ou environ, » dit son acte de décès. Élève de Germain Audran. Il fut reçu à l'Académie de peinture, sculpture et gravure le 27 août 1707 (J'ai dit à tort le 7 octobre), ayant déjà obtenu le titre de graveur du roi en 1696 ou en 1697. De même que beaucoup de ses confrères, Drevet exerçait aussi le commerce d'estampes. Il demeurait d'abord rue Saint-Jacques, *au Point de France, attenant Saint-Séverin;* puis rue Saint-Jacques, *au Coq,* devant les Mathurins, ou bien vis-à-vis les Mathurins, *à l'image Saint-Prosper;* à partir de 1696, rue du Foin, *devant le grand Portail des Mathurins;* depuis 1703, nous le trouvons rue Saint-Jacques, *à l'Annonciation,* ou sur le Quai des Augustins, *attenant l'hôtel de Luynes proche le pont Saint-Michel;* enfin, par brevet du 10 août 1726, le roi lui accorda, ainsi qu'à son fils, l'appartement qu'avait occupé feu Berain au Louvre.

De l'avis de tous les critiques autorisés, les Drevet comptent au nombre des maîtres de la gravure française, surtout pour les portraits. Pierre Drevet nous surprend par l'énergie du trait et la perfection des plus minutieux détails, avec cette gradation des tons qui remplace en quelque sorte la couleur, au point qu'on ne saurait être un plus fidèle interprète de la peinture. Son fils, Pierre-Imbert, le surpassa encore à certains égards : son burin a une douceur et une suavité rêveuse qui charment l'œil d'une façon inexprimable. Claude Drevet, neveu de Pierre, chercha à unir les qualités de son oncle à celles de son cousin, et, quoiqu'il ne parvînt pas à les égaler, il n'en est pas moins un artiste d'un grand talent. C'est pourquoi on a le droit de s'étonner que personne n'ait songé à entreprendre une description de leur œuvre collectif, bien qu'on ait consacré des travaux spéciaux à des graveurs d'un mérite moindre.

Ayant réuni dans ma collection iconographique tous les portraits les plus importants gravés par les Drevet, et dont la description suit, j'ai pensé que ce serait rendre service à l'histoire de notre art national, que de compléter ce travail dans une publication à part, de façon à embrasser l'œuvre entier de ces artistes éminents. De là, mon ouvrage : *Les Drevet; Catalogue raisonné de leur œuvre,* auquel je renvoie le lecteur pour plus amples détails.

Il a paru difficile de délimiter la part respective des travaux des Drevet père et fils, qui signaient indistinctement de la même manière : *Pierre Drevet, Petrus Drevet, P. Drevet.* Ce fut la cause de plusieurs attributions erronées commises par les catalographes. La question est cependant moins complexe. Souvent elle peut être résolue par l'examen du caractère distinctif du burin de chacun de ces deux artistes; ailleurs, la date de la gravure ne permet de concevoir aucun doute sur son auteur; pour la majorité des cas, les documents écrits lèvent toute difficulté. Au premier rang de ces documents, il faut mettre un travail important et que ceux qui s'étaient occupés de cataloguer l'œuvre des Drevet ont ou négligé, ou complètement ignoré, ce qui semble surprenant. La majeure partie des estampes de ces artistes ont été faites d'après H. Rigaud; or il existe un catalogue chronologique de presque tous les portraits peints par ce dernier, avec l'indication des gravures auxquelles ils ont servi de modèle; le tout accompagné de nombreux détails. Ce curieux inventaire a été dressé par un contemporain de Rigaud et des Drevet, par un homme bien informé, Van Hulst (né à Delft en 1684, mort à Paris en 1754), amateur honoraire de l'Académie royale de peinture, sculpture et gravure. Il a été inséré, à la suite d'une longue no-

tice sur Rigaud, qui est probablement une autobiographie, dans les *Mém* i
inédits sur la vie et les ouvrages des membres de l'Académie royale de pein
de sculpture, publiés d'après les manuscrits conservés à l'École impériale des Be
Arts, par MM. L. Dussieux, etc. (Paris, 1854, 2 vol. in-8°; t. II, pp. 142-200.

Cette publication est, on le voit, antérieure au *Manuel* de Le Blanc, e　　s
au *Catalogue général* de Defer, qui le cite même, de façon qu'elle eût p
éviter des erreurs d'attribution qu'ils ont commises.

Il est indubitable que Drevet fils a travaillé aussi aux planches qui pas　i
pour être de Drevet père seul; cette collaboration est mentionnée quel u
dans le catalogue précité, et elle se laisse surprendre facilement ailleu .

Les dates indiquées entre crochets ne figurent nullement sur les es　　　,
mais elles sont empruntées au catalogue de Van Hulst.

400. *Angleterre :* **Jacques-François-Édoaurd Stu**
(plus tard **Jacques III**), dit le *Premier Prétendant,*
roi Jacques II, 1688-1766. — In-fol. H. 0,483. L. 0,
(Le B., 63, *s. n.*)

A mi-corps; dans un ovale équarri, dont les coins sont figur
pierre avec jointures simulées. Représenté jeune, vu presque de　　e
le corps tourné légèrement à gauche ; tête nue, cheveux longs e　　-
clés. Il est vêtu d'un habit galonné, à manches avec parement
de boutons; cravate blanche dont les bouts, en magnifique de
couvrent le haut de son habit. Sur la poitrine, en sautoir, le
cordon, ainsi que les insignes de l'ordre de la Jarretière. — Fond
— Au-dessous de l'ovale, dans la gravure, une couronne accomp　　e
de trois plumes d'autruche, reliées entre elles par une banderol　　c
la devise: *Ick Dien.*

D'après Nic. de Largillière.

1er état, NON DÉCRIT, avant toute lettre. Très-rare. — S
épreuve.

401. Arnauld (Ant.), célèbre théologien et controversi
— In-fol. H. 0,366. L. 0,305. (Le B., 15.) *

A mi-corps, assis devant une table. Vu de 3/4, tourné à droite,　o
d'une calotte, et vêtu d'une robe garnie de fourrure. De sa
gauche, il tient une tablette sur laquelle est une feuille de papie
il vient d'écrire: *Mihi* || *autè* || *adhæ* || *rere* || *Deo* || *bonū* || *est.* Dà
main droite, une plume d'oie qu'il s'apprête à mouiller dans un enc er
placé sur la table, près de deux volumes couchés, lui servant de pup
A sa gauche, une bibliothèque cachée en partie par une tapiss
tombant derrière lui. — Sous le tr. c., à g.: (J.-Bapt.) *Cham*
jun. pinx.; — à dr.: *P. Drevet sculp.;* — au milieu: *Mre Antoine Arn*
Prestre Docteur en Theologie de la Maison et Société de Sorbonne
le 5. fevrier 1612. Mort le 8. Aoust 1694.

2e état, avec la lettre. — Belle épreuve.

402. Bar (la Rév. Mère Cath. DE), 1615-1698. — In-fol. H. 0,430. L. 0,340. (Le B., 16, *s. n.*)*

Assise sur une chaise sculptée, près d'un bureau. Vue de face, le corps légèrement tourné vers la gauche, en costume de bénédictine. Elle porte sur la poitrine un petit Saint-Sacrement, et tient une plume dans sa main droite qui est appuyée sur le livre ouvert des Constitu-tions de l'ordre, placé sur un pupitre près duquel sont d'autres vo-lumes; un canif est posé sur l'un d'eux. Le bras gauche, légèrement ployé le long du corps, laisse voir la paume de la main. A ses pieds, est un manuscrit en feuilles, appuyé contre le bureau. Derrière elle, entre deux colonnes, un couloir de monastère, muni, sur la gauche, d'une fenêtre grillée, et aboutissant à une estrade surmontée de draperies, sous laquelle la révérende mère est représentée une seconde fois, assise, en-tourée de ses compagnes et leur distribuant le livre des règles de l'ado-ration perpétuelle du Saint-Sacrement. Dans le haut, à gauche, une draperie cachant en partie l'entrée d'une chapelle, où, sur un autel, entre deux cierges, est exposé le Très-Saint-Sacrement. Dans l'angle gauche du cadre, le Saint-Esprit, sous la forme d'une colombe, entourée de rayons, venant inspirer la révérende mère. — Au-dessus du tr. c., à g. : *C. Courtin pinxit.;* — à dr. : *Drevet f.;* — au milieu, sous le tr. du cadre : *La Reverende Mere Catherine De Bar, dite Mecthilde du S¹. Sacrement Religieuse Benedictine Institutrice* || *de l'adoration perpetuelle du tres S¹. Sacrement de l'Autel et premiere Superieure des Religieuses du même Institut.* || *decedée pleine de vertus et de merite en son premier monastere du faubourg S¹. Germain le 6ᵉ. Avril 1698. agée de 83 ans.*
Seul état connu. Rare. — Très-belle épreuve.

403. Beauvau du Rivau (René-Franç. DE), prélat français, 1664-1739. — In-fol. H. 0,438. L. 0,346. (Le B., 18.)*

A mi-jambes, assis dans un fauteuil aux bras recourbés et sculptés. Vu de face, le corps légèrement tourné vers la gauche ; tête nue, revêtu du grand costume d'archevêque, avec la croix du Saint-Esprit sur la poitrine. Il tient, de sa main droite, ornée d'un chaton à l'annulaire, un volume posé verticalement sur ses genoux, et dont il tourne les feuillets de la main gauche. Derrière lui, formant le fond, une draperie, attachée avec des cordons à glands, relevée sur la gauche, laisse à découvert une bibliothèque. — Au bas du portrait, dans le cadre, à g. : *Hyacints. Rigaud pinx.;* — à dr.: *P. Drevet sculp.* 1727. — Sous le cadre, au milieu : *René François De Beauvau* || *Archévequé Duc de Narbonne, Primat de la Gaule Narbonnoise, Président né des* || *Etats généraux de la Province du Languedoc, Commandeur de l'Ordre du S¹ Esprit.* — Cette inscription est coupée par ses armoiries : *D'argent à quatre lions de gueules, cantonnés, armés, couronnés et lampassés d'or;* supports : deux anges environnés de nuages; l'écu surmonté du chapeau de cardinal.

Seul état connu. — Superbe épreuve.

Van Hulst dit que ce portrait, peint par Rigaud en 1715, a été a
en 1737 (faute d'impression, pour 1727), par P. Drevet, père et fil

404. Bernard (saint), fondateur et premier abbé de Clair-
vaux, 1090-1153. — In-4°. H. 0,210. L. 0,171. (Le B. 7,
s. n.)

A mi-corps, vu de 3/4, tourné vers la droite, en costume de relig
la tête rasée, n'ayant qu'une couronne de cheveux. — Sous le tr. c. à
P. Drevet sculp².; — au milieu : *Le vray portrait de St. Bernard || prem er
Abbé de Clairvaux || Gravé sur un tableau envoyé de Rome et qui* oi
esté peint sur luy agé de 62 ans en 1152.
Seul état connu. — Belle épreuve.

405. Bertin (Pierre-Vincent), trésorier général du sc a
puis des parties casuelles. — In-fol. H. 0,325. L. 3
(Le B., 20, s. n.) *

A mi-jambes, debout sous un péristyle. Vu de 3/4, regardant e
le corps tourné presque de face ; les boucles de sa perruque lui re
bent sur les épaules. Cravate de dentelle avec longs bouts. Le r s
droit à demi recourbé laisse voir la paume de la main. Du as
gauche, il est accoudé sur un meuble, et de la main, il tient, uyé
contre lui, son manteau qui lui recouvre l'épaule, et le bras en
et dont le pan repose sur le meuble. Dans le haut, à gauche, une
perie retenue par des cordelières, et qui retombe jusqu'en bas. — 8
l'encadrement, à g. : *Peint par Hyacinte* (sic) *Rigaud ; —* à dr.
par Deriuet (sic). — Au-dessus du tr. de la planche, à g. : *A Pari* o e
Audran, etc. *Auec Priuil. du Roy.*
2e état, avec les noms des artistes et l'adresse. — Belle épreu
La gravure de ce portrait, peint par Rigaud en 1685, pour la so é
de 330 livres, date de 1688. Il n'existe pas d'état avec le nom d er
sonnage.

406. Berwick (Jacques Fitz-James, duc de), maréch
France, fils naturel du roi d'Angleterre Jacques II. 16 0-
1734. — In-fol. H. 0,495. L. 0,413. (Le B., 21, s. n.) *

A mi-corps, dans un ovale armorié et équarri, aux angles du
quatre médaillons emblématiques, avec exergues. — Le personnag
représenté de 3/4, tourné à droite ; une grande perruque retombar ur
les épaules ; cravate blanche avec de longs bouts en dentelle ; est
entièrement enveloppé dans son manteau, sur le côté gauche du uel
sont brodés les insignes de l'ordre de la Jarretière. — Autour de l'ov e

Serenissimus Princeps Iacobus Dux de Berwick, &c. — Sous le portrait, dans le cadre de l'ovale, un médaillon renfermant les armes : *Ecartelé : aux 1 et 4, contre-écart. : de* France *et d'*Angleterre; *au 2, d'*Écosse; *au 3, d'*Irlande; *l'écu entouré d'une bordure comp. de seize pièces, huit d'azur, chargée chacune d'une fleur de lis d'or, et huit de gueules, charg. chacune d'un léopard d'or;* devise : *Ortu et Honore.* — A g., dans la bordure extérieure de l'ovale : *Offerebat humillimus servus;* — à dr. du médaillon : *Joannes Farely Presbiter Kilmoriensis* 1693. — Au-dessus du tr. c., à g. : *Ienary pinxit;* — à dr. : *Drevet Sculp.* — Les médaillons du haut représentent, celui de g. : Une fleur de lis au milieu d'un parterre, devant un palais ayant vue sur la mer, que l'on aperçoit dans le lointain; l'exergue : *Angues arcebit ab hortis.;* — celui de dr. : Un lion dans un désert, combattant contre un tigre; la banderole porte : *Nec proderit astus.* — Ceux du bas, à g. : Une harpe appuyée contre le socle d'une balustrade; sur la banderole : *Componit et excitat iras.;* — à dr. : Une ville assiégée et bombardée, située au bord de la mer; au-dessus de la ville en feu, un senestrochère tenant une épée de flammes, issant d'un nuage; l'exergue de côté, porte : *Metum pœnamque rebellibus infert.*

2° état, où le nom du peintre a été corrigé *Ienary* à la place de *Genaro.* Rare. — Très-belle épreuve.

407. Béthune (Hippol. DE), évêque-comte de Verdun, 1647-1720. — In-fol. H. 0,430. L. 0,334. (Le B., 22, *s. n.*)*

A mi-corps, dans un ovale posé sur un socle armorié. Vu de 3/4, tourné vers la gauche, tête nue, les cheveux bouclés; la croix pectorale suspendue par un ruban passant sous le rabat; les épaules couvertes de sa pèlerine. — Autour de l'ovale : *Hippollittvs de Bethvne Episcopvs Comes Virdvnensis.* — Sur le dessus de la corniche, à g. du cartouche : *Hyacint⁹ Rigaud Pinx.* [1694]; — à dr. : *Pet⁹. Drevet Sculp.* [1698]. — Au milieu du piédestal, dans un cartouche, ses armoiries : *D'argent à la fasce de gueules;* l'écu couronné et surmonté du chapeau d'évêque.
Seul état connu. — Très-belle épreuve.

408. Bignon (Jean-Paul), abbé de Saint-Quentin, bibliothécaire du roi et membre de l'Académie française, 1662-1743. — In-fol. H. 0,447. L. 0,352. (Le B., 23.)*

A mi-corps, dans un ovale, sur un piédestal armorié. Vu presque de face, regardant vers la gauche, le corps tourné vers la droite, la tête couverte d'une perruque. En grand costume de conseiller d'État, le manteau sur les épaules. — Autour de l'ovale : *Joan. Paul. Bignon Abbas Sⁱⁱ. Quintini Com. Consist. Biblioth. Reg. Præfect. Ætat. An. 66.* — Sur le dessus du couronnement du socle, à g. : *Hycinthus* (sic)

Rigaud pinxit; — à dr. : *Petr°. Drevet sculpsit.* — Au milieu du piédes-
tal : *Accademiarum. Præsidi* || *Offerebat Joannes Babt.* (sic) *Durands* || *de*
Montalet. Clericus Parisinus. — Cette inscription est séparée en deux ar-
un cartouche, retenu au milieu de la bordure, et renfermant ses a   i-
ries, qui sont décrites au n° 53 du présent catalogue. L'écu est t   é
d'une couronne accompagnée d'une mitre et d'une crosse ; supports
deux anges tenant une palme et agenouillés sur des nuages.

   4e état (Le Blanc). — Très-belle épreuve.

   Le portrait de Bignon peint par Rigaud en 1707 a été gravé d' o d
par Drevet, pour orner la thèse de Gabriel-Joseph Caneau Descramelle
et les deux premiers états décrits par Le Blanc s'y rapportent exclusi-
vement. En 1728, Rigaud a repeint, d'après nature, la tête de   e
Bignon, qui fut regravée aussitôt par Drevet (pour la thèse d'Eti   e
Guillimin, employée depuis pour celle de J. B. Durand de Mont et
et substituée à l'ancienne dans la planche primitive : les épreuves e c
nouveau portrait constituent les 3e, 4e et 5e états de Le Blanc.

409. **Boileau-Despréaux** (Nic.), célèbre poëte, 1636-171 — Pet. in-fol. H. 0,234. L. 0,187. (Le B., 25, *s. n.*)*

   A mi-corps, vu presque de face, tourné à gauche, regardant ve s
droite ; tête nue ; une longue perruque retombant sur les épaules
vertes d'une draperie à ramages ; la main gauche appuyée sur des li e
la droite, posée sur le bras gauche, tient une plume. — Sous le
à g. : *De Piles pinx.*; — à dr. : *Drevet Sculp. 1704.*; — au milieu
trait de Nicolas Boileau Des Preaux. — Suit ce quatrain :

> *Sans peine à la Raison asservissant la Rime,*
> *Et mesme en jmitant, toûjours Original ;*
> *J'ay sçeu dans mes Ecrits, docte, enjoüé, sublime,*
> *Rassembler en moy, Perse, Horace et Juvenal.*

   Plus bas : *Se vend à Paris rüe St. Jacques à l'Annonciation.*
   Seul état connu. — Belle épreuve.

410. **Boileau-Despréaux.** — In-fol. H. 0,379. L. 0,296. (Le B., 26.)*

   A mi-jambes. Il est représenté de 3/4, la tête tournée à droite, où il regarde, le corps à gauche ; grande perruque retombant sur les épaules, vê
d'un habit ouvert sur le devant, avec manches à parements ; le col de sa
chemise est dégrafé. Son manteau lui cache l'épaule droite et forme
draperie sur sa gauche. Il s'appuie de la main gauche sur un livre,
recouvert de papiers, et placé sur un socle en pierres, avec cassures
simulées. Dans sa main droite, posée sur le revers de la gauche, il tient
une plume. Dans le haut, une draperie avec cordon à glands cache
partie une bibliothèque.

1er état, avant toute lettre. Fort rare. — Magnifique épreuve. Collection Marshall. (250 à 300 fr.)

2e état. H. 0,381. L. 0,299. — Sur le socle en pierre, on lit, en caractères imitant l'écriture : *Amicissimi viri imaginem || quam amicis suis || dono daret || œri incidi curavit || I. Coustard in S. G. C. Senator.* — Sous le tr. c., à g.: *Hyacinth? Rigaud pinxit* [1704]; — à dr. : *Petr. Dreuet scul.* 1706. — Au milieu : *Nicolavs Boileav Despreavx, || Morvm lenitate, et versvvm dicacitate, || Æqve insignis. || Natus Kal. Nov. M.DC.XXXVII. Pictus III. Non. Mart. M.DCC.IV.* — Très-belle épreuve.

Titon du Tillet, dans ses *Essais sur les honneurs et sur les monuments accordés aux illustres savants pendant la suite des siècles* (Paris, 1634, in-12; p. 447), fournit les renseignements suivants qui servent à expliquer l'inscription relative à M. Coustard, qu'on lit sur le socle du portrait :

« La générosité de M. Coustard, contrôleur général à la grande
« chancellerie, et celle de M. son fils, conseiller au parlement de Pa-
« ris, doit avoir ici sa place. Ils ont fait peindre, par le fameux Ri-
« gaud, les portraits de la Fontaine, de Santeul et de *Despréau.* Le
« portrait de ce dernier a été gravé à leurs frais par Drevet et distri-
« bué gratuitement à toutes les personnes de distinction et de belles-
« lettres qui le leur ont demandé ! »

411. Boileau-Despréaux. — In-4°. H. 0,209. L. 0,164. (Le B., 27, s. n.)*

A mi-corps, debout, vu presque de face, le corps légèrement tourné vers la droite; une longue perruque retombant sur les épaules; la physionomie souriante; Il est enveloppé dans son manteau dont il ramène, de la main droite, les pans sur sa poitrine. — Sous le tr. c., à dr. : *Fran. de Troy pinxit*; — à g. : *P. Drevet sculpsit*; — au milieu, le quatrain suivant :

Au joug de la Raison asservissant la Rime ;
Et, mesme en imitant, tousjours original,
J'ay sçeu dans mes Escrits, docte, enjoüé, sublime,
Rassembler en moi Perse, Horace & Juvenal.

Seul état connu. — Superbe épreuve.
Ce portrait figure en tête de l'édition des Œuvres de Boileau donnée à Paris en 1713, en 2 vol. in-4.

412. Bouillon (Emmanuel-Théodose DE LA TOUR D'AUVERGNE, cardinal DE), 1644-1715. — In-fol. H. 0,515. L. 0,410. (Le B., 28.)*

En buste, dans un ovale équarri, en pierre, reposant sur un socle. Vu de 3/4, tourné vers la gauche; tête nue, cheveux bouclés; le camail d'hermine relevé sur l'épaule gauche ; la croix du Saint-Esprit suspendue au cou par un ruban passant sous le rabat. — Sur le milieu du socle, dans un cartouche entouré du manteau d'hermine, couronné et surmonté d'un chapeau de cardinal, sont ses armes : *Écartelé : aux 1 et 4, semé de fleurs de lys d'or, à la tour d'argent maçonnée de sable, qui est de* la Tour ; *au 2, d'or à trois tourteaux de gueules, qui est de* Boulogne ; *au 3, coticé d'or et de gueules, qui est de* Turenne ; *sur le tout : parti* d'Auvergne *et de* Bouillon.

D'après Franç. de Troy.

1er état, avant toute lettre. Très-rare. — Superbe épreuve.

Cette estampe, faite pour la thèse de J.-J. Le Vaillant, aurait été gravée, d'après le Père Lelong, en 1696.

413. Boullongne (L. de), peintre français, 1654-1733. In-fol. H. 0,445. L. 0,330. (Le B., 29, s. n.)

A mi-corps, dans un cadre figurant l'embrasure d'une fenêtre, cintrée dans le haut, avec cassures simulées ; une draperie, liée avec des cordons à glands, cache le montant droit de la fenêtre. Le personnage est représenté debout, vu de 3/4, regardant vers la gauche, le corps tourné à droite ; la tête couverte d'une longue perruque, le col de sa chemise dégrafé et retenu par une cravate de dentelle ; vêtu d'un habit ouvert dans le haut, le bord rabattu ; manches à parements garnis de cinq boutons ; il porte, suspendue à la boutonnière de son habit, la croix de Saint-Michel ; son épaule gauche est couverte de son manteau qu'il retient de la main droite. Derrière, deux piliers avec échancrures. Sur la tablette, au bas du portrait, dans un cartouche oblong : *Louis de Boullogne* (sic) ‖ *Écuyer Chevalier de l'Ordre de S*t*. Michel* ‖ *Premier Peintre du Roy Directeur et Recteur* ‖ *de l'Académie Royale de Peinture et Sculpture.* — Au haut du cartouche, dans un médaillon, ses armes surmontées d'une couronne de comte : *De gueules à une tour d'argent, au chef d'azur, chargé de trois étoiles d'or.* — Au bas du cartouche, à g. : *Peint par Hyacinthe Rigaud Écuyer Chevalier de l'Ordre de S*t*. Michel.* [1739] ; — à dr. : *P. Drevet Sculpsit.*

Seul état connu. Fort rare, la planche ayant été supprimée. — Belle épreuve.

414. *Brandebourg :* Christine-Caroline de Wurtemberg, épouse de Guillaume-Frédéric, margrave de Brandebourg Onoltzbach, 1694-1723. — In-fol. H. 0,432. L. 0,324. (Le B., 118, s. n.)

A mi-corps, dans un ovale équarri dont le cadre est figuré en pierre, jointures et cassures simulées ; l'ovale supporté par un socle. Vue de face, le corps tourné vers la droite ; tête nue, les cheveux bouclés et terminés par deux longues frisures tombant sur les épaules ;

un magnifique brillant avec perles est piqué dans les cheveux sur le côté droit. Elle est vêtue d'une robe garnie de perles au corsage; décolletée jusqu'à la naissance des seins; son bras droit à demi-nu; elle tient dans la main l'agrafe de son manteau, doublé d'hermine, posé sur ses épaules. A sa gauche, une draperie. Sur le milieu du socle, un cartouche contenant ses armoiries environnées du manteau d'hermine; l'écusson, de forme ovale, est surmonté d'une couronne ducale.

1er état, NON DÉCRIT, avant toute lettre. Très-rare. — Superbe épreuve. (100 à 150 fr.)

2e état. — Autour de l'ovale : *Christiana Carola Marchio Brandenburgico Onoldina Nata Dux Wiirtembergica.* — Sur le dessus du socle, à dr. : *Pierre Drevet Sculp.* — Très-belle épreuve, à toutes marges.

Pierre-Imbert Drevet a dû travailler avec son père à cette estampe.

415. *Brunswick-Hanovre :* **Ernest-Auguste**, XVIe duc de **Brunswick-Lunebourg** et premier électeur **de Hanovre**, 1629-1698. — In-fol. H. 0,505, L. 0,382. (Le B., 34, *s. n.*)

En buste, dans un médaillon ovale, entouré d'emblèmes et placé dans un cadre. Il est représenté de 3/4, tourné vers la droite, en grande perruque, les épaules couvertes d'un manteau d'hermine, agrafé sur le devant et recouvrant une cuirasse. — Autour de l'ovale : *Ernestus Augustus Dux Bruns. et Luneburgensis S. R. I. Elect. Episc. Osnabrugensis.* — Au-dessus du médaillon, une toque bordée d'hermine, surmontée d'un globe et posée sur une draperie. — A gauche, une Renommée, tenant dans sa main droite, élevée au-dessus de sa tête, une palme, que cherche à lui prendre un Amour, debout sur ses genoux; à droite, une seconde Renommée, couronnée de lauriers, le bras droit étendu au-dessus du portrait, tient dans la main une branche de chêne; dans sa main gauche, est une palme appuyée contre le bras. — Sous le médaillon, à g. : des engins de guerre et deux hommes nus, l'un assis, l'autre prosterné; derrière eux, on voit des drapeaux; sur la droite, un obusier sur l'affût duquel est assis un homme enchaîné. — Au bas du portrait, dans un cartouche, un cheval surmonté de cette devise : *Sola bonaquæ honesta,* et caché en partie par un obus. — Au haut du cartouche, sur la volute : *P. Dreuet sc.* — Dans le bas, à g., entre les tr. du cadre : *Gravé à Paris par P. Drevet en* 1704.

Seul état connu. Fort rare. — Très-belle épreuve.

416. Chevalard (Ant.), 1636-1706. — In-8o. H. 0,163. L. 0,110. (Le B., 37, *s. n.*)*

A mi-corps, dans un ovale reposant sur un socle. Vu de 3/4, tourné vers la gauche, en costume de prêtre, avec rabat; les épaules couvertes de son manteau. — Autour de l'ovale : *Portrait de Messire Antoine*

Chevalard Prestre, Mort en odeur de sainteté le 10 Mars 1706,
70 ans. — Au bas du portrait, couvrant l'ovale et la corniche du soc
petit cartouche emblématique autour duquel on lit : *Soli Christ*
secratur. — Sur le dessus de la corniche, à g. : *G. B.;* — à dr.
— Sur la tablette, ce quatrain :

> *Enchanté de la croix, charmé de sa folie,*
> *L'imprimer dans les cœurs, la graver sur l'erain* (sic),
> *Bruler pour Jésus-christ d'un amour souverain,*
> *Fut de cet homme saint l'esprit l'employ la vie.*

1er état, avec les initiales seules du graveur. — Très-belle épre

417. Colbert (Jac.-Nic.), archevêque de Rouen, 1654- — In-fol. H. 0,448. L. 0,358. (Le B., 39.) *

A mi-corps, dans un ovale équarri reposant sur un socle. Vu de
tourné vers la droite, regardant à gauche ; en grand costume d'
vêque, la tête couverte d'une calotte, les cheveux courts et boucl
manteau posé sur les épaules, la croix pectorale suspendue à un
passant sous le rabat. De la main droite, il semble relever sa rob
il tient le pan sous le bras. — Autour de l'ovale : *Jacobvs N*
Colbert Archiepiscopvs Rothomagensis, Normaniæ Primas Abbas Be
et Prior de Charitate. — Sur le dessus du socle, à g. : *Hyacin*
pinxit. [1696]; — à dr. : *Petr. Drevet sculpsit.* [1699]; — au bas de l'o
dans un petit médaillon, les armes : *D'or à la couleuvre on*
en pal d'azur ; l'écu couronné et surmonté du chapeau d'arche
— Au milieu de la tablette du socle, écrit à l'envers : *Offere*
quentissimi serui Monachi de charitate.

2e état, avec la dédicace. — Très-belle épreuve.
Le tableau de Rigaud, qui lui a été payé 1400 livres, est en
mais Drevet n'en fit que le buste.

418. Cotte (Robert DE), architecte français, 1657-173. In-fol. H. 0,389. L. 0,299. (Le B., 23.) *

A mi-jambes, debout, vu de 3/4, la tête tournée à dr., où il re
le corps à gauche ; en grande perruque retombant sur les ép
Vêtu d'un habit de velours entr'ouvert par le haut, à larges parem
brodés aux manches. Il porte, à la boutonnière de son habit, l
de Saint-Michel. Près de lui, à sa droite, est une table richement scul
et où l'on voit des feuilles de papier, une règle et un compas ; e
main droite, il tient un volume entr'ouvert avec son index, et posé
ticalement sur les feuilles de papier. De l'index gauche, il dési
volume. Derrière lui, à sa gauche, un fauteuil presque entièrement c
par son manteau dont l'un des pans est posé sur son bras dr i
forme draperie sur le devant. — Sous le cadre, à g. : *Peint par*
cinthe Rigaud; — à dr. : *Gravé par Pire. Drevet pour l'Académi*

au milieu : *Robert de Cotte* || *Chevalier de l'Ordre de St. Michel, Coner. du Roy en ses Conseils, premier Intendant* || *des Bâtimens, Jardins, Arts, et Manufactures. de Sa Majesté, Directeur de l'Académie* || *Royale d'Architecture, Et Vice protecteur de celle de Peinture et Sculpture:* — Cette inscription est séparée par un médaillon renfermant ses armoiries : *D'argent à deux fasces de gueules, chargées de cinq trèfles d'or, 3 et 2; au chef d'azur à l'aigle d'or.*

2e état. — Très-belle épreuve.

3e état. — A la seconde ligne de l'inscription ci-dessus, les mots : *Conseils, premier Intendant,* ont été remplacés par ceux-ci : *Cons., premr. Architecte, Intendant.* — Belle épreuve.

Huber et Rost, Nagler et Le Blanc attribuent la gravure de ce portrait à Pierre-Imbert Drevet. Defer, dans son *Catalogue général,* a répété cette erreur, par inadvertance sans doute, car à l'article de Pierre Drevet il dit bien que cet artiste fut reçu académicien sur le portrait de Robert de Cotte, en 1707, date à laquelle son fils, Pierre-Imbert, n'avait que dix ans. L'inscription du portrait : *Gravé par Pire Drevet* POUR L'ACADÉMIE, aurait dû lever tout doute, car Drevet fils ne fit jamais partie de cette Assemblée, mais en devint simple agréé seulement en 1724. Au surplus, Defer ne tient aucun compte du *premier état* de cette estampe, état *avant toute lettre,* cité par Le Blanc, de sorte que le 1er état qu'il signale n'est que le 2e, et le 2e devient le 3e.

Van Hulst dit que ce portrait a été peint par Rigaud en 1713 et gravé par Drevet *père* dans la même année, c'est-à-dire six ans après sa réception à l'Académie, contradiction apparente qui s'explique par une mention aux registres de l'Académie, où il est dit que cette planche ne fut livrée que le 28 février 1722. Or cette livraison est encore antérieure de deux ans à l'admission de Drevet fils à l'Académie en qualité d'agréé, ce qui n'exclut nullement l'hypothèse qu'il a dû travailler, et même beaucoup, à cette estampe, en commun avec son père.

419. Dangeau (Philippe DE COURCILLON, marquis DE), gouverneur de Touraine, grand-maître des ordres royaux de N.-D. du Mont-Carmel et de Saint-Lazare, 1638-1720. — Pet. in-fol. H. 0,334. L. 0,269. (Le B., 45.) *

Jusqu'aux genoux. Debout, vu de face, la tête couverte d'une grande perruque retombant sur les épaules; vêtu du grand costume de sa charge, épée au côté, dont on ne voit que la garde. La main gauche appuyée sur la hanche; le bras droit étendu, il tient dans la main son chapeau orné de plumes. Près de lui, une console magnifiquement sculptée. — Derrière lui, dans le haut, une tapisserie retenue par des cordons à glands. — Au bas du portrait, dans la marge, un petit écusson renfermant les armes : *Ecartelé : aux 1 et 4, d'argent à la croix*

*écartelée de sinople et de pourpre; aux 2 et 3; d'argent à la ba de -
selée de gueules, au lion d'azur, en chef.*

2º état, avant toute lettre, mais avec les armes. — Superbe é e ve
(100 fr. et plus).

Peint en 1700 par Hyac. Rigaud, et gravé en 1703.

420. Delpech (Jean), marquis DE MEREVILLE, conse e a parlement. — In-fol. H. 0,445. L. 0,326. (Le B., 46, s

En buste, dans un ovale équarri, supporté par un socle; perso e
vu de face, la tête couverte d'une grande perruque retomba
les épaules; vêtu de la robe de conseiller, avec rabat. — A sa
rière lui, le socle d'une colonne. — Sur sa droite, un arbre. — u-
tour de l'ovale : *Mre. Jean Delpech, Chevalier Marquis de Mereville*
en la Grande. Chambre. — Sur le socle, à g. : *Nic. de Largillière* 1   ;
— à dr. : *P. Drevet sculpsit.* — Au milieu du socle, un carto c
milieu duquel est un médaillon renfermant les armes : *D'azur* c -
vron brisé, accompagné en chef de deux rayons mouvant des an
l'écu, et en pointe d'un pelican dans son aire, le tout d'or; le
posé sur un mont d'argent; à la bordure de gueules.
Seul état connu. — Très-belle épreuve.

421. Desjardins (Marie CADESNE, Mme), épouse de DESJARDINS, sculpteur français. — Pet. in-fol. H. 0, 0,260. (Le B., 48.) *

Jusqu'aux genoux, debout sous un péristyle. Elle est représe
3/4, tournée à droite, la tête nue, les cheveux bouclés sur le de e
retenus derrière par un nœud de ruban faisant le tour de la tê e
longue boucle est ramenée sur l'épaule gauche. Elle est vêt
robe décolletée, par-dessus laquelle est un manteau bordé de fo es,
couvrant l'épaule droite et retenu sur la poitrine par une ma u
agrafe. Son coude droit est appuyé sur un meuble entièrement re
vert par le manteau formant draperie; elle tient, de sa ma e,
l'extrémité d'une écharpe passée sous le manteau; de la main gau e,
elle cueille une branche d'un pied de tubéreuse placé, à sé 1
dans un pot. — Sous le cadre, à g. : *Hyacinthe Rigaud Pinx.* [684];
— à dr. : *P. Drevet Sculp.* [1689]; — au milieu : *Me. Marie Cadesne*
de Mr. Desjardins, Recteur || de L'Academie Royale de Peinture c
ture. — Plus bas à dr. : *A Paris Chez Audran, etc. Auec Priuil. d* y.
2e état, avec la lettre. — Belle épreuve.
Le catalogue Paignon-Dijonval et Le Blanc prétendent que Dr
gravé aussi le portrait du sculpteur Desjardins, d'après Largillié e c
qui est inexact. On a pris pour le portrait de Desjardins celui de
TIER, dont il n'existe pas d'épreuves avec le nom du personnage r
plus loin).

422. Dodun (Char.-Gasp.), marquis **d'Herbault**, administrateur français. — In-fol. H. 0,450. L. 0,371. (Le B., 25.)*

A mi-corps, dans un médaillon ovale figuré en pierre et supporté par un piédestal armorié. Personnage vu de 3/4, tourné vers la droite, où il regarde, le corps vers la gauche ; la tête couverte d'une perruque ; large cravate en dentelle. La croix du Saint-Esprit est brodée sur son habit. De la main gauche, portée contre sa poitrine, il tient le pan de son manteau qui lui couvre entièrement l'épaule gauche et laisse celle de droite à moitié découverte. — Derrière lui, le socle d'une colonne. — Autour de l'ovale : *Charles Gaspard Dodun, Cher. Marquis d'Herbault, Commdeur. et Grand Tresorier des Ordres. du Roy, Conleur. Gñal des Finces. de France.* — Sur la bordure extérieure du médaillon, et à gauche des armes : *H. Rigaud pinxit en 1724.* ; — à dr. : *P. Drevet sculpsit en 1726.* — Au bas du portrait, dans un cartouche, ses armoiries : *D'azur à la fasce d'or, chargée d'un lion issant de gueules, et accompagnée de trois grenades tigées d'argent, posées 2 en chef et une en pointe ;* l'écu surmonté d'une couronne de marquis et entouré du collier de l'ordre du Saint-Esprit.

Seul état connu. — Belle épreuve.

Le Blanc et, d'après lui, Defer ont attribué la gravure de ce portrait à Pierre-Imbert Drevet, bien qu'ils aient pu consulter Van Hulst qui la déclare de P. Drevet *père*, en ajoutant que cette estampe est « tirée « d'un tableau de plus grande composition un peu ajustée cependant par « M. Rigaud à l'ouverture ovale ». Néanmoins Drevet fils a dû y travailler.

423. *Espagne :* **Philippe V**, 1683-1746. — In-fol. H. 0,468. L. 0,342. (Le B., 50, s. n.)*

En buste, dans un ovale équarri, placé sur un socle. Vu de 3/4, tourné à droite, tête couverte d'une longue perruque. Vêtu d'un justaucorps à grands ramages, avec le grand cordon passé en sautoir et le collier de la Toison d'or ; son manteau sur l'épaule gauche. — Autour de l'ovale : *Don Phelipe V por la gracia de Dios Rey de las Espanas.* — Un cartouche, occupant le bas de l'ovale et se prolongeant jusqu'au milieu du socle, renferme ses armes. — Sur le socle, à g. : *F. de Troy pinxit.* ; — à dr., sous l'ovale : *P. Drevet sculpsit.*

Le P. Lelong indique la date de 1707 comme celle de la gravure.

Seul état connu. — Très-belle épreuve.

424. *Espagne :* **Philippe V.** — Gr. in-fol. H. 0,526. L. 0,368. (Le B., 51.)*

A mi-corps, dans un ovale équarri posé sur une corniche avec consoles figurés en pierre. Vu de 3/4, tourné à gauche, regardant à droite ;

la tête couverte d'une longue perruque. En costume royal espagno
le manteau retroussé sur le coude gauche, la main appuyée la
hanche au-dessus de son épée dont on ne voit que la moitié de la
poignée et de la garde; le bras droit étendu en avant. — Autour de
l'ovale : *Don Phelipe V. por la gracia de Dios Rey de las Espanas*, u
milieu de la corniche, dans un cartouche, surmonté de la couro e
royale, se trouvent les mêmes armes qu'au portrait précédent. A
gauche de la couronne, sur le bord extérieur de l'ovale : *Hyacinthus*
Rigaud pinxit [1700]; — à dr. de la couronne : *Petrus Drevet Sculp*
rue du Foin [1703].

1er état. — Très-belle épreuve, avant l'addition de la planche acces
soire.

Même état. — Sous le tr. c., et sur une petite planche rappor é u
milieu de laquelle, dans un petit cartouche, sont les armes de *Fra* c ,
on lit : *Presenté a Monseigneur Le Duc de Bourgogne* || *Par so* es
humble, tres obeïssant, et tres soumis Seruiteur, Hiacinthe Rigaud. en 02
— Très-belle épreuve.

Van Hulst indique en ces termes que cette gravure n'est u un
reproduction partielle du tableau original : « Demi-figure avec une ma
« prise dans un tableau d'une figure en pied et accommodée, po e
« mise en estampe, d'un devant d'architecture, etc. »

425. Eudes (Jean), fondateur de la congrégation des Eudis frère aîné du célèbre historien Eudes de Mezeray, 160 - 1680. — In-fol. H. 0,366. L. 0,269. (Le B., 53, *s. n.*)*

A mi-corps, dans un médaillon ovale, posé sur un socle. Ecclé
tique vu de 3/4, tourné vers la gauche, debout, coiffé d'une calot ,
porte sur la lèvre supérieure de légères moustaches et au mento une
barbiche; il a sur les épaules un manteau; sa main droite est ap u e
sur sa poitrine, et la gauche, tenant un cœur symbolique, est c o e
sur la droite. — Sur le dessus du socle, à g. : *le Blond pinxit;* — à
P. Drevet Sculpsit. — Sur le milieu du socle : *Ioannes Eudes pre* i
multorum seminariorum, nec non sanctimonialium a || *charitate ins* -
tor, in missionum exercitiis celeberrim°. Obiit die 19. augusti anno 168
Seul état connu. — Très-belle épreuve.
Cette estampe aurait été gravée en 1704.

426. Félibien (André), littérateur et contrôleur général e ponts et chaussées, 1619-1695. — In-4°. H. 0,207. L. 0, 7 (Le B., 55, *s. n.*)*

A mi-corps, vu de 3/4, regardant à droite, le corps de face; tête ue
cheveux longs, frisés et tombant sur les épaules. Enveloppé dan
manteau, de manière qu'on n'aperçoit que son avant-bras droit; il n

dans la main une feuille de papier à demi roulée. — Dans le haut, une draperie formant le fond. — Sous le tr. c., à g.: *C. le Brun pinx.;* — à dr.: *P. Drevet sculp.;* — au milieu : *M^re. André Felibien || Ecuyer S^r des Avaux et de Javercy Historiographe du Roy, Garde des || Antiques de S. M. de l'Académie Royale des Inscriptions &c. decedé || à Paris le 11. de Juin 1695. Agé de LXXVI. ans.*

Seul état connu. — Superbe épreuve, avec marges.

427. Finé de Brianville (Oronce), abbé de Pontigny, un des premiers pères de l'ordre de Cîteaux, mort en 1708. — In-fol. H. 0,429. L. 0,333. (Le B., 32, *s. n.*) *

A mi-corps, dans un ovale équarri, avec un fond, figuré en pierre, et posé sur un socle. Ecclésiastique vu de face, la tête couverte d'une calotte; en tenue d'abbé, ayant la croix pectorale suspendue au cou. — Autour de l'ovale : *Orontius Finé de Brianuille Abbas Pontiniaci Ordinis Cisterciensis Pater Primau*. — Sur le dessus du socle, à g.: *Hyac. Rigaud Pinx* [1696] ; — à dr.: *P. Dreuet Sculp. rue du Foin.* [1699]. — Au milieu du socle, dans un cartouche, ses armes : *Ecartelé : aux 1 et 4, d'azur au chevron accompagné de 3 molettes, le tout d'or; aux 2 et 3, de gueules à la tour d'argent maçonnée de sable;* l'écu surmonté de la crosse et de la mitre d'abbé.

Seul état connu. — Belle épreuve.

428. Fleury (An.-Herc. DE), cardinal, homme d'État français, 1653-1743. — Gr. in-fol. H. 0,499. L. 0,374. (Le B., 56.)*

A mi-jambes, assis dans un fauteuil sous un péristyle. Vu de face, le corps tourné légèrement vers la gauche; tête nue, verrues au front et sous le sourcil gauche; vêtu en grand costume de cardinal, les épaules couvertes de son camail d'hermine, dont le côté droit est relevé. Dans ses mains, placées l'une sur l'autre, son bonnet carré appuyé sur ses genoux. — A sa droite, une table chargée de livres, rangés verticalement, contre lesquels on voit des liasses de papiers, dont l'une est attachée avec un ruban; en avant des livres et près des papiers, une écritoire munie d'une plume. — Derrière lui, une colonne entourée d'une draperie, attachée par deux cordons à glands. — Dans la gravure, au bas du portrait, sur la tablette : *André Hercules, Cardinal de Fleury, || Grand Aumonier de la Reine, Ministre d'Etat, Grand Maître et || Surintendant des Postes. || Offerebat J. S. Brissart Abbas S^ti. Martini Nivernensis 1730.* — Cette inscription est coupée, au milieu, par un médaillon renfermant ses armes : *Ecartelé : aux 1 et 4, d'azur à 3 roses d'or; aux 2 et 3, d'azur au chef de gueules, chargé d'un lion naissant d'or;* l'écu couronné et surmonté du chapeau de cardinal. — Sous le tr. c., à g.: *Peint par*

Hyacinthe Rigaud Chevalier de l'Ordre de S^t. Michel. [1728];
Gravé par P. Drevet [1730].

3e état, avec la date de 1730. — Très-belle épreuve.

Van Hulst nous informe que ce portrait a été gravé par P.
père et fils. « Mais, ajoute-t-il, plus par le premier; la démence
« étant très-forte alors. »

429. **Forest** (Jean), peintre français, 1635-1712. — I - H. 0,429. L. 0,324. (Le B., 57.)*

A mi-jambes, assis dans un fauteuil. Vu de 3/4, tourné à droi
regarde; le corps presque de face; coiffé d'un bonnet en velo
sommet en taffetas; vêtu d'une robe de chambre doublée de four
le col de sa chemise dégrafé et laissant voir sa poitrine. Il
droite appuyée du revers sur la cuisse. Dans la main gauche, os
le genou, il tient des pinceaux, et son appui-main, formé d
bâton; le pouce passé dans sa palette. A sa droite, sur un ch
une toile où est esquissé un paysage.

1er état, avant toute lettre. — Superbe épreuve.

3e état. — Entre les traits du cadre, à g.: *N. de Largillierr*
à dr.: *P. Drevet Sculp.;* — Sous le cadre: *Joannes Forest Picton*
rimus. Honorarius in Regia picturæ Academia Consiliarius. || *Mo*
tate, amoenitate jngenij et artis peritiá æque jnsignis. || *Hanc*
simi Soceri effigiem pinxit, et ære jncidi curavit ut cum jll
amorem jn jllum || *æternitati commendaret.* — Un peu plus bas,
Nicolaus de Largillierre jn eadem Academia Professor. — Belle

Dans le 2e état, les mots: *lenitate* et *soceri* sont écrits: l
et *soccri*.

C'est un des chefs-d'œuvre de Drevet le père.

430. **Fourcy** (Balth.-H. DE), abbé de Saint-Wandrill en 1754. — In-fol. H. 0,452. L. 0,331. (Le B., 58.)*

En buste, dans un ovale, sur un socle. Vu de 3/4, tourné à
tête nue. En grand costume d'abbé, enveloppé dans son m
Fond noir. — Derrière lui le piédestal d'une colonne. — Au
l'ovale: *Balthazar Henrycus* (sic) *de Fourcy Doctor et Socius So*
Abbas Sancti Vandregisilii (sic).—Sur la corniche du socle, un
accroché à l'ovale et renfermant un médaillon *à fond blanc,* ce
ses armoiries: *Ecartelé: aux 1 et 4, d'azur à l'aigle éployée*
au chef d'or, chargé de trois tourteaux de gueules; aux 2 et 3,
coq d'argent; l'écu soutenu par deux levrettes colletées. — A
de la frise: *Ars utinam mores animumque effingere posset.*
sous, à dr.: *Martial. Lib.* 10. *Epig.* 32. — Sur le dessus de la
socle, à g: *H. Rigaud pinx.* [1710];—à dr.: *P. Drevet sculp.* [17

1er état. Extrêmement rare. — Superbe épreuve.

2e état.— Dans la bordure de l'ovale, les mots *Henrycus.—Vandregisilii*, rectifiés et écrits : *Henricus—Wandregisilii ;* le fond du médaillon des armes est ombré. — Très-belle épreuve.

431. Fourcy (Henri de), comte de Chessy, conseiller d'État, prévôt des marchands.—In-fol. H. 0,489. L. 0,384. (Le B., 59).

A mi-corps, dans un ovale. Vu presque de face, la tête couverte d'une perruque retombant sur les épaules. En robe de magistrat, avec rabat, à travers lequel on aperçoit les glands du cordon ; ceinture avec large nœud en partie caché par le manteau posé sur l'épaule droite et dont il retient un pan de la main gauche.

D'après N. de Largillière.

1er état, avant toute lettre. Très-rare. — Superbe épreuve. (100 fr.)

432. *France :* **Louis XIV,** 1638-1715. — Très-gr. in-fol. H. 0,628. L. 0,506. (Le B., 61.) *

A mi-jambes, debout près d'un champ de bataille. Vu de 3/4, tourné à droite ; en grande perruque retombant en boucles sur le dos, et dont deux mèches frisées couvrent le front au-dessus des sourcils. Il est représenté en armure complète, avec une écharpe à large nœud au milieu du corps : épée au côté, dont on n'aperçoit que la garde ; grand cordon en sautoir et cravate blanche avec bouts en dentelle. Dans sa main droite, le bras allongé, il tient, par le milieu, un bâton de commandement. Son manteau, doublé de fourrure, lui couvre l'épaule gauche. Derrière lui, dans le fond, au pied d'une montagne que couronne une citadelle, on aperçoit une charge de cavalerie. Sur le devant, un homme et des chevaux morts.—Le ciel est nuageux, et deux bombes traversent l'espace. — Sous l'encadrement, à dr. : *fait par Drevet. ;* — au milieu : *Ludovicus Magnus. ;* — au-dessous : *Se vend a Paris Chez ledit Drevet Sur le Quay des Augustins atenant l'hostel de Luynes proche le Pont St. Michel.*

Seul état connu, de toute rareté. — Superbe épreuve. (150 à 200 fr.)

Gravé en 1704, d'après un tableau peint par Rigaud en 1701.

433. *France :* **Louis XIV.** — Gr. in-fol. H. 0,569. L. 0,445. (Le B., 61.) *

A mi-corps, dans un ovale posé sur un socle, au milieu duquel un cartouche avec les armes de *France,* surmontées de la couronne royale, et accompagnées de la main de justice et du sceptre placés de chaque côté. — Autour de l'ovale : *Ludovicus Magnus Franciæ et Navarræ Rex Christianissimus.*—Sur le rebord extérieur de l'ovale, à g. du cartouche : *Hya. Rigaud pinx.;* — à dr. : 1704 *Dreuet rue St jacques a l'Anonciation.*

Le Blanc et Defer ne considèrent ce portrait que comme le 2e état

du précédent dont il paraît être, en effet, une réduction à la s
laquelle le bas du corps et l'avant-bras droit ont disparu, l'arm
l'attitude restant les mêmes. Cette hypothèse tombe d'elle-mêm
ce portrait a été gravé en 1696 (l'adresse du 1er état le prouve), e a
conséquent il est antérieur au précédent. D'ailleurs l'illusion app
de leur identité cesse après l'examen attentif de ces deux est
on voit que rien n'y est commun avec la planche précédente; la tê e e
le torse entier différent; le fond est uni dans ce portrait-ci, tandi
offre la vue d'un champ de bataille dans l'autre.

3º état, avec la tête retouchée, et les noms des artistes; la déduc
effacée et la date de 1704 ajoutée. Fort rare. — Très-belle épre .

434. *France :* **Louis XIV.** — Très-gr. in-fol. H. 0
L. 0,514. (Le B., 60.)

En pied, debout sur le trône. Vu de 3/4, tourné à gauche, e
perruque retombant sur les épaules et formant sur le front de
cles au-dessus des sourcils. Vêtu du manteau royal fleurdelisé,
d'hermine; épée au côté; les jambes couvertes d'un maillot, avec
tières au-dessous des genoux; souliers à boucles. Sa main
appuyée sur la hanche. Près de lui, à sa droite, sur un petit
recouvert d'un tapis fleurdelisé, un coussin avec la couronne r e
et la main de-justice placée horizontalement; le bras droit e en u
tenant dans sa main le sceptre appuyé sur le coussin, la fleur
en bas. Derrière lui, un fauteuil à moitié caché par la traîne
manteau. Dans le haut, formant dais, une draperie avec cor
glands, cachant une colonne sur le socle de laquelle sont grav
statues de la Guerre et de la Justice. — Dans l'encadrement, à g.:
cinthe Rigaud pinxit; — à dr.: *P. Drevet sculpsit.* — Sur la tablet
cadre : *Louis le Grand.*

3º état, avec le mollet droit rélargi, la boucle de cheveux sup
les contre-tailles sur la colonne, etc. — Superbe épreuve. (150 à
Le portrait original, peint en 1701, se trouve au Musée du L e
La gravure en a été faite en 1712, au dire de Van Hulst.

435. *France :* **Louis de France**, surnommé le **Grand D**
phin, fils de Louis XIV, 1661-1711. — In-fol. H. 0
L. 0,339. (Le B., 62.)*

A mi-corps, dans un ovale équarri, sur un socle figuré en e
avec cassures simulées sur la bordure qui est cachée en pa ti
droite, par une draperie tombant jusqu'au bas. Vu presque de fac
corps tourné à gauche; une grande perruque retombant par de e
et dont l'extrémité forme un nœud. Il est couvert d'une cui
avec écharpe autour de la ceinture; le grand cordon en sautoi

bras droit, dont on ne voit que la moitié, est étendu ; l'autre est pendant. — Au bas du portrait, accroché à la bordure, un cartouche contenant les armes du *Dauphin,* entourées du collier de l'ordre de Saint-Michel et surmontées de sa couronne. — A gauche et à droite, au bas de l'écusson, des branches de laurier jointes à des palmes.

1er état, NON DÉCRIT, avant toute lettre. Fort rare. — Superbe épreuve (100 fr. et plus).

2e état, qui est le 1er décrit par Le Blanc. — Sur le côté gauche de l'ovale : *Louis Dauphin de France.* — Sur la plinthe du socle, à g. : *Hyacint?. Rigaud pinxit — P. Dreuet sculp.* — Très-belle épreuve, avant la planchette accessoire.

Le portrait original qui a servi de modèle à cette estampe a été peint en 1697 par H. Rigaud (pour une somme de 2,000 livres), en figure jusqu'aux genoux ; Parrocel a exécuté le fond. Dans la gravure ci-dessus, faite par Drevet en 1701, il a été réduit, et l'on y a ajouté un accompagnement d'architecture de la composition de Rigaud.

436. *France :* **Louis de France**, duc de **Bourgogne**, fils du Grand Dauphin et père de Louis XV, 1682-1712. — In-fol. H. 0,463. L. 0,377. (Le B., 31.)*

A mi-corps, dans un ovale équarri, avec cassures simulées et supporté par un socle. Vu de 3/4, tourné à droite, en grande perruque retombant par derrière. Couvert d'une cuirasse avec collerette de dentelle ; il porte en sautoir le grand cordon. L'épaule gauche recouverte par son manteau dont le pan retombe sur le socle et forme draperie. — Sur le dessus du socle, à g. : *H. Rigaud pinx.;* — à dr., ses gantelets et son casque, au bas duquel, sur la corniche, on lit : *P. Drevet Sculp.* — Au milieu du socle, les armes de *France,* dans un cartouche surmonté d'une couronne, en partie cachée par les pans du manteau.

2e état, avec le nom des artistes. — Très-belle épreuve.

Le Catalogue Paignon-Dijonval, Nagler et Le Blanc l'appellent, à tort, Charles, duc de Bourgogne.

La tête de ce portrait a été faite d'après le tableau original, peint par Rigaud en 1703. « L'attitude et la draperie, dit Van Hulst, ont été com- « posées exprès pour cette estampe par M. Rigaud [en 1706], ainsi qu'un « devant d'architecture avec les armoiries du prince, et, sur l'un des « rebords du casque, des gantelets, etc., le tout d'une noble et riche « invention. » — Gravé par P. Drevet père en 1707.

437. *France :* **Louis XV**, 1710-1774. — Gr. in-fol. H. 0,675. L. 0,491. (Le B., 28.)*

En pied, représenté enfant, assis sur le trône, les pieds posés sur un

10

coussin. Vu de 3/4, la tête nue, tournée vers la droite, où il rega
le corps de face. Les cheveux longs et bouclés tombant sur les ép
Revêtu des habits royaux, avec manteau doublé d'hermine; il
le collier de l'ordre du Saint-Esprit. Le bras gauche étendu, dan
pose du commandement; dans la main droite il tient le sceptre à p
sur sa cuisse. A sa droite, près du trône, la couronne et la m
justice posées sur un coussin. Dans le haut, à gauche et à dro te
des draperies, liées avec des cordons à glands, forment le fond. —
Dans la bordure du cadre, à g. : *Peint par Hyacinthe Rigaud.; —à*
Gravé par Pierre Drevet 1723. — Sur la tablette, au milieu
Quinze.

2e état, avec la lettre. — Très-belle épreuve. (100 fr.)

Le Blanc, et, d'après lui, Defer ont attribué la gravure de ce po
ainsi que celle du suivant, à Drevet *fils*, tandis que Van Hulst di
tivement qu'elle était l'œuvre de Drevet *père*, d'après le tableau de
commencé en 1715, et il assigne l'année 1719 comme date dé
vure, ce qui n'en indique sans doute que le commencement,
vement complet n'ayant eu lieu qu'en 1723, date que porte l'es
Mariette ainsi que Huber et Rost la rangent aussi parmi les œu
Drevet père. Il est néanmoins presque certain, à en juger par ce
finesses de la gravure, que Drevet fils y a travaillé.

438. *France :* **Louis XV.** — In-fol. H. 0,451. L. 0
(Le B., 27.)

A mi-jambes, dans un ovale figuré en pierre et supporté
socle aux armes de *France,* surmontées de la couronne royale,
3/4, regardant vers la gauche, le corps tourné à droite; tête n
cheveux longs et bouclés, retombant sur les épaules. Vêtu d'une
fleurs de lis, recouverte du manteau royal doublé d'hermine, por
autour du cou le collier de l'ordre du Saint-Esprit. Le bras g
étendu; de la main droite, posée sur la hanche, il tient le bord d
manteau. Au côté, une épée dont on aperçoit seulement la gar
Autour de l'ovale : *Ludovicus XV. Franciæ et Navarræ Rex Ch*
nissimus. — Sur la bordure extérieure de l'ovale, à g. de la couro
Offerebat Claudius; — à dr. : *Franciscus de Monnier.* — Sur le
à g. du cartouche supportant les armoiries : *Hyacint°. Rigaud*
— à dr. *Petr°. Drevet sculp.*

2e état, avec la garde de l'épée terminée. — Très-belle épreuve.

Van Hulst nous informe que la tête de ce portrait a été gra
1724, d'après le même tableau que le précédent, et que l'attitud
l'habillement ont été composés exprès pour l'ouverture de l'ov le

439. *France :* **Louis-Auguste de Bourbon,** princ
Dombes, duc **du Maine,** bâtard de Louis XIV e

marquise de Montespan, 1670-1736. — In-fol. H. 0,285. L. 0,207. (Le B., 49, *s. n.*)*

A mi-jambes, debout, près d'une table recouverte d'un tapis et sur laquelle est une couronne. Vu presque de face, le corps tourné à gauche, tête nue, cheveux longs, bouclés et rejetés en arrière. Couvert d'une cuirasse, ceint d'une écharpe, il tient un sceptre dans la main gauche, posée sur la couronne. — Fond noir; draperies dans les angles. — Au milieu du tr. c. : *Ludovicus Augustus Dei gratia || Dombarum Princeps.* — Sur la g. : *F. de Troy pinx.* — Sur la dr. : *P. Drevet sculp.* 1703.

2e état, avec la lettre. — Très-belle épreuve.

440. *France :* **Louis-Auguste de Bourbon**, prince de **Dombes, duc du Maine** (le même que le précédent). — In-fol. carré. H. 0,446. L. 0,358.

A mi-corps, dans un ovale équarri supporté par un socle. Vu presque de face, le corps tourné vers la gauche ; tête nue, cheveux longs et bouclés, relevés sur le devant. Couvert d'une cuirasse, avec le grand cordon en sautoir. — Autour de l'ovale : *Ludovicus Augustus Borbonius Dux Cenomanensium Dombarum Princeps &.* — Sur le dessus du socle, à g. : *Fr. de Troy pinxit;* — à dr. : *P. Drevet sculp.?* — Sur la tablette du socle : *Offerebat Jacobus Du Champ Du Mont || Diaconus Turonus. Sæ. Fis. Pis. Baccalus. Theologus. || anno Domini* 1706.

2e état, où, dans le bas de l'ovale, entre le commencement et la fin de l'inscription, un fleuron, portant au milieu une fleur de lis, a remplacé l'écusson aux armes des bâtards de Bourbon, accompagné des insignes de la charge de grand maître de l'artillerie; écusson qui figure au 1er état. — Non cité par Le Blanc et fort rare. — Belle épreuve.

441. *France :* **Louis-Auguste de Bourbon**, prince de **Dombes, duc du Maine** (le même que le précédent). — In-fol. H. 0,471. L. 0,399.

Jusqu'aux genoux. Debout sur un monticule. Vu presque de face, le corps tourné vers la gauche; tête nue, les cheveux bouclés et séparés par le milieu. Couvert d'une cuirasse, avec le grand cordon en sautoir; les manchettes retombant sur les poignets. On n'aperçoit que la garde de son épée qui pend au côté. Le bras droit étendu dans la direction d'un champ de bataille, qui est à gauche, dans le fond. Derrière lui, une draperie recouvre un piédestal sur lequel il est accoudé du bras gauche, la main pendante. — Au-dessus du tr. c., dans la gravure, à g. : *Fr. de Troye pinxit;* — à dr. : *Petr. Dreuet sculpsit.* — Sous le tr. c. : *Serenissimo Principi Ludovico Augusto Borbonio, Dei gratiâ Dombarum Principi,*

Duci Cenoma- || *nensi et Albermallensi, Comiti Augensi, Pari Fran regiorum ordinum Commendatori, Exercituum regio-* || *rum Lega Helvetiorum Rhoetorum-que præfecto, Occitaniæ proregi, Supremo rei mentariæ Magistro, &c.* || *Offerebat Nicolaus De Mallezieu Clericus Pa sinus Abbas B. Mariæ de Moreille.*

Seul état connu. Non cité par Le Blanc et fort rare. — Très épreuve.

442. *France :* **Louis-Alexandre de Bourbon,** comte e **Toulouse,** duc de Damville, amiral de France, bâtard e Louis XIV et de la marquise de Montespan, 1678-1737. — In-fol. H. 0,505. L. 0,389. (Le B., 112.)*

A mi-corps, dans un ovale équarri placé sur un socle figuré en Debout, vu de 3/4, tourné à droite. Il est représenté très-jeun e grande perruque retombant en grosses boucles sur les épaules; co e d'une cuirasse, avec le grand cordon en sautoir; cravate blanch n dentelle.— Autour de l'ovale : *Ludovicus Alex. Borbonius Tolosan? Comes, Damvilleus Dux, Britanæ. Guber. Franc. Par Marisq3; Præfectus* — Au bas du portrait, un cartouche accroché à l'ovale, et contenant un écusson aux armes des bâtards de *Bourbon,* accompagné de canons posés en croix, sur les fûts desquels sont gravés les noms des artistes sur celui de g. : *F. de* || *Troye* || *pinxit;* — sur celui de dr. : *P. Dreuet* || *Sculp.*— Ces canons, munis de leurs boulets, sont surmontés e e palmes encadrant l'ovale et sur lesquelles on lit, sur celle de g. c *se vend a Paris Chez Dreuet rue St Jacques;* — sur celle de dro vis a vis les Mathurins a ljmage St. Prosper.

2e état, avec l'adresse sur les palmes à la place d'une dédica e — Très-belle épreuve.

443. *France :* .**Louis-Alexandre de Bourbon,** comte **Toulouse** (le même que le précédent). — In-fol. H. 0,450 L. 0,375. (Le B., 111.)*

A mi-corps, dans un ovale équarri placé sur un socle figur en pierre. Il est debout, vu de 3/4, regardant vers la gauche, le e r s tourné à droite ; en longue perruque retombant en boucles par derri e; couvert d'une cuirasse, avec le grand cordon en sautoir ; les insi e e la Toison d'or suspendues au cou par un ruban; ceint d'une écha a large nœud. Le bras droit étendu et à demi plié ; la main nue. Le as gauche abaissé le long du corps. — Derrière lui, à gauche, quet d'arbres dans le lointain. — Autour de l'ovale : *Louis Alex n de Bourbon Comte de Toulouze* (sic) *Amiral de France.* — Sur dure extérieure de l'ovale : *Offerebat Joannes Baptista Thibal* e rico-*Martinicanus*. — Sur le dessus du socle, à g. : *peint par Hyacinthe Rigaud.* [1708] ; — à dr. : *P. Drevet sculpsit*. [1714]. — Au milieu du socle, un cartouche couronné, renfermant un écusson aux armes des bâtards de *Bourbon* et accompagné de deux ancres en sautoir placées derrière le cartouche.

1er état, NON DÉCRIT. — Superbe épreuve.

2e état. — Le cartouche couronné n'est accompagné que d'une ancre passant derrière l'écusson armorié. — Très-belle épreuve.

Dans le tableau original, la figure va jusqu'aux genoux, avec un fond de marine qui a été remplacé ici par un bout de paysage.

444. *France* : **Louis-Alexandre de Bourbon,** comte de **Toulouse** (le même que le précédent). — In-fol. H. 0,458. L. 0,374. (Le B., 110.) *

A mi-corps, dans un ovale équarri placé sur un socle. Il est debout, vu de 3/4, regardant vers la gauche, le corps tourné à droite ; en longue perruque dont la queue est nouée et ramenée sur l'épaule droite. Couvert d'une cuirasse, avec le grand cordon en sautoir et les insignes de la Toison d'or suspendues au cou par un ruban ; ceint d'une écharpe à large nœud. Son bras gauche est étendu ; il s'appuie de sa main droite, qui est gantée, le bras étant à demi plié, sur un bâton de commandement. — Derrière lui, le tronc d'un arbre, avec quelques feuillages au pied. — Autour de l'ovale : *Louis Alexandre de Bourbon, Comte de Toulouse, Gouverneur de Bretagne, Amiral de France.* — Sur la bordure extérieure : *Offerebant Maria Claudius Augustinus et Henricus Franciscus Du Clos Bossart.* — Au milieu du socle, entouré de palmes et de branches de laurier, un cartouche couronné accompagné d'une ancre passant derrière l'écusson aux armes des bâtards de *Bourbon*. — Sur la base, à g. du tr. c. : *H. Rigaud pinxit* [1708] ; — à dr. : *P. Drevet sculpsit* [1714].

Seul état connu. — Très-belle épreuve.

Portrait gravé à la même époque et d'après le même tableau que le précédent, seulement la main gantée a été composée exprès, « afin, dit Van Hulst, de varier pour cette estampe. »

445. *France* : **François-Louis de Bourbon,** prince de **Conti,** surnommé *le Grand,* élu roi de Pologne en 1697, après la mort de Sobieski, 1664-1709. — Gr. in-fol. H. 0,631. L. 0.492. (Le B., 42.) *

En pied, debout près d'une table magnifiquement sculptée, dont la tablette est soutenue par des tritons. Il est vu de 3/4, tourné vers la gauche ; en perruque ; couvert d'une armure, avec écharpe à large nœud autour de la ceinture, et le grand cordon en sautoir ; l'épée au

côté. Le bras droit étendu et en partie caché, ainsi que l'épaule, ar
son manteau doublé de fourrure; dans sa main droite, il tient un bâ o
de commandement, appuyé verticalement sur la table, et près du qu l
est posé son casque, surmonté d'un panache de plumes noires, il
prend de la main gauche par la visière. Près du casque, une drape
frangée cache un côté de la table. Dans le haut, une autre dra e e
enroulée autour d'une colonne. Derrière le prince, un jeune nègr
debout, vu de 3/4, regardant à gauche, le corps presque de face, coiffé
d'un turban avec aigrette, soutient la traîne du manteau de son mai e.
Sur sa gauche, se trouvent deux colonnes de style différent. — So e
tr. c., à g. : *Hyacinth?. Rigaud pinxit* [1697]; — à dr. : *Petr?. Drev t
Sculpsit* [1700]; — au milieu : *François Louis de Bour-bon Prince
Conti.* || *Presenté à son Altesse Sérénissime par son tres humble et e
obeïssant serviteur Drevet.* — Cette inscription est séparée au milie r
un médaillon renfermant les armes de *France.* — Un peu à dr
l'inscription, sur deux lignes : *Se vend à Paris chez P. Drevet* u
Foin || *devant le grand Portail des Mathurins.*

Seul état connu. — Très-belle épreuve (100 à 150 fr.).

Le portrait original fut payé à Rigaud 2,000 livres. Il fut fait a an
le départ du nouveau roi, avec une escadre commandée par Jean Ba
pour la Pologne où le prince de Conti trouva le trône déjà occup e
forcé par son compétiteur l'électeur de Saxe.

446. *France* : **Louis-Henri** duc de **Bourbon**, prince de
Condé, ministre d'État, 1692-1740. — In-fol. H. 0, 68.
L. 0,379. (Le B.. 41, *s. n.*) *

A mi-corps, dans un ovale équarri sur un socle très-simple. I es
représenté jeune, vu presque de face, le corps tourné vers la dr
en perruque longue par derrière. Couvert d'une armure et ceint d'une
écharpe; il tient de la main droite le bâton de maréchal, la gauch e
posée sur la hanche. Il porte le grand cordon en sautoir et les insignes
de la Toison d'or suspendues à une chaînette. Derrière lui, un arbre.
— Autour de l'ovale : *Louis Henri de Bourbon Prince de Condé.* A
bas du portrait et sur le socle, un cartouche renfermant les armes de
Bourbon-Condé. — A dr. et à g. du cartouche, sur le bord extérieur e
l'ovale : *Offerebat Fr. Claudius Franciscus Hernault de Montiron P
dicator Andegavensis.* — Sur le socle, à g. : *Gober pinxit;* — à dr.
P. Drevet sculpsit [après 1710].

Seul état connu. — Très-belle épreuve.

447. **Gillet** (P.), magistrat français, né en 1628. — In-fo
H. 0,370. L. 0,274. (Le B., 64, *s. n.*) *

En buste, dans un ovale. Vu de 3/4, tourné vers la gauche, tête e
Vêtu d'une robe de magistrat, avec rabat en dentelle. — Autour

l'ovale : *Petrus Gillet Procuratorum Decanus Ætatis* 85. *Anno* 1713. —
Sur le socle, au milieu, un petit ovale renfermant ses armes : *D'azur
à la palme d'or, accompagnée en chef de deux étoiles d'argent, et, en
pointe, d'un croissant du même ;* l'écusson timbré d'un casque surmonté
d'un panache et accompagné de ses lambrequins. — Sur la tablette
du socle, à g. : *Hiac^{tus}. Rigaud.pinxit* [1702] ; — à dr. : *Pet Drevet Sculpsit*
[1713].

Seul état connu. — Belle épreuve.

448. Girardon (Franç.), sculpteur et architecte français,
1630-1715. — In-fol. H. 0,481. L. 0,358. (Le B., 65.) *

A mi-corps, dans un ovale appuyé à gauche contre une colonne, et placé
sur un socle. Vu de 3/4, regardant à gauche, le corps légèrement tourné à
droite ; en longue perruque ; le col en dentelle de sa chemise entr'ouvert.
De la main gauche, il tient, appuyé contre sa poitrine, le pan de son
manteau qui recouvre entièrement son épaule droite.—Autour de l'ovale :
*Franciscvs Girardon Tricassinvs Cancel^{lari}?. et Rector Academiæ. Regiæ
Picto^{ri} et Sculptor.* — Dans le haut, à droite, une draperie tombante
cache par son ombre une partie de l'ovale. — A gauche, sur le socle,
près de l'ovale, se trouve un buste de vieillard, sous lequel est une
grande feuille de papier déployée où l'on voit le dessin d'un croquis
de statue équestre. — Entre une pince placée sur le socle, près d'une
règle plate, et la feuille de papier, on lit : *Vivien Pinxit.*—A droite de
l'ovale, sous la draperie, sont posés les instruments de travail de
sculpteur, sous lesquels, au bord du socle, est inscrit : *Drevet Sculp.*

2e état, avec l'inscription terminée. — Belle épreuve.

Defer dit, à tort, que ce portrait a été gravé d'après Rigaud.

449. Guldenleu (Christ. DE). — In-fol. H. 0,431. L. 0,335.
(Le B., 67.) *

Jusqu'aux genoux, debout, vu de 3/4, tourné à gauche ; en grande
perruque retombant en boucles par derrière. Couvert d'une armure,
avec écharpe à large nœud au milieu du corps ; épée au côté. Devant
lui, sur un tertre, est posé son casque surmonté de plumes. Dans sa
main droite, il tient debout, appuyé sur le tertre, un bâton de commandement ; le bras gauche étendu, la main sur le casque. Derrière
lui, à droite, les remparts d'une forteresse au bas desquels se livre un
combat de cavalerie. — Sous le tr. c., à g. : *Hyacinth. Rigaud pinxit*
[1696] ; — à dr. : *P. Drevet Sculpsit* [1698]. — Sous l'encadrement, séparée
au milieu par les armes, l'inscription suivante : *Christian de Guldenleu
Comte de Samsoye et Baron de Lindenbourg,* || *Chambellan & Gouver-
neur de Bergue de Sa Majesté Danoise,* || *Et Colonel du Regiment Royal
Danois en France.* — Au-dessous et au milieu : *Se Vend a Paris Chez
Drevet Rue S^t. Jacques au Point de France atenant Saint Severin.*

1er état, avec la séparation plus ouverte au sommet de la perru e
— Très-belle épreuve.

2e état, avec la perruque retouchée. — Belle épreuve.

Ce portrait a été payé à Rigaud 360 livres.

450. Hideux (M. Louis), docteur de Sorbonne et cur
Saints-Innocents à Paris, 1645-1720. — In-fol. H. 0,289
L. 0,213. (Le B., 69, *s. n.*)*

A mi-corps, dans un ovale équarri placé sur un socle. Debout
3/4, tourné à droite, tête nue, cheveux bouclés. Vêtu d'une robe de
gistrat, avec rabat; large ceinture au milieu du corps. Devan u
un meuble dont on ne voit que l'angle et sur lequel est posé un e
qu'il tient verticalement de la main droite. — Autour de l'o
*M. Ludovicus Hideux S. Facult. Paris. Doctor et Ex-Syndicus, E
SS. Innoc. Rector. Obiit die 2. Maij. An. D. 1720. Ætatis 75.* —
dessus du socle, à g.: *Delescrinierre pinx.*; — à dr.: *Petrus Dreve*
— Au milieu sur la tablette: *Qui me audiebant expectabant Senten
Super jllos Stillabat eloquium || meum, et os Suum aperiebant qu
imbrem Serotinum. Job. 29.*

Seul état connu. — Belle épreuve.

451. Issaly (J.), magistrat français, 1620-1707. — n- °
H. 0,207. L. 0,140. (Le B., 70, *s. n.*)*

En buste, dans un ovale supporté par un socle. Vu presque d c
tourné vers la gauche; en longue perruque. Vêtu d'une robe d
gistrat, avec rabat. — Autour de l'ovale: *Jean Issaly Coner. Se
Roy l'un des 4 Anciens de la Cour de Pnt. de Paris Doyen des Adt.
d'icelle Adt. Grâl de S. A. R. Monsieur.* — Sur le bord extéré
l'ovale, en bas: *Né en 1620.* — *Mort en 1707.* — Sur le dessus du
ronnement du socle, à g.: *N. de Largillierre.* (sic) *pinx.*; — à
P. Drevet Sculp. — Sur la tablette, l'inscription suivante: *Qui audi b
me, expectabant Sententiam, || et intenti tacebant ad consilium m
verbis me- || is nihil addere audebant et super illos stillabat || elo t
meum. Job. cap. 29. ver. 21 et 22.*

2e état, avec la figure retouchée et le mot *stillabat* rectifié à la p a
de *stilabat.* — Belle épreuve.

452. Joly de Fleury (Joseph-Omer), avocat général au
parlement de Paris, 1670-1704.—In-fol. H. 0,453. L. 0,3 *

En buste, dans un ovale encadré et placé sur un socle. Vu presq e
face, le corps tourné à gauche; en grande perruque retombant de a
que côté en grosses boucles. Vêtu de sa robe d'avocat, avec la
— Près du coin gauche de la bouche est une verrue. — Auto e
l'ovale: *Josephus Audomarus Joly Dominus de Fleury Comes Consis* q

nus et Advocatus Catholicus.— Sur la tablette du socle : *Hâc Themis, hâc spirat Sapientia fronte paternum* || *Sic ille omne refert stirpe ab utrâque decus.—* Un peu au-dessous, à dr.: *Jesse le Duc advocatus.—* Cette inscription est séparée, au milieu, par un cartouche, supporté par deux lions, et renfermant les armoiries : *Écartelé : aux 1 et 4, d'azur au lys de jardin d'argent; au chef d'or, à la croix pattée de sable; aux 2 et 3, d'azur au lion léopardé d'or.—* Sur la base du socle : *Offerebat Obsequentissimus. Gaspardus Martineau Altissiodorensis.*

2e état, avec l'inscription sur la console. — Belle épreuve.

Le P. Lelong indique la date de 1698 comme celle de la gravure, qu'il est le seul à attribuer à Drevet. L'exemplaire du 1er état qui est au Cabinet des Estampes porte le nom de Drevet et la date écrits à l'encre.

453. **Keller** (Jean-Balthasar), fondeur suisse, inspecteur de la fonderie de l'Arsenal, à Paris, 1638-1702. — In-fol. H. 0,421. L. 0,342. (Le B., 72.) *

Jusqu'aux genoux. Debout, adossé au fût d'une colonne. Vu presque de face, le corps tourné vers la droite; la tête couverte d'une perruque retombant par derrière. Vêtu du costume de commissaire général, l'épée au côté; son habit est entr'ouvert dans le haut. Le bras gauche étendu, recouvert de son manteau, l'index dans la direction des fourneaux d'une fonderie. La main droite, tenant le pan du manteau, est appuyée sur le fût d'un canon, posé sur un tréteau, laissant dans l'ombre les jambes du personnage. Devant la fonderie, est la statue équestre de Louis XIV, le bras droit étendu, l'index de la main cassé à la phalange; cette statue est entourée d'échafaudages où l'on voit des ouvriers occupés à terminer le chef-d'œuvre de fonte de Keller.—Au-dessous du tr. c., au milieu, un petit médaillon contenant les armoiries : *D'or au bouquetin en pied de sable;* l'écu surmonté d'un casque de profil avec lambrequins; cimiers : deux cornes de bouquetin issant d'une couronne.

1er état, avant toute lettre. Très-rare. — Superbe épreuve. Collection Archinto. (100 fr. et plus.)

2e état.—Les montants de l'échafaudage sont rognés et le seul qu'on aperçoive est coupé à 0,016 au-dessus de la corde qui retient la traverse. — Sur la plaque de fonte placée sous les pieds du cheval de la statue, on lit : *Fondue en 1692. et* || *érigée en 1699.* — Sous le tr. c., à g.: *Hyacs. Rigaud pinxit;*—à dr.: *P. Drevet Sculpsit.* ;—au milieu : *Jean Baltazar* (sic) *Keller, natif de Zurich en Suisse,* || *Commissaire general des fontes de L'Artillerie de France.*—Cette inscription est séparée, au milieu, par les armoiries, dont les cimiers sont modifiés, les cornes issant de la couronne étant beaucoup plus droites qu'au 1er état et plus ombrées. — Belle épreuve.

Ce portrait, peint en 1693 et qui a coûté 300 livres, a été gravé dans la même année. Toutefois le second état est postérieur à 1699.

454. Keller (N...), femme du précédent. — In-fol. H. 0,320. L. 0,251. (Le B., 71.) *

Jusqu'aux genoux, assise sous un péristyle, tête nue, cheveux relevés sur le devant et bouclés; noués par derrière; deux longues tresses tombent sur les épaules. Vêtue d'une robe décolletée jusqu'à la naissance des seins; les manches courtes et laissant les bras à demi nus; la main gauche, les doigts écartés, est placée sur le sein droit; le coude droit s'appuie sur une draperie tombant du haut, et dont le pan lui couvre le genou. De la main droite, elle cueille une fleur d'un bouquet qui se trouve à ses pieds. — Entre les traits de l'encadrement, à g.: *Peint par Hyacinte Rigaud* [1686]; — à dr.: *Graué par Dreuet* [1689]. — A l'extrémité gauche de la planche : *A Paris Chez Audran rue St. Iacques 2 Pilliers d'or Auec Priuil. du Roy.*

2e état, avant le nom de la personne. — Belle épreuve.

Rigaud fit payer ce portrait 330 livres.

455. La Bruyère (Jean DE), 1645-1696. — In-8°. H. 0, L. 0,082. (Le B., 73, s. n.) *

A mi-corps, debout, vu de 3/4, tourné à droite, en longue perruque; le col de sa chemise ouvert, de même que l'habit. Un manteau lui couvre les bras ainsi que l'épaule gauche. Il semble appuyé du bras d'oit sur une petite tribune, au milieu de laquelle ce quatrain :

> *Tout Esprit orgueilleux qui s'aime*
> *Par mes leçons se void gueri ;*
> *Et dans mon livre si cheri,*
> *Apprend a se haïr soy-mesme.*

Sur le bord de la tablette supérieure de la tribune, à g.: *de St. Iean pinxit;* — à dr.: *Drevet Scul.* — Fond noir.

1er état, avant les retouches. Rare. — Belle épreuve.

Le P. Lelong donne la date de 1697 comme étant celle de la gravure. Estampe d'une exécution médiocre, peu digne du talent de Drevet, de sorte qu'on est porté à l'attribuer à l'un de ses élèves.

456. Lambert de Thorigny (Nic.), président en la chambre des comptes. — In-fol. H. 0,423. L. 0,338. (Le B., 74.) *

A mi-jambes, assis dans un fauteuil, dont on voit un bras magnifiquement sculpté. Vu de 3/4, tourné vers la gauche; une légère mouche ombrage sa lèvre supérieure. La tête couverte d'une perruque retombant sur le devant des épaules. En costume de ses fonctions avec ceinture à large nœud au milieu du corps; la main gauche s'appuie sur le bras du fauteuil. — Près de lui, à sa droite, une tab'e recouverte d'un tapis et sur laquelle repose sa main droite, tenan pli, avec cette suscription, dont le pouce cache en partie l'écriture : *A...* *eur* || *Monsie.... nbert* || *President en La* || *Chambre des Comptes.* — Dans le haut, une tapisserie formant le fond. — Entre le tr. c. et l'encadrement, à g.: *Nic. Largilliere pinxit;* — à dr.: *Petr. Drevet Sculpsit.* — Sous l'encadrement : *Messire Nicolas Lambert Seigneur* || *de Thorigny, Conseiller du Roy en tous ses Conseils, et Président en* || *La Chambre des Comptes.* — Cette inscription est coupée, au milieu, par un médaillon renfermant les armoiries : *D'azur à une licorne naissante d'argent; au chef d'or, chargé de trois merlettes de sable;* l'écu surmonté d'une couronne de marquis ; supports : deux licornes. — Sous l'inscription, au milieu : *Se vend a Paris chez Drevet rüe du Foin au coin du College de Maitre Gervais.*

Seul état connu. — Superbe épreuve à grandes marges.

La date de 1698 est donnée par le P. Lelong comme étant celle de la gravure.

457. Lambert (Marie DE LAUBESPINE, Mme), épouse du précédent, morte le 24 octobre 1677. — In-fol. H. 0,419. L. 0,331. (Le B., 75.) *

A mi-jambes. Assise, dans un fauteuil magnifiquement sculpté, et placé entre deux colonnes. Elle est vue de 3/4, tournée vers la droite, tête nue, les cheveux bouclés. Vêtue d'une robe décolletée, laissant voir la naissance de la gorge, ainsi que la dentelle dont sa chemise est bordée. Superbes agrafes à son corsage, ainsi qu'au retroussis de ses manches, laissant ses bras à demi nus. Son manteau, dont le haut est garni de fourrure, passe sous l'aisselle gauche venant recouvrir l'épaule droite ; il est retenu sur la poitrine par une agrafe rehaussée de perles. La traîne de son manteau cache, en partie, le côté et le haut du fauteuil. — Sur ses genoux, elle tient couché un carlin qui appuie sa tête sur le bras droit de sa maîtresse. — De sa main gauche, le bras écarté, elle soulève une draperie. — Sous le tr. c., sur l'encadrement, à g.: *N. Largillierre Pinxit;* — à dr.: *P. Drevet Sculp.* — Sous l'encadrement, au milieu : *Marie de Laubespine, femme de Nicolas Lambert,* || *Seignr. de Thorigny, President en la Chambre des Comptes.* — Cette inscription est séparée, au milieu, par un cartouche contenant deux ovales sur lesquels sont accolées les armoiries de *Lambert*, à celles de *Laubespine.* — Sous l'inscription, au milieu : *A Paris chez P. Drevet rüe du Foin devant les Mathurins.*

2° état, avec la lettre et les armes. — Très-belle épreuve.

458. Lamet (Léonard DE), docteur en théologie, curé de Saint-Eustache de Paris, mort en 1705. — In-fol. H. 0,432. L. 0,331. (Le B., 76.) *

A mi-jambes, assis dans un fauteuil. Vu presque de face, le corps

légèrement tourné vers la gauche; la tête coiffée de la calotte. En robe
d'ecclésiastique, avec ceinture à large nœud sur le côté gauche; manteau sur les épaules. Les bras appuyés sur ceux du fauteuil. Sur son
épaule gauche est posée l'épitoge dont il tient, dans sa main, une des
extrémités. — Près de lui, à droite, une colonne, avec cassure simulée,
recouverte en partie par une draperie. — Dans les traits de l'encadrement, à g. : *Hyacinth?. Rigaud pinx.* — A dr. : *P. Dreuet Sculp.*
Au milieu : *M. Leonardus Delamet* (sic) *Sac. Fac. Paris. Doctor Theol.
Socius Navarr. Eccl. Parisiensis* || *Can^{us}. Honorarius & Ex-Archidiacon?
Briæ necnon Ecclesiæ Parochialis S. Eustachii quondam Rector.* || *Hanc
Avunculi charissimi Effigiem pingi & in œs incidi curavit M. Fran.
Rob. Secousse.* || *earumdem Fac. & Domus Nav. Doctor necnon Rector ejus-
dem Ecclesiæ Paroch. grati animi Monimentum.* — Cette inscription est
partagée, au milieu, par un cartouche, contenant ces armoiries: *D'argent
à un chevron de gueules, chargé au sommet d'un croissant d'argent,
accompagné de trois arbres arrachés de sinople;* l'écu surmonté du chapeau
d'abbé; au bas de l'écu, sur une banderole, cette devise : *Cœlo Virescunt*

2e état, avec les deux fautes corrigées dans l'inscription, et avec la
devise sur la banderole placée sous l'écusson. — Très-belle épreuve,
avec marges.

La date de 1702 est assignée par le P. Lelong comme étant celle de
la gravure, ce qui est faux, car Van Hulst dit qu'elle a été exécutée
en 1699, sur le tableau peint par Rigaud en 1695 et qui a coûté 355 v.

459. Le Blais du Quesné (Jean), baron de Crepon, consei er
d'État, 1615-1698. — In-fol. H. 0,457. L. 0,354. (e B.,
24, *s. n.*)*

A mi-corps, dans un médaillon ovale encadré et placé sur un piédestal. Vu presque de face, le corps tourné vers la gauche, la tête couverte
d'une grande perruque retombant sur le devant; la lèvre supérieure
garnie d'une petite moustache relevée vers la pointe. Vêtu d'une robe
noire avec rabat, les épaules couvertes d'un manteau. — Autour de
l'ovale : *Ioannes Le Blais du Quesné Baro de Crepon.* — Sur le dessus
de la corniche, à dr. : *Drcuet sculp.* — Au milieu du piédestal, un cartouche surmonté d'une couronne et contenant les armoiries : *De si . . e
à un chevron d'or, accompagné de 3 branches de chêne feuillées et . . .
tées de même;* supports : deux chiens colletés.

2e état, avec la lettre. Rare. — Belle épreuve.

D'après le P. Lelong, ce portrait aurait été gravé en 1696.

460. Le Gendre (Louis), chanoine et historien, 1659-1733.
In-4°. H. 0,246. L. 0,179. (Le B., 78.)*

A mi-corps, dans un ovale supporté par un socle. Vu de 3/4, t   é vers la droite, tête nue, les cheveux bouclés; les épaules couvertes de son manteau.

1er état avant toute lettre et avant le petit cadre destiné à entourer l'inscription sur le socle. Fort rare. — Très-belle épreuve.

2e état. — Sur le socle, à g. : *J. Jouvenet pinxit;* — à dr. : *P. Drevet sculpsit.* — Au milieu de la tablette : *Ludovicus Le Gendre || Ecclesiæ Parisiensis Canonicus || Historiæ Franciæ Scriptor.* — Belle épreuve.

Le P. Lelong dit que ce portrait a été gravé en 1708.

460 *bis*. Le Gendre (Louis), le même que le précédent. — In-4°. H. 0,236. L. 0,169.

Même attitude et même costume qu'au portrait précédent, dont celui-ci est une copie légèrement réduite, avec quelques changements dans le vêtement, par exemple la substitution d'un collet plat au collet plissé.

État avant toute lettre, de sorte qu'il est difficile de l'attribuer sûrement à Drevet, personne n'ayant signalé ce portrait.

461. Le Peletier (Cl.), ministre d'État, contrôleur général des finances, 1630-1711. — In-fol. H. 0,379. L. 0,280. (Le B., 79, *s. n.*) *

En buste, dans un ovale équarri placé sur une corniche soutenue par des consoles. Vu presque de face, le corps tourné vers la gauche; en grande perruque tombant sur les épaules. En grand costume de sa charge. — Autour de l'ovale : *Claudius Le Peletier Præses Infulatus, Regni Administer Ærarii Præfectus, &c. vixit annos LXXX obiit 4 Id. Aug.* 1711. — Sur le dessus du socle, à g. : *Petr. Mignard Pinxit.;* — à dr. : *Petr. Drevet sculp.* — Au milieu du socle, retenu à l'ovale, un cartouche à médaillon contenant les armoiries : *D'azur à la croix pattée d'argent, chargée en cœur d'un chevron de gueules, et, en pointe, d'une rose de même boutonnée d'or; ledit chevron accosté de deux molettes de sable sur la traverse de la croix.*

Seul é⅍ connu. — Très-belle épreuve.

462. Lesdiguières (Paule-Marguerite-Françoise DE GONDY-RETZ, duchesse DE), épouse de François-Emmanuel DE BONNE DE CREQUI, duc de Lesdiguières, pair de France, 1655-1716. — Pet. in-fol. H. 0,260. L. 0,188. (Le B, 82.) *

En pied, vue de 3/4, tournée vers la droite. Elle est assise, les pieds posés sur un coussin; tête nue, les cheveux relevés sur le devant, entremêlés de fleurs et bouclés sur les côtés. Elle a sur le front, au-dessus du sourcil gauche, un signe. Vêtue d'une longue robe décolletée, avec corsage bordé d'hermine et lacé sur le devant. Manteau fourré, attaché aux épaules par des agrafes. L'un des pans est replié sur le bras gauche, qui repose sur une table dont la tablette est supportée par des cariatides. Une corbeille de fleurs est posée sur un tapis qui recouvre une partie de la table. Au-dessus, l'ouverture d'une fenêtre laissant voir l'horizon et un arbre. Dans sa main gauche, vue du revers, elle a un livre, tandis que de sa main droite elle maintient un chat couché sur ses genoux et qui a une de ses pattes allongée sur l'avant-bras. — Derrière le siége de la duchesse, près d'une colonne, dont le fût est entouré d'une draperie, un nègre, coiffé d'un turban orné de plumes et d'une aigrette, la tête inclinée vers l'épaule droite, tient entre les mains, le bras gauche élevé, une guirlande de fleurs retombant de la colonne jusqu'à terre. — Dans le fond, derrière le nègre, un écu, surmonté d'une couronne, avec les armes des *Gondi*. — Sur le dessus marche, à g. : *Pezey Pinx.* ; — à dr. : *Dreuet sculp.* — Sous le tr. *Dedié à Madame la Duchesse Douariere* (sic) *de Lesdiguieres* || *Par tres humble et tres obeissant Seruiteur Pezey.*

2º état, avec la lettre ; la tête retravaillée. — Belle épreuve.

Ce beau portrait fait partie d'un volume intitulé : *Histoire et preuves généalogiques de la maison de Gondi*, qui contient un second portrait de cette dame, gravé par Duflos, et vingt-huit autres portraits, pour la plupart du même burin.

463. Lesdiguières (Jean-François-Paul DE BONNE DE CRE duc DE), fils de la précédente, 1678-1703. — In-fol. H. 0,3 L. 0,260. (Le B., 81.)*

Jusqu'aux genoux, représenté à l'âge de neuf ans. Debout près d'une colonne avec cassure simulée sur le fût. Vu de face, le corps tourne vers la droite ; longue perruque frisée retombant par derrière. Il est couvert d'une cuirasse par-dessus un habit avec basques à grands ramages ; la main droite appuyée sur la hanche ; le bras couvert par un manteau, doublé de fourrure, dont le pan de gauche recouvre le so e de la colonne, et sur lequel il tient appuyé verticalement de la main gauche, le bras à demi plié, un bâton de commandement. — Sous le personnage, est figuré un mur, sur le dessus duquel, à gauche, e posé un casque orné d'un panache. — Sur la face du mur : *Jean F çois Paul de Bonne de Crequy, Duc de Lédiguières,* || *Pair de Fra* e *fils de François Esmanuel de Bonne de Crequy;* || *Et de Paulle Franç* e *Marguerite de Gondy.* — Entre le tr. c. et l'encadrement, à g. : *Hyac Rigaud pinxit* [1687]; — à dr. : *Drevet Sculp.* 1691.; — au milie *A Paris Chez Audran rue St Jacques aux deux Piliers d'or auec priuil* ge *du Roy.*

2º état, avec la lettre. — Belle épreuve.

464. Lillienstedt (Jean-Paul DE), magistrat allemand. — In-fol. H. 0,416. L. 0,296. (Le B., 32.)

En buste, dans un ovale armorié, recouvert en partie, dans le haut, par une draperie, avec cordons à glands, retombant de chaque côté de l'ovale. Personnage vu de 3/4, tourné à gauche; en grande perruque. Il est enveloppé dans son manteau. — Autour de l'ovale : *Johannes Paulinus A Lillienstedt*. — Au bas du portrait, retenu à l'ovale, un cartouche au milieu duquel est un médaillon contenant les armoiries. — Sur la frise du socle, dans un cartouche oblong, l'inscription suivante : *J. P. à Lillienstedt, Supr. Reg. Tribunalis Wismar. V. Prœses et || Director, nec non ad Tractatus Holsat. et negotia Circuli Inf. Saxon. || Ablegatus Extr. et Plenipot. Hœredit. et Dominus in Divitz Fravendorff || Zatel, Lensoe, Cumblenées et Johannesberg.* — Au bas de cette inscription, ces quatre vers :

Esse, sed apparere minùs qui semper amavit,
Apparet tabulâ, Schildie belle tuâ;
Attamen ingenium mirandaque dona Minervœ,
Quœ fovet haud ulli pandere posse datum.

Au bas de la frise, à g. du cartouche, on lit : *Schild pinx. Hamb.;* — à dr. : *P. Drevet Sculp. Paris* 1710.

Seul état connu. — Très-belle épreuve.

Le Blanc attribue cette estampe à Pierre-Imbert Drevet, bien que la date de 1710 eût dû l'avertir que Drevet fils n'avait alors que treize ans.

465. *Lorraine :* **Léopold I**er (Joseph-Charles-Dominique-Agapet-Hyacinthe), duc de Lorraine, 1679-1729. — In-fol. H. 0,484. L. 0,401. (Le B., 83, *s. n.*)

Jusqu'aux genoux, debout, vu presque de face; en grande perruque, dont les boucles retombent par derrière. En armure complète; les insignes de la Toison d'or suspendues au cou; les épaules couvertes d'un manteau d'hermine avec magnifique agrafe; épée au côté, dont on ne voit que la garde. Le bras gauche est entièrement caché par le manteau; la main s'appuie sur le casque, orné d'un panache et posé sur une table, recouverte d'une draperie avec franges, placée près de lui à l'entrée de sa tente. De la main droite, le bras demi-plié, il tient le bâton de commandement. — Derrière lui, sur le sommet de deux montagnes, deux citadelles, dont l'une est en feu; aux pieds de ces montagnes, on voit des cavaliers qui s'enfuient. — Sous le tr. c.; à g. : *Nic. Dupuy pinx.;* — à dr. : *Pier. Drevet Sculp.;* — au milieu : *Léopold I*er. *Duc de Lorraine || et de Bar.* — Cette inscription accompagne les armes environnées du manteau ducal.

Seul état connu. — Très-belle épreuve.

466. Mesmes (Jean-Antoine DE), comte d'**Avaux**, président à mortier, mort le 23 août 1723. — In-fol. H. 0,508. L. 0,408. (Le B., 87.) *

En buste, dans un ovale équarri supporté par un socle. Vu presque de face, la tête couverte d'une longue perruque, retombant en boucles sur les épaules. Vêtu du grand costume de sa charge. — Autour de l'ovale : *Joanes. Antovs. de Mesmes Comes d'Avaux &c. in Supremo Galliarum Senatu Præses infulatus.* — Sur la bordure extérieure de l'ovale *Offerebat Frater Stephanus Antonius Montanier Minorita aquapersanus.* — Sur le dessus du socle, à g. : *Hyact. Rigaud Pinx.* ; — à dr. : *P. Drevet sculp. rue du Foin.* — Au bas du portrait, sur l'ovale et la corniche du socle, un cartouche, surmonté d'une toque de président et d'une couronne et soutenu par deux lions, contient un médaillon renfermant les armoiries : *Écartelé : au 1, d'or au croissant de sable ; aux 2 et 3 d'argent à deux lions passants de gueules, posés l'un au-dessus de l'autre, au 4, d'or à une étoile de sable ; au chef de gueules ; la pointe de l'écu ondée d'azur.*

2º état, avec la première dédicace, mais encore avant la croix du St Esprit. — Très-belle épreuve.

Le P. Lelong assigne la date de 1697 comme étant celle de la gravure, tandis que Van Hülst dit par deux fois qu'elle a été faite en 1702, d'après le portrait peint par Rigaud en 1690, pour la somme de 345 livres, et où le personnage est représenté jusqu'aux genoux. Le estampe a servi successivement pour trois thèses.

467. Mitantier (Jean-Martin), greffier de l'Hôtel de ville de Paris. — In-fol. H. 0,424. L. 0,342. (Le B., 47, *s. n.*) *

Jusqu'aux genoux, debout, au milieu des arbres, dans un jardin Vu presque de face, regardant vers la gauche, le corps penché à droite ; la tête couverte d'une perruque longue par derrière ; le col de sa chemise ouvert. Du coude droit, il s'appuie sur le pan de son manteau posé sur un piédestal ; le bras gauche est étendu et la main ouverte. — Dans le jardin, entre les feuillages, on aperçoit, vers sa gauche, un groupe représentant une déesse assise sur un dauphin et enlevant une flèche du carquois de l'Amour. — Sous le cadre, à g. : *N. de Largillierre pinxit ;* — à dr. : *Petrus Drevet sculpsit ;* — au milieu *a Paris Chez Drevet rue du Foin   deuant les Mathurins.*

3e état, avec la seconde adresse. — Belle épreuve, avec marges.

D'après le P. Lelong, ce portrait aurait été gravé en 1692. L'absence d'états avec le nom du personnage a été cause qu'il a été quelquefois pris pour le portrait du sculpteur Desjardins, avec lequel il offre quelque ressemblance. (Voir aussi la note du nº 421, ci-dessus).

468. Montague (Charles, comte D'HALIFAX), homme d'État anglais, 1661-1715.—In-fol. H. 0,326. L. 0,254. (Le B., 68.)

A mi-corps, dans un simple encadrement. Debout, vu presque de face, le corps tourné vers la gauche; les boucles de sa perruque lui retombent sur les épaules; le col de sa chemise ouvert. Son bras gauche est entièrement dissimulé dans sa robe, qu'il tient, croisée contre sa poitrine, de sa main droite. — Fond noir. — Sous l'encadrement, à g.: *Keneler* (sic) *eques pinx;* — à dr.: *Drevet sculp.*

Seul état connu, sans le nom du personnage. Fort rare. — Très-belle épreuve.

469. Motteville (Hélène LAMBERT, Mme DE), épouse de François-Marie LANGLOIS DE MOTTEVILLE, président de la chambre des comptes. — In-fol. H. 0,412. L. 0,322. (Le B., 90.) *

A mi-jambes, debout dans un jardin. Vue de 3/4, tournée vers la gauche, tête nue, les cheveux relevés sur le devant et bouclés; de longues tresses retombant sur les épaules; elle est décolletée jusqu'à la naissance des seins; vêtue d'une robe à double jupe avec corsage orné de perles; manches courtes, laissant les bras nus. De sa main droite, elle cueille des fleurs à un rosier; sa main gauche tient à demi relevée sa première jupe, contenant aussi des fleurs. Sur l'épaule droite, une écharpe attachée par derrière à la ceinture et formant draperie. Devant elle, appuyé de la patte droite sur un petit monticule de terre, un bull-dog, le nez en l'air, la gueule entr'ouverte et regardant à droite. — Dans le fond, à droite, au milieu des arbres, une maison d'habitation.— Sous l'encadrement, à g.: *de Largilliere pinxit;*—à dr.: *P. Drevet Sculpsit || avec privil. du Roy.*—Au milieu : *Heléne Lambert || Femme de François Marie de Motteville, premier President || en la Chambre des Comptes de Normandie.*—Cette inscription est partagée, au milieu, par un cartouche couronné et supporté par deux lions, renfermant les armoiries des Motteville : *D'or à 2 lions passants de gueules posés l'un au-dessus de l'autre;* — accolées à celles des Lambert : *D'azur à la licorne naissante d'argent; au chef d'or, chargé de 3 merlettes de sable.*— Un peu au-dessous de l'inscription, à dr.: *A Paris chez P. Drevet rüe du Foin vis a vis la grande Porte des Mathurins.*

2e état, avec les mots : *avec privil du Roy.* — Très-belle épreuve.

470. Noailles (Louis-Antoine DE), cardinal et archevêque de Paris, 1651-1729. — In-fol. H. 0,438. L. 0,338. (Le B., 93.)*

En buste, dans un ovale équarri, figuré en pierre, avec cassures simulées à la bordure. Vu de 3/4, tourné vers la droite, la tête couverte d'une calotte; cheveux plats et longs. En camail d'hermine, et portant au cou, suspendue à un large ruban passant sous son rabat, la croix du St-Esprit. — Fond noir ; une draperie sur le côté droit. — Autour de l'ovale : *Lud. Ant. de Noailles S. R. Ecclesiæ Cardinalis Archiep. Paris. Dux et Par. Franciæ Reg. Commend.*— Sur le bord extérieur de l'ovale : *Offerebat Joannes Antonius d'Agoult Clericus Regiensis.* — Sur le dessus du socle, à g.: *Hyacintus Rigaud pinx. ;* — à dr.: *Petrus Drevet Sculp.*

2e état, avec la dédicace. — Très-belle épreuve.

3e état. — Au-dessous du tr. c., au milieu : *A Paris chez Bligny, Peintre, Doreur, Vitrier,* etc. — Belle épreuve.

Dans cette estampe, dit Van Hulst, la tête seule a été prise dans le tableau original peint par Rigaud en 1697, par conséquent antérieurement à la nomination de ce dignitaire au cardinalat, qui eut lieu en 1700. L'habillement de cardinal qu'on y voit a été accommodé exprès pour la gravure ci-dessus, qui ne date, selon Van Hulst, que de 1721.

471. **Noailles** (Adr.-Maur., duc DE), maréchal de France et ministre d'État, neveu du précédent, 1678-1766. — In-fol. H. 0,439. L. 0,355. (Le B., 92, *s. n.*)*

A mi-corps, dans un ovale équarri supporté par un socle. Vu de 3/4, tourné à droite; en longue perruque retombant par derrière. Couvert d'une cuirasse, et décoré de la Toison d'or. Son bras gauche est dissimulé dans un manteau d'hermine reposant sur l'épaule. — Fond noir. — Autour de l'ovale : *Adrien Maurice Duc de Noailles, Pair de France, Maréchal des Camps et Armées du Roy, et Chevalier de l'Ordre de la Toison d'or.*— Sur la bordure extérieure de l'ovale : *Offerebat Franciscus Garnier clericus Argentinensis.* — Sur le socle, à g.: *F. de Troy pinxit;* — à dr.: *P. Drevet Sculpsit.*— Au milieu du socle, un cartouche, surmonté d'une couronne de Duc, soutenu par deux sauvages armés de massue, et environné du manteau d'hermine; au milieu du cartouche, un médaillon renfermant les armoiries : *De gueules à la bande d'or.*

Seul état connu. — Très-belle épreuve.

472. **Palliot** (Pierre), héraldiste français, 1608-1698. — Pet. in-fol. H. 0,264. L. 0,192. (Le B., 95, *s. n.*)*

En buste, dans un ovale équarri, figuré en pierre, supporté par un socle. Vu presque de face, le corps légèrement à gauche; coiffé d'une calotte de velours ; cheveux longs tombant sur les épaules. Vêtu d'une robe noire avec rabat, par-dessus laquelle il porte une houppelande. Derrière lui, une draperie cachant en partie une bibliothèque que l'on aperçoit sur la gauche. — Autour de l'ovale : *Pierre. Palliot. Parisien. Historiogr. du Roy. et Genealog. du Duché de Bourgogne. Agé de 88 Ans. 1698.* — Sur le dessus du socle, à g.: *G. Reuel Pinx.* 1696.; — à dr.: 1698. *P. Drevet Sculp.* — Au milieu du socle, un cartouche supportant un écusson avec ses armoiries : *D'azur à un chevron d'argent, chargé de 5 molettes de sable, accompagné en chef de 2 croissants d'or et en pointe d'un lion de même.*

1ᵉʳ état. — Très-belle épreuve.

2ᵉ état. — Le chiffre de l'âge a été corrigé, et à la place de 88 on a mis 89 *ans*, bien que Palliot, au moment de sa mort, ait eu 90 ans révolus. — Belle épreuve.

473. **Piny** (le R. P. Alexandre), écrivain ascétique français, 1636-1709. — In-4°. H. 0,232. L. 0,187. (Le B., 96.) *

A mi-corps, debout. Vu de 3/4, tourné vers la gauche ; en costume de religieux dominicain, la tête couverte du capuchon ; les mains jointes. Il lit dans un in-folio posé sur une table et adossé à une tête de mort placée sur un autre livre couché à plat et recouvrant en partie une feuille de papier sur laquelle on lit : *Meditatio* || *cordis mei* || *in conspectu* || *tuo semper* || *Ps.* 18. — Sous le tr.-c., à g. : *Pingebat F. Joannes Andray ord. FF. præd.;* — à dr. : *P. Drevet sculpsit;* — au milieu : *Le R. P. Alexandre Pini* (sic), *Religieux de l'Ordre de Sᵗ. Dominique,* || *illustre par sa pieté et par ses ecrits; decedé en odeur de sainteté, au* || *convent* (sic) *de la rüe Sᵗ. Honoré a Paris, le 28. Janvier 1709. agé de 73. ans.*

1ᵉʳ état, avant les travaux à la figure. — Belle épreuve, avec marges

474. **Portail** (Ant.), IVᵉ du nom, premier président au parlement de Paris, 1674-1736. — In-fol. H. 0,388. L. 0,289. (Le B., 100, *s. n.*) *

En buste, dans un ovale équarri, à fond noir, supporté par un mur figuré en pierre, avec cassures simulées. Vu presque de face, en grand costume de président, la tête couverte d'une longue perruque retombant sur le devant de l'épaule gauche, tandis que la droite est dissimulée dans son manteau d'hermine, formant draperie sur la bordure. — Autour de l'ovale : *Antonius Portail Illustrissimus Senatus Princeps.* — Au bas du portrait et sur le milieu du mur, un cartouche avec les armoiries : *D'azur semé de fleurs de lys d'or, à la vache d'argent, colletée, clarinée, accornée et onglée d'or, çouronnée de gueules, brochant sur le tout;* l'écu surmonté de la toque de président et d'une couronne de marquis, accompagné de deux lions, dont celui de gauche est couché sur le couronnement du mur; celui de droite, la gueule ouverte, replié sur lui-même. — Sur la première assise du mur, à g. : *R. Tournier* [pour Tournières] *pinx.;* — à dr. : *P. Drevet sc.*

2ᵉ état, où l'estampe est rallongée dans le bas, ce qui donne 0,025 de hauteur, à l'assise portant les noms des artistes. — Très-belle épreuve.

475. **Rancé** (Armand-Jean LE BOUTHILLIER DE), réformateur de la Trappe, 1626-1700. — In-12. H. 0,123. L. 0,079. (L. B., 77, *s. n.*) *

En buste, dans un ovale dont les côtés sont coupés par l'encadrement; l'ovale est placé sur un socle. Vu de 3/4, tourné à gauche. En costume de trappiste, le capuchon relevé sur la tête. — Sur le socle, au milieu : *Monsieur de Rancé Abbé et* || *Reformateur de la Trappe* || *Quem mirare Senem christi patientis imago est :* || *Moribus et Scriptis Spirat et ore crucem.* — F. B. — Sous le trait de l'encadrement, à g. : *H. Rigaud pinx.;* — à dr. : *P. Drevet Sculp.*

Seul état connu. Rare. — Belle épreuve.

Le portrait original de l'abbé de Rancé, en pied, a été peint par surprise, en 1697, à la Trappe, pour le duc de Saint-Simon qui le paya à Rigaud 900 livres. L'estampe ci-dessus gravée en 1706 n'en est qu'une réduction. Van Hulst la désigne ainsi : « Petit buste tourné *à droite* et ainsi en contre-épreuve du tableau. Il y a une copie de cette estampe dans le sens opposé ». Or Van Hulst se trompe ici, car la gravure de Drevet est tournée à gauche, c'est-à-dire du même sens que le tableau.

476. **Rigaud** (Maria SERRE, Mme), mère du suivant. — In-fol. H. 0,446. L. 0,348. (Le B., 104.) *

En buste, dans un médaillon ovale, rehaussé de magnifiques ornements, placé sur un piédestal avec cassures simulées, entre deux colonnes et appuyé contre celle de droite. Elle est vue de face, la tête couverte d'une étoffe drapée avec art et retombant par derrière. Un fichu lui recouvre les épaules et est attaché des deux côtés sur le devant du corsage avec des nœuds de ruban. Dans le haut, une draperie recouvrant en partie la bordure droite de l'ovale et dont un pan, placé sur le piédestal, en cache l'extrémité. — Au milieu du piédestal : *Maria Serre* || *Mater Hyacinthi Rigaud Regii Pictoris* || *Qui Hanc a se pictam effigiem* || *in œre incidi curœvit* (sic) || *œternum* || *erga Matrem optimam* || *Pletatis Monumentum.* — Sous l'encadrement, à g. : *Drevet Sculpsit rüe du Foin devant les Mathurins.*

2e état, avec le nom de Drevet sous l'encadrement et non plus sur le piédestal. — Belle épreuve.

Gravé en 1702, d'après le tableau peint en 1695.

477. **Rigaud** (Hyacinthe), célèbre peintre de portraits, 1659-1743. — Gr. in-fol. H. 0,463. L. 0,345. (L. B., 101.) *

A mi-corps, debout dans l'embrasure d'une fenêtre dont le côté droit est formé par un pilastre, et le côté gauche par une draperie, retenue dans le haut avec des cordons à glands; un pan de cette draperie est posé sur le dessus de l'appui, et recouvre, en grande partie, la face formant tablette. Vu de face, le corps tourné à droite; la tête couverte d'un bonnet de velours; le col de la chemise dégrafé. Il est enveloppé d'une draperie couvrant l'épaule droite, et semble avoir la main appuyée sur la hanche. Dans la main gauche, il tient des pinceaux ainsi que sa palette, munie de couleurs et appuyée sur l'avant-bras, le pouce passé dans le doigté. — Près de lui, un chevalet supportant une toile sur laquelle se projette l'ombre du personnage. — Sous le tr. c. : *Hyacinthus Rigaud Eques natus Perpiniani ex nobilium ejusdem || civitatis numero. in Regia Picturæ Academia Professor. || Hanc ab ipso mèt coloribus expressam effigiem, æri incidit Petrus Drevet Lugdunensis Calcographus Regius; perenne grati || animi monumentum; quod illum in artis peritia sapien-tibus consiliis juvenit* (sic) *anno MDCC.* — Cette inscription est coupée, au milieu, par un petit cartouche renfermant les armoiries.

2e état, avec la lettre, la première inscription et la date de 1700. — Belle épreuve.

Le tableau original a été peint en 1698.

478. Rigaud (Hyac.), le même que le précédent. — In-fol. H. 0,456. L. 0,334. (Le B., 102.) *

A mi-corps, debout dans l'embrasure d'une fenêtre figurée en pierre, avec cassures simulées sur les montants. Vu de face, où il regarde, le corps tourné vers la gauche, la tête couverte d'un bonnet de taffetas; cicatrice au côté droit du front. Le col de sa chemise entr'ouvert. La main gauche, appuyée sur un portefeuille, se croise avec la main droite dans laquelle il tient un porte-crayon. Son manteau passant autour des reins lui couvre les bras et forme draperie sur l'appui de la fenêtre. — Derrière lui, dans la pénombre, on aperçoit son chevalet. — Sous le tr. c , à g. : *Hyacint?. Rigaud pinxit;* — à dr. : *P. Drevet Sculpsit.*

3e état (*Catal.* Defer; c'est le 2e de Le Blanc). — Superbe épreuve. Collection Armand Bertin.

Gravé en 1714, d'après une esquisse de la même grandeur, faite par Rigaud en 1712.

479. Rohan (Armand-Gaston prince DE), cardinal, 1674-1749. — In-fol. H. 0,443. L. 0,335. (Le B., 41.) *

A mi-corps, dans un ovale placé sur un socle. Vu de 3/4, tourné à gauche, où il regarde, le corps légèrement à droite; les cheveux bouclés, et, sur le sommet de la tête, une calotte. En camail d'hermine dont le côté gauche est relevé sur l'épaule. — Autour de l'ovale : *Ser. Pr. Arm. Gasto. de Rohan. S. R. E. Card. Ep. et Pr. Arg. Alsat. Landg. S. R. I. Pr. Ætat 37.* — Au bas de l'ovale, sur le bord extérieur et à gauche du médaillon renfermant les armes : *Offerebat humillimus*; —, à dr. du médaillon : *servus Carolus Pigné*. — Sur le dessus du socle, à g. : *Hyac°. Rigaud pinxit.*; — à dr. : *P. Drevet sculpsit.* — Au bas du portrait, sur l'ovale et au milieu de la corniche du socle, est un médaillon contenant les armoiries couronnées, environnées du manteau d'hermine et surmontées du chapeau de cardinal.

1er état, avant la croix de l'ordre du Saint-Esprit, et avant la dédicace sur la tablette de socle. — Superbe épreuve, avec marges.

6e état, NON DÉCRIT. — Le personnage porte, suspendue à son cou par un large ruban passé sous son rabat, la croix de l'ordre du Saint-Esprit. — Au bas des armoiries, une autre petite croix a été ajoutée. — Au milieu de la tablette du socle, ces deux vers :

> *Quo nihil ingenio, virtute, et sanguine majus*
> *Hinc Romana tibi purpura quantus honos.*

Ces vers, qui avaient déjà figuré aux 3e et 4e états, ont été complètement regravés pour celui-ci avec des caractères plus gros; les mots sont moins espacés; le second vers est à l'alignement du premier; la ponctuation est changée, le *point et virgule* de la première ligne enlevé et le *point d'exclamation* du second vers est remplacé par un *point*. — Belle épreuve.

Le Blanc attribue la gravure de ce portrait à *Pierre-Imbert Drevet*, tandis que Van Hulst dit expressément qu'il a été fait, d'après le tableau peint par Rigaud en 1712, par P. Drevet *père*, en 1716, alors que son fils n'avait que dix-neuf ans. Dans le portrait original le personnage est représenté jusqu'aux genoux.

480. Rolin (Marcellin), 1647-1720. — Pet. in-fol. H. 0,260. L. 0,190. (Le B., 103, s. n.) *

A mi-corps, dans un ovale supporté par un socle. Vu de face, tête chauve. Il porte la croix pectorale suspendue à un large ruban passé sous son rabat. De sa main gauche, il tient, contre sa poitrine, un livre entr'ouvert par son index. — Autour de l'ovale : *Marcellin Rolin, Abbé General de l'Ordre des Chanoines reguliers de S¹. Ruf. decedé le 4 9bre. 1720 agé de 73 ans.* — Sur le dessus du socle, à g. : *Du Fourneau pinx*; — à dr. : *P. Drevet sculp.* — Sur la tablette du socle :

> *General malgré luy, Sçavant, humble, pieux,*
> *Pauvre et dur a luy seul, on le croit bien heureux.*

— Sur la base du socle : *Jean Rolin a fait graver ce portrait par respect pour la memoire de son oncle.* — Sur l'ovale et la corniche du socle, un petit médaillon renfermant ces armoiries : *D'azur à un chevron accompagné de trois clés, le tout d'argent*; l'écu surmonté de la mitre et de la crosse d'abbé.

Seul état connu. — Très-belle épreuve.

481. *Savoie :* **Marie d'Orléans,** appelée *Demoiselle de Longueville,* dernière de sa branche, épouse de HENRI II DE SAVOIE, dernier duc de Nemours, 1625-1707. — In-fol. H. 0,421. L. 0,335. (Le B., 91.)*

A mi-jambes, assise dans un fauteuil. Vue presque de face, le corps tourné légèrement à gauche, les cheveux blancs relevés sur le devant; deux petites boucles en forme d'accroche-cœur sur le front au-dessus des sourcils; la tête couverte d'une capeline garnie de dentelles et nouée sous le menton. Vêtue d'une robe de soie noire, largement étoffée; manches courtes laissant les bras à demi nus. De la main droite, le bras étant étendu, elle tient une couronne reposant sur un coussin placé près d'elle, sur une table recouverte d'un tapis. De la main gauche, elle tient les brides en ruban de sa capeline. — Dans le haut, formant fond, une draperie avec cordons à glands attachée au fût d'une colonne. — Sous l'encadrement, à g. : *Hyacint⁹. Rigaud pinxit.* [1705] ; — à dr. : *Pet. Drevet sculpsit* 1707. ; — au milieu : *Marie par la grace de Dieu, Souueraine de* || *Neufchâtel et Vallangin, Duchesse de Nemours.* — Cette inscription est séparée, au milieu, par un cartouche couronné contenant les armoiries accolées de *Savoie* et d'*Orléans-Longueville.*
Seul état connu. — Très-belle épreuve.

482. **Titon** (Max.), seigneur d'Ognon, 1631-1711. — In-fol. H. 0,426. L. 0,335. (Le B., 109.)*

A mi-jambes, debout entre deux colonnes. Vu de 3/4, regardant à gauche, le corps tourné à droite, la tête couverte d'une longue perruque. Une draperie attachée dans le haut, entre les colonnes, s'enroule autour de celle de droite, où est simulée une cassure, et son extrémité repose sur le socle de la colonne qu'elle cache entièrement. — Le personnage s'appuie sur cette draperie du coude gauche, la main pendante, tandis que sa main droite est posée sur sa hanche. Vêtu d'un magnifique habit, entr'ouvert dans le haut et laissant passer son jabot de dentelle; un manteau lui couvre les épaules et en partie les bras. — Entre le tr. c. et l'encadrement, à g. : *Hyacinth⁹. Rigaud Pinxit.;* — à dr.: *Petrus Drevet Sculpsit* 1690. — Sous l'encadrement, au milieu : *Maximilien Titon Escuier Conseiller* || *Secretaire du Roy, maison couronne de France et de ses finances* || *Directeur du Magazin Royal des Armes de sa Majesté.* — Cette inscription est séparée par un cartouche contenant ses armoiries : *De gueules à un chevron d'or, accompagné de* 3 *casques d'argent, les deux du chef posés de profil, celui de la pointe posé de face;* l'écu surmonté d'un casque orné de ses lambrequins.
Seul état connu. — Très-belle épreuve.
Le portrait original de Titon, peint en 1688, coûta 270 livres. — Celui

de sa femme a été gravé par L. Desplaces, d'après N. de Largillière
(Voir plus haut, n° 384).

483. **Troy** (François DE), peintre français, 1645-1730. —
In-fol. H. 0,410. L. 0,307. (Le B., 113.) *

A mi-corps, debout dans l'embrasure d'une fenêtre, dont une draperie
cache en partie le montant droit. Vu de face, la tête couverte d'une
espèce de bonnet; le col de sa chemise ainsi que le haut de son habit
sont ouverts et laissent apercevoir la poitrine. Dans sa main gauche il
tient ses pinceaux ainsi que sa palette retenue par le pouce; l'avant-
bras sur le rebord de la fenêtre où repose aussi sa main droite, dans
laquelle il tient son appui-main.

État avant toute lettre, seul connu. Très-rare. — Superbe épreu
D'après de Troy lui-même.

484. **Verduc** (J.-Bapt.), médecin français, mort en 16
— In-4°. H. 0,164. L. 0,103. (Le B., 114, s. n.) *

En buste, dans un médaillon ovale placé sur un socle. Vu de
tourné vers la gauche; en perruque; les épaules couvertes par son
manteau, qui est entr'ouvert dans le haut et laisse voir son jabot de
dentelle.—Autour de l'ovale: *Iean Baptiste Verduc Docteur en médecine
agé de 28 ans.* — Sur la bordure blanche extérieure de l'ovale: *Char-
pentier pinxit — Drevet Sculpsit.* — Sur le corps du socle, ce quatrain:

Par de nouveaux secrets cet excellent Genie
Penetre la nature, explique ses ressorts :
Et ce qu'il nous apprend pour la santé du corps ;
En prolongeant nos jours eternise sa vie.

Seul état connu. Rare. — Belle épreuve.

485. **Villars** (Claude-Louis-Hector, duc DE), maréchal de
France, 1653-1734. — In-fol. H., prise au milieu du cintre,
0,509. L. 351. (Le B., 115.) *

Jusqu'aux genoux. Debout, dans un cadre cintré dans le haut. Sur le
montant gauche quelques cassures légèrement accusées. Vu de 3/4 ire
gardant à droite, le corps tourné à gauche; une grande perruque retombant par derrière. Couvert d'une armure avec le grand cordon, en sautoir, à l'extrémité duquel pend la croix du St-Esprit. Il porte autour du
cou, suspendus à un cordon, les insignes de la Toison d'or. Sa main gauche, appuyée sur la hanche, tient relevé le grand cordon. — Sur son
bras repose son manteau d'hermine, dont l'extrémité recouvre un petit
tertre sur lequel est placé, debout, son bâton de commandement qu'il
tient dans sa main droite, le bras étendu. — Dans le fond, à droite, est
une vue de la bataille de Denain, qu'il gagna en 1712. — Sur le milieu

de la tablette du cadre, un médaillon où sont gravées ses armoiries : *D'azur à 3 molettes d'or ; au chef d'argent chargé d'un lion passant de gueules.* Ce médaillon, accompagné des insignes de maréchal de France placés en croix derrière l'écusson, est surmonté de la couronne ducale et environné du manteau de pair; supports : deux lions.

1er état, avant toute lettre et avant les trophées dans les angles du haut. De toute rareté. — Magnifique épreuve. Collection Marshall.

2e état, signalé par Defer, mais que je ne possède pas, est avant la lettre, mais avec les angles terminés.

3e état. — Sur le trophée de gauche, on lit sur le bouclier cette inscription placée sur deux rangs séparés par la courroie d'un ceinturon : *De bellatis ad Fredelingam* || *cœsarianis ger-* || *mania gallis* || *patefacta. MDCCII. Germanis* || *ad Hocstetum* || *deletis ister gal-* || *lis adsertus MDCCIII.* — Sur le trophée de droite : *Perrupto* || *dononiensi vallo Landreci-* || *um liberatum dua* || *cum querectum* || *Bu-* || *chemium cum trigen* || *ta millia hostium in* || *fidem victoris deditis* || *M.DCC.XII.* — *Landavia &* || *Friburgo expu* || *gnatis hostes ad* || *pacem adacti pax* || *que victricibus* || *d'extris obsignata.* || *M.DCC.XIII.* — Sur la tablette du cadre, cette inscription occupant neuf lignes : *Louis Hector Duc de Villars* || *Pair et Maréchal de France, Prince de Martigues, Vicomte de Melun, Comman-* || *deur des ordres du Roy, Chevalier de la Toyson* (sic) *d'or, Gouverneur des ville,* || *fort, et château de Fribourg, et du Briskau, Gouverneur général des Eves-* || *chés et pays Messin, Gouverneur general de Provence, Marseille, Arles,* || *et* || *terres adjacentes, Generalissime des armées du Roy, son plénipotentiaire* || *et ambassadeur extraordinaire pour les traitez* (sic) *de paix a Rastatt, et chef* || *de l'ambassade pour la Signature de la paix generalle* (sic) *a Baden en* || *Suisses* (sic), *Président du Conseil de guerre du conseil de Regence.* — Cette inscription est partagée, au milieu, par les armoiries. — Au bas du tr. c., à g.: *Peint par Hyae. Rigaud;* — à dr.: *gravé par P. Drevet.* — Très-belle épreuve. Collection Marshall.

4e état. — L'inscription ci-dessus de neuf lignes a été remplacée par la suivante formant six lignes : *Louis Hector Duc de Villars* || *Pair et Marechal Geneneral* (sic) *de France Prince de Martigues grand d'Espagne* || *Marquis de la Nocle, Comte de la Rochemillay, Viccomte* (sic) *de Melun &c.* || *Chevallier* (sic) *des Ordres du Roy, et de la Toison d'Or Gouverneur General* || *de Provence, Ministre d'Etat Embassadeur* (sic) *Extraordinaire, et General des Armées de* || *France en Italie.* — Les armoiries séparent cette inscription par le milieu. — Belle épreuve.

Selon Van Hulst, le portrait original du maréchal de Villars a été peint par Rigaud en 1704. S'il en est ainsi, le graveur n'a dû y prendre que la tête et l'attitude, car nous voyons, même sur le premier état de l'estampe ci-dessus, le grand cordon de l'ordre du Saint-Esprit et la Toison d'Or, qui ne pouvaient pas figurer au tableau de Rigaud en 1704, la première nomination n'étant que du 2 février 1705, et la seconde seulement du mois de mars 1714. En effet, le même Van Hulst nous informe que la gravure est de cette dernière année, et que l'encadrement cintré et chargé de trophées et d'inscriptions a été ajouté par le graveur sur un dessin d'une main étrangère.

Nagler, Le Blanc, Defer, et tous les catalographes ont prétendu que l'état avec *neuf lignes* d'inscription (le 3e décrit ci-dessus) est *postérieur* à celui avec *six lignes* d'inscription (le 4e ci-dessus); sans s'arrêter à cette considération que l'état avec neuf lignes est bien plus beau d'épreuves que l'autre, ce qu'on voudrait expliquer par la retouche de la planche. On invoque, à l'appui, cet argument que certaines qualités mentionnées dans l'état avec neuf lignes ne figurent pas dans l'autre état et seraient d'une date plus récente. Or il n'en est rien, et précisément il faut tirer de ces inscriptions une conclusion tout opposée.

L'état avec *neuf* lignes a été publié seulement après la mort de Louis XIV, ce qui est indiqué par la qualité de *Président du Conseil de guerre du Conseil de Régence*, qualité que Villars reçut en septembre 1715. Le tirage est antérieur à l'année 1718, où il devint membre du conseil de régence.

L'état avec *six* lignes est *postérieur* au précédent d'environ *dix-huit* ans. Nous lisons, en effet, dans l'inscription les qualités suivantes: 1° celle de *Ministre d'État*, que Villars n'eut qu'après la mort du Régent, au commencement de 1724; 2° celle de *Général des armées de France en Italie*, qu'il reçut le 18 octobre 1733, pour diriger contre l'Autriche la guerre qui se ralluma à l'occasion de la seconde élection de Stanislas, beau-père de Louis XV, au trône de Pologne; 3° celle de *Maréchal général de France*, titre qui fut donné à Villars en 1733, en même temps que le précédent, et que Turenne seul avait porté avant lui. A cette date, nul besoin n'était de rappeler les charges militaires ou diplomatiques que Villars avait exercées à une époque déjà éloignée, et qui sont mentionnées dans l'inscription de l'état avec neuf lignes publié peu de temps après les traités de Rastadt et de Baden. L'état avec six lignes fut donc publié au moment de la guerre avec l'Autriche, soit à la fin de 1733, soit au commencement de l'année suivante, sans doute à l'occasion de la rentrée du vieux héros de Denain dans la carrière des armes, et il est évidemment antérieur à sa mort, qui eut lieu le 17 juin 1734. Villars avait alors quatre-vingts ans, mais l'éditeur lui conserva néanmoins la figure telle que Rigaud l'avait peinte en 1704.

486. **Ville** (Arn. de). — Gr. in-4°. H. 0,254. L. 0,195. (Le B., 116, s. n.) *

A mi-corps, dans un ovale supporté par un socle. Vu presque de face, le corps tourné à gauche; en grande perruque retombant sur l'épaule gauche en boucles et nouée à son extrémité. Vêtu d'un justaucorps recouvert d'une simple cuirasse. — Au bas du portrait, sur l'ovale et le socle, un médaillon renfermant ses armoiries: *D'argent à un lion couronné de gueules, accompagné d'une fasce d'azur brochante.* — Sur le des-

sus du socle, dans le blanc, à g.: *Santerre pinxit;*—à dr.: *Drevet Sculpsit.*
— Sur la tablette : *Messire Arnold de Ville || Baron libre du St. Empire,*
des Moldave Seigneur du || ban de Sele de Biemeré inventeur de la Machine
de Marly.

1er état, avant les reprises à la perruque, avec le mot *Sele* au lieu
de *Zele*, et celui d'*inventeur* remplacé ultérieurement par celui de
directeur. — Belle épreuve, avec marges.

DREVET (Pierre-Imbert),

graveur au burin, né le 22 juin 1697, à Paris, où il mourut le 27 avril 1739, « âgé
de 40 ans ou environ, » dit son acte de décès, tandis qu'il avait alors 41 ans et
8 mois passés (et non 42 ans et 2 mois, comme le dit Jal). Fils unique du précédent et de Marie-Anne Béchet, son épouse. Élève de son père, il le surpassa
par la finesse de son burin. Nommé en 1724 agréé de l'Académie royale de peinture et sculpture, il reçut plus tard le titre de graveur du roi, par brevet du
21 avril 1729. Depuis juillet 1726, il occupait avec son père un logement au
Louvre. Ce qu'on ignorait jusqu'à ce moment, c'est qu'en 1730 il fut atteint
d'aliénation mentale, à laquelle il dut succomber, car il cessa presque de travailler dès le début de sa maladie.

487. *Angleterre :* **Marie-Clémentine Sobieska**, petite-fille
de Jean III, roi de Pologne, et épouse de Jacques-François-
Édouard STUART (JACQUES III), dit *le premier Prétendant,*
1701-1735. — In-fol. H. 0,436. L. 0,311. (Le B., 22.)

A mi-corps, dans un cadre figuré en pierre, au milieu d'un ovale.
Vue de face, le corps tourné légèrement à droite, tête nue, cheveux
bouclés, tombant par derrière en longues frisures qu'elle soutient de la
main gauche. Un nœud de perles retenant une aigrette est placé dans
les cheveux sur le côté gauche de la tête. Elle est vêtue d'une robe décolletée, à ramages, avec corsage en pointe bordé d'hermine ; ceinture
de pierres fines, manches d'ange bordées de dentelle. Elle s'appuie de
la main droite sur le coin d'une table où est posée une couronne. —
Dans la bordure du cadre, à g.: *Davids pinxit Romœ;* — à dr.: *P. Drevet*
Sculpsit.

Seul état connu. Rare. — Très-belle épreuve.
Par une erreur évidente, le Blanc cite une seconde fois ce même portrait au nom de Drevet père (n° 105), bien qu'on y reconnaisse facilement le burin élégant du fils. Mariette, néanmoins, l'attribue au père.

488. **Bernard** (Samuel), fameux financier, 1651-1739. —
Gr. in-fol. H. 0,621. L. 0,425. (Le B., 18.)*

En pied, sur une plateforme, au haut d'un escalier. Assis dans un
fauteuil adossé au socle d'une colonne. Il est vu de 3/4, regardant à

droite, le corps étant de face; en longue perruque retombant sur les
épaules. Il s'appuie du coude sur une table magnifiquement sculptée,
placée près de lui, et sur laquelle sont posés une sphère, un encrier
muni d'une plume d'oie et des feuilles de papier, dont l'une pliée porte
un cachet. De sa main droite, il montre, avec l'index, la mer où sont
à l'ancre plusieurs bâtiments. Dans le haut de la gravure, est une draperie attachée au fût de la colonne par des cordons à glands. — Sur
la tablette du cadre : *Samüel Bernard.* || *Chevalier de l'Ordre de S^t. Michel,
Comte de Coubert.* — Cette inscription est séparée par un médaillon
renfermant ses armoiries : *D'azur à l'ancre d'argent, senestrée en chef
d'une étoile du même, rayonnante d'or;* l'écu entouré du collier de
S^t. Michel et surmonté d'une couronne de comte; supports : deux
lévriers contournés et colletés d'argent. — A g., sous l'inscription on
lit : *Peint par Hyacinthe Rigaud Chevalier de l'Ordre de St Michel;* —
à dr.: *Gravé par Drevet.* 1729.

2e état, avec les travaux sur les lumières de la main gauche. — Très
belle épreuve.

3e état. — Il n'y a de changé que l'inscription, qu'on a augmentée
d'une troisième ligne où on lit : *Conseiller d'Estat.* — Belle épreuve.

Le portrait original a été peint par Rigaud en 1725-1726.

489. Bossuet (Jacques-Bénigne), 1627-1704. — Gr. in-fol. H. 0,476. L. 0,333. (Le B., 19.) *

En pied. Il est représenté en grand costume d'évêque, avec le camail
d'hermine sur les épaules. Debout, près d'un fauteuil placé un peu en
arrière sur sa gauche et caché en partie par son manteau formant
draperie. Vu de face, tête nue. Il porte la croix pectorale suspendue à
un large ruban. De sa main gauche, il tient son bonnet carré appuyé
contre son surplis. De la main droite, le bras étendu, il tient un volume
posé verticalement sur le pan de son manteau qui recouvre une table
où l'on voit des livres, une liasse de papiers, une sonnette et une écritoire avec une plume d'oie. Dessous et aux pieds de la table sont épars
des in-folio dont l'un est muni d'un signet de papier sur lequel on lit
graué || *par* || *Dreuet. f. s.* — Dans le haut, une draperie flottante atta-
chée à deux colonnes par des cordons à glands. — Sous le cadre, à g. :
Hyacinthus Rigaud pinxit; — à dr. : *Petrus Drevet sculpsit* 1723. — Au
milieu : *Jacobus Benignus Bossuet Episcopus* || *Meldensis Comes Consto-
rianus* (sic) *antea Serenissimi Delphini præceptor et primus Serenissimæ
Ducis Burgundiæ Eleemo-* || *synarius, natus* 27^a. *Septembris an. 1627,
obiit* 12^a. *Aprilis* 1704. || *Hanc Effigiem, æternum amoris ac venerationis
monumentum incidi curavit Jacobus Benignus Bossuet Episcopus Tre-
censes* (sic) *ex fratre nepos.* — Cette inscription est séparée, au milieu,
par ses armoiries : *D'azur à 3 roues d'or;* l'écu surmonté du chapeau
d'évêque et d'une couronne de baron.

2e état, dit *au fauteuil blanc*, c'est-à-dire avant les 3es tailles sur le dos du fauteuil ; avec les dates de naissance et de mort, avec les mots estropiés *Constorianus* et *Trecenses* et sans *la virgule* après le mot *præceptor*. Très-rare. — Superbe épreuve (400 à 600 fr.).

4e état, avec les 3es tailles sur le dos du fauteuil ; avec la rectification des mots *Consistorianus* et *Trecensis* et avec la *virgule* après le mot *præceptor*. — Très-belle épreuve (100 à 150 fr.).

Je possède aussi une copie contemporaine, fort trompeuse et presque introuvable.

Chef-d'œuvre de gravure de Drevet fils, âgé alors de vingt-six ans. — Le tableau original de Rigaud se trouve actuellement au Musée du Louvre. Il a été commencé en 1699, où Rigaud peignit la tête, mais il ne fut achevé qu'en 1705, après la mort du célèbre prélat. En 1698, Rigaud l'avait peint en buste, pour le grand-duc de Toscane ; ce petit portrait a été gravé plusieurs fois, entre autres par F. Chereau et par Edelinck.

490. **Camus de Pontcarré** (Nic.-Pierre), magistrat français, mort le 10 décembre 1734. — Gr. in-fol. H. 0,503. L. 0,402. (Le B., 20.)*

A mi-corps, dans un ovale. Vu de 3/4, la tête tournée à droite, le corps légèrement à gauche. Coiffé d'une grande perruque retombant sur les épaules et vêtu de la robe de sa charge. — Autour de l'ovale : *Nicolas Pierre Camus, Chevalier Seigneur de Pontcarré, Me. des Reqtes. et Premier Président du Paremt.* (sic) *de Rouen.* — Sur la bordure extérieure de l'ovale : *Ioannes Guillelmus le Barbier de Grainville. Rotomagœus.* — Au bas du portrait, sur l'ovale et au milieu du socle, un cartouche contenant ses armoiries : *D'azur à une étoile d'or, accompagnée de trois croissants d'argent, 2 en chef et 1 en pointe ;* l'écu environné du manteau d'hermine, surmonté d'une toque et d'une couronne ; supports : deux lions contournés. — A g., sur la tablette du socle : *Ioannes Jouvenet pinxit ;* — à dr. : *Petr. Drevet Sculpsit.*

Seul état connu. — Très-belle épreuve.

491. **Cisternay du Fay** (Charles-Jérôme DE), bibliophile, 1662-1723. — In-8°. H. 0,137. L. 0,084. (Le B., 21.)*

A mi-corps, dans un ovale armorié monté sur un socle. Vu de 3/4, regardant à gauche, le corps tourné vers la droite ; en perruque. Couvert d'une cuirasse, avec manteau doublé de fourrure sur les épaules. Il semble tenir la main gauche sur la hanche. — Au bas du portrait, attenant à la bordure de l'ovale, un petit cartouche au milieu duquel sont les armoiries : *Ecartelé : au 1, d'azur au dragon ailé d'or, armé et lampassé de gueules ; au 2, bandé de gueules et d'argent de six pièces ;*

*au 3, d'azur à la tour crénelée d'argent, ajournée et maçonnée de sable;
au 4, d'argent à 4 fasces vivrées de gueules; à la bande d'azur semée de
fleurs de lis d'or, brochante, qui est de* Gencien.

2º état, avant la lettre, mais avec les armes. — Très-belle épreuve.

3º état. — Sur le bord du socle, à g. : *H. Rigaud p.* ; — à dr. :
P. Drevet s. — Sur la tablette du socle, on lit : *Charles Jerôme De
Cisternay du Fay* || *Capitaine aux Gardes Françoises.* — Sous le tr. c. :
Me læsit Mavors, læsum mulsere Camœnæ. — Belle épreuve.

Ce portrait, gravé par Drevet fils d'après le tableau peint par Rigaud
en 1712, était destiné à figurer en tête du catalogue de la bibliothèque
de cet amateur, catalogue qui parut cependant, sous le titre de *Biblio-
theca Fayana*, en 1725, tandis que l'estampe ne fut prête qu'en 1728, de
façon qu'on ne la trouve pas dans tous les exemplaires.

492. Couvay (Pierre-Nolasque), secrétaire du roi, 1686-1751. — In-fol. H. 0,396. L. 0,291. (Le B., 24.)*

A mi-corps, dans un ovale figuré en pierre, avec cassures simulées.
Vu presque de face, le corps tourné vers la gauche, regardant à droite,
en longue perruque. Vêtu d'un habit ouvert par le haut et sur lequel sont
brodés les insignes de l'ordre du Christ ; manches à parements brodés.
Il tient sa main droite contre sa poitrine, le pouce et l'index écartés. —
Autour de l'ovale : *Petrus Nolascus Couvay, Christi Ordinis Eques, et
Reg. Christianiss. a Consiliis et Secretiss. Ætatis suæ XXXIX.* — Au bas de
l'ovale, sur le milieu du socle, dans un cartouche, les armoiries : *Parti:
au 1, écartelé : aux 1 et 4, de gueules à un lion d'argent renfermé dans
un double trescheur, fleuronné et contrefleuronné d'argent; aux 2 et 3,
de gueules à la fasce échiquetée de gueules et d'argent; au 2, d'or à 4 pals
de gueules; à la bordure d'azur chargée de...... d'or.* — Sur le dessus
du couronnement du socle, deux sauvages armés de massues, accom-
pagnant les armoiries : celui de gauche est à demi couché, montrant de
la main l'écusson ; celui de droite est à genoux sur l'une des volutes
du cartouche, la jambe gauche pendante. Le blason est surmonté d'un
casque, vu de face, orné de ses lambrequins ; couronne de marquis;
cimier : un col de cygne ; le tout surmonté d'une banderole avec cette
devise : *Aspirans.* — Au bas du socle, à g. : *R. Tournierre* (sic) *pinxit;*
— à dr. : *P. Drevet sculp.* [1725].

2º état, avec le nom des artistes. — Belle épreuve.

493. Dubois (Guillaume), cardinal et homme d'État français, 1656-1723. — In-fol. H. 0,437. L. 0,349. (Le B., 26, s. n.)*

Presque entier, vu de 3/4, tourné à droite. Assis dans un fauteuil,
le bras gauche étendu et caché dans son manteau. Il s'appuie sur une
table et tient dans la main un pli avec la suscription : *Au Roy.* En costume d'archevêque, avec le camail d'hermine sur les épaules ; la tête

couverte d'une perruque. De la main droite, il tient sur ses genoux son bonnet carré. Sur la table, des parchemins munis de leurs sceaux pendants, et une écritoire avec une plume d'oie. Au-dessus de la table, une belle pendule montée sur un socle près duquel on voit quatre volumes. — Dans le haut, une draperie avec cordon à glands.

1er état, avant toute lettre et avant le médaillon renfermant les armes. — Très-belle épreuve, peut-être unique (300 fr.). Les mots : *Au Roy*, l'inscription et le médaillon avec les armes y sont figurés à la main. Collection Camberlyn.

2e état. — Dans le cadre à g. : *Peint par Hyacinthe Rigaud 1723.* ; — à dr. : *Gravé par P. Drevet 1724.* — Sous le cadre au milieu : *Guillaume Cardinal Dubois, Archevesque* || *Duc de Cambray, Prince du St. Empire. Premier Ministre.* || *Né le 6. Septembre 1656. mort le 10 Aoust 1723.* — Cette inscription est séparée par un médaillon renfermant les armoiries : *D'azur à trois arbrisseaux d'or; au chef de gueules chargé de trois molettes d'argent.* — Belle épreuve.

494. Fénelon (François DE SALIGNAC, DE LA MOTHE), 1651-1715. — In-fol. H. 0,241. L. 0,183. (Le B., 43, *s. n.*) *

A mi-corps, dans un ovale. Vu de 3/4, tourné à gauche, regardant en face. En petit costume d'archevêque, coiffé de la calotte, les épaules recouvertes de la pèlerine à capuchon. Il porte la croix pectorale suspendue à un large ruban. — Autour de l'ovale : *Franciscus de Salignac vel Salagnac de La Mothe Fenelon. Archiepiscopus. Dux Cameracensis.* — Sous le portrait, au milieu du dessus du socle, un médaillon renfermant ses armes : *D'or à 3 bandes de sinople.* — Sous le médaillon, au milieu de la tablette du socle, ce quatrain :

> *Princes que le Ciel a fait naître*
> *Pour nous donner de justes loix*
> *Choisissez ce Mentor pour Maitre*
> *Il scait l'art de former les Rois.*

Au pied du socle, à g. : *J. Vivien pinxit* ; — à dr. : *P. Drevet sculp.* Seul état connu. — Belle épreuve.

495. *France :* Élisabeth-Charlotte de Bavière, appelée la duchesse d'Orléans et surnommée *la Palatine,* seconde épouse de PHILIPPE Ier, duc D'ORLÉANS, et mère du Régent, 1652-1722. — In-8° en travers. L. 0,127. H. 0,084. (Le B., 37.) *

A mi-corps, dans un médaillon ovale supporté par un socle entouré de fleurs, de fruits et de divers attributs. Elle est vue presque de face, tournée vers la droite, regardant à gauche, les cheveux relevés et cachés en partie par un voile retombant derrière. Légèrement décolletée, le manteau fleurdelisé, doublé d'hermine sur les épaules. — Sous le tr. c., à g. : *Hyacint*. *Rigaud pinxit.*; — à dr. : *Petr*. *Drevet sculpsit.*

1er état. — Très-belle épreuve, avant le texte au verso.

Un grand portrait de cette princesse représentée jusqu'aux genoux, et dont l'estampe ci-dessus est une réduction, a été peint par Rigaud en 1713 et gravé l'année suivante par Simonneau l'aîné, et aussi par Marie Hortemels.

La gravure ci-dessus date de 1723, et voici les renseignements que nous fournit Van Hulst à cet égard : « Buste sans mains, enchâssé « dans une composition de vignette qui a été faite pour être mise en « tête de l'oraison funèbre de cette princesse. La tête d'après celle « du grand tableau, la draperie ajustée exprès par M. Rigaud pour la « place ».

Cette *Oraison funèbre*, non citée par Quérard, fut prononcée le 18 mars 1723 à Laon, par le P. Cathalan, de la Compagnie de Jésus, et imprimée à Paris, chez la veuve Maziéres, dans la même année, in-4°.

496. *France :* **Louise-Adélaïde d'Orléans** (Mlle de Chartres), abbesse de Chelles, fille du Régent, 1698-1743. — In-fol. H. 0,476. L. 0,377. (Le B., 39, *s. n.*) *

A mi-jambes, dans un ovale armorié, sur un socle et dans un cadre carré. Vue presque de face, le corps légèrement tourné à gauche. En costume d'abbesse, avec une simple croix suspendue au cou par un ruban passant sous sa guimpe. Les bras croisés sur la poitrine, elle tient un livre fermé dans sa main gauche, le pouce pris entre les feuillets. — Autour de l'ovale : *Louise Adelaide d'Orleans, Abbesse de Chelles.* — Au bas de l'ovale, dans la bordure extérieure : *Antonius Dejean Clericus Cadomœus.* — Sur le dessus du socle, à g. : *Peint par Gobert ;* — à dr. : *Gravé par Drevet.*

Seul état connu. — Superbe épreuve à toutes marges.

497. *France :* **Louise-Adélaïde d'Orléans,** la même que la précédente. — In-fol. H. 0,423. L. 0,365. *

A mi-corps, dans un ovale, sur un piédestal armorié et dans un cadre carré. Vue de 3/4, tournée vers la gauche, où elle regarde. En costume d'abbesse. Sa main droite est posée au bas de sa guimpe, les doigts écartés. De sa main gauche, elle tourne les feuillets d'un livre posé sur une table recouverte d'un tapis. A sa droite, est un pilier. — Autour de l'ovale : *Louise Adelaide d'Orléans Abbesse de Chelles.* — Sous le portrait, dans l'ovale : *Fr. J. Prosper d'Anthenaize Monac. Bened. E* [[*Congreg. S^ti. Mauri.* — A g. et à dr. des armoiries, deux branches de lis avec guirlandes de fleurs encadrent l'ovale et accompagnent deux crosses d'abbesse. — Au bas du piédestal, à g. : *Gobert pinxit.;* — à dr. : *Drevet sculsit* (sic).

2º état, avec la lettre. — Belle épreuve.

498. *France :* **Louise-Adélaïde d'Orléans**, la même que la précédente. — In-4º. H. 0,218. L. 0,171.*

Dans un cadre carré. C'est une réduction du portrait précédent. — A sa droite, contre le pilier, est appuyée sa crosse. — Sous le tr. c., à g. : *Gobert pinx.;* — à dr. : *P. Drevet scul.;* — au milieu : *Louise Adelaide d'Orleans Abbesse de Chelles.* — Inscription séparée par les armes dans un médaillon, accompagné de six vers, dont trois à gauche et trois à droite :

> *Adélaïde en Dieu fixant son esperance*
> *A quitté les grandeurs pour chercher le vrai bien,*
> *Le rang ou l'elevoit son auguste naissance*
> *Ne fut pour l'arréter qu'un impuissant lien.*
> *A qui contemple un etre immense*
> *Ce vaste monde n'est plus rien.*

Au-dessous des trois premiers vers, à dr. : *Monachi Benedictini Noviomences dicant, V. C.*

Seul état connu. — Belle épreuve.

499. *France :* **Louis d'Orléans**, fils du Régent, 1703-1752. — In-4º. H. 0,231. L. 0,163. (Le B., 38, *s. n.*)*

A mi-corps, dans un ovale armorié posé sur un socle. Personnage vu de 3/4, tourné vers la gauche, regardant à droite, tête nue, les cheveux bouclés, noués derrière par un ruban. Couvert d'une cuirasse, avec le grand-cordon et les insignes de la Toison d'or suspendues à un large ruban passé autour de son cou. La main gauche semble posée sur la hanche. Le bras droit est couvert par son manteau. — Autour de l'ovale : *Ludovicus Dux Aurelianensium.* — A g. des armes, sur le dessus du socle : *Car. Coypel pinx.:;* — à dr. : *P. Drevet sculp.*

1er état, avant l'inscription sur la corniche du socle. — Superbe épreuve, avec marges.

2e état. — Sur la corniche du socle : *Louis Duc d'Orleans* ‖ *Fils du Regent,* ‖ *Mort a Se. Genevieve le 4 Fevrer* (sic) 1752. *le 8 transporté au Val-de-Grace.*— Cette inscription est séparée par le cartouche contenant les armoiries. — Sous le tr. c. : *A Paris chez Bligny,* etc. — Belle épreuve.

500. *France :* **Louis XV**, conduit par Minerve, 1710-1774. — In-fol. H. 0,387. L. 0,332. (Le B., 29.)*

En pied tous les deux. Dans un ovale équarri aux angles losangés et parsemés de fleurs de lis. *Minerve*, supportée par des nuages, est en tunique blanche, légèrement décolletée et entr'ouverte sur le côté, laissant à nu la jambe gauche; la tête couverte d'un casque surmonté d'un panache blanc, le bras gauche nu, levé et étendu, elle montre à Louis XV le temple de l'Immortalité, situé, au milieu d'un rayonnement, sur une montagne escarpée. Elle protége le jeune roi de son bras droit armé d'un bouclier.

Le jeune Louis XV, debout, dans une attitude d'extase, est vu de profil, la tête nue, les cheveux bouclés, les yeux levés vers le temple. Il est couvert d'une cuirasse où brille un soleil; sur ses épaules le manteau royal d'hermine; l'épée au côté droit. Son bras gauche est nu et élevé en l'air; le droit écarté, la main vers la terre. Les jambes à demi nues; les pieds chaussés de sandales.—Sous le tr. c., à g.: *Peint par Mr Coypel Écuyer premier peintre du Roi;* — à dr.: *Gravé par Pierre Drevet;* — au milieu : *Tali Se Dea Jactat Alumno ‖ A Monseigneur François de Neufville Duc de Villeroy ‖ Pair et premier Marechal de france, Chevalier des ordres du Roy, Gouverneur de sa personne, Ministre d'Etat, Chef des ‖ Conseils de finance et de Commerce, Coner au Conseil de Regence, Gouverneur et Lieutenant Gñal. pour sa Majéste (sic) de Villes ‖ de Lyon, Provinces de Lyonnois, Foréz et Beaujolois, &c.—Par son tres humble et tres obcïssant Serviteur Antoine Coypel premier peintre du Roi.* — Cette dédicace est coupée, au milieu, par un médaillon renfermant les armoiries du Duc de Villeroy : *D'azur à un chevron accompagné de trois croix ancrées, le tout d'or.*

3e état, où les qualités de Coypel, à g. sous le tr. c., ne sont plus en abrégé, mais tout au long. — Belle épreuve.

501. Le Blanc (Cl.), homme d'État, mort en 1728. — In-4. H. 0,215. L. 0,153. (Le B., 30.)*

A mi-corps, dans un ovale armorié. Vu de 3/4, tourné à droite, la tête couverte d'une perruque retombant sur les épaules. Cravate blanche avec de longs bouts en dentelle. Le grand cordon en sautoir; l'épaule gauche couverte par son manteau ; la droite, à demi cachée, laisse voir la manche, à large parement, de son habit garni de quatre gros boutons dans le haut.—Autour de l'ovale : *Claude Le Blanc, Ministre et Secretaire d'Etat de la Guerre.*—Sur le dessus du socle, à g.: *A. le Prieur pinx.;* — à dr.: *P. Drevet Sculp.* — Au milieu du socle, retenu au cadre de l'ovale, un cartouche avec médaillon renfermant les armes : *D'or à une aigle d'azur, le vol abaissé.* — A la base du socle : *Adversis rerum immersabilis undis.*

Seul état connu. — Très-belle épreuve, à toutes marges.

502. Lecouvreur (Adrienne COUVREUR, *dite*), célèbre actrice française, 1693-1730 — In-fol. H. 0,408. L. 0,290. (Le B., 31.) *

A mi-jambes, dans un ovale supporté par un piédestal figuré en pierres. Dans le rôle de *Cornélie*. Debout, vue de face, les cheveux nattés retombant sur l'épaule gauche; la tête couverte d'un long voile; les yeux levés aux ciel. Vêtue d'une robe de velours noir, décolletée, laissant la gorge à nu. La manche gauche de sa robe est relevée jusqu'au coude. Elle tient dans ses mains, contre sa poitrine, une urne funéraire contenant les cendres de Pompée.

1er état, avant toute lettre. — Superbe épreuve (300 fr.).

2e état, dit *avec la faute*. — Au haut de l'ovale : *Adrienne Le Couvreur*. — Au bas : *Morte a Paris le 20 Mars.*1730 *agé* (sic) *de trente sept ans.* — Sur la tablette du piédestal, ce quatrain :

> *C'est peu de voir icy, pour attendrir vos cœurs,*
> *Les cendres de Pompée & Cornélie en pleurs,*
> *Reconnoissés, pleurés cette Actrice admirable*
> *Qui n'eut point de model* (sic) *et fut inimitable.*

A g., à la base du piédestal, on lit : *Peint par Ch. Coypel.* ; — à dr. : *Gravé par P. Drevet.* — Très-belle épreuve (100 fr.).

3e état. — La faute d'orthographe du mot *model* est corrigée. — Belle épreuve.

03. **Loo** (Dom Arnoul DE), bénédictin, 1644-1713. — In-fol. H. 0,284. L. 0,215. (Le B., 33, *s. n.*) *

A mi-jambes, assis dans un fauteuil en bois. Vu presque de face, le corps tourné vers la gauche ; la tête complétement rasée. Physionomie souriante. En costume de religieux ; le capuchon de sa robe un peu rabattu. Il tient dans sa main gauche une feuille double de papier couverte d'écriture. La main droite repose sur le bras du fauteuil. — Une colonnade à sa droite ; on aperçoit deux rangées d'in-folio entre les piliers. Un livre ouvert est placé entre les deux premières colonnes. Derrière lui, dans le haut, une draperie tombant derrière le fauteuil. — Sous le tr. c., à g. : *J. Jouvenet pinxit* ; — à dr. : *P. Drevet scul.* ; — au milieu : *Le t. r. p. Dom Arnoul de Loo.* || *Superieur General de la Congregation de St. Maur, décedé.* || *en 1713. âgé de 69. ans.*

Seul état connu. — Belle épreuve.

Mariette attribue la gravure de ce portrait à Drevet le *père*, ce qui n'est pas certain.

04. **Mailly** (François DE), cardinal, archevêque de Reims, 1658-1721. — In-fol. H. 0,453. L. 0,360. (Le B., 35.) *

En buste, dans un ovale équarri, figuré en pierre et supporté par un socle armorié. Personnage vu de face, tête nue, cheveux légèrement bouclés. En petit costume d'archevêque avec le camail d'hermine, relevé sur l'épaule gauche. — Autour de l'ovale : *Franciscus de Mailly S. R. E. Cardinalis, Arch. Dux Remensis, Primus Par Franciæ. &c.* — Au milieu du socle, un cartouche relié à l'ovale et contenant un médaillon avec les armes : *D'or à trois maillets de sinople;* l'écu couronné et surmonté du chapeau de cardinal. — A g. du cartouche, sur le socle, [Ch.-A.] *Van Loo pinxit;* — à dr.: *P. Drevet sculpsit.*

Seul état connu. — Très-belle épreuve.

505. Mailly (François DE), le même que le précédent. — In-8° en travers. L. 0,113. H. 0,078. (Le B., 34, *s. n.*) *

En buste, dans un médaillon ovale, entouré d'attributs et supporté par un piédestal. Personnage vu de face, tête nue, les cheveux légèrement bouclés. En camail d'hermine. — Derrière l'ovale, la croix archiépiscopale et la crosse posées en sautoir. A côté de l'ovale, à g. une sphère recouverte en partie par une draperie placée dans le haut u cadre; en avant, un chapeau de cardinal et des livres épars; à dr i e une mitre posée sur un volume, couché à plat, et des fleurs. — Sous le tr. c., à g.: [Ch.-A.] *Vanloo pinx.;* — à dr. : *P. Drevet sculp.*

Seul état connu. — Très-belle épreuve, avec marges, et avant le texte au verso.

Ce portrait figure en tête de son *Oraison funèbre,* par le P. Candide Chalippe, Recollet ; Paris, chez la veuve Mazières, en 1722, in-4°.

506. Neufville de Villeroy (François-Paul DE), archevêque de Lyon, 1677-1731. — Pet. in-fol. H. 0,243. L. 0,175 (Le B., 36, *s. n.*) *

En buste, dans un ovale. Vu de face, la tête nue, les cheveux bouclés. En petit costume d'archevêque; la croix pectorale suspendu par un large ruban passant sous le rabat. — Autour de l'ovale : *Fr. De. Neufville. De. Villeroy. Archiep. et. Comes. Lugd. Galliar. Prim* Sur le dessus du socle, à g. : *Santerre pinx.;* — à dr. : *Drevet scul.* Au milieu du socle et au bas de l'ovale, un simple médaillon renfermant ses armoiries : *D'azur à un chevron accompagné de trois croix ancrées, le tout d'or;* l'écu surmonté d'une couronne de marquis ainsi que d'une croix archiépiscopale, accompagnée du chapeau de cardinal.

Très-belle épreuve.

Mariette attribue la gravure de ce portrait à Drevet le *père.*

507. Pucelle (René), magistrat français, 1655-1745. — In-fol. H. 0,425. L. 0,328. (Le B., 40.) *

A mi-corps, dans l'embrasure d'une fenêtre cintrée, figurée en pie re et garnie, dans le haut, d'une draperie avec cordons à glands qui cache le cintre. En grand costume d'abbé, avec la robe de conseiller en surtout. Vu de face, légèrement tourné vers la gauche, tête nue, les cheveux frisés et abondants. La manche de sa robe de conseiller tombe en dehors de l'appui de la fenêtre et forme draperie. — Sur le milieu de la tablette du socle, un cartouche renfermant ses armoiries : *Ecartelé : aux 1 et 4, d'azur à une croix engreslée, cantonnée, au premier et quatrième canton, d'un croissant, au deuxième et troisième, d'un trèfle, le tout d'or; aux 2 et 3, d'argent à une croix de gueules, chargée de neuf coquilles d'or;* l'écu surmonté d'une mitre et d'une crosse d'abbé; supports : deux lions couchés et contournés.

1er état, avant toute lettre. — Très-belle épreuve.

2o état : — Sous le tr. c., à g.: *Peint par Hyacinthe Rigaud, Chevalier de l'Ordre de St Michel;* — à dr.: *Gravé par P. Drevet en 1739.;* — au milieu : *René Pucelle, Conseiller au Parlement,* || *Abbé de Saint Leonard de Corbigny.* || *Né le 1er. Février 1655.* — Belle épreuve.

Le tableau original a été peint par Rigaud en 1721. Le cadre architectonique, les rideaux et les armoiries ont été composés exprès pour cette estampe.

508. **Sainte-Marthe** (Denis DE), historien et théologien français, 1650-1725. — In-fol. H. 0,303. L. 0,221. (Le B., 42, *s. n.*) *

A mi-corps, vu de face. En costume de bénédictin, le capuchon relevé sur la tête. Il est assis dans un fauteuil de cuir, devant une table recouverte d'un tapis, sur laquelle est un manuscrit qu'il feuillette de la main gauche. Sa main droite, posée au haut d'un grand in-folio incliné, au dos duquel on lit : *Gallia* || *Christia* || *To III,* tient, entre le pouce et l'index, une plume d'oie. Près de ces volumes, et retenant une feuille de papier placée sur le bord de la table, est un encrier en faïence sur lequel est couchée une plume d'oie. — Dans le fond, à gauche, une bibliothèque garnie de volumes avec le titre des ouvrages. Sur le premier rayon on lit : *Reponse* || *Aux pla* || *des prot.* — *Entpr.* || *dv P.* || *d'Orange.* — *Vie de* || *Cassiod.* — *Traité* || *de la* || *Confessi.* — Sur le second rayon se voient les volumes de : *Gallia Christiana t. I. II.* — *Vie de St Gregoire* — *Sti Gregorii* || *Opera* || *t. IV. III. II.* — Dans l'angle droit du cadre, et derrière le personnage, se trouve une draperie qui cache en partie la bibliothèque. — Sous le tr. c., à g. : [Jacques] *Cazes pinxit.;* — à dr.: *P. Drevet sculpsit;* — au milieu : *Dom Denys de Ste. Marthe.* || *Superieur Général de la Congrégation de St. Maur.* || *né le 24. May 1650. décédé le 30. Mars 1725.*

Seul état connu. — Belle épreuve.

509. **Tressan** (Louis DE LA VERGNE DE), comte de Lyon, ar-

chevêque de Rouen, mort en 1733. — In-fol. H. 0,275.
L. 0,204. (Le B., 44.) *

Il est représenté agenouillé sur des gradins. Vu presque de profil,
tourné à gauche. En grand costume d'archevêque, la calotte sur le
sommet de la tête; la main droite posée sur sa poitrine, les doigts
écartés; le bras gauche pendant, la main presque ouverte. Devant lui,
la Ste Vierge tenant l'enfant Jésus sur ses genoux, assise sur un nuage
et soutenue par des chérubins. Elle tient de la main droite, entre le
pouce et l'index, le bord de son voile; sa main gauche est posée sur la
hanche de l'enfant Jésus. A sa gauche, deux colonnes derrière lesquelles
une draperie, relevée sur la droite, laisse voir dans le fond la cathé-
drale de Rouen. Devant l'archevêque, sur les marches, aux pieds de la
Vierge, un coussin supportant la mitre, la croix et la crosse du prélat.
   1er état, avant les noms des artistes. — Très-belle épreuve.
   2e état. — Sous le tr. c., à g. : Mr. [J.-B.] Vanloo pinx; — à dr.:
P. Drevet scul.
   Estampe gravée pour servir de frontispice à un missel de Rouen.

510. **Tressan** (L. DE LA VERGNE DE), le même que le précédent. — In-8º. H. 0,154. L. 0,106. (Le B., 45.)

   Réduction du précédent, pour un bréviaire de Rouen.
   Seul état connu, avant toute lettre. — Très-belle épreuve.
   Dans cette planche, Drevet fils ne grava que les figures; le reste est
dû au burin de Claude Audran.

511. **Verthamon** (Isaac-Jacques DE), prélat français, 1669-
1723. — In-fol. H. 0,440. L. 0,330. (Le B., 46, s. n.) *

   A mi-corps, dans un ovale supporté par un socle. Vu de 3/4, tourné
vers la gauche; cheveux abondants, relevés sur le devant; le sommet
de la tête couvert par sa calotte. Vêtu du petit costume d'évêque, les
épaules couvertes par sa pèlerine à capuchon; une simple croix d'argent, retenue à un large ruban passant sous son rabat. — Autour de
l'ovale : Isaac Jaques (sic) de Verthamon Eveque de Conserans âgé de
41 ans en 1710.— Sur le dessus du couronnement du socle, à g.: F. De-
troy (sic) pinx.; — à dr.: P. Drevet sculp. — Au bas du portrait, retenu
à la bordure et au milieu de la corniche du socle, un cartouche contenant ses armoiries : Ecartelé : au 1, de gueules au lion leopardé d'or;
aux 2 et 3, cinq points d'or équipollés à quatre d'azur; au 4, de gueules
plein; l'écu timbré d'une couronne de comte, surmontée d'un chapeau d'évêque et accompagnée d'une mitre et d'une crosse.
   Seul état connu. — Belle épreuve.
   Mariette attribue la gravure de ce portrait à Drevet le père, ce qui
doit être si elle a été faite en 1710.

DREVET (CLAUDE),

graveur au burin, né en 1705; marié, le 15 novembre 1745, à Catherine-Guillemette Baudry, fille d'Alexandre Baudry, procureur au Châtelet. Il était fils de Floris Drevet, marchand de Lyon, et neveu de Pierre Drevet, sous la direction duquel il apprit la gravure. Par brevet du 8 mai 1739, le roi lui donna le logement que son oncle et son cousin germain avaient occupé au Louvre. Il y décéda le 23 décembre 1781.

512. **Besenval** (J.-V., baron DE), général suisse au service de la France, 1722-1791. — In-4°. H. 0,230. L. 0,170. (Le B., 6, *s. n.*) *

En buste, dans un ovale architectonique. Vu de 3/4, la tête nue, tournée vers la gauche, le corps à droite. Couvert d'une cuirasse; le col de la chemise ouvert. — Autour de l'ovale : *Jean Victor Besenval Baron de Brunstat Lieut. Genl des Armées du Roy, Coll. du Regt. des Gardes Suisses de S. M.* — Sur le socle, à g., un casque avec son panache; à dr., un bouclier, une épée et un bâton de commandement. — Sur la frise, à g., on lit : *Messonier* [sic, pour Meissonnier] *Archte. del.;* — à dr. : *Cl. Drevet Sculp.*

Seul état connu. — Belle épreuve.

513. **Le Bret** (Marguerite-Henriette DE LA BRIFFE, Mme), quatrième épouse du président Le Bret (Cardin). — Gr. in-fol. H. 0,410. L. 0,316. (Le B., 8.) *

A mi-jambes. Elle est représentée en *Cérès*, assise sur un tertre, dans la campagne. Vue de face, tête nue, les cheveux ornés d'un bouquet de fleurs des champs avec épis de blé. Elle est vêtue d'une robe de soie décolletée, laissant voir la naissance des seins; une broche avec perle au corsage; nœud de ruban à la ceinture; larges manches laissant à nu l'avant-bras. Du bras droit, elle s'appuie sur le tertre et tient dans la main des fleurs mélangées à des épis; près d'elle, est un champ de blé. Sa main gauche, dans laquelle elle tient une faucille, repose sur le pan de sa mante. — Sous le cadre, à g. : *Hyacinthe Rigaud pinx.;* — à dr. : *Clauds. Drevet sculp.* 1728. — Plus bas, à deux colonnes, les huit vers suivants :

La faucille à la main c'est ainsi que Cerès
Aussi brillante, aussi belle que Flore,
Mais plus féconde et plus utile encore,
Vient moissonner pour nous ses plus riches guerets.
En recevant les biens qu'elle nous donne,
Défendons nous de ses attraits vainqueurs :
Jeune et riante elle moissonne
Moins d'épics encor que de Cœurs.

— Plus bas : *A Paris chez P. Drevet Graveur du Roy aux Galleries du Louvre.*

3e état, avec la lettre. — Belle épreuve.

Il n'existe pas d'état avec la désignation de la personne représentée sur ce portrait dont l'original a été peint en 1712 par Rigaud, qui fit aussi, dans cette même année, le portrait du président Le Bret, gravé en 1727 par J. Cundier.

514. Milon (Alexandre), prélat français, mort en 1771. — In-fol. H. 0,427. L. 0,324. (Le B., 11, *s. n.*)*

A mi-corps, debout, dans un cadre en pierre figurant une embrasure de fenêtre, cintrée dans le haut. Vu de face, en petit costume d'évêque, la tête couverte d'une longue perruque. Une simple croix suspendue à son cou par un ruban. — A gauche, sur l'appui de la fenêtre, est un rouleau de papier et des livres dont l'un debout, appuyé contre un pilastre. Derrière le personnage, est une draperie relevée à gauche et laissant voir les rayons d'une bibliothèque. Sur la pierre du bord de la fenêtre, on lit, à g. : *Peint par Hyacinthe Rigaud Ch.er de l'Ordre de St. Michel.;* — à dr. :.*Gravé par C. Drevet* 1740. — Sur la tablette du socle : *Alexandre Milon || Evêque Comte de Valence || Prince de Soyon, Abbé des Abbés. || de la Grace Dieu, et de N. Dame || de Leoncel, cydevant Aumer. || du Roi.* — Cette inscription est coupée par un cartouche supportant ses armes : *De gueules à la fasce d'or, chargée d'une merlette de sable et accompagnée de trois croissants d'argent, posés 2 et 1.*

2e état. — Belle épreuve.

Au 1er état, la date de la gravure n'est indiquée que par les deux premiers chiffres : 17.... Le tableau original a été peint en 1735.

515. Oswald (Hen.), prélat français. — Gr. in-fol. H. 0,491. L. 0,361. (Le B., 13, *s. n.*)

A mi-jambes. Vu de face, assis dans un fauteuil aux bras recourbés et magnifiquement sculptés, près d'une table sur laquelle est posée sa mitre. En costume d'archevêque, avec le camail d'hermine; la croix du Saint-Esprit suspendue à un large ruban. Dans sa main gauche, appuyée contre le fauteuil, il tient son bonnet carré. Sa main droite repose sur une table, et il tient entre ses doigts un des fanons de sa mitre, sur lesquels sont piquées, avec des broches, des croix de Malte. Derrière lui, à g., une croix archiépiscopale appuyée sur une draperie qui recouvre le fût d'une colonne. — Dans l'angle g. du cadre, au-dessus de la tablette : *Peint par Hyacinthe Rigaud Chevalier de l'Ordre de St. Michel;* — à dr. : *Gravé par C. Drevet* 1749. — Sur la tablette du cadre : *Henry Oswald Cardinal d'Auvergne || Archevêque de Vienne, Abbé de Cluni, Chanoine et || Grand Prevôt de Strasbourg, Commandeur de l'Ordre du St. Esprit.* — Cette inscription est coupée par un médaillon contenant ses armoiries. — Sous le tr. c. : *Hanc effigiem, venerationis monumentum incidi curavit J. F. C. Vallant, regiæ utriusque aulæ equestris, et equitatus galliæ, medicus ordinarius, ac Eminentissimi Principis Clinicus.*

Seul état connu. — Belle épreuve.

516. Steiger (Christophe), magistrat suisse. — In-fol. H. 0,303. L. 0,255. (Le B., 15, *s. n.*)

A mi-corps, assis dans un fauteuil près d'une table sur laquelle est posée, sur un coussin, sa toque garnie de fourrure; près du coussin, une bourse aux armes de la ville de Berne. Personnage vu de face, le corps tourné à droite; en grande perruque. Vêtu d'une longue robe avec rabat, manches bouffantes. Sa main gauche posée sur sa hanche. Du bras droit, il s'appuie sur le fauteuil et tient dans la main, entre le pouce et l'index, le bâton de sa charge. — Derrière lui, à g. et à dr., on voit des tapisseries frangées. — Sous le tr. c., à g. : *Joh. Rudolff Huber Pinxit.* ; — à dr. : *C. Drevet Sculpsit;* — au milieu : *Christophorus Steigerus || Consul Reipublicæ Bernensis.* — Cette inscription est coupée par un ovale renfermant ses armes : *D'or au bouquetin naissant de sable, la patte dextre levée, la senestre abaissée;* couronne de baron surmontée de la devise : *Vive ut Vivas.*

Seul état connu. Rare. — Belle épreuve, un peu rognée.

517. Vintimille (Charles-Gasp.-Guill. DE), prélat français, 1656-1746. — Gr. in-fol. H. 0,506. L. 0,373. (Le B., 16.)*

A mi-jambes, vu de face, assis dans un fauteuil aux bras recourbés et sculptés, placé près d'une table magnifiquement ornée, et sur laquelle sont posés des livres et un superbe encrier, près duquel est une enveloppe dont le cachet est brisé. En costume d'archevêque avec le camail et la croix du Saint-Esprit suspendue à un large ruban. De la main gauche, il tient l'extrémité du bras du fauteuil ; de la main droite, son bonnet carré posé sur ses genoux, le bras appuyé sur le fauteuil. Derrière lui, des draperies relevées dans l'angle droit du cadre, avec des cordons à glands, laissent voir les rayons d'une bibliothèque. — Dans l'angle g. du cadre, au-dessus de la tablette : *Peint par Hyacinthe Rigaud Chevalier de l'Ordre de St. Michel* [1731] ; à dr. : *Gravé par C. Drevet* [1736]. — Sur la tablette : *Charles-Gaspard-Guillaume de Vintimille || Des Comtes de Marseille du Luc, Archevêque de Paris, || Duc de S. Cloud, Pair de France Commandeur de l'Ordre du S. Esprit, &c.* — Cette inscription est coupée par un médaillon renfermant ses armoiries : *Écartelé : aux 1 et 4, de gueules, au chef d'or; aux 2 et 3, de gueules au lion d'or, couronné du même.*

1er état, avant les contre-tailles obliques faites à la bordure gauche, près du milieu du cordon à glands, pour simuler une cassure. Rare. — Très-belle épreuve, avec marges.

518. Zinzendorf (Phil.-Louis, comte DE), homme d'État allemand, 1671-17... — Gr. in-fol. H. 0,434. L. 0,345. (Le B., 14, s. n.)

A mi-jambes, debout entre deux pilastres. Vu de 3/4, regardant à gauche, le corps tourné vers la droite, la tête recouverte d'une longue perruque retombant sur les épaules. Vêtu de l'habit de cérémonie de l'ordre de la Toison d'or et portant au cou le collier de cet ordre. De la main gauche, le bras allongé, il tient sa toque posée sur le coin d'une draperie, retenue dans le haut par des cordons à glands, et recouvre un socle en pierre, sur le côté duquel sont sculptées quatre têtes ailées d'anges soufflant sur une flamme sortant d'un vase armorié avec banderole. Sa main droite est appuyée sur la hanche, s'accoudant à fût d'une colonne.

1er état, avant toute lettre, avant les armes dans la marge, a le cadre, avant l'achèvement des armoiries et l'indication de la de e sur le vase du socle. Fort rare. — Superbe épreuve (100 à 150 fr.).

3e état. H. 0,453. L. 0,377. — Avec le cadre. Sur le vase du so un écusson couronné et environné du manteau, renferme le premier ua - tier des armoiries du comte. Au-dessus, sur la banderole, cette den *Agitata clarescit.* — Au bas du cadre : *Philippus Ludovicus Comes A Sin en- dorf* || *Caroli VI. Cæsaris, A Secretis Consiliis intimæ admissionis Minis- ter, Supremus Aulæ Cancellarius, Aurei Velleris Eques, Sac. Rom.* || *Imp. Thesaurarius Hæreditarius, Supremus in Austria Scutifer ac Præciso m Provincia vero supra Anasum* || *Pincerna Hæreditarius, Burggravi i Rheinegg, Liber Baro in Ernstbrunn, Dominus Dynastiarum Gföll,* | e- *lowiz, Carlswald, Schritenz, Freyholtzmühl, Berenau, Stecken, T nau, Smilau et Bastinau, dum* || *Aucustæ Suessionum Legatum P* - *pem in Pacificationis Conventu ageret Anno Salut. MDCCXXV Ætat. LVII.* — On a enlevé les tailles du 2e état pour faire place à cette inscription qui est séparée, au milieu, par les armoiries, entourées du manteau ainsi que du collier de la Toison d'or, et surmontées d'une couronne. — Sous l'inscription, à g. : *Hyacintus Rigaud Eques ordinis Sti. Michaelis. Pinxit.;* — à dr. : *Claudius Drevet. Sculpsit. Parisis.* — Très belle épreuve.

Peint par Rigaud en 1729, et gravé en 1730.

DUCHAINE,

graveur au burin de la fin du XVIIIe siècle.

519. Marmontel (Jean-François), littérateur français, 1723-1799. — In-4°. H. 0,173. L. 0,127.

En buste, dans un médaillon retenu dans le haut par un nœu e ruban. Vu de profil,. tourné à gauche, tête nue, les cheveux relevés, frisés sur le côté et attachés derrière par un ruban.— Sur la tablette : *J.-F. Marmontel,* || *de L'Académie Francoise.* — Deux branches de laurier surmontent la tablette et encadrent le médaillon. — Sous le tr. c., à dr.: *Duchaine Sculp.;*— à g.: *A Paris chez Bligny, Lancier,* etc.

Belle épreuve,

DUCHANGE (GASPARD),

graveur au burin, né en 1662, à Paris, mort dans la même ville, rue Saint-Honoré, le 6 janvier 1757 (et non le 7, comme dit Jal), âgé de 94 ans 9 mois, suivant son acte de décès, avec les qualités de graveur du roi et conseiller en son académie royale de peinture et sculpture. Il était fils de Jacques Duchange, tapissier. Il fréquenta, dit-on, l'atelier du graveur Guillaume Vallet et fut ensuite élève de Jean Audran.

520. **Coypel** (Antoine), peintre français, 1661-1722, et son fils **Charles-Antoine**. — In-fol. H. 0,404. L. 0,261. (Le B., 36, *s. n.*)*

En pied, assis dans un fauteuil. Vu de face, la tête légèrement inclinée vers l'épaule gauche. Devant lui, est placé son chevalet avec une toile. Il tient dans la main droite un pinceau avec lequel il s'apprête à peindre ; sa palette, chargée de couleurs, est appuyée sur son bras gauche, et dans sa main il tient des pinceaux ainsi que son appui-main, qui touche à la toile. Il est couvert d'une blouse de travail qui l'enveloppe presque entièrement, ne laissant apercevoir que la jambe gauche. — Près de lui, à sa gauche, son fils, assis sur un tabouret. Il est vu de 3/4, tourné vers la gauche, les yeux élevés, fixant le travail de son père ; il a la tête couverte d'une coiffure en velours, formant turban, avec aigrette sur le devant ; vêtu d'une robe décolletée, dont les manches retroussées laissent les bras à demi nus. Il s'appuie sur le fauteuil de son père du bras droit, et sa main gauche repose sur ses genoux ; les jambes croisées. — Derrière eux, à droite, une draperie formant fond ; à g., des livres dans une bibliothèque. — Sous le tr. c. : *Hanc Antonii Coypel et A. C. Ejus filij Effigiem, quam ipse A. Coypel pinxit jussu Serenissimi* || *Principis Philippi, Ludovici Magni fratris vnici, cujus fuit Pictor primarius A. F. Bidaud a sorore* || *frater æri jncidi curavit, et fratri carissimo et meritissimo dicavit consecravit.*—Au-dessous, à g.: *A. Coypel pinxit.;*— à dr. : *G. Duchange sculp?.;* — au milieu : *Se vend à Paris chez G. Duchange,* etc.

Belle épreuve.

Le P. Lelong indique la date de 1702 comme étant celle de la gravure.

521. Girardon (Fr.), sculpteur français, 1630-1715. — In-fol. H. 0,341. L. 0,246. (Le B., 38.)*

À mi-corps, dans un ovale figuré en pierre. Il est représenté presque de face, le corps tourné à gauche; la tête couverte d'une longue perruque retombant par derrière; une verrue sur la joue gauche. Vêtu d'un habit ouvert dans le haut. De l'angle gauche une draperie retombe sur le socle et le cache en partie, ainsi que la bordure de l'ovale et le buste du personnage. — Sur le socle : *François Girardon* || *Natif de Troyes, Sculpteur ordinaire du* || *Roy, Chancelier Recteur en son Académie* || *Royale.* — Sur la base : *Peint par Hyacinthe Rigaud, et gravé par Duchange pour sa* || *Réception à l'Académie en 1707.*

2e état, avec la lettre. — Belle épreuve.

Gravure prise dans un tableau peint en 1705, à laquelle on ajouta un devant d'architecture, rideau, etc., aussi du dessin de Rigaud.

522. La Fosse (Ch. DE), peintre français, 1640-1716. — In-fol. H. 0,344. L. 0,239. (Le B., 39.)*

En buste, dans un médaillon ovale posé sur un socle figuré en pierre. Il est représenté de 3/4, tourné vers la gauche, tête nue, le col de sa chemise ouvert; l'épaule droite couverte de son manteau, formant draperie sur la bordure du médaillon. — Sur le dessus du socle, à g., des pinceaux passés dans le doigté d'une palette. — Sur la tablette : *Charles de La Fosse,* || *Peintre ordinaire du Roy, Ancien Directeur et Recteur en son* || *Academie Royale.* —. Sur la base du socle : *Peint par Hyacinthe Rigaud.* — *Gravé par Duchange pour sa Reception a l'Académie en* 1707.

2e état, avec la lettre. — Belle épreuve.

Le tableau original a été peint en 1691. Van Hulst décrit ainsi cette estampe : « Buste sans mains, mais accommodé de goût par Rigaud « pour être mis en estampe, avec une palette et des pinceaux sur le « rebord d'architecture qui forme une espèce de fenêtre. Les qualités « qui, en cette inscription, sont données à La Fosse, sont celles qu'il « possédoit en 1707. »

523. Legras (Louise DE MARILLAC, Mme veuve), fondatrice de l'ordre religieux dit *des Sœurs grises,* 1592-1660. — In-fol. H. 0,284. L. 0,242. *

En buste, dans un cadre sculpté figurant des feuilles de chêne. Elle est vue de 3/4, tournée vers la droite; coiffée d'un béguin noir et vêtue du costume des sœurs de charité.— Sous le cadre, à g. : *G. Du Change Sculp.* ; — au milieu : *Mademoiselle* (sic) *le Gras fondatrice et première Superieure de la Compagnie des filles de la* || *charité Servantes des pau-*

vres malades tres renommée pour ses rares Vertus specialement || *pour son détachement du monde, et sa fervente devotion, son admirable charité, et sa profonde* || *humilité, Vraye Mere des affligez animée d'un grand zele pour le soulagement Spirituel, et* || *Corporel du prochain, ayant esté longtemps employée par Monsieur Vincent de Paul à Establir* || *les Confrairies de la charité et les Écoles des petites filles, et diriger les Retraites Spirituelles des* || *Dames, est decedée à Paris le 15. Mars 1660. agée de 68. ans.*

Belle épreuve, à toutes marges.

Le P. Lelong indique la date de 1705 comme étant celle de la gravure.

DUCHESNE (Catherine),

graveur au burin et à la manière noire de la première moitié du siècle dernier.

524. Blancheau (Mlle), peintre, maîtresse du peintre J.-B. Santerre. — In-fol. H. 0,276. L. 0,195. (Le B., 1, *s. n.*)

A mi-jambes, assise sur un tabouret. Vue de face, le corps tourné à gauche, tête nue, les cheveux relevés sur le devant; vêtue d'une tunique ouverte dans le haut, laissant voir son corsage décolleté jusqu'à la naissance des seins. — Sa main gauche est appuyée sur son tabouret. Elle tient dans sa main droite, le bras étant à demi plié, des pinceaux et son appui-main, ainsi que sa palette qui est retenue par le pouce passé dans le doigté. — Sous le tr. c., à g.: *Santerre pinxit;* — à dr.: *Catherine Duchesne scul?.;* — au milieu ce quatrain:

> *Ton art, Santerre, est plus qu'humain,*
> *Ton pinceau fait briller le Beau de la Nature;*
> *Qui peut n'aimer point la Peinture?*
> *La voyant peinte de ta main.*

A la manière noire. — Très-belle épreuve.

DUFLOS (Claude),

graveur au burin, né à Paris vers 1662 (et non vers 1665 ou en 1678), mort dans la même ville le 18 septembre 1727 (et non 1737 ou 1747), âgé d'environ 65 ans. Il était fils de Jacques Duflos, chirurgien juré, et épousa, le 26 avril 1695, Catherine Anthoine, fille d'Ignace Anthoine, imprimeur en taille-douce. Claude Duflos eut, entre autres enfants, un fils, Claude-Augustin, qui embrassa la profession de son père. Né le 10 mai 1700 (J'ai dit le 16 mai par erreur), il mourut vers 1784.

525. Argenson (M.-R. de Voyer de Paulmy, marquis d'), homme d'État français, 1652-1721. — In-fol. H. 0,462. L. 0,362. (Le B., 136.) *

A mi-corps, dans un ovale posé sur un socle. Vu de 3/4, tourné vers la droite ; en grande perruque retombant sur les épaules ; la figure légèrement grêlée. Il est vêtu du costume de sa charge : robe noire avec rabat et ceinture au milieu du corps, formant un large nœud sur le côté gauche. — Autour de l'ovale : *Marcus Renatus de Voyer de Paulmy Marchio d'Argenson. Comes Consistorianus Rei Politicæ Prefectus Gen.* — Sur le dessus du socle : *In singularis obseruantiæ suæ monumentum, dicat, consecrat, Francisc². Vander Meulen cleric². Parisin².* — Sur la corniche, à g. : *Hiacin Rigaud pinx.;* — à dr. : *Cl. Duflos Sculp.* 1711.—Au milieu du socle, dans un cartouche, un médaillon contenant ses armoiries : *Ecartelé : aux 1 et 4, d'azur à deux lions léopardés, armés et lampassés de gueules, l'un sur l'autre, qui est de* Voyer*; aux 2 et 3, d'argent à la fasce de sable; sur le tout : un écusson de gueules timbré d'une couronne et chargé du lion de St Marc tenant un livre ouvert d'argent, sur une terrasse de sinople ;* le médaillon est surmonté d'une couronne et soutenu par deux anges revêtus de dalmatiques.

2e état, avec la dédicace. — Belle épreuve.

Il y a du même personnage deux portraits distincts exécutés par les mêmes artistes, portraits que Le Blanc a confondus en un seul article. Le premier est celui décrit ci-dessus ; le second, dans lequel la tête a été faite d'après le même tableau, peint en 1708, et l'habillement, dit Van Hulst, pris dans quelque mauvais dessin, a été gravé en 1718. La légende, qui entoure l'ovale, n'y est plus en latin, mais en français.

526. **Clermont-Tonnerre** (Franç. DE), évêque-duc de Langres, mort le 12 mars 1724. — In-fol. H. 0,458. L. 0,362.

En buste, dans un ovale équarri, aux angles duquel sont des médaillons emblématiques. Vu de 3/4, tourné vers la droite, tête nue, cheveux bouclés et relevés sur le devant ; une verrue au bas de la joue droite. Il est vêtu du petit costume d'évêque avec la croix pectorale.— Autour de l'ovale : *Franciscus de Clermont Tonnerre Episcopus Dux Lingonensis Par Franciæ.* — Sur la bordure intérieure de l'ovale : *Offerebat Frater Antonius Digoy Minor Æduus* 1696. — Au bas du portrait, sur l'ovale et la tablette du cadre, un médaillon au milieu duquel est un écusson couronné où sont gravées ses armoiries : *De gueules à deux clés d'argent passées en sautoir;* l'écu surmonté du chapeau d'archevêque et environné du manteau d'hermine. — Au-dessus de la tablette, à g., dans la gravure : *Jo. Tortebat pinxit;* — à dr. : *Cl. Duflos sculpsit et ex.* — Dans le haut le médaillon de gauche porte comme exergue : *Ex fulgure lumen,* et représente une ville sur laquelle éclate la foudre ; — celui de droite a pour exergue : *Mons clarus ab illo;* le soleil éclairant des monts. — Dans le bas, celui de gauche représente un berger tenant en laisse un chien ; le troupeau paissant au bord de la mer ; l'inscription est : *Sub hoc tuta salus;* — sur celui de droite, est figuré un tronc d'arbre à moitié déraciné ; dans le lointain, une ville adossée à une montagne ; l'exergue est : *Trunco non frondibus efficit umbram.*

Rare. — Très belle épreuve.

527. Coignard, père (J.-B^te Ier), imprimeur-libraire français, 1637-1689. — In-fol. H. 0,418. L. 0,315. *

A mi-corps, dans un ovale avec cadre figuré en pierre et supporté par un socle. Vu de face, le corps tourné vers la droite ; en longue perruque. Il est vêtu de la robe de syndic ; un manteau lui couvre les épaules.—Sa main droite est appuyée sur un livre posé verticalement sur un autre qui est à plat sur le coin d'une table.—Autour de l'ovale : *Ioannes Baptista Coignard Regis et Academiæ Gallicæ Architypographus Obiit Parisiis an* 1689. || 10 *sept. ætat. suæ* 32.—Sur le dessus du socle, à dr.: *Cl. Duflos Sculp.* ; — au milieu, un cartouche retenu à la bordure de l'ovale, et sur lequel est un médaillon renfermant les armoiries : *De gueules à trois coignées d'argent, celle de dextre contournée ; au chef cousu d'azur, chargé d'une couronne de laurier accompagnée de deux étoiles d'argent ;* l'écu timbré d'un casque orné de lambrequins.

Belle épreuve.

528. Le Conte (Nic.), lieutenant criminel à Paris en 1709. — In-fol. H. 0,465. L. 0,340.

En buste, dans un ovale équarri dont les angles sont mosaïqués. Vu presque de face, le corps tourné légèrement vers la droite ; en grande perruque retombant sur les épaules. Vêtu d'une robe noire avec rabat ; ceinture au milieu du corps. — Autour de l'ovale : *Nicolaus Le Conte Capitalium Litium Parisiensis Prætor.* — Au-dessus du tr. c., à g. ; *P. Ernou Eques Pinx.* ; — à dr.: *Cl. Duflos Excu? Sculptor* 1710.

Très-belle épreuve.

529. Thierry (Denis II), imprimeur-libraire de Paris, mort en 1712. — In-fol. H. 0,401. L. 0,326. (Le B., 162, *s. n.*) *

Jusqu'aux genoux, assis dans un fauteuil magnifiquement sculpté. Vu de 3/4, tourné vers la gauche ; la tête couverte d'une longue perruque. En costume de juge au tribunal consulaire. Sa main droite, appuyée sur ses genoux, retient le pan de sa robe ; dans sa main gauche, dont on voit la paume, il tient des papiers, entre le pouce et l'index, le bras étant pendant. — Derrière lui, formant le fond, une tapisserie à grands ramages cache sur la gauche des piliers dont on ne voit que les socles.—Dans l'encadrement, à g.: *Ferdinand pinx.* 1690 ; — à dr.: *Cl. Duflos Sculp* 1711. — Sous l'encadrement : *Dionysius Thierry Consularis jurisdictionis Parisiensis Præfectus anno* 1689.

Très-belle épreuve.

DUFLOS (Pierre),

graveur au burin et à l'eau-forte, né à Lyon en 1751, vivant encore à Paris en 1794. (Voir Renouvier, *Histoire de l'art pendant la Révolution*, p. 344.)

530. *France :* **Marie-Antoinette d'Autriche** (Joséphine-Jeanne), 1755-1793. — Gr. in-4°. H. 0,237. L. 0,163.

En pied. Elle est représentée debout, vue de 3/4, regardant à gauche, le corps tourné à droite; les cheveux relevés sur le devant, ornés de plumes et d'une aigrette montée sur brillant; deux longues boucles retombent par derrière sur les épaules. Vêtue d'une robe à panier, ornée avec magnificence; manches courtes, laissant les bras à demi nus; corsage en pointe et décolleté jusqu'à la naissance des seins. — De sa main gauche, elle semble relever le côté de sa robe; la main droite est pendante. Devant elle, un tabouret recouvert en partie par une draperie fleurdelisée, et supportant un coussin avec la couronne de France. —Au-dessus du tr. c., à g.: *Touzée del.;* —à dr.: *P. Duflos junior Sculp.*
1er état, avec les noms des artistes gravés à la pointe et avant la lettre. — Très-belle épreuve, avec marges.

DUHAMEL (A.-B.),

graveur au burin de la seconde moitié du siècle dernier.

531. *France :* **Marie-Joséphine-Louise de Savoie,** comtesse **de Provence,** 1753-1810. — In-4°. H. 0,156. L. 0,103.

A mi-corps, dans un médaillon ovale retenu dans le haut par un nœud de ruban et orné de branches de laurier. Vue de face, les cheveux relevés sur le devant, ornés de perles et d'une rose placée sur le sommet; derrière la tête, des frisures et de longues boucles retombant sur les épaules nues; un collier de perles. Vêtue d'une robe décolletée jusqu'à la naissance des seins, corsage rehaussé de broderies, avec manches courtes; écharpe passée autour du bras droit. — A gauche et à droite, au bas du médaillon, dans le cadre, deux croix blanches rayonnantes. — Sous le médaillon, un cartouche armorié d'où pendent des guirlandes de fleurs recouvrant le dessus de la tablette. — Sur la tablette: *Marie Josephe Louise Princse || de Savoye Née le 2. Septembre 1753. || Future Epouse de Mgr le Comte de Provence.*—Sous le tr. c., à g.: *Queverdo del.;* — à dr.: *Duhamel Sculp.;* — au milieu : *A Paris chez Hénaut et Rapilly*, etc..... || *Avec Privilége du Roi.*
Belle épreuve.

DUPIN,

graveur au burin de la seconde moitié du siècle dernier.

532. Éon de Beaumont (Ch.-G.-L.-Aug.-Cés.-A. Tim., chevalier D'), ambassadeur et écrivain politique, 1728-1810. — In-4°. H. 0,157. L. 0,113. *

En buste, dans un médaillon ovale retenu dans le haut par un nœud de ruban. Personnage représenté de profil, tourné à droite, coiffé d'un bonnet de mousseline, les cheveux relevés sur le devant et bouclés par derrière. Vêtu d'une robe, avec fichu autour du cou; sur sa poitrine, la croix de S^t. Louis. — Sur la tablette du cadre : *Charles, Genevieve, Louis, Auguste, César, || André, Timothée, D'Éon de Beaumont, || Née* (sic) *à Tonnerre, en 1728 || a été Avocat au Parlement, Censeur Royal, Capit^e. de Dragons, || Chevalier de S^t. Louis, Ministre Plénipotentiaire de France || à la Cour d'Angleterre.* — Sous le tr. c. : *A Paris chez Esnauts et Rapilly,* etc. A. P. D. R.

Belle épreuve.

Pièce anonyme.

533. *France :* **Louise-Marie-Thérèse-Bathilde d'Orléans,** 1750-1822, appelée *Madame la duchesse de Bourbon*, épouse de LOUIS-HENRI-JOSEPH, duc DE BOURBON. — In-4°. H. 0,157. L. 0,105. *

En buste, dans un médaillon équarri dont les dehors sont ornés de fleurs de lis. Elle est représentée jeune, vue de face, les cheveux relevés sur le devant; collier de perles; corsage décolleté, garni de dentelle avec large nœud de ruban, et orné d'un bouquet de fleurs sur le côté droit. — Sur la tablette du cadre : *Louise Marie || Thérèse Bathilde || d'Orléans, Duc^e. de Bourbon. || Née à S^t. Cloud le 9 Juillet 1750.* — Cette inscription est séparée, au milieu, par un cartouche surmonté d'une couronne, renfermant les écus accolés des *Bourbon* et des *d'Orléans,* et accompagné de chaque côté de branches de fleurs de lis. — Sous le tr. c. : *A Paris chés Esnauts et Rapilly,* etc. A. P. D. R.

Belle épreuve.

Pièce anonyme.

534. Lalande (Joseph-Jérôme LE FRANÇAIS DE), célèbre astronome français, 1732-1807. — In-4°. H. 0,160. L. 0,113. *

En buste, dans un ovale équarri retenu dans le haut par une guirlande de fleurs et supporté par une large tablette formant socle. Vu de 3/4, tourné vers la gauche, en perruque; son habit laisse voir son jabot. —

Sur la tablette : *J^{me} De Lalande,* || *de l'Académie Royale des Sciences de Paris, de celles* || *de Londres, de Berlin, de Petersbourg &c* || *Né à Bourg en Bresse le 11 Juillet 1732.* — Sous le tr. c., à g.: *A Pujos del.;* — à dr.: *Dupin sc.* — Plus bas, ce quatrain sur deux lignes :

> *Des Mondes étoilés il nous transmet l'histoire,*
> *A ces calculs sçavans le Ciel même est soumis;*
> *Mais cherchant le bonheur qui vaut mieux que la Gloire,*
> *Pour jouir sur la terre il s'est fait des amis.*

— Au-dessous : *A Paris chés Esnauts et Rapilly,* etc. *A. P. D. R.* Belle épreuve.

535. **Rousseau** (Jean-Baptiste), poëte lyrique, 1670-1741. — In-12. H. 0,076. L. 0,064.

En buste, dans un ovale. Vu de 3/4, tourné vers la gauche, où il regarde; la tête couverte d'une perruque retombant en boucles sur les épaules. Le gilet, ainsi que le col de la chemise entr'ouverts. Près de lui, un bureau dont on ne voit qu'un angle, sur lequel sont posés des papiers.

Sans aucune inscription.

Belle épreuve.

536. **Turgot** (Anne-Robert-Jacques), baron de L'Aulne, homme d'État français, 1727-1781. — In-8°. H. 0,156. L. 0,103.

A mi-corps, dans un médaillon avec cadre sculpté et attaché dans le haut par un ruban. Vu de profil, tourné à droite; tête nue, cheveux longs et bouclés, tombant sur les épaules. Vêtu d'un habit ouvert laissant voir son jabot de dentelle. Au bas et de chaque côté du médaillon, des cornes d'abondance, d'où s'échappent, de celle de gauche, des pièces de monnaie, et de celle de droite, des fruits. — Au milieu de la draperie, formant socle : *A. R. J. Turgot* || *Controleur Général* || *des Finances.* — Cette inscription est séparée par un cartouche placé au milieu et surmonté d'une couronne de marquis sur laquelle sont appuyées les pointes des cornes d'abondance. Au milieu du cartouche, les armoiries : *D'hermines fretté de gueules de dix pièces.* — Sous le tr. c., à g.: *Cochin del.;* — à dr. : *Dupin sculp.* — Plus bas, sur deux lignes, ce quatrain :

> *Il aime à faire des heureux :*
> *Du sort la faveur le seconde,*
> *Il ne doit plus former de vœux,*
> *Il fait le bien de tout le monde.*

Au-dessous : *A Paris chés Esnauts et Rapilly,* etc. *A. P. D. R.* Belle épreuve, avec marges.

537. Voltaire (Marie-François AROUET DE), 1694-1778, et
Clairon (Claire-Josèphe LEGRIS DE LA TUDE, *dite* Mlle),
actrice française, 1723-1803. — In-4°. H. 0,258. L. 0,199.

En pied. Voltaire, à gauche, très-âgé, à demi courbé. Vu de 3/4, tourné vers la droite, la tête couverte d'une perruque bouclée. Vêtu d'un habit avec manches à parements, à demi boutonné, qui laisse voir son jabot de dentelle. Il porte une culotte courte et est chaussé de souliers ornés de boucles. Sa main droite, vue du revers, est placée à hauteur de la poitrine, le bras à demi plié. Il s'appuie, de la main gauche, sur sa canne, tenant son tricorne sous le bras. — Mlle Clairon, dans le rôle d'*Irène*, vue de 3/4, tournée vers la gauche. Costumée d'une magnifique robe à grands ramages, avec traîne et panier, elle est coiffée d'une couronne surmontée de plumes, ses cheveux étant relevés sur le devant, bouclés sur les côtés et se terminant en longues tresses. Le corps légèrement incliné, elle tient dans la main gauche, le bras pendant, un sceptre et un poignard. Dans sa main droite, le bras levé, est une couronne de laurier qu'elle pose sur la tête de Voltaire. Dans le fond, à gauche, un monument voûté, surmonté d'une pyramide, accompagnée de trois bustes sur piédouches, et, sous la voûte, un sarcophage ; — à droite, le socle d'une colonne. — Aux pieds des personnages, une tablette sur laquelle on lit ce dizain disposé sur cinq lignes :

> *Aux yeux de Paris enchanté*
> *Reçois cet hommage*
> *Que confirmera d'âge en âge*
> *La sévère Postérité*
> *Non tu n'as pas besoin d'ateindre* (sic) *au noir rivage,*
> *Pour jouir de l'honneur de l'immortalité ;*
> *Voltaire reçoit la couronne*
> *Que l'on vient de te présenter :*
> *Il est beau de la mériter,*
> *Quand c'est la France qui la donne.*

— Sous le tr. c., à g.: *Desrais del.;* — à dr.: *Dupin sculp.* — Au milieu : *A Paris chez Esnauts et Rapilly,* etc. *Avec Privilége du Roi.* — En haut, au-dessus du cadre : *Habillement de Voltaire Modes Françaises, en* 1778.

Belle épreuve.

DUPIN (N.), *fils,*

graveur au burin, né à Paris en 1753. Élève de Saint-Aubin.

538. *Angleterre :* **Sophie-Charlotte de Mecklembourg-Strelitz**, épouse du roi GEORGE III, 1744-18.. — In-4°. H. 0,162. L. 0,112.

En buste, dans un ovale équarri. Vue de profil, tournée à gauche. Les cheveux ondulés; sur le sommet de la tête, une couronne de roses accompagnée de plumes retenues par un ruban; des frisures par derrière et une boucle de cheveux tombant sur l'épaule. Une rivière de perles autour du cou. Corsage très-décolleté, laissant à découvert les seins. Elle est entourée d'un manteau doublé d'hermine. — Sur la tablette du cadre : *Sophie-Charlotte de Mecklenbourg* || *Strelitz, Reine d'Angleterre*; || *Née le 10 de Mai 1744.* — Sous le tr. c., à g. : *Desrais del.*; — à dr.: *Dupin fil. sc.* — Au milieu : *A Paris chez Esnauts et Rapilly,* etc. *Avec Priv. du Roi.* — Au haut du cadre, à dr., le chiffre 163.

Belle épreuve, avec marges.

539. *France :* **Marie-Antoinette d'Autriche** (Josèphe-Jeanne), 1755-1793. — Pet. in-fol. H. 0,241. L. 0,164.

En buste, dans un médaillon équarri, avec socle échancré dans le bas. Vue de profil, tournée à gauche. Les cheveux relevés sur le devant et ornés de plumes, fleurs et aigrette; de longues boucles par derrière retombent sur les épaules, ainsi qu'un voile qui entoure la coiffure au sommet de la tête. Décolletée; corsage garni d'une dentelle avec un rang de perles. — Sur le socle : *Marie Antoinette* || *Archiduc. d'Autriche sœur de l'Emper.* || *Reine de France,* || *Née à Vienne le 2 Novembre 1755.* — Cette inscription est séparée, dans le milieu, par un cartouche surmonté d'une couronne, renfermant un écusson aux armes de *France* et d'*Autriche.* — Sous le tr. c., à g. : *Peint par Vanloo;* — à dr. : *Gravé par Dupin fils.* — Au milieu : *A Paris chés Esnauts et Rapilly,* etc. *A. P. D. R.*

Belle épreuve.

540. *France :* **Charles-Philippe de France,** comte d'Artois (plus tard **Charles X**), 1757-1836. — In-4°. H. 0,191. L. 0,135.

A mi-corps, dans un ovale équarri orné de chaque côté d'emblèmes placés sur un socle recouvert en partie par une draperie. Vu de 3/4 tourné vers la gauche, tête nue, cheveux noués derrière par un ruban. Vétu d'un habit rehaussé de broderies; le grand cordon en sautoir, les insignes de la Toison d'or suspendues à la boutonnière, et, sur la poitrine, celles du St Esprit. Il s'appuie, du bras droit, sur le dossier d'un fauteuil placé près de lui, et tient dans la main son chapeau bordé de plumes. A gauche du portrait, des drapeaux couvrant en partie la bordure de l'ovale. — Au milieu, sous le portrait, entre des branches de laurier, un bouclier sur lequel sont gravées les armes d'*Artois* surmontées d'une couronne. — A droite, deux gantelets près d'un casque muni d'un panache; deux branches de laurier au milieu desquelles un serpent se regarde dans un miroir.

1er état, avant toute lettre. — Très-belle épreuve.

2º état. — Sur la draperie recouvrant le socle, on lit : *Charles, Philippe, Comte d'Artois,* || *Colonel Général des Suisses et Grisons.* || *Né à Versailles le 5 Octobre 1757.* || *Marié le 16 Novembre 1773.* — Sous le tr. c., à g.: *D'après le Tableau Original de* || *M. Hall Peintre du Roi.;—* à dr.: *Gravé par Dupin Fils.* — Belle épreuve.

541. *France* : **Marie-Thérèse de Savoie,** comtesse d'Artois, épouse du précédent, 1756-1805. — In-4º. H. 0,241. L. 0,163.

A mi-corps, dans un médaillon supporté par un socle, le tout figuré en briques. Vue de 3/4, tournée à droite, les cheveux relevés sur le devant, bouclés et ornés de bijoux ; deux longues mèches frisées lui retombent sur les épaules. Vêtue d'un corsage garni de dentelle dans le haut ; décolletée jusqu'à la naissance des seins ; manteau d'hermine. —Sur la tablette : *Marie Therese Princesse de Savoie* || *Comtesse d'Artois* || *Née le 31 Janvier 1756.* — Inscription séparée, au milieu, par les armoiries d'*Artois,* accolées à celles de *Savoie.* — Sous le tr. c., à dr. : *Dupin fil sculp.;* — au milieu : *A Paris chés Esnauts et Rapilly,* etc. A. P. D. R.

Belle épreuve.

542. **Marmontel** (Jean-François), littérateur français, 1723-1799. — In-8º. H. 0,159. L. 0,110.

En buste, dans un médaillon attaché dans le haut du cadre par un nœud de ruban, accompagné de guirlandes de laurier retombant de chaque côté. Vu de profil, tourné à gauche, tête nue, cheveux frisés sur les côtés et relevés sur le devant. — Sur la tablette du cadre : *J. F. Marmontel* || *de l'Academie Francoise.—* Sous le tr. c., à g. : *Cochin fil. del.;* — à dr.: *Dupin fil. sc.;—* au milieu : *A Paris chés Esnauts et Rapilly,* etc. *A. P. D. R.* — Au haut du cadre, à dr., le chiffre 91.

Belle épreuve.

DUPUIS (Charles),

dessinateur et graveur au burin, né vers 1685, à Paris, où il mourut le 3 mars 1742, âgé de 56 ans. Élève de Gasp. Duchange.

543. **Boucher** (Marie-Françoise Perdrigeon, épouse d'Étienne-Paul), 1717-1734. — In-fol. H. 0,421. L. 0,311.

En pied, dans un temple. Elle est représentée en vestale, debout sur les marches d'un autel sur lequel brûle le feu sacré. Vue de face, légèrement tournée à droite, vêtue d'une robe blanche, garnie de perles à la ceinture et légèrement décolletée : la tête couverte d'un long voile rejeté en arrière, et dont elle tient le bord de la main gauche, placée au-dessus de son épaule. Dans sa main droite, est un morceau de bois sec, destiné à entretenir le feu sacré. A ses pieds, est une aiguière ciselée, entourée de fleurs, et, près d'elle, appuyée contre l'autel, un magnifique bassin dont le milieu et le contour sont ornés d'arabesques. Sur le corps de l'autel, des encadrements. Au-dessus, pendu à la muraille, un tableau de forme ovale, représentant la déesse *Vesta*, assise dans une chaise et tenant dans la main une baguette. Derrière la vestale, une draperie, retenue dans le haut par des cordons à glands, ferme en partie l'entrée du temple, laissant entrevoir dans le fond une statue près d'un jet d'eau et des arbres.

État NON DÉCRIT, avant toute lettre. — Belle épreuve.

544. Boucher (M.-Franç. PERDRIGEON, épouse d'Et.-P.), la même que la précédente. — In-fol. H. 0,442. L. 0,331. (Le B., 13.) *

Contre épreuve du portrait précédent, avec les amplifications suivantes : Au milieu des encadrements qui se trouvent sur le corps de l'autel, on lit: *Vesta* || *P. R.* || *Quiritiu.* — Au-dessus de la vestale, dans les airs, un ange descendant vers l'autel et tenant dans sa main gauche un éteignoir. — Sous le tr. c.: *Marie Françoise Perdrigeon Épouse d'Etienne Paul Boucher,* || *Secretaire du Roy, decedée le* 30e *Janvier* 1734. *Agée de* 17 *ans* 2 *mois* 16 *Jours.* — Au-dessous, sur deux rangs, huit vers latins :

> *Nulla hic picturæ, nulla hic mendacia frontis.*
> *Idem mentis erat, qui fuit oris honor.*
> *Aspice! mixta rosis in vultu lilia rident,*
> *Ornabat roseus candida corda pudor.*
> *Scilicet hoc fuerat corpus tali hospite dignum;*
> *Hospitio tali mens quoque digna fuit.*
> *Heu decor! heu Virtus! viridi succisa juventâ*
> *Occidit, at Sponsi pectore vivit amor.*

— A g., sous les quatre premiers vers : *J. Raoux pinx.* 1733.; — à dr., sous les quatre autres : *C. Dupuis sculp.* 1736. — L'inscription et les vers sont séparés par un cartouche couronné renfermant deux écussons accolés; à gauche, celui des Boucher : *Ecartelé : aux* 1 *et* 4, *de gueules à l'écusson d'argent, chargé d'une feuille de sinople; aux* 2 *et* 3, *d'or à la croix potencée de sinople, cantonnée de quatre croisettes de même;* — à droite, celui des Perdrigeon : *D'argent au chevron de gueules, accompagné en chef de deux perdrix contournées d'or, et en pointe d'une terrasse de sinople chargée de roseaux.*

Très-belle épreuve.

545. Coustou (Nic.), sculpteur français, 1658-1733. — In-fol. H. 0,344. L. 0,260. (Le B., 9.) *

A mi-jambes. Vu presque de face, le corps tourné vers la gauche. A sa droite, une colonne quadrangulaire avec cassures simulées. Il est tête nue; en longue perruque bouclée, terminée sur l'épaule gauche par un nœud; le col de sa chemise, ainsi que son habit, dans le haut, sont entr'ouverts; son manteau, posé en sautoir sur son épaule droite, forme draperie sur le devant. Le bras gauche étendu, il tient dans la main son maillet qu'il appuie du manche sur le front d'un buste. — Sous le tr. c., au milieu : *Nicolas Coustou* || *Natif de Lyon, Sculpteur ordinaire du Roy,* || *Recteur en son Académie Royale.* — Au-dessous, à g.: *Peint par le Gros ;* — à dr.: *Gravé par Charles Dupuis pour sa Réception a l'Academie en* 1730.

Belle épreuve, avec marges.

546. *France :* **Louis XV,** 1710-1774. — Très-gr. in-fol. H. 0,647. L. 0,491.

En pied. Représenté âgé d'une quinzaine d'années. Vu de 3/4, tourné vers la droite et assis sur un trône. Les boucles de sa perruque retombent sur ses épaules. Il est revêtu du manteau royal fleurdelisé, doublé d'hermine, et dont la traîne, placée sur le devant, forme draperie. Sa main gauche est posée sur le bras du fauteuil. Le bras droit étendu, il tient dans la main le sceptre dont il appuie la tête sur sa cuisse. Les pieds, chaussés de souliers à boucles, reposent sur un coussin. Il porte au cou le collier des ordres. — Au milieu de la tapisserie du trône, son chiffre entrelacé. Sur la corniche, l'écusson de *France*, surmonté de la couronne royale, entouré de palmes ainsi que de guirlandes de fleurs, retombant sur les épaules de deux cariatides qui supportent la corniche. Dans le haut, une draperie passée derrière le trône, relevée sur la droite, est retenue de chaque côté par des cordons à glands. Sur la gauche du personnage, près d'une colonne, une cassolette de laquelle s'échappent des parfums. Au milieu du socle de la colonne, est un cartouche en forme de vase antique, sur lequel est sculpté un soleil naissant, avec ces mots au-dessous : *Adventu* || *recreat* || *orbem.* Sur la droite, au bas du trône, un trépied, recouvert d'une draperie fleurdelisée, supporte un coussin avec la couronne royale et la main de justice. — Sous le tr. c., à g. : *Joannes Ranc pinxit ;* — à dr.: *Carolus Dupuis sculpsit* 1725 ; — au milieu : *Louis Quinze.* — Plus bas, à dr. : *A Paris chez Limosin rue de Gévre.*

Très-belle épreuve.

547. *France :* **Louis XV.** — Très-gr. in-fol. H. 0,693. L. 0,515.

En pied, assis sur le trône. Il est représenté âgé de 46 ans. Vu de 3/4, la tête tournée à gauche, le corps à droite. En perruque; revêtu du manteau royal fleurdelisé, doublé d'hermine, dont la traîne forme draperie sur le devant. Sa main gauche est posée sur le bras du fauteuil.

Le bras droit étendu, il tient dans la main le sceptre dont l'extrémité est appuyée sur l'hermine à hauteur de la hanche. Pour le reste, ce portrait est conforme au précédent. Sur la tablette du cadre, au milieu : *Louis Quinze ; — à g.: tenant son Lit de Justice. ; — à dr.: à Paris le 13 Decembre* 1756. — Sous le tr. c., à g.: *Peint par Raouste; — à dr.: Gravé par Dupuis* ; — au milieu : *A Paris chez Daumont,* etc.

Belle épreuve.

548. Largillière (Nic. DE), peintre français, 1656-1746. — In-fol. H. 0,346. L. 0,240. (Le B., 12, *s. n.*)*

En buste, dans un ovale équarri dont les dehors sont figurés en pierre et supporté par un socle concave. Vu de 3/4, tourné vers la gauche; en grande perruque retombant par derrière. L'habit et le gilet sont entr'ouverts dans le haut; cravate blanche dont les longs bouts cachent le devant de sa chemise; l'épaule droite couverte d'un manteau, dont le pan, par devant, forme draperie sur le dessus du socle et cache la bordure de l'ovale. — A g., sur le dessus du socle, une palette, appuyée sur le bord de l'ovale, avec des pinceaux passés dans le doigté, et couchés sur un rouleau de papier. — Sur l'épaisseur du socle, à g : *Peint par* || *Geulain* (sic). ; — à dr.: *Gravé par* || *Charles Dupuis* || *pour sa Reception* || *à l'Academie* || *en* 1730. — Au milieu, dans la partie circulaire : *Nicolas de Largillierre* (sic) || *Natif de Paris, Peintre ordinaire du Roy, et* || *Recteur en son Academie Royale.*

Belle épreuve, avec marges.

DUPUIS (NICOLAS-GABRIEL),

Dessinateur et graveur au burin et à l'eau-forte, né vers 1698 à Paris, où il mourut le 26 mars 1771, âgé d'environ 73 ans. Frère du précédent. Élève et gendre de Gasp. Duchange.

549. Betzkoy (Jean DE). In-fol. H. 0,469. L. 0,387. (Le B., 19.)

En pied. Il est représenté dans son cabinet de travail, assis dans un fauteuil, les jambes croisées, près d'un riche bureau. Vu de 3/4, tourné vers la droite; coiffé à la Louis XVI; vêtu d'une robe de chambre sur laquelle sont brodés les insignes de l'ordre de St Alexandre Newski, et dont le pan de droite recouvre le bras du fauteuil; il porte une culotte courte et est chaussé de pantoufles. Son coude gauche est appuyé sur un livre couché sur le bureau, et sa tête repose sur le revers de sa main. De l'autre main, il tient une grande feuille de papier sur laquelle est le portrait d'une dame assise, ayant à ses pieds un petit chien. Le même portrait, encadré, est accroché à la muraille. Sur le dessus du bureau, on voit un livre, un petit médaillon, ainsi qu'une peinture sur toile, représentant une Minerve, en pied. Sous le bureau, à côté d'une cuirasse, un casque orné d'un panache. Sur la gauche du personnage, les rayons d'une bibliothèque chargés de volumes. Derrière lui, une draperie, formant portière, relevée et retenue par une embrasse, laisse voir, dans le fond, un parc. Sur le seuil de l'entrée, sont des oiseaux, les uns dormant, les autres becquetant. — Sous le tr. c., à g. : *Peint par Roslin Peintre du Roy.;* — à dr.: *Gravé par Nicolas Dupuis Graveur du Roy.;* — au milieu : *Jean de Betzkoy.* || *Lieutenant Général des Armées, Chambellan actuel de sa Majeste* (sic) *Imperiale de toutes* || *les Russies, Directeur Général des Bâtimens et Jardins, Président de l'Academie des* || *Arts; Premier Curateur de la maison des Enfans Trouvés Chevalier des ordnes de Saint* || *Alexandre Nerskij* (sic) *et de Sainte Anne.*

Belle épreuve, avec marges.

Le portrait accroché à la muraille, dont il vient d'être parlé, et le même en gravure que tient le général Betzkoy, est celui (on ne l'avait pas remarqué) d'*Anastasie,* landgravine douairière de Hesse-Hombourg, née princesse Troubetzkoy, portrait du même pinceau que celui-ci, et gravé par Daullé (voir plus haut, n° 343). Mariette, à l'article consacré à ce dernier artiste, parle de ce portrait « de la princesse de Hesse-« Hombourg, née *Imbetski* (sic), que Daullé a gravé *pour* le général « *Betski, frère* de cette princesse. » Cette phrase, où les noms sont estropiés, est trop affirmative sur les rapports de sang de ces deux personnes. On ne saurait, en effet, expliquer d'une manière *régulière,* malgré la similitude des noms, comment le général *Betzkoy* pouvait être le *frère* d'une princesse *Troubetzkoy,* que les généalogistes, d'ailleurs, mentionnent comme fille unique. D'un autre côté, il est indubitable qu'ils n'étaient pas étrangers l'un à l'autre.

550. **Duchange** (Gasp.), graveur français, 1662-1757. — In-4°. H. 0,176. L. 0,128. (Le B., 23, *s. n.*)

En buste, dans un médaillon équarri, attaché par un nœud de ruban, et dont les dehors sont marbrés. Vu de profil, tourné à droite, tête nue, cheveux longs et bouclés. — Sous le médaillon et dans la gravure : *Gaspard Duchange.* — Sous le tr. c., à g.: *Dessiné par Cochin le fils;* — à dr.: *Gravé par N. Dupuis.* 1755.

Belle épreuve, avec marges.

551. **Le Normant de Tournehem** (Ch.-Franç.-Paul), mort à Étiole en 1751. — In-fol. H. 0,420. L. 0,326. (Le B., 32, *s. n.*) *

A mi-jambes, debout, vu de face, le corps tourné vers la droite; en perruque. Vêtu d'un habit rehaussé de broderies, boutonné à la ceinture

et laissant voir son jabot. Son bras droit est pendant. Il tient à
bras gauche son tricorne, la main vue du côté de la paume. Au
une épée dont on ne voit que le haut de la poignée. — Près de
sa gauche, un meuble, dont on n'aperçoit que l'angle, et sur le
posée une statue assise, coiffée d'un casque; le bras gauche et
appuyé sur un sceptre; la main droite tenant un bouclier à
duquel est un mascaron. Devant cette statue, est un gros roule
papier dont l'extrémité cache le meuble. — Dans le haut, à
draperie, retenue par des cordons à glands, retombe derrière la
— à g., derrière le personnage, un magnifique vase sculpté de
antique, posé sur un socle. — Sous le tr. c., à g. : *L. Toque
pinx.*; — à dr. : *N. Dupuis sculp.*; — au milieu : *Messire Charles
Paul* || *Le Normant de Tournehem.* || *Conseiller du Roy en ses Co
Directeur et Ordonnateur général des Bâtimens* || *de sa Majesté,
Arts, Aca-démies et Manufactures Royales.* — Cette inscriptio
parée au milieu par un piédestal supportant un cartouche c
soutenu par deux sauvages assis, et contenant les armoiries : *Éc
de gueules et d'or à quatre rocs d'échiquier de l'un à l'autr
tout : d'azur à la fleur de lis d'or.* — Sous les armoiries, au
Gravé par Nicolas Dupuis pour sa réception à l'Académie. 175
Belle épreuve.

— **Parrocel** (Charles), peintre français. — Voir ci-
n° 280.

552. **Wouwermans** (Philippe), peintre hollandais,
1668. — In fol. H. 0,397. L. 0,266. (Le B., 34, *s. n*)

A mi-corps, dans un cadre à coins arrondis, et dont la bord
entourée de guirlandes de feuillages. Dans le bas du cadre, a
d'une coquille formant tablette, sont représentés des pièces de
accessoires de chasse et autres sujets dans la peinture desqu
artiste excellait. Sur le haut de la bordure du cadre, deux a
chaperonnés. Le personnage est représenté assis, vu de face, le
veux longs et plats. Il est enveloppé dans son manteau; la ma
appuyée contre la poitrine, il tient dans la main gauche un
crayon, dans l'attitude de quelqu'un qui dessine. Dans le fon
droite, une colonne, avec cassures simulées.

1er état, NON DÉCRIT, avant toute lettre. — Belle épreuve.
2e état. — Au milieu de la coquille formant tablette : *Phili
Wouwerman* (sic) *pictor* || *Batavus.* — Sous le tr. c., à g. : *C. de
delineavit.*; — à dr. : *N. Dupuis Sculp.*; — au milieu : *A Paris
quier,* etc. — Belle épreuve, avec marges.

DUVAL (MARC),

peintre, dessinateur et graveur au burin, mort à Paris le 13 septembre 1581. Son œuvre a été décrit par Robert-Dumesnil, t. V, pp. 58-63.

553. **Coligny** (Gaspard, Odet et François DE). — Pet. in-fol. H. 0,290, dont 0,023 de marge. L. 0,214.

Voir Rob.-Dum., 5.

Très-belle épreuve (200 à 250 fr.).

Le même sujet. — Copie par N. Vischer, où les détails du costume sont plus travaillés, et avec cette modification que le nom de chaque frère se trouve dans la gravure, en petits caractères, au-dessous de chaque portrait, et que dans la marge est cette inscription : *Abcontersettung dreyer Gebrueder in Vranckreych, des geschlechs Colligny, mit namen Odetus diser war eÿn || Cardinal. Gaspar der Ammiral vnd Franciscus dandelot eyn obrister uber de landsknecht im feldt. haben alle || drey Gottes wordt geliebet, vnd der reformirten religion Zugethan gewesen. vnd godtlich dar in das leben geendet.*

Très-belle épreuve.

ÉDELINCK (GÉRARD),

dessinateur et graveur au burin, d'origine belge, né à Anvers vers 1640, mort à Paris le 2 avril 1707, âgé d'environ 66 ans, selon son acte de décès. Il était fils de Bernard Édelinck, tailleur d'habits. Élève, dans son pays, de Corneille Galle, il travailla, à son arrivée à Paris en 1666, sous la direction de Poilly. Le 1er mai 1672, il épousa Madeleine Regnesson, fille de feu Nicolas Regnesson, d'abord maître, puis beau-frère de Rob. Nanteuil qui assista comme témoin au mariage de sa nièce, ainsi que le célèbre peintre Philippe de Champagne. Édelinck prend, dans l'acte de la célébration de son union, la qualité de « graveur ordinaire du Roy ». Il fut naturalisé Français par lettres du 25 octobre 1675, et entra à l'Académie royale de peinture le 6 mars 1677. Avant 1695, il fut fait chevalier romain par le pape. Son épouse, qui décéda le 23 janvier 1686, le rendit père de *dix* enfants (Jal en omet deux), dont *cinq* garçons. L'aîné, CHARLES (1673-1712), servit dans l'administration de la marine à Rochefort, de même que son frère MICHEL-GÉRARD (1678-1728), qui débuta d'abord par être dessinateur et peintre aux Gobelins. Le troisième fils était NICOLAS-ÉTIENNE, auquel je consacre plus loin un article spécial. Les deux autres garçons, ainsi que trois filles, moururent en bas-âge. De deux autres qui ont survécu, l'une, Marie-Madeleine-Geneviève épousa, en 1700 Grégoire Dupuis, libraire, et l'autre, Anne, s'unit en 1703 à Jean Chaufourier, graveur. Gérard Édelinck était professeur de la petite académie établie, pour l'institution des tapissiers, aux Gobelins, et y mourut. Il a été enterré dans l'église Saint-Hippolyte. Gérard Édelinck est une des gloires de la gravure française au burin. Il travaillait avec une facilité étonnante et chercha le premier à donner de la couleur aux gravures. La majeure partie de ses travaux consiste en portraits. « Gérard Édelinck avoit « succédé, dit Mariette, aux biens de Nanteuil, dont il avoit épousé la nièce, et

« il avoit en mesme temps hérité de la réputation que celuy-cy' avoit acquise
« dans ce genre d'ouvrages. Le roy de France luy avoit accordé la qualité de
« son premier graveur, et, le jour qu'il fut receu de l'Académie royale de pein-
« ture, on luy décerna dans la mesme séance le titre de conseiller de cette
« Académie, honneur que l'on n'avoit encore fait à personne ». Robert-Dumesnil,
qui a décrit l'œuvre d'Édelinck (t. VII, pp. 175-336, et t. XI, pp. 92-100), a
consacré à ce grand artiste une notice bien insignifiante, malgré l'abondance
des matériaux curieux. Pour la partie généalogique, voyez Jal et les *Actes de
l'état civil des artistes français.*

534. *Angleterre :* **Jacques II,** 1633-1701. — In-8º. H. 0,120.
L. 0,090. (Le B., 139.)

> Voir Rob.-Dum., 226. — D'après Kneller.
> 1er état. — Belle épreuve.

535. *Angleterre :* **Jacques - François - Édouard Stuart**
(plus tard **Jacques III**), prince de Galles, connu aussi sous
le nom de *Premier Prétendant,* fils du roi Jacques II, 1688-
1766. — In-fol. H. 0,439. L. 0,311. (Le B., 217, *s. n.*)

> Voir Rob.-Dum., 210. — D'après Nic. de Largillière.
> Belle épreuve.

536. *Angleterre :* **Jacques III** (le même que le précédent).
— In-fol. H. 0,490. L. 0,442. (Le B., 218.)

> Voir Rob.-Dum., 211. — D'après F. de Troy.
> 2e état. — Belle épreuve.

537. *Angleterre :* **Jacques III** (le même que le précédent).
— In-fol. H. 0,458. L. 0,355. (Le B., 219.)

> Voir Rob.-Dum., 212. — D'après F. de Troy.
> 1er état. — Très-belle épreuve, mais rognée.

538. **Arnauld** (Antoine), théologien français, 1612-1694. —
In-4º. H. 0,245. L. 0,185. (Le B., 140.) *

> Voir Rob.-Dum., 140. — suivant J.-B. Champagne.
> 1er état. — Belle épreuve.
> Gravé en 1696, suivant le P. Lelong.

539. **Arnauld** (Antoine), le même que le précédent. —
In-4º. H. 0,298. L. 0,240. (Le B., 141, *s. n.*)

> Voir Rob.-Dum., 141. — D'après J.-B. Champagne.
> Belle épreuve.
> Gravé en 1695, suivant le P. Lelong.

560. **Arnauld d'Andilly** (Robert), conseiller d'État, 1588-1674. — In-fol. H. 0,326. L. 0,235. (Le B., 142.) *

Voir Rob.-Dum., VII et XI, 142. — D'après Phil. de Champagne.
3e état. — Belle épreuve, avec marges.
Gravé en 1675, suivant le P. Lelong.

561. **Beaulieu** (Sébastien DE PONTAULT, sieur DE), maréchal de camp et premier ingénieur de Louis XIV, créateur de la topographie militaire, mort en 1674. — In-4º. H. 0,242. L. 0,187. (Le B., 144, s. n.) *

Voir Rob.-Dum., 144.
Belle épreuve.
Gravé en 1697, suivant le P. Lelong.

562. **Bertin** (Pierre-Vincent), trésorier des parties casuelles. — In-fol. H. 0,441. L. 0,328. (Le B., 149.) *

Voir Rob.-Dum., VII et XI, 149. — Portrait d'après Nic. de Largillière; le reste d'après Ant. Coypel le fils.
Le portrait lui-même, qui n'est pas décrit, représente le personnage en buste, vu presque de face, le corps tourné à gauche, tête nue, recouverte d'une longue perruque.
2e état. — Très-belle épreuve.
3e état. — Belle épreuve.

563. **Bignon** (Jean-Paul), abbé de Saint-Quentin, conseiller d'État, 1662-1743. — In-fol. H. 0,365. L. 0,288. (Le B., 150, s. n.) *

Voir Rob.-Dum., 150. — D'après J. Vivien.
Belle épreuve.
Voir, pour la description des armoiries, le nº 53 ci-dessus.
Gravé en 1703, suivant le P. Lelong.

564. **Bignon** (Jean-Paul), le même que le précédent. — In-fol. H. 0,438. L. 0,353. (Le B., 151.) *

Voir Rob.-Dum., 151. — D'après Lucrèce-Catherine de la Roue.
1er état, avant toute lettre. Très-rare. — Superbe épreuve (100 fr.).
3e état. — Belle épreuve.

565. **Blaisy** (George JOLY, baron DE), président à mortier au

parlement de Bourgogne, 1610-1679. — In-4°. H. 0,254.
L. 0,191, (Le B., 152, *s. n.*)*

Voir Rob.-Dum., 152.

Les armoiries non décrites sont : *Ecartelé : aux 1 et 4, d'azur à une fleur de lis au naturel; au chef cousu d'or, chargé d'une croix de sable; aux 2 et 3, d'azur au lion léopardé d'argent.*

Belle épreuve.

Gravé en 1701, suivant le P. Lelong.

566. **Blampignon** (Nicolas DE), curé de Saint-Méri de Paris, 1642-1710. — In-fol. H. 0,336. L. 0,256. (Le B., 153.)*

En buste. Vu de 3/4 (et non de profil), tourné vers la gauche, vêtu du costume de docteur en Sorbonne. Dans une bordure ovale, au bas de laquelle est un médaillon renfermant ses armoiries : *D'azur au chevron d'or, accompagné de trois roses du même; au chef cousu d'argent, chargé de trois corneilles de sable.* — Pour le reste de la description, voir Rob.-Dum., VII et XI, 153. — D'après J. Vivien.

3e état. — Belle épreuve.

567. **Blanchard** (Jacques), peintre français, 1600-1638. — In-4°. H. 0,250. L. 0,185. (Le B., 154.) *

Voir Rob.-Dum., 154. — D'après J. Blanchard lui-même.

Les armoiries non décrites, qui se trouvent au bas de l'ovale, sont : *De gueules au chevron d'argent, accompagné de trois abeilles du même;* l'écu sommé d'un casque de profil orné de ses lambrequins.

2e état. — Belle épreuve.

Gravé en 1699, suivant le P. Lelong.

568. **Bloemaert** (Abraham), peintre hollandais, 1564-1647. — In-4°. H. 0,280. L. 0,205. (Le B., 155.)

Voir Rob.-Dum., 155.

1er état. Très-rare. — Très-belle épreuve.

3e état. — H. 0,315. L. 0,203. — Belle épreuve.

569. **Blye** (Jean-Baptiste DE), premier président au parlement de Tournay. — In-fol. H. 0,368. L. 0,293. (Le B., 156.)*

Voir Rob.-Dum., 179. — D'après Ladam.

2e état. — Très-belle épreuve.

Les armoiries non décrites, placées dans un petit ovale, au bas de la bordure et sur la console de support, sont : *De sable à une fasce on dée..... surmontée d'un lion naissant d'or et accompagnée en pointe de trois coquilles d'argent rangées en orle ;* l'écu, entouré du manteau d'hermine, est timbré d'un casque avec lambrequin, surmonté d'une toque.

570. Blye (DE), le même que le précédent. — In-fol. H. 0,438. L. 0,324. (Le B., 157, *s. n.*) *

Voir Rob.-Dum., VII et XI, 180. — D'après Ladam.
2ᵉ état. — Très-belle épreuve.

571. Bossuet, 1627-1704. — In-4°. H. 0,248. L. 0,190. (Le B., 158.) *

Voir Rob.-Dum., 156. — D'après H. Rigaud.
1ᵉʳ état. —Très-belle épreuve.

Ce portrait, en buste, a été gravé en 1700, d'après un tableau peint par Rigaud en 1698, pour le grand-duc de Toscane ; tableau qu'il ne faut pas confondre avec celui, fait postérieurement, qui représente Bossuet en pied, et dont la reproduction gravée est le chef-d'œuvre de Drevet le fils (voir plus haut, n° 489). L'estampe ci-dessus était destinée, selon Van Hulst, à figurer en tête de l'édition originale de la *Politique* de Bossuet, ouvrage posthume qui a paru à Paris en 1709, in-4°, mais on l'y trouve fort rarement.

572. Bouc (Pierre VAN), peintre hollandais.—In-fol. H. 0,311. L. 0,201. (Le B., 159.)

Voir Rob.-Dum., 157.
3ᵉ état. — Belle épreuve.

573. Brûlart de Sillery (Fabio), évêque de Soissons, membre de l'Académie française. — In-fol. H 0,393. L. 0,320. (Le B., 163.) *

Voir Rob.-Dum., 161. — D'après le tableau de Hyac. Rigaud, peint en 1698. Estampe gravée pour une thèse, en 1700.
2ᵉ état. — Belle épreuve.

574. Bussy-Rabutin (Roger, comte DE), guerrier et écrivain français, 1618-1693. — In-4°. H. 0,209. L. 0,151. (Le B., 164, *s. n.*) *

Voir Rob.-Dum., 162. — Gravé en 1696, d'après le tableau de Le Febure, peint en 1673.
Les armes non décrites qui se trouvent au bas de l'ovale sont : *Ecar-*

.telé : aux 1 et 4, cinq points équipollés à quatre de gueules; aux 2 et 3,
d'azur à la croix... d'or ; supports : deux anges.
Très-belle épreuve.

575. Carcavy (Pierre DE), conseiller au parlement de Toulouse et garde de la bibliothèque du roi, mort en avril 1684.
— In-fol. H. 0,340. L. 0,248. (Le B., 165, s. n.) *

Voir Rob.-Dum., 163. — D'après L. Testelin.
Les armes non décrites, qui se trouvent dans un médaillon au milieu
du socle, sont : *D'azur à une levrette, colletée d'or, accompagnée de trois
étoiles du même, 2 en chef et 1 en pointe.*
Belle épreuve.

576. Champagne ou **Champaigne** (Philippe DE), peintre
belge, 1602-1674. — In-fol. H. 0,363. L. 0,326. (Le B.,
166.) *

Voir Rob.-Dum., 164. — D'après Phil. de Champagne lui-même.
1er état. — Très-belle épreuve (150 à 200 fr.).
C'est le meilleur morceau d'Edelinck, et auquel il donnait la préfé-
rence lui-même.

577. Châteaumeillan (Antoine-Armand DE FRADET DE
SAINT-AOUST, comte DE), lieutenant général au gouverne-
ment de Berry, tué dans les guerres de Hollande vers 1677.
— In-fol. en travers. L. 0,440. H. 0,364. (Le B., 167, s. n.) *

Voir Rob.-Dum., 165. — D'après H. Watelé.
Les armoiries non décrites, gravées dans le cartouche, sont : *Écartelé : au 1, d'azur à cinq fasces d'argent; aux 2 et 3, d'azur à la croix
d'argent; au 4, d'azur à cinq fasces d'argent, au lion de gueules brochant sur le tout : d'or à trois fers de lance de sable.*
Rare. — Très-belle épreuve.
Gravé en 1677, suivant le P. Lelong.

578. Coëtlogon (Louis-Marcel DE), évêque de Saint-Brieuc
en 1680, mort le 18 avril 1707. — In-fol. H. 0,432. L. 0,330.
(Le B., 172, s. n.) *

Voir Rob.-Dum., 170.
Les armoiries non décrites, qui se trouvent dans le cartouche placé
sur la console de support, sont : *De gueules à cinq écussons d'hermines.*
Belle épreuve.

579. Colbert de Villacerf (Jean-Baptiste-Michel), archevêque de Toulouse en 1687. — In-fol. H. 0,396. L. 0,314. (Le B., 174.) *

Voir Rob.-Dum., VII et XI, 172. — D'après N. de Largillière.
5e état. — Belle épreuve.

580. Colbert (Édouard), marquis DE VILLACERF, surintendant des bâtiments, 1628-1699. — In-fol. H. 0,470. L. 0,348. (Le B., 334, s. n.) *

Voir Rob.-Dum, 336. — D'après P. Mignard.
Très-belle épreuve.
Estampe gravée en 1696, suivant le P. Lelong.

581. *Cologne :* **Joseph-Clément de Bavière**, électeur-archevêque de Cologne, 1671-1723. — In-fol. H. 0,568. L. 0,441. (Le B., 236, s. n.)

Voir Rob.-Dum., 227.
Belle épreuve.

582. Curvo-Semmedo (João), médecin portugais, 1635-1719. — In-4°. H. 0,246. L. 0,173. (Le B., 178, s. n.)

Voir Rob.-Dum., 176. — D'après Félix da Costa.
Très-belle épreuve.

583. Descartes (René), 1596-1650. — In-4°. H. 0,277. L. 0,200. (Le B., 181.) *

Voir Rob.-Dum., 181. — D'après Franç. Hals.
Les armes non décrites, mises au bas de l'ovale, sont : *D'argent au sautoir de sable, cantonné de quatre palmes de sinople.*
Épreuve rognée au tr. c.
Gravé, suivant le P. Lelong, en 1691.

584. Desjardins, nom francisé de **Van den Baugaerten** ou **Bogaert** (Mártin), sculpteur français, 1640-1694. — In-fol. H. 0,431. L. 0,349. (Le B., 235.) *

Voir Rob.-Dum., 182. — D'après Hyac. Rigaud.
1er état, avant la lettre. Très-rare. — Superbe épreuve (400 à 500 fr.).
2e état. — H. 0,434. L. 0,351. — Très-belle épreuve. Collection Archinto.
Van Hulst décrit ainsi ce portrait, gravé en 1698, d'après le tableau

14

peint en 1692 : « Figure jusqu'aux genoux, ayant l'une de ses main
« une tête de bronze d'un des captifs du monument de la place
« Victoires, le chef-d'œuvre de cet artiste, natif de la ville de Bre

585. **Dilger** (Nathanael), théologien et ministre de D fi
né en 1572. — In-fol. H. 0,306. L. 0,216. (Le B., 182,

Voir Rob.-Dum., 185.
Très-rare. — Superbe épreuve, avec une petite marge (100 fr.
lection Marshall.

585 bis. **Dilger** (le même que le précédent). — In-4°.
0,255. L. 0,216.

En buste, dans un ovale équarri. Vu de 3/4, tourné à gauc
nue, cheveux longs ; il porte toute sa barbe. Vêtu d'un justauc
tièrement boutonné, les épaules couvertes par son manteau.
noir.
Non mentionné par Rob.-Dum.
Épreuve en contre-partie de la précédente. Avant toute lettre.

586. **Dürer** (Albert), célèbre peintre et graveur alle
1471-1528. — In-fol. H. 0,307. L. 0,201. (Le B., 184.)

Voir Rob.-Dum., VII et XI, 193.
4e état. — Belle épreuve.

587. *Espagne :* **Philippe de France**, duc d'Anjou (p
Philippe V), 1683-1746. — In-fol. H. 0,390. L. 0,293.
B., 185, *s. n.*)*

Voir Rob.-Dum., 294. — D'après F. de Troy.
Très-belle épreuve.
Gravé en 1698, suivant le P. Lelong.

588. *Espagne :* **Philippe V** (le même que le précéden
In-4°. H. 0,277. L. 0, 187. (Le B., 186.)

Voir Rob.-Dum., 295.
2e état. — Belle épreuve.

589. **Estrées** (César d'), cardinal français, 1628-17
In-fol. H. 0,448. L. 0,393. (Le B., 189, *s. n.*)*

Voir Rob.-Dum., VII et XI, 197. — D'après F. de Troy.
1er état. — Belle épreuve, mais rognée.

590. Evrard (Philippe), avocat au parlement de Paris. —
In-fol. H. 0,332. L. 0,279. (Le B., 190.) *

Voir Rob.-Dum., 198. — D'après Fr. Tortebat.
2e état. — Très-belle épreuve, à toutes marges.
Mariette dit que de son temps on ne connaissait que trois ou quatre
épreuves de cette estampe, la planche s'étant perdue; mais il ajoute
que depuis elle fut retrouvée et achetée par Drevet, qui en fit sans
doute tirer de nouvelles épreuves.

591. Fabert (Abraham DE), maréchal de France, 1599-1662.
— In-4°. H. 0,245. L. 0,178. (Le B., 191, *s. n.*) *

Voir Rob.-Dum., 199.
Belle épreuve.
Gravé en 1698, suivant le P. Lelong.

592. Fagon (Gui-Crescent), médecin et botaniste français,
1638-1718. — In-fol. H. 0,330. L. 0,252. (Le B., 192.) *

Voir Rob.-Dum., VII et XI, 200.
D'après le tableau de Hyac. Rigaud, peint en 1694. La gravure est
de 1700.
1er état. — Superbe épreuve avec grandes marges. Collection Marshall.
Van Hulst ajoute ce renseignement nouveau, que cette estampe a
été faite pour une thèse de Claude Beryer, et qu'elle est devenue très-
rare, « la planche en étant perdue ».

593. Feuillet (Nicolas), théologien français, 1622-1693. —
In-fol. H. 0,370. L. 0,285 (Le B., 196.) *

Voir Rob.-Dum., 204. — D'après Compardel.
2o état. — Belle épreuve.

594. Fléchier (Esprit), célèbre orateur et prélat français,
1632-1710. — In-4°. H. 0,208. L. 0,152. (Le B., 197, *s. n.*) *

Voir Rob.-Dum., 205.
Gravé en 1698, d'après le tableau peint par Hyac. Rigaud en 1690.
Les armes gravées dans le petit médaillon, au bas de l'ovale, sont:
*D'argent à un arbre de sinople terrassé de même; au chef de gueules
chargé de trois étoiles d'argent.*
Belle épreuve.
Cette estampe était destinée à faire partie du recueil des *Hommes illus-
tres* de Perrault. Elle a été copiée, en petit, et en contre-partie. Cette

copie, dont l'inscription n'est plus en latin, mais en français, porte le nom d'Edelinck, et, en vertu de cela, est attribuée à cet artiste, bien qu'elle ne soit pas de lui, dit Van Hulst, « quoi qu'en dise la planche ». Ce détail important demeura inconnu à Robert-Dumesnil et à tous ceux qui se sont occupés de l'œuvre d'Edelinck.

595. Foix de la Valette d'Espernon (Anne-Louise-Christine DE), religieuse carmélite, 1644-1701. — In-4°. H. 0,224. L. 0,168. (Le B., 187, s. n.) *

Voir Rob.-Dum., 195. — D'après Beaubrun.
Belle épreuve.
Gravé en 1703, suivant le P. Lelong.

596. *France :* **Louis XIV**, 1638-1715. — In-8°. H. 0,130. L. 0,090. (Le B., 203.)

Voir Rob.-Dum., 248.
1er état, avant toute lettre. Très-rare. — Superbe épreuve.

597. *France :* **Louis XIV.** — In-fol. H. 0,326. L. 0,217. (Le B., 210.) *

Voir Rob.-Dum., 255. — D'après J.-B. Corneille. Ordonnance gravée par J. Mariette.
1er état. — Très-belle épreuve.
Cette estampe sert de frontispice à la première édition du *Dictionnaire de l'Académie française ;* Paris, 1694, in-fol.

598. *France :* **Louis XIV.** — In-fol. H. 0,461. L. 0,365. (Le B., 211.)

Voir Rob.-Dum., 256. — D'après Jean de la Haye.
1er état. Fort rare. — Très-belle épreuve (100 fr. et plus).
2e état. — H. 0,459. L. 0,366. — La transcription du distique de Santeuil, dans Robert-Dumesnil, n'est pas exacte; nous la rectifions ainsi qu'il suit :

> Vicit Inaccessis (inaxessis) *consisas* (consisa) *Rupibus Arces,*
> *Miraris ! per Rhenum hic sibi fecit iter.*

— Un peu à droite : *Santolius Victorinus.* — Belle épreuve.

599. *France :* **Louis-Auguste de Bourbon,** DUC **du Maine,**

fils naturel de Louis XIV et de la marquise de Montespan, 1670-1736. — In-4°. H. 0,216. L. 0,170. (Le B., 255, *s. n*)*

Voir Rob.-Dum., 264. — D'après Ant. Dieu. Ordonnance gravée par le Pautre.
Belle épreuve.
Gravé en 1697, suivant le P. Lelong.

600. *France* : **Louis de France**, DUC **de Bourgogne**, fils aîné du Grand Dauphin et père de Louis XV, 1682-1712. — In-fol. H. 0,389. L. 0,290. (Le B., 160.)*

Voir Rob.-Dum., 158. — D'après F. de Troy.
1er état. De toute rareté. — Très-belle épreuve (100 fr. et plus).
2e état. — Très-belle épreuve.
Gravé en 1697, suivant le P. Lelong.

601. *France* : **Charles de France**, duc **de Berry**, fils cadet du Grand Dauphin, 1686-1714. — In-fol. H. 0,389. L. 0,291. (Le B., 147, *s. n.*)*

Voir Rob.-Dum., 147. — Gravé en 1698, d'après F. de Troy.
Belle épreuve.

602. **Fuerstenberg** (Ferdinand DE), prélat allemand, 1626-1683. In-4°. H. 0,226. L. 0,185. (Le B., 194.)

Voir Rob.-Dum., 202. — D'après Michelin.
1er état. — Très-belle épreuve.
2e état. — Belle épreuve.

603. **Fuerstenberg** (Ferd. DE), le même que le précédent. — In-fol. H. 0,374. L. 0,243. (Le B., 195.)

Voir Rob.-Dum., 203. — D'après Le Brun. Ordonnance d'après Verdier.
2e état. Très-rare. — Très-belle épreuve.

604. **Furetière** (Antoine), abbé de Chalivoy et membre de l'Académie française, 1620-1683. — In-fol. H. 0,327. L. 0,236. (Le B., 216, *s. n.*)*

Voir Rob.-Dum., 209. — Gravé en 1689, d'après de Sève.
Belle épreuve.

605. Gassion (Jean, comte DE), maréchal de France, 1609-1647. — In-4°. H. 0,242. L. 0,188. (Le B., 220, *s. n.*) *

Voir Rob.-Dum., 213.

Les armoiries, non décrites au bas de l'ovale, sont : *Écartelé : au 1, d'or à trois pals de gueules ; aux 2 et 3, d'azur à la tour d'or ; au 4, d'argent à l'arbre de sinople, au lévrier de gueules, colleté d'or passant au pied de l'arbre.*

Très-belle épreuve.

Gravé en 1697, suivant le P. Lelong.

606. Gherardi (Évariste), acteur et auteur italien, connu sous le nom d'*Arlequin,* v. 1670-1703. — In-8°. H. 0,137. L. 0, 079. (Le B., 221.) *

Voir Rob.-Dum., 214. — D'après J. Vivien.

2° état. — Belle épreuve.

Gravé en 1699, suivant le P. Lelong.

607. Gobinet (Charles), pédagogue français, 1613-1690. — In-fol. H. 0,375. L. 0,285. (Le B., 232, *s. n.*) *

Voir Rob.-Dum., 215. — D'après N. de Largillière.

Très-belle épreuve.

608. Goltzius (Henri), peintre et graveur allemand, 1558-1617. — In-fol. H. 0,311. L. 0,200. (Le B., 223.)

Voir Rob.-Dum., 216.

2° état. — H. 0,214. L. 0,201.— Belle épreuve.

609. Gottwald (Christophe), naturaliste et médecin allemand, 1636-1700. — In-fol. H. 0,213. L. 0,218. (Le B., 224.)

Voir Rob.-Dum., 217. — D'après André Stech.

2° état. — Belle épreuve.

610. Graaf (Regnier DE), médecin hollandais, 1641-1673. — In-12. H. 0,133. L. 0,087. (Le B., 226.)

Voir Rob.-Dum., VII et XI, 219. — D'après H. Watelé.

1er état. — Très-belle épreuve.

2° état. — Très-belle épreuve.

C'est le premier travail d'Edelinck à son arrivée à Paris [1667]. Il grava entièrement la tête du personnage, pendant que Jean Edelinck son frère, préparait à souper. Voir cette anecdote dans Mariette, qui assure, en outre, que ce portrait figure en tête d'un livre de médecine de cet auteur, imprimé à Paris.

611. Gramont (Antoine, duc DE), pair et maréchal de France, 1604-1678. — In-4°. H. 0,244. L. 0,180. (Le B., 227, *s. n.*) *

Voir Rob.-Dum., 220.

Les armoiries, non décrites, gravées au bas de l'ovale, sont : *Écartelé : aux 1 et 4, d'or au lion d'azur armé et lampassé de gueules, qui est* de Gramont ; *aux 2 et 3, de gueules à trois flèches d'or, posées en pal empennées et armées d'argent, qui est* Aster ; *sur le tout, écartelé : aux 1 et 4, de* Toulongeon ; *aux 2 et 3, de* Saint-Cheron. — Les couleurs et les émaux ne sont pas indiqués sur l'écusson.

Belle épreuve.

Gravé en 1699, suivant le P. Lelong.

612. Hameau (André), docteur de Sorbonne et curé de Saint-Paul à Paris, mort le 15 février 1696. — In-fol. H. 0,321. L. 0,250. (Le B., 228.) *

Voir Rob.-Dum., 221. — D'après J. Vivien.

Les armes, non décrites, gravées au bas de l'ovale, sont : *D'argent à deux pals de gueules accompagnés de trois feuilles de trèfle de......2 et 1.* L'écusson est surmonté d'une couronne de baron, accompagnée de la mitre et de la crosse d'abbé.

1er état. Rare. — Belle épreuve.

613. Harcourt (Henri DE LORRAINE, comte D'), dit *Cadet la Perle*, grand écuyer de France, 1601-1666. — In-4°. H. 0,248. L. 0,183. (Le B., 229, *s. n.*) *

Voir Rob.-Dum., 222. — D'après P. Mignard.

Belle épreuve.

Gravé en 1698, suivant le P. Lelong.

614. Helyot (Marie HERINX, Mme), épouse de Claude HELYOT, conseiller, 1645-1682. — In-fol. H. 0,385. L. 0,288. (Le B., 230.) *

Voir Rob.-Dum., 223. — D'après Jac. Galliot. Ordonnance d'après le Frère Luc, Récollet.

4e état. — Belle épreuve.

615. Hérault de Gourville (Jean), homme d'État français, 1625-1703. — In-8°. H. 0,131. L. 0,090. (Le B., 225, s. n.) *

Voir Rob.-Dum., 218. — Gravé en 1705, d'après un tableau peint par Hyac. Rigaud en 1703.

Les armoiries, non décrites, gravées au bas de l'ovale, sont : *D'argent au chevron d'azur, accompagné de trois..... de sable.*
Belle épreuve.
Gravé, suivant le P. Lelong, en 1705.

616. Hozier (Charles-René D'), généalogiste français, 1640-1732. — In-fol. H. 0,433. L. 0,348. (Le B., 232, s. n.) *

Voir Rob.-Dum., 184. — Gravé d'après un tableau peint par Hyac. Rigaud en 1686.

Pour les armoiries gravées dans l'écusson, au bas du portrait, et non décrites, voir, ci-dessus, le n° 201. L'écusson a pour supports deux lions.
Belle épreuve.

617. Huet (Pierre-Daniel), évêque d'Avranches, 1630-1721. — Gr. in-fol. H. 0,390. L. 0,328. (Le B., 233.) *

Voir Rob.-Dum., 224. — D'après N. de Largillière.
Les armoiries, non décrites, sont : *D'azur à trois grelots d'or, contreposés, surmontés de deux mouchetures d'hermines d'argent;* l'écusson couronné et accompagné de la mitre et de la crosse, surmontées d'un chapeau d'évêque.
1er état. — Très-belle épreuve.

618. Huygens (Christian), célèbre physicien et astronome français, 1629-1695. — In-4°. H. 0,244. L. 0,202. (Le B., 234.)

Voir Rob.-Dum., VII et XI, 225.
1er état. — Très-belle épreuve.
2e état. — Belle épreuve.

619. Kaunitz (Wenceslas-Antoine-Dominique, comte de Rietberg, prince de), homme d'État autrichien, 1711-1794. — Gr. in-fol. H. 0,471. L. 0,344. (Le B., 237, s. n.)

Voir Rob.-Dum., VII et XI, 228. — D'après Fr. de Cock.
Les armes, non décrites, gravées dans le cartouche, sont : *Écartelé : aux 1 et 4, de gueules à deux feuilles de nénuphar d'argent, les tiges re-*

courbées, les racines passées en sautoir; aux 2 et 3, d'or à la rose d'argent; l'écusson surmonté d'une couronne de marquis.

2ᵉ état. — Très-belle épreuve.

620. **Keller** (Jean-Jacques), fondeur suisse, inspecteur des fontes de l'artillerie de France, père de Jean-Balthasar. — In-4º. H. 0,240. L. 0,199. (Le B., 238.) *

> Voir Rob.-Dum., 229. — D'après Nic. de Largillière.
> 1ᵉʳ état. Cité par Regnault-Delalande *(Cat. de la vente Prevost; Paris, 1809, in-8º).* — Très-belle épreuve (100 fr.). Collection Camberlyn.
> 2ᵒ état. Avant le nom des artistes. C'est le 1ᵉʳ décrit. Très-rare. — Très-belle épreuve.
> 4ᵒ état. — Très-belle épreuve, avec la trace de la lame accessoire dans la marge.

621. **Lamoignon** (Guillaume DE), premier président du parlement de Paris, 1617-1677. — In-4º. H. 0,245. L. 0,185. (Le B., 239, *s. n.*) *

> Voir Rob.-Dum., 233. — D'après Nanteuil.
> Les armoiries, non décrites, gravées au bas de l'ovale, sont : *Losangé d'argent et de sable; au franc-quartier d'hermines;* l'écussson timbré d'un casque orné de ses lambrequins; supports : deux cerfs ailés.
> Belle épreuve.

622. **Lamoignon** (Madeleine DE), sœur du précédent, 1609-1687. — In-fol. H. 0,412. L. 0,310. (Le B., 240.) *

> Voir Rob.-Dum., 234. — D'après de Sève.
> 1ᵉʳ état. — Très-belle épreuve, avec marges.
> 2ᵉ état. — Belle épreuve.
> Gravé en 1692, suivant le P. Lelong.

623. **La Morinière** (Adrien-Claude LEFORT DE), littérateur français, 1698-1768. — In-fol. H. 0,432. L. 0,327. (Le B., 274, *s. n.*) *

> Voir Rob.-Dum., 235. — Gravé en 1704, d'après J. Tortebat.
> Les armes, non décrites, gravées dans le médaillon, sont : *D'azur au chevron d'or, accompagné en chef de deux têtes de Maure, tortillées d'argent, et en pointe d'un taureau du même;* l'écu timbré d'un casque de chevalier orné de ses lambrequins.
> Belle épreuve.

624. **La Quintinie** (Jean DE), célèbre agronome français, 1626-1688. — In-fol. H. 0,329. L. 0,186. (Le B., 297, s. n.)*

Voir Rob.-Dum., 236. — D'après Richard de la Mare.

Les armes, non décrites, gravées au bas de l'ovale, sont : *D'argent à un chevron d'azur, accompagné en chef de deux étoiles du même, et en pointe d'un arbre de sinople* ; l'écu timbré d'un casque avec ses lambrequins.

Belle épreuve.

625. **Laury** (Remi DU), prévôt de l'église collégiale de Saint-Pierre de Lille, âgé de 70 ans. — In-fol. H. 0,347. L. 0,243. (Le B., 241, s. n.) *

Voir Rob.-Dum., 188. — D'après J. Van Oost.

Les armes, gravées au bas de l'ovale et non décrites, sont : *D'azur à un chevron, accompagné en chef de deux feuilles de laurier et en pointe d'une étoile à 6 raies, le tout d'argent.*

Belle épreuve.

626. **La Vallière** (Françoise-Louise DE LA BAUME LE BLANC, duchesse DE), maîtresse de Louis XIV, 1644-1710. — In-8° H. 0,179. L. 0,155. (Le B., 329.) *

Voir Rob.-Dum., 237.

2e état. Fort rare. — Très-belle épreuve (100 à 150 fr.).

627. **Le Brun** (Charles), célèbre peintre français, 1619-1690. — In-fol. H. 0,315. L. 0,259. (Le B., 242, s. n.)*

Voir Rob.-Dum., VII et XI, 238. — D'après Nic. de Largillière.

1er état. Très-rare. Planche non terminée. — Superbe épreuve (150 à 200 fr.). Collection Debois.

2e état. — Les armoiries, non décrites, gravées dans un cartouche placé au milieu de la console de support, sont : *D'azur à la fleur de lis d'or ; au chef cousu d'argent, chargé d'un soleil du second.*

Très-belle épreuve.

628. **Leeuwen** (Gerbrand VAN), professeur à Amsterdam. — In-fol. H. 0,353. L. 0,287. (Le B., 243.)

Voir Rob.-Dum., 239. — D'après A. Boonen.

Les armoiries gravées au bas de l'ovale sont : *D'argent au lion de gueules* ; l'écu timbré d'un casque, orné de ses lambrequins avec cimier.

1er état. Rare. — Superbe épreuve, avec grandes marges.

629. **Lefèvre** (Nicolas), historien français, précepteur de Louis XIII, 1544-1612. — In-4°. H. 0,248. L. 0,183. (Le B., 214, *s. n.*)*

Voir Rob.-Dum., 240.
Belle épreuve.
Gravé en 1699, suivant le P. Lelong.

630. **Léonard** (Frédéric Ier), imprimeur français, 1623-v. 1712. — In-fol. H. 0,431. L. 0,348. (Le B., 246.) *

Voir Rob.-Dum., 242. — Gravé en 1689, d'après le tableau peint par Hyac. Rigaud en 1688.
1er état. Très-rare. — Superbe épreuve (100 à 150 fr.).
2e état. — Belle épreuve.

631. **Le Pelletier** (Michel), seigneur DE SOUCY, conseiller d'État, mort en 1725. — In-fol. H. 0,390. L. 0,320. (Le B., 318.) *

Voir Rob.-Dum., 322. — D'après J. Van Oost.
Les armoiries non décrites, gravées au bas de l'ovale, sont : *D'azur à la croix pattée d'argent, chargée au centre d'un chevron de gueules, qu'accompagnent, sur la traverse de la croix, deux molettes d'éperon de sable* (la couleur n'est pas indiquée), *et sur le pied une rose de gueules, boutonnée d'or ;* l'écu timbré d'un casque orné de ses lambrequins; couronne de marquis.
Superbe épreuve.

632. **Le Tellier** (Michel), chancelier de France, 1603-1685. — In-4°. H. 0,243. L. 0,179. (Le B., 237, *s. n.*) *

Voir Rob.-Dum., 243. — D'après Ferd. Voet.
Les armes gravées au bas de l'ovale sont : *D'azur à trois lézards d'argent posés en pals ; au chef cousu de gueules chargé de trois étoiles d'argent.*
Belle épreuve, mais rognée.

633. **Le Tellier** (Michel), le même que le précédent. — Pet. in-fol. H. 0,238. L. 0,215. (Le B.; 248.) *

Voir Rob.-Dum., 244. — D'après Ferd. Voet.
4e état. — Belle épreuve.

634. **Le Tellier** (François-Michel), marquis de **Louvois**, fils

du précédent, homme d'État français, 1639-1691. — In-fol
en travers. L. 0,508. H. 0,427. (Le B., 252.) *

> Voir Rob.-Dum., VII et XI, 261. — D'après P. Mignard. — Ordon
> nance d'après Lebrun.
> 3º état. — Très belle épreuve, mais rognée.

635. **Le Tellier** (Charles-Maurice), archevêque de Reims
frère du précédent, 1642-1710. — In-fol. H. 0,348. L. 0,24
(Le B., 249.) *

> Voir Rob.-Dum., VII et XI, 245. — D'après P. Mignard.
> 2º état. — Belle épreuve.

636. **L'Hôpital** (Guillaume-François-Antoine DE), marqui
DE SAINTE-MESME, comte D'ENTREMONT, plus connu sous l
nom de marquis *de l'Hôpital*, célèbre géomètre fran
çais, 1661-1704. — In-4º. H. 0,231. L. 0,172. (Le B., 250,
s. n.) *

> Voir Rob.-Dum., 246. — Gravé en 1705, d'après Foucher (le P.
> Lelong en attribue à tort la peinture à J. Dieu).
> Belle épreuve.

637. **Lionne** (Jules-Paul DE), abbé de Marmoutier, aumônie
du Roi. — In-fol. H. 0,427. L. 0,360. (Le B., 251.) *

> Voir Rob.-Dum., 247. — D'après J. Jouvenet l'aîné. Gravé en 1700.
> Les armoiries, non décrites, gravées dans un cartouche placé au cen
> tre de la marge, sont : *De gueules à la colonne d'argent; au chef cous*
> *d'azur, chargé d'un lion léopardé d'or;* l'écusson couronné accompagné
> de la mitre et de la crosse d'abbé.
> 2º état. — Belle épreuve.

638. **Lully** (Jean-Baptiste DE), célèbre compositeur, d'origine
italienne, 1633-1687. — Gr. in-4º. H. 0,250. L. 0,184. (Le
B., 253, *s. n.*) *

> Voir Rob.-Dum., 262.
> Très-belle épreuve, à grandes marges.
> Gravé en 1695, suivant le P. Lelong.

639. **Malezieu** (Nicolas DE), écrivain français, 1650-1729.
— In-fol. H. 0,458. L. 0,352. (Le B., 256, *s. n.*) *

A mi-corps. Personnage ayant une cicatrice au milieu du front

Tourné vers, etc. Voir Rob.-Dum., 265. — D'après F. de Troy. Gravé
en 1700.

Les armoiries, non décrites, placées au bas de la bordure ovale,
sont : *D'azur au chevron d'or, accompagné en chef de deux lis d'argent
et en pointe d'un lionceau du second.*

Très-belle épreuve.

640. **Mansart** (Jules HARDOUIN, dit), architecte français,
1645-1708. — In-fol. H. 0,480. L. 0,323. (Le B., 258.) *

Voir Rob.-Dum., VII et XI, 267. — D'après J. Vivien. Gravé en 1699.

Les armes, non décrites, gravées au bas du portrait, sont : *D'azur à
la colonne d'argent, la base, le chapiteau et le piédestal d'or, surmontée
d'un soleil du même et accostée de deux aigles d'or, affrontées et fixant
le soleil ;* l'écu est couronné; supports : deux aigles.

2e état. — Très-belle épreuve.

641. **Mansart** (J. HARDOUIN, dit), le même que le précédent.
— In-fol. H. 0,466. L. 0,370. (Le B., 259.) *

Voir Rob.-Dum., 268.— Gravé en 1704, d'après un tableau peint par
Hyac. Rigaud, en 1702.

2e état. — Très-belle épreuve.

642. **Marca** (Pierre DE), historien et archevêque de Paris,
1594-1662. — In-4°. 0,241. L. 0,185. (Le B., 260, *s. n.*)*

Voir Rob.-Dum., 269.

Les armoiries gravées au bas du portrait sont : *Écartelé : aux 1 et 4,
d'azur à un cheval passant d'argent; aux 2 et 3, d'argent à trois mouchetures d'hermine, 2 et 1.*

Belle épreuve.

Gravé en 1695, suivant le P. Lelong.

643. **Metz** (Pierre-Claude BERBIER' DU), général français,
1638-1690. — In-4°. H. 0,243. L. 0,188. (Le B., 265, *s. n.*) *

Voir Rob.-Dum., 189. — D'après Fr. Tortebat.

Les armes, gravées au bas de l'ovale et non décrites, sont : *D'azur à
trois colombes d'argent;* l'écu timbré de la couronne de vicomte

Belle épreuve.

Gravé en 1700, suivant le P. Lelong.

644. **Metz** (Gédéon BERBIER DU), président à la chambre des

comptes de Paris, frère aîné du précédent, 1626-1709. —
In-fol. H. 0,398. L. 0,297. (Le B., 266.) *

Voir Rob.-Dum., 190. — Gravé en 1700, suivant Van Hulst, et en
1702, suivant le P. Lelong, d'après le tableau d'Hyac. Rigaud, peint
en 1698.
Mêmes armes que les précédentes ; supports : deux dogues colletés.
1er état. Rare. — Très-belle épreuve.

645. **Mignard** (Pierre), dit *le Romain*, célèbre peintre français, 1610-1695. — In-4°. H. 0,248. L. 0,183. (Le B., 267)*

Voir Rob.-Dum., 274. — D'après Mignard lui-même.
Les armoiries, non décrites, sont : *D'azur à un lion d'argent; au chef
cousu de gueules, chargé de trois feuilles de trèfle d'argent;* l'écu timbré
d'un casque de profil orné de ses lambrequins.
2e état. — Très-belle épreuve.

646. **Miramion** (Marie Bonneau, dame de), fondatrice d'ordre
religieux à Paris, veuve de Jean-Jacques de Beauharnais,
seigneur de Miramion, 1629-1696. — In-4°. H. 0,208.
L. 0,151. (Le B., 268, *s. n.*) *

Voir Rob.-Dum., 275. — Gravé en 1706, d'après F. de Troy.
Très-belle épreuve, à grandes marges.

647. **Miramion** (M. Bonneau, dame de), la même que la précédente. — In-8°. H. 0,123. L. 0,079. (Le B., 269, *s. n.*) *

Voir Rob.-Dum., 276. — D'après F. de Troy.
Belle épreuve.
Gravé également en 1706, suivant le P. Lelong.

648. **Montarsis** (Pierre de), amateur des beaux-arts. — In-
fol. H. 0,342. L. 0,281. (Le B., 270.) *

Voir Rob.-Dum., 277. — D'après Antoine Coypel le jeune.
1er état. — Très-belle épreuve.

649. **Morant** (Thomas-Alexandre), conseiller d'État, intendant en Provence. — In-fol. H. 0,415. L. 0,327. (Le B.,
272.) *

Voir Rob.-Dum., VII et XI, 279. — D'après Nic. de Largillière.
Les armoiries, non décrites, sont : *D'azur à trois cormorans d'argent.*

« Ce portrait est rare, dit Mariette; la planche en est gâtée et ne
« peut plus imprimer. M. Drevet en est certain et me l'a assuré. »
3e état. — Belle épreuve.
Gravé, dit le P. Lelong, en 1685.

650. Moreri (Louis), érudit français, 1643-1680. — In-fol.
H. 0,315. L. 0,208. (Le B., 273.) *

Voir Rob.-Dum., 280. — D'après F. de Troy. Gravé en 1680.
2e état. — Très-belle épreuve.

651. Mouton (Charles), musicien de Louis XIV. — In-fol.
H. 0,430. L. 0,347. (Le B., 275.) *

Voir Rob.-Dum., VII et XI, 281.
2e état. — Très-belle épreuve.
4e état. — H. 0,428. L. 0,348. — Non cité par Rob.-Dum. Il est conforme au 3e état décrit par lui avec l'addition en plus des 4 vers français du 2e état.
Gravé sur un des plus beaux tableaux qu'ait peints F. de Troy, au
sentiment de Mariette : « Il a été peint, dit-il, en 1690, Mouton étant
« pour lors âgé de 64 ans. J'ai vu ce tableau en 1755, et j'ose dire que
« le plus beau tableau de Van Dyck ne me paraît pas supérieur. »
Gravé en 1692, suivant le P. Lelong.

652. Nanteuil (Robert), peintre et graveur français, v. 1623-
1678. — In-4°. H. 0,242. L. 0,187. (Le B., 276.) *

Voir Rob.-Dum., 282. — Gravé en 1695, d'après Nanteuil lui-même.
Belle épreuve.

653. *Nassau :* **Henri-Casimir**, comte **de Nassau-Dietz**,
maréchal général des troupes des États généraux, 1657-
1696. — In-4°. H. 0,205. L. 0,143. (Le B., 277, *s. n.*)

Voir Rob.-Dum., 283.
Belle épreuve.

654. Noailles (Anne-Jules, duc DE), pair et maréchal de
France, connu sous le nom de *comte d'Ayen,* 1650-1708. —
In-fol. H. 0,305. L. 0,210. (Le B., 278.) *

Voir Rob.-Dum., 284. — D'après le tableau peint par Hyac. Rigaud
en 1691.
Les armoiries, non décrites, sont : *De gueules à la bande d'or;* l'écu

couronné et environné du manteau de pair; supports : deux sauvages
armés de massues.

Van Hulst consacre à cette estampe la note qui suit : « Gravé en
« 1699 (le P. Lelong dit en 1695) par Edelinck, qui n'a pris du tableau
« original, lequel est en pied, que la tête. L'estampe est un buste dont
« l'habillement est d'une autre main que de celle de M. Rigaud. »

1er état. — Belle épreuve.

655. Noailles (Louis-Antoine DE), archevêque de Paris, plus tard cardinal, frère du précédent, 1651-1729. — Gr. in-fol. H. 0,528. L. 0,419. (Le B., 279, s. n.) *

Voir Rob.-Dum., 285. — Gravé en 1699, selon Van Hulst, et en 1698,
suivant le P. Lelong, d'après le tableau peint par Hyac. Rigaud
en 1697.

Rare. — Très-belle épreuve.

656. Ossat (Arnaud D'), cardinal, 1536-1604. — In-4°. H. 0,244. L. 0,179. (Le B., 281, s. n.) *

Voir Rob.-Dum., 186.

Les armoiries, non décrites, gravées au bas de l'ovale, sont : D'azur
à une colombe s'essorant d'argent, becquée et membrée de gueules, tenant
en son bec une branche d'olivier de sinople; l'écu surmonté du chapeau
de cardinal.

Belle épreuve.

657. Parent (Jean-Charles), chevalier romain. — In-fol. H. 0,366. L. 0,282. (Le B., 282.)

Rob.-Dum., 287. — D'après J. Tortebat.

Les armoiries, non décrites, sont : D'azur à un chevron d'or, accompagné en chef d'un soleil, également d'or, et en pointe d'un croissant
d'argent.

4e état. — Belle épreuve, à toutes marges.

658. Pascal (Blaise), 1623-1662. — Gr. in-4°. H. 0,287. L. 0,202. (Le B., 285, s. n.) *

Voir Rob.-Dum., 290. — D'après L. Q. V.

Les armoiries, non décrites, sont : D'azur à l'agneau pascal d'argent,
tenant une croix d'or avec sa bannière d'argent, chargée d'une croix de
gueules; l'écu timbré d'un casque orné de ses lambrequins.

Très-belle épreuve.

Gravé, suivant le P. Lelong, en 1691.

659. **Pellisson** (Paul), de l'Académie française, 1624-1693.
— In-4°. H. 0,244. L. 0,187. (Le B., 286, *s. n.*)* ⋅ ⋅ ⋅ ⋅ ⋅

Voir Rob.-Dum., 291.
Belle épreuve.
Les armoiries, non décrites, sont : *D'azur au rencontre de bœuf d'or.*
Gravé en 1695, suivant le P. Lelong.

660. **Perrault** (Charles), de l'Académie française, 1628-1703.
— In-4°. H. 0,254. L. 0,189. (Le B., 287, *s. n.*)*

Voir Rob.-Dum., 292. — D'après J. Tortebat.
Belle épreuve.

661. **Pinette** (Nicolas), directeur de l'hôpital général, fondateur et principal instituteur de la maison de l'Oratoire,
1613-1694. — Pet. in-fol. H. 0,286. L. 0,200. (Le B., 290,
s. n.)*

Voir Rob.-Dum., 297. — D'après F. Q. (Quesnel).
2ᵉ état, NON DÉCRIT, intermédiaire entre le premier et le second de
Rob.-Dum., avec des coins, mais avant l'année 1709. — Belle épreuve.
Suivant le P. Lelong, il y aurait un état avec la date de 1695.

662. **Pithou** (François), jurisconsulte et littérateur français,
1543-1621. — In-4°. H. 0,247. L. 0,186. (Le B., 291, *s. n.*)*

Voir Rob.-Dum., 298.
Belle épreuve.
Gravé en 1693, suivant le P. Lelong.

663. **Poisson** (Raymond), célèbre comédien et auteur dramatique, 1633-1690. — In-fol. H. 0,442. L. 0,360. (Le B.,
292.)*

Voir Rob.-Dum., 299. — D'après J. Netscher.
2° état. Rare. — Très-belle épreuve.
Gravé en 1682, suivant le P. Lelong.

664. *Portugal :* **Pierre II**, roi de Portugal, 1648-1706. —
In-4°. H. 0,210. L. 0,155. (Le B., 294, *s. n.*)

Voir Rob.-Dum., 296.
Très-belle épreuve.

665. *Portugal :* **Isabelle de Bragance** (Élisabeth-Marie-

Louise), infante de Portugal, fille aînée du roi Pierre II,
1669-1690. — In-4°. H. 0,280. L. 0,184. (Le B., 162, s. n.)

Voir Rob.-Dum., 160. — D'après C.-G. Hallé; la figure d'après
H. Trudon.

Robert-Dumesnil n'a pas décrit suffisamment cette estampe, qui est
de toute rareté, et dont on ne connaît pas d'épreuves avec la lettre. Les
figures allégoriques de la Foi, de l'Espérance et de la Charité, qui
environnent la princesse, ne planent pas *au-dessus de celles*, mais *au-
dessous de celle* de la Religion, qui est accompagnée d'un ange. Un autre ange est assis sur la deuxième marche, et un troisième, assis au
milieu de la première, soutient un cartouche couronné, avec les armoiries de la princesse dont l'écusson n'a que sa seconde moitié occupée
par les armes de Portugal, tandis que la première est restée en bl
Elle était, il est vrai, fiancée dès 1679 à Victor-Amédée, duc de Savoi
mais elle mourut sans avoir contracté d'alliance.

Belle épreuve.

666. **Quesne** (Abraham DU), illustre marin français, 16 0
1688. — In-4°. H. 0,242. L. 0,186. (Le B., 295, s. n.)

Voir Rob.-Dum., 192.

Les armes, non décrites, gravées au bas de l'ovale, sont : *Écartelé
aux 1 et 4, d'argent au lion de sable armé et lampassé de gueules; au
2 et 3, parti de gueules et d'argent, chargé en abîme d'un écusson accompagné de . . . . . en orle; le tout de l'un en l'autre.*

Belle épreuve.

Gravé en 1697, suivant le P. Lelong.

667. **Racine** (Jean), 1639-1699. — In-4°. H. 0,241. L. 0,186.
(Le B., 298.) *

Voir Rob.-Dum., 302.

Les armoiries, non décrites, sont : *D'azur* (non indiqué sur le blason)
au cygne d'argent becqué et membré de sable; l'écu timbré d'un casque
orné de ses lambrequins.

2e état. — Belle épreuve.

Le P. Lelong rapporte que ce portrait a été gravé en 1699 d'après
Santerre.

668. **Rigaud** (Hyacinthe), peintre français, 1659-1743.
— In-fol. H. 0,435. L. 0,357. (Le B., 300.) *

Voir Rob.-Dum., 303.

2e état. — Très-belle épreuve.

Gravé en 1698, d'après le tableau peint par Rigaud lui-même.

1692. « La qualité de peintre du Roi que prenoit ici notre Rigaud, dit
« Van Hulst, fondée uniquement sur celle d'agréé à l'Académie, car il
« ne fut reçu comme membre réel de ce corps que le 2 janvier 1700. »

Le P. Lelong se trompe donc en assignant à la gravure de cette
estampe la date de 1702.

669. Rigault (Nicolas), érudit français, 1577-1654. — In-4°.
H. 0,248. L. 0,184. (Le B., 299.)*

Voir Rob.-Dum., 304. — D'après Bonet.
1er état. — Très-belle épreuve.
Gravé en 1697, dit le P. Lelong.

670. Rouillé (Jean), comte DE MESLAY, conseiller d'État,
mort le 30 janvier 1698. — In-fol. H. 0,350. L. 0, 253. (Le
B., 264, *s. n.*) *

Voir Rob.-Dum., 273. — Gravé en 1702, d'après le tableau de Nanteuil peint en 1655.
Au bas du portrait, dans la bordure de l'ovale, un petit médaillon,
au milieu duquel sont les armoiries : *De gueules à trois mains senestres*
d'or ; au chef du même, chargé de trois molettes de gueules ; l'écusson
couronné ; supports : deux lions.
Belle épreuve.

671. Sadeler (Gilles), graveur belge, 1570-1629. — In-fol.
H. 0,312. L. 0,204. (Le B., 301.)

Voir Rob.-Dum., 305.
3e état. — Belle épreuve.

672. Saint-Évremond (Charles DE MARGUETEL DE SAINT-
DENIS, seigneur DE), écrivain français, 1613-1703. — In-8°.
H. 0,160. L. 0,093. (Le B., 302, *s. n.*) *

Voir Rob.-Dum., 306.
Très-belle épreuve.
Le P. Lelong indique que cette planche a été gravée en 1700.

673. Sainte-Marthe (Claude DE), auteur ascétique, 1620-
1690. — In-8°. H. 0,141. L. 0,101. (Le B., 304.)*

Voir Rob.-Dum., VII et XI ; 308. — D'après J. Jouvenet.
4e état. — Belle épreuve.

674. Sainte-Marthe (Gaucher II, dit *Scévole* Ier DE), poëte français, 1536-1623. — In-4°. H. 0,244. L. 0,187. (Le B., 305, *s. n.*) *

> Voir Rob.-Dum., 309.
> Les armoiries, non décrites, sont : *D'argent à la fasce fuselée de trois pièces et deux demies de sable ; au chef du même ;* l'écu timbré d'un casque orné de ses lambrequins.
> Belle épreuve.

675. Santeuil (Jean-Baptiste DE), célèbre poëte latin français, 1630-1697. — In-fol. H. 0,431. L. 0,348. (Le B., 308.) *

> Voir Rob.-Dum., 311. — Gravé en 1691, d'après Du Mée.
> 2e état. — Belle épreuve, mais rognée.

676. Sarrazin (Jacques), peintre et sculpteur français, 1588-1660. — In-4°. H. 0,244. L. 0,180. (Le B., 309, *s. n.*) *

> Voir Rob.-Dum, 313.
> Belle épreuve.

677. Savary (Jacques), négociant français, auteur du *Dictionnaire du commerce* ou *le Parfait Négociant* (Paris, 1675, in-4°), 1622-1690. — In-4°. H. 0,218. L. 0,158. (Le B., 310.) *

> Voir Rob.-Dum., 314. — Gravé en 1688, d'après Ant. Coypel le fils.
> Les armes, non décrites, gravées au bas de l'ovale, sont : *De gueules au chevron d'or, accompagné de trois étoiles du même, 2 et 1 ;* l'écu est timbré d'un casque orné de ses lambrequins.
> 2e état. — Très-belle épreuve, avec marges.

678. Savary (Mathieu), évêque de Seez, mort le 16 août 1698. — In-fol. H. 0,388. L. 0,317. (Le B., 311, *s. n.*) *

> Voir Rob.-Dum., 315. — Gravé en 1683, d'après Ferdinand le jeune.
> Les armes, gravées au bas du portrait et non décrites, sont : *Écartelé : aux 1 et 4, d'or à la croix engrêlée de gueules ; aux 2 et 3, contr'écartelé d'or et de sable ; au lambel de trois pendants d'argent en chef,* l'écu entouré d'une bordure de sinople, chargé de huit besans d'argent ; les armoiries sont couronnées et accompagnées d'une mitre et d'une crosse supportant le chapeau d'évêque. —
> Très-belle épreuve.

679. **Scaliger** (Joseph-Juste), philologue français, 1540-1609.
— In-4°. H. 0,240. L. 0,186. (Le B., 312, s. n.) *

Voir Rob.-Dum., 316.
Belle épreuve.

680. **Schrader** (Daniel), bourgmestre de Dantzig. — In-fol.
H. 0,303. L. 0,198. (Le B., 313, s. n.)

Voir Rob.-Dum., 317. — D'après André Stech.
Les armoiries, non décrites, placées au bas de l'ovale, sont : *D'azur
à une tête et col de lion d'argent, couronnée d'or;* l'écu timbré d'un casque orné de ses lambrequins; cimier : une tête de lion.
Belle épreuve.

681. **Silvestre** (Israël), dessinateur et graveur français, 1621-
1691. — In-fol. H. 0,340. L. 0,241. (Le B., 315.) *

Voir Rob.-Dum., 319. — D'après Ch. Le Brun.
3e état. — Très-belle épreuve.
Le P. Lelong indique la date de 1677 comme étant celle de la gravure.

682. **Simon** (Pierre), graveur français. — In-fol. H. 0,360.
L. 0,251. (Le B., 316.) *

Voir Rob.-Dum., 320. — Gravé en 1694, d'après Pierre Ernou.
4e état. — Belle épreuve.

683. **Solleysel** (Jacques DE), écuyer du roi, 1617-1680. —
In-fol. H. 0,241. L. 0,190. (Le B., 317, s. n.) *

Voir Rob.-Dum., 321.
Les armes, non décrites, gravées au bas de l'ovale, sont : *Écartelé :
aux 1 et 4, d'azur à trois croisettes d'argent; aux 2 et 3, ...au chevron de gueules, accompagné en chef de deux roses . . . . . et, en pointe,
d'un lion d'azur; sur le tout : un soleil d'or;* l'écu timbré d'un casque orné
de ses lambrequins. — Ces armoiries ne sont pas terminées; les émaux
et les couleurs n'étant indiqués qu'en partie.
Belle épreuve.

684. *Suède :* **Ulrique-Éléonore,** reine de Suède, sœur de
Charles XII, 1688-1741. — In-fol. H. 0,269. L. 0,220. (Le
B., 319.)

Voir Rob.-Dum., 231. — D'après Ehrenstrahl.
1er état. Très-rare. — Superbe épreuve. Collection J. Barnard.

685. **Tallemant** (Paul), de l'Académie française, 1642-17 2
— In-fol. H. 0,320. L. 0,252. (Le B., 322.)*

Voir Rob.-Dum., 324. — D'après Ant. Coypel le fils.
Les armoiries, non décrites et gravées au milieu d'un petit ovale
non terminé, sont : *D'azur au chevron renversé d'or, accompagné*
chef d'une aiglette de même. — La partie du fond de l'écu com r
entre les branches du chevron n'est pas terminée : elle est en blan.
1er état. — Très-belle épreuve, avec marges. Collection Forster.
Gravé en 1693, suivant le P. Lelong.

686. **Teissier** (Eustache), général de l'ordre des Trinitaires,
— In-fol. H. 0,337. L. 0,274. (Le B., 323.)*

Voir Rob.-Dum., 325. — D'après A. Bouys.
Les armoiries, non décrites, mises au bas de l'ovale, sont :
à huit fleurs de lis d'or, placées en orle ; à un écusson en abîme
chargé de trois colonnes de gueules, posées en pal.
2e état. — Belle épreuve.
Gravé en 1690, suivant le P. Lelong.

687. **Teniers** (Abraham), peintre flamand, frère de David
Teniers *le jeune*, 1608-1671. — In-4°. H. 0,163. L. 0,113.
(Le B., 324, s. n.)

Voir Rob.-Dum., 326. — D'après Abr. Teniers lui-même.
Belle épreuve.

688. **Tortebat** (François), peintre et graveur français, 1626
1690. — In-fol. H. 0,344. L. 0,251. (Le B., 325, s. n.)*

Voir Rob.-Dum., 328. — D'après N. de Pile.
Les armoiries, gravées au bas de l'ovale et non décrites, sont : *De*
gueules à la barre d'or, chargée de trois étoiles d'argent ; l'écu timbré d'un
casque orné de ses lambrequins.
Très-belle épreuve.
Gravé en 1702, suivant le P. Lelong.

689. **Tressan** (Louis DE LA VERGNE MONTENARD DE), évêque
du Mans, mort le 27 janvier 1712. — In-fol. H. 0,393 L.
0,313. (Le B., 327, s. n.)*

Voir Rob.-Dum., 330. — D'après Desmares.
Très-belle épreuve.
Le P. Lelong indique la date de 1706 comme celle de la gravure.

690. **Varin** (Jean), graveur français, 1604-1672. — In-fol. H. 0,238. L. 0,186. (Le B., 330, s. n.)*

Voir Rob.-Dum., 333.
Très-belle épreuve, à toutes marges.
Gravé en 1797, suivant le P. Lelong.

691. **Vecellio** (Tiziano), dit **le Titien**, 1477-1576. — In-fol. H. 0,265. L. 0,202. (Le B., 332.)

Voir Rob.-Dum., 327.
1er état. — Très-belle épreuve.
3e état. — Belle épreuve, avec marges.

692. **Verien** (Nicolas), graveur de devises et cachets. — In-8°. H. 0,137. L. 0,090. (Le B., 333.)*

Voir Rob.-Dum., 335. — D'après J. Jouvenet.
1er état. Fort rare. — Superbe épreuve.
2e état. — Belle épreuve.

693. **Villeroy** (François DE NEUFVILLE, duc DE), maréchal de France, 1644-1730. — In-fol. H. 0,445. L. 0,341. (Le B., 335.)*

Voir Rob.-Dum., VII et XI, 337.
1er état. Fort rare. — Très-belle épreuve (100 fr. et plus). Collections Franck et Marshall.
2e état. — H. 0,443. L. 0,342. Hauteur de la lame accessoire, 0,061. Largeur 0,347. Les armes, non décrites, gravées au milieu de l'inscription, sont : *D'azur au chevron d'or, accompagné de trois croisettes ancrées du même*; l'écu environné du manteau de pair et surmonté d'une couronne de duc; supports : deux chevaux. — Belle épreuve.
Cette estampe a été gravée en 1712, d'après le tableau peint par Hyac. Rigaud en 1698. Van Hulst nous donne un renseignement fort curieux et demeuré inconnu, d'après lequel la tête du portrait a été gravée non pas par Édelinck, auquel on attribue la planche entière, mais par Simonneau.

694. **Werguignœul** (Révérende dame Florence DE), première abbesse de Saint-Benoît de Douai, 1559-1638. — In-8°. H. 0,142. L. 0,090. (Le B., 337, s. n.)*

Voir Rob.-Dum., 339.
Très-belle épreuve.

ÉDELINCK (Jean),

frère cadet du précédent, dessinateur et graveur au burin, né à Anvers vers 1643 (et non en 1630), mort à Paris le 14 mai 1680, âgé de 37 ans. Il demeurait alors à *la Reine d'Espagne,* rue Saint-Jacques, où il tenait une boutique d'estampes, et avait le titre de graveur ordinaire du roi. Élève de Corn. Galle. De son mariage avec Anne Sauvage, veuve en premières noces de Louis Desfontaines, écuyer, seigneur de Villoiseaux, lieutenant de la connétablie et maréchaussée de France, Édelinck eut deux enfants, d'après Jal, et quatre, d'après les *Actes d'état civil,* publiés par Herluison, tous morts en bas âge. Voyez dans Jal de curieux détails sur lui.

695. Bartholin (Gaspard), médecin danois, 1654-1738. — In-8°. H. 0,146. L. 0,089. (Le B., 13, *s. n.*)

En buste, dans un ovale formé de palmes, tronqué sur les côtés et posé sur un socle. Vu de 3/4, tourné vers la droite, regardant de face, en grande perruque.— Au bas du portrait, sur la tablette du socle, un petit ovale renfermant ces armoiries : *Coupé : au 1, d'argent à l'aigle de sable, becquée et membrée d'or ; au 2, d'azur* (non indiqué sur l'écu) *à neuf étoiles d'argent, 3, 3, 3, accompagnées en pointe d'un croissant d'or;* cimier : les meubles du 2 entre deux proboscides surmontant un casque orné de ses lambrequins dont l'écu est timbré.— Sur le côté droit de la face de la corniche du socle : *Edelinck fecit Paris. CPR.* — Sur la tablette : *Casparvs Bartholinvs* || *Thom. Fil. Casp. Nep.* || *Anatomes Professor.* — Sur la plinthe : *A.C.MDCLXXVI. Ætat. XXII.*

Belle épreuve.

696. Diemerbroeck (Isbrand DE), médecin hollandais, 1609-1674. — In-fol. H. 0,422. L. 0,285. (Le B., 14, *s. n.*)

A mi-corps, debout devant une table, dans une bordure ovale appuyée sur un socle. Au haut de la bordure, un cartouche orné de branches d'olivier entremêlées de banderoles. Personnage vu de 3/4, tourné vers la droite, tête nue, cheveux longs et bouclés retombant sur les épaules. Vêtu d'une robe noire avec rabat, il feuillette, de la main droite, un volume de ses œuvres posé sur la table près d'un encrier. Il semble faire une démonstration de la main gauche, qu'il tient ouverte et à la hauteur de sa poitrine. Derrière lui, une tapisserie formant le fond est à demi relevée et laisse voir dans le lointain la cathédrale et la ville d'Utrecht.—Autour de la bordure : *Isbrandus de Diemerbroeck. Ultraiectinus. Medicinæ et Anatomes Professor.*—Sur la tablette du socle : *Cerne virum, Lector, Belgamque Machaona, per quem* || *Secto pandit homo corpore, quid sit homo.* || *Morborum en domitor, quem vivere Mors dolet una,* || *Vitaque lætatur se genuisse sibi.* || *L. vande Poll. J. V. D. et Professor.* — De chaque côté du socle, est une femme assise : figures allégoriques représentant les sciences médicales; celle de gauche appuie sa main sur une tête de mort; celle de droite tient un scalpel.— Au-dessus du tr. c., à g.: *Romyn de Hooghe designavit;* — à dr.: *Joannes Edeling* (sic) *sculpsit.*

Très-belle épreuve.

697. Gessel (Timan Van), médecin hollandais. — In-fol. H. 0,416. L. 0,301.

A mi-corps, debout dans une bordure ovale équarrie appuyée sur un socle et formée de guirlandes d'olivier, sauf la partie supérieure où se trouve cette inscription : *Timan Van Gessel der Medicynen Doctor.* Vu de 3/4, tourné vers la gauche, regardant de face; tête nue. Il porte des moustaches et une barbiche et est enveloppé dans son manteau dont il retient les pans de la main droite. — Au-dessus de lui, est une draperie formant le fond, relevée de chaque côté, laissant voir, à gauche, les rayons d'une bibliothèque, et, à droite, le fût d'une colonne. — Au bas de l'ovale, sous le portrait, au milieu d'un cartouche orné d'une banderole, on lit : *Beatj ‖ Pacj= ‖ Fjcj.* — Sur la face du socle ces quatre vers :

Hier draegt geleerde deught een kroon van gryse haeren.
De Kerklyck' oudtheijt wort herboren in syn bläeren.
Sijn konst bestrydt de doodt in s' lichaems krancke delen.
Sijn pen stort balssem om de breuck der kerck te helen.

G. Brandt.

Au-dessous de ces vers, à g.: *Romyn de Hooghe designavit.;* — au milieu : *Joannes Edeling sculpsit.* — Les angles sont garnis d'emblèmes.

Très-belle épreuve.

698. Morsztyn (J. A., comte de), homme d'État polonais. — In-fol. H. 0,341. L. 0,254. (Le B., 15, *s. n.*)

En buste, dans un ovale équarri formé de guirlandes de feuilles d'olivier supporté par un socle au milieu duquel est un cartouche oblong, avec cette inscription : *Jean André comte de Morstin* (sic) *et de ‖ Radzimin & staroste de Juckol senateur et ‖ Grand Thresorier du Royaume de Pologne.* — Au-dessous : *Jean Edelinck sculp. C. P. R.* — Personnage vu de 3/4, regardant de face, le corps tourné vers la gauche, la figure à droite, tête nue, longs cheveux bouclés retombant sur les épaules. Il est couvert d'une cuirasse sur laquelle est agrafé son manteau. — Au bas du portrait, un médaillon à fond blanc, au milieu duquel sont ces armoiries : *D'azur au croissant d'or, surmonté d'une étoile du même;* l'écusson couronné. Derrière le médaillon, deux clés (insignes de la charge de grand trésorier), posées en sautoir.

Belle épreuve.

699. **Sanson** (Nicolas), ingénieur et géographe fran
1600-1667. — In-4°. H. 0,143. L. 0,116. *

A mi-corps, dans un ovale. Vu de 3/4, tourné vers la gauche r
dant de face; tête nue, le front chauve; il porte moustaches et
che, et est vêtu d'une robe à ramages, boutonnée sur le devant. L r
collerette. — Fond noir.

1er état, où la bordure de l'ovale n'est qu'indiquée au trait
l'encadrement et avant toute inscription. — Belle épreuve.

2e état. — H. 0,232. L. 0,169. — L'ovale équarri, entouré d'un
dure, est supporté par un socle, sur le dessus duquel on lit, à g. D
Pinxit; — à dr. *J. Edelinck Sculpsit*. — Sur la tablette du socle : *Ni
Sanson* || *Conseiller d'Etat et Geographe ordinaire* || *du Roy, né à
ville le 20 Décembre 1600 et* || *mort à Paris le 7. Juillet 1667.* —
bordure de l'ovale et sur le socle, un petit médaillon avec ces o-
ries : *D'or à trois perdrix de sable*, 2 et 1 ; l'écu timbré d'un casque
profil orné de ses lambrequins. — Belle épreuve.

Le P. Lelong indique que cette planche a été gravée en 1679.

ÉDELINCK (Gaspard-François),

frère des précédents, graveur au burin, né vers 1644, mort à Paris le 21 mai 22
âgé de 69 ans. Il n'eut pas d'enfant de sa femme Hélène Guyot, fille d'un m
chand d'estampes. Il était élève de son frère Gérard.

700. **Langeron de Maulevrier** (G.-P. Andrault de), abb
général de Saint-Antoine. — In-fol. H. 0,448. L. 0,363.

A mi-corps, dans un ovale supporté par un socle. Vu de 3/4, to e
vers la gauche; coiffé d'une calotte; les épaules couvertes de la
rine avec capuchon; la croix pectorale suspendue à un large ruban —
Au bas de l'ovale et au milieu du socle, un médaillon séparant l
cription et renfermant ces armoiries surmontées de la mitre et de
crosse : *Écartelé : aux 1 et 4, d'azur à trois étoiles d'argent; aux 2
de gueules à trois fasces vivrées d'argent; à la bande d'azur, brocha
le tout, semée de fleurs de lis d'or*; supports : deux anges. — Sur le e
sus du socle, à g. : *L. de laMare filius pinxit*; — à dr. : *Gas. Edel
Sculp.* — Sur la tablette du socle : *Georgius Paulus de Maulevrie
geron* || *Abbas Generalis Ordinis Sancti Antonii.*

Belle épreuve.

Gravé en 1694, suivant le P. Lelong.

701. **Ximenès** (François de Cisneros, cardinal de), homme
d'État espagnol, 1436-1517. — In-8°. H. 0,129. L. 0,0 9

En buste, dans un ovale tronqué sur les côtés et supporté pa socle. Vu de profil, tourné à droite. En petit costume de cardinal, la calotte sur la tête. — Au bas du portrait, sur l'ovale, un petit médaillon renfermant ces armoiries surmontées du chapeau de cardinal : *Échiqueté d'argent et de gueules.* — Sur le dessus du socle, à dr. : *G. Fr. Edelinck scul.* — Au milieu d'un cartouche oblong, sur la face du socle : *François Ximénés de Cisneros, || Cardinal, Archevêque de Tolede, || Grand jnquisiteur et Régent d'Espagne.*

Belle épreuve.

ÉDELINCK (NICOLAS-ÉTIENNE),

fils et élève de Gérard, graveur au burin, né le 9 avril 1681, à Paris, où il mourut le 11 mai 1767 (et non en mars 1768, comme le dit Mariette), âgé de 86 ans, suivant son acte de décès, où on le qualifie de graveur du roi. Il demeurait alors rue Saint-Jacques, paroisse Saint-Séverin, et a été inhumé sous le charnier de la communion de cette église. Il fut le dernier de sa famille. Les portraits gravés par lui sont peu connus ; Mariette n'en signale aucun et se borne à dire qu'il grava fort peu, à cause de son indolence naturelle.

702. **Baillet** (Adr.), érudit français. — In-4°. H. 0,160. L. 0,121. (Le B., 8, *s. n.*)

A mi-corps, vu de 3/4, tourné vers la gauche, tête nue, en costume ecclésiastique, et portant un manteau qui lui couvre les épaules. — Sous le tr. c., à dr. : *N. Edelinck Sculp.* — au milieu : *Adrien Baillet || Né le 13 Juin 1649 à la Neuville en Hez près de Beauvais mort le 21 Janvier 1706.* — Plus bas, ce quatrain :

> *Dans une douce Solitude,*
> *A l'abri du Mensonge et de la Vanité,*
> *J'adoptai la Critique, et j'en fis mon étude,*
> *Pour découvrir la Verité.*

Belle épreuve, avec marges.

703. **Castiglione** (Balthasar), homme d'État et littérateur italien, 1478-1529. — In-4°. H. 0,199. L. 0,166. (Le B., 9.)

A mi-corps. Vu de 3/4, tourné vers la droite, regardant de face, coiffé d'une toque de velours. Il porte moustaches et longue barbe. Les mains réunies, la droite tenant les doigts de la gauche. — Fond noir.

D'après Raphaël.

1er état, avant toute lettre. — Belle épreuve.

704. **Guillaumon** (J.-Franç.). — In-fol. H. 0,464. L. 0,331. (Le B., 12.) *

A mi-corps, debout devant l'ouverture d'une fenêtre garnie de draperies de chaque côté; celle de gauche est relevée et retenue, dans le haut, à une colonne; celle de droite retombe sur l'appui de la fenêtre et le recouvre. Dans l'intervalle des deux draperies, au fond, est une guirlande de fleurs. Personnage vu presque de face, coiffé d'une calotte brodée au sommet et posée sur l'oreille droite; elle laisse voir une partie de la tête complétement rasée. Le col de la chemise entr'ouvert laisse à nu la poitrine. Il est enveloppé dans son manteau qui lui couvre l'épaule droite, et dont il retient, de la main gauche, un pan au-dessus de la ceinture. — Au-dessous de l'appui de la fenêtre et sur la tablette, un cartouche au milieu duquel est un pied de sept pensées de jardin. — Sous le tr. c., à g.: *Viviens* (sic) *Pinxit;* — à dr.: *N. Edelinck Sculp.* 1741.

1er état. — Très-belle épreuve.

2e état. — H. 0,462. L. 0,330. — Sur la tablette, de chaque côté du cartouche, une médaille; à gauche, la face, représentant les armes de la ville de Paris; à droite, le revers avec cet exergue : *Joan. Fr. Guil-lieaumon* (sic) *Bene. Merito. Urbs. Do. De.* 1745. — Sous le tr. c., à g.: *Viviens* (sic) *Pinxit* 1722.; — à dr. : *N. Edelinck Sculp.;* — au milieu : *Jean François Guillieaumon* (sic), || *Md. Maitre Tapissier, ordre. du Clergé de France, du Parlement,* || *de La Ville, et de L'Vniversité.* — Belle épreuve.

705. La Motte (Antoine HOUDART DE), poëte et critique français, 1672-1731. — In-4°. 0,180. L. 0,141. *

A mi-corps, assis dans un fauteuil. Vu presque de face, coiffé d'une espéce de turban qui lui couvre entièrement les oreilles. Il est vêtu d'une robe de chambre; le col de sa chemise entr'ouvert. Le bras gauche appuyé sur une table, il tient dans la main une plume d'oie et les feuillets d'un manuscrit. — Sous le tr. c., à g.: *Ranc. pinxit.;* — à dr.: *N. Edelinck sculpsit;* — au milieu: *Antoine Houdart de La Motte* ||*De l'Academie Françoise.*

Belle épreuve, avec marges.

706. Malebranche (Nic. DE), philosophe français, 1638-1715. — In-4°. H. 0,190. L. 0,151. *

A mi-corps, assis devant une table sur laquelle sont posées ses deux mains; la gauche, appuyée sur une feuille de papier, tient une plume d'oie. Vu de 3/4, tourné vers la droite, tête nue; vêtu d'une longue sou-tane à collet. — Sous le tr. c., à g.: *I. B. Santerre Pinxit* 1713.; — à dr.: *N. Edelinck Sculpsit* || *rue St. Iacques vis a vis* || *St Yues.* ; — au milieu : *Nicolas Malebranche.* || *Prêtre de l'Oratoire de l'Academie Royale des Sciences decedé* || *le* 13e. *Octobre* 1715. *agé de* 77. *ans.*

1er état. — Belle épreuve.

2e état. — H. 0,187. L. 0,151. — La lettre ainsi modifiée : sous le tr. c., à g.: *I.B. Santerre pinxit* 1713.; — à dr.: *N. Edelinck Sculp. rue*

S. Iacques || *vis a vis S. Yues.;* — au milieu : *Nicolas Malebranche* || *Prêtre de l'Oratoire de l'Academie Royale des Sciences decedé le* 13. *Octobre* 1715. *agé de* 77. *ans.* — Au-dessous, les vers suivants :

> *Simple, Sage, Pieux, Scavant sans Vanité*
> *Dans le Sein de l'Etre Suprême*
> *Il rechercha la Verité;*
> *Et loin de se croire luy même*
> *Ou sa lumiere ou son appuy*
> *Pour apprendre aux Mortels comment Dieu veut qu'on l'Aime*
> *Il n'aima rien qu'en Dieu ne connut rien qu'en luy.*

— Belle épreuve, avec marges.

707. Poërson (Charles-François), peintre français, 1652-1725. — In-8°. H. 0,149. L. 0,091.

En buste, dans un ovale figuré en pierre, tronqué sur les côtés et supporté par un socle. Vu de 3/4, tourné vers la gauche, regardant de face ; en longue perruque retombant en boucles par derrière ; l'épaule gauche couverte par son manteau. Il porte à sa boutonnière la croix de N. D. du Mont-Carmel. — Sur le dessus du socle, à g. : *Se ips.* (sic) *pinx;* — à dr. : *N. Édelinck Sculp. Romæ.* — Sur la tablette de face : *Carolvs Franciscvs Poerson Eques* || *Bmæ Virginis de Monte Carmelo et S. Lazari Regiæ Academiæ* || *Gallicæ Præfectus, Insignis Academiæ S. Lucæ de Urbe* || *Princeps, nec non inter Arcades præclarus, &c.* Très-belle épreuve.

708. Raphaël (Raffaello SANTI ou SANZIO), 1483-1520. — In-4°. H. 0,180. L. 0,136. (Le B., 17.)

Jusqu'à la poitrine. Représenté à l'âge de quinze ans, assis devant une table. Vu de 3/4, tourné vers la gauche, regardant de face. Il est coiffé d'une toque, la tête légèrement inclinée et appuyée sur sa main gauche, dont le coude est sur la table ; il s'appuie également sur le coude droit, le bras tourné vers la poitrine. — Fond noir. — Sous le tr. c., au milieu de la marge : *Portrait d'un jeune homme* || *d'Après le Tableau de Raphaël, qui est dans le cabinet du Roy.* || *Peint sur bois, haut de* 22. *pouces, large de* 16. *pouces, gravé par Nicolas Edelinck.* — Au-dessous, dans l'angle droit de la planche, le nombre 10. Très-belle épreuve.

709. Saint-Évremond (Charles DE MARGUETEL DE SAINT-DENIS, seigneur DE), écrivain français, 1613-1703. — In-8°. H. 0,158. L. 0,126. *

En buste, dans un ovale sans bordure. Vu de 3/4, tourné vers la

droite, regardant de côté. Il est coiffé d'une calotte à côtes
bouclés.

Portrait non terminé; autour de la tête, subsiste un filet bla c
par les tailles du fond. Le vêtement n'est travaillé que sur le de
à une taille, sauf quelques parties ombrées.

Le P. Lelong indique cette planche comme ayant été gravée è

710. Sévigné (Marie DE RABUTIN-CHANTAL, marquise
1626-1696. — In-8°. H. 0,126. L. 0,078. (Le B., 16,

En buste, dans un ovale tronqué sur les côtés et supporté
socle. Vue presque de 3/4, tournée vers la droite; la tête couverte e
sommet d'une résille; les cheveux tombant en longues frisures e c
que côté de la figure. Elle porte autour du cou un collier de p e
est décolletée jusqu'à la naissance des seins. Au bas du portrai s
bordure de l'ovale, un cartouche contenant les armoiries accol e
Sévigné et des *Rabutin-Chantal;* voir ci-dessus leur descript
n° 264. — Sur le dessus du socle, à g. : *Nanteuil ad vivum delin* ·
dr. : *N. Edelinck Sculp.* — Sur la tablette : *Marie de Rabutin C*
Marquise de Sévigné.

2e état (*Catal.* Defer). — Très-belle épreuve (150 fr.).
3e état. — Belle épreuve (100 fr.).

ESPINE (DE L'),

graveur au burin du XVIIe siècle.

711. *France :* **Marie-Anne-Christine-Victoire** d
vière, épouse de LOUIS DE FRANCE, surnommé le
DAUPHIN, 1660-1690. — In-fol. H. 0,336. L. 0,220.

En pied. Vue presque de face, le corps de profil, tourné à a
Elle est représentée debout, sur une terrasse; la tête nue, les che
bouclés avec frisures retombant sur les épaules; collier d
Vêtue d'une robe à ramages et à traîne; corsage à pointe et e
ment décolleté; elle tient de la main droite un éventail ouver '
rière elle, sur la droite; au fond, s'élève une pyramide surmontée
boule. Divers sujets allégoriques y sont figurés, ainsi que son
entrelacé et surmonté de la couronne royale. — Sous le tri
J. D. De St. Jean Pinxit; — à dr. : *De Lespine ex, Amstellodum* —
milieu : *Madame La Dauphine.*

Belle épreuve.
Gravé entre 1680 et 1690.

FERDINAND (Louis-Élie), *le père,*

peintre et graveur à l'eau-forte, né à Paris en 1612, mort le 12 décembre 1689.

712. Poussin (Nicolas), 1593-1665. — In-fol. H. 0,257, dont 0,015 de marge. L. 0,200. (Le B., 15, *s. n.*) *

A mi-corps. Vu de profil, tourné à gauche, tête nue, les cheveux séparés sur le côté par une raie. Il est enveloppé dans un manteau, le col de sa chemise entr'ouvert. Sa main droite est appuyée sur l'angle d'une tablette posée debout devant lui. — Sous le tr. c., au milieu : *Nicolavs Povssin Pictor.* — Plus bas, à g., au-dessus du tr. de la marge : *V. E. pinxit.* — *L. Ferdinand fecit;* — à dr. : *P. Ferdinand excudit, Cum priuilegio Reg.*

Très-belle épreuve.

FESSARD (Étienne),

graveur au burin, né à Paris en 1714, mort le 2 mai 1777. Élève d'E. Jeaurat.

713. Argenson (René-Louis Voyer, marquis d'), homme d'État français, 1696-1757. — In-4°. H. 0,238. L. 0,170. *

En buste, dans un médaillon accroché à un clou. Personnage assis, vu presque de face; en longue perruque retombant sur les épaules. Il est vêtu d'une robe noire, avec rabat et ceinture.

Le P. Lelong indique la date de 1746, comme celle de l'exécution de cette planche.

1er état, avant la lettre. — Très-belle épreuve.

714. Audran (Benoît II), graveur français, 1698-1772. — In-fol. H. 0,354. L. 0,242.

En buste, dans un ovale figuré en pierre et supporté par un socle. Vu presque de face, coiffé d'une espèce de turban; il est enveloppé dans une robe de chambre, le col de sa chemise déboutonné. — Sous le tr. c., à g. : *Joshua Reynolds. Lond. pinx.* 1752.; — à dr. : *St. Fessard effigiem Sculp.*

1er état, avant le nom du personnage. — Belle épreuve.

715. Choiseul (Ét.-Franç., duc de), célèbre homme d'État français, 1719-1785. — In-fol. H. 0,426. L. 0,349 (Le B., 42, *s. n.*) *

A mi-jambes; dans un cadre architectonique figurant l'embrasure d'une fenêtre accompagnée de deux pilastres. Vu de face, le corps légèrement tourné à droite; assis dans un fauteuil devant un bureau. Il est tête nue, les cheveux relevés; vêtu d'un habit ouvert, à brandebourgs, laissant voir son gilet à ramages sur lequel passe, en sautoir, le grand cordon. Dans sa main gauche, appuyée sur le bureau, il tient une feuille de papier couverte d'écriture, et, dans la droite, une plume d'oie. — Sur la tablette de support : *Dédié à Madame Louise Honorine* || *Crozat Duchatel Duchesse de* || *Choiseul Par son très humble et très* || *obéissant Serviteur, Fessard.* — Cette inscription est coupée par un cartouche couronné, contenant les armoiries des Choiseul : *D'azur à une croix d'or, cantonnée de vingt billettes de même et chargée en cœur d'un écusson d'or à la croix ancrée de gueules;* accolées à celles des Crozat: *De gueules au chevron d'argent, accompagné de trois étoiles du même.* Ce cartouche est placé au milieu d'un trophée de drapeaux qu'accompagnent une ancre et un obusier. — Sous le tr. c., à g. : *L. M. Vanloo Pinx 1763;* — à dr. : *Sth Fessard Sculp. 1770;* — au milieu : *Etienne françois de Choiseul duc de Choiseul-Amboise,* || *Pair de France, Chevalier des Ordres du Roy et de la Toison d'Or, Lieutenant Général des Armées de Sa Majesté, Grand Bailly* || *de Haguenau, Gouverneur de Mirecourt et de la Province de Touraine, Colonel Général des Suisses et Grisons, Grand Maître* || *et Surintendant Général des Postes et Relais de France; Ministre et Secrétaire d'État aux Départements de la Guerre et des Affaires Etrang* (la fin du mot est coupée).

Belle épreuve, mais rognée.

716. Dunois (Charles-Marie-Léopold D'ALBERT, *dit* le comte DE), officier de dragons, 1740-1758. — In-fol. H. 0,251. L. 0,165.

En pied, debout dans un camp dont on aperçoit à droite les tentes placées sur la lisière d'un bois. Dans le fond, un château fort; à gauche, un moulin à vent. — Personnage vu de profil, tourné à droite, tête nue, vêtu de l'uniforme de son grade; il est chaussé de bottes qui lui montent jusqu'aux genoux; épée au côté. Il s'appuie sur sa canne de la main droite, et la gauche est dissimulée sous son gilet. — Entre les traits de l'encadrement, à g. : *Carmontel. in. del.;* — à dr. : *S^t fessard. Sculp. 1757.* — Sous le tr. c., au milieu : *Monsieur le Comte de Dunois* || *fils de Monseigneur le Duc de Chevreuse.*

Belle épreuve. — Les noms des artistes tracés à la pointe.

717. Luynes (Paul D'ALBERT DE), prélat français, 1703-1788. In-fol. H. 0,347. L. 0,237. (Le B., 46.) *

En buste, dans un ovale supporté par un socle. Vu de 3/4, tourné vers la droite; tête nue, les cheveux relevés sur le devant; les épaules couvertes du camail d'hermine. Sur la poitrine, la croix pectorale suspendue à un large ruban passé sous le rabat. — Sur le dessus du socle, à g. : *Latinville pinxit;* — à dr. : *S^t. Fessord Sculp* 1756. — Sur la tablette du socle : *Paul d'Albert* (sic) *de Luynes || Cardinal, Prêtre de la S^{te}. Eglise Romaine, || Archevéque de Sens, Primat des Gaules et || de Germanie, P^{er}. Aumonier de Madame la Dauphine. || Par son très humble et trés Obeissant Serviteur Fessard.* — Cette inscription est séparée, au milieu, par un cartouche renfermant ses armoiries : *D'or au lion de gueules, armé, lampassé et couronné d'azur;* l'écusson timbré du chapeau de cardinal. — Sous le tr. c. : *Cette planche etoit presque finie, lors de la nomination de son Eminence au Cardinalat.* — Sur deux lignes : *A Paris chez Fessard graveur du Roi et de sa || Bibliotheque,* etc. *A. P. D. R.*

Belle épreuve.

FICQUET (ÉTIENNE),

dessinateur et graveur à l'eau-forte et au burin, né le 13 septembre 1719 (et non en 1731), à Paris, où il mourut le 11 décembre 1794. — Élève de Schmidt et de Le Bas. Son œuvre a été décrit par Faucheux (*Catalogue raisonné*, etc.; Paris, 1864, in-8° ; tiré à 100 exempl.).

718. Arioste ou **Ariosto** (Ludovico), 1474-1533. — In-12. H. 0,111. L. 0,069. (Le B., 2.)

Voir Faucheux, 4. — D'après le dessin de Ch. Eisen, fait sur le tableau peint par le Titien.

4° état, encore avant toute lettre. — Très-belle épreuve.

719. Bossuet (Jacques-Bénigne), 1627-1704. — In-8°. H. 0,147. L. 0,092. (Le B., 15.)

Voir Faucheux, 20.

1er état, avant la lettre. Rare. — Très-belle épreuve (150 à 200 fr.).

720. Broue (Pierre DE LA), évèque de Mirepoix, 1643-1720. — **Colbert** (Charles-Joachim), évèque de Montpellier, 1667-1738. — **Soanen** (Jean), évèque de Senez, 1647-1740. — **Langle** (Pierre DE), évèque de Boulogne, 1644-1724. — In-fol. H. 0,344. L. 0,242. (Le B., 19.) *

Portraits des quatre évêques appelants au futur concile général de la constitution *Unigenitus*. Les têtes seules des personnages ont été gravées par Ficquet. Celle de Pierre de la Broue a été faite d'après un portrait in-fol., de la première moitié du xviii° siècle, sans nom d'artiste; celles de Charles-Joachim Colbert et de Jean Soanen ont été exécutées d'après les portraits faits par Baléchou.

Voir Faucheux, 2.

Le Blanc indique cette estampe comme pièce anonyme dite *les quatre appelants*. Le P. Lelong assigne la date de 1757 comme étant celle de la gravure.

Rare. — Très-belle épreuve, quoique rognée.

721. Chenevières ou Chennevières (François DE), écrivain français, 1699-1779. — In-12. H. 0,119. L. 0,074. (Le B., 25.) *

Voir Faucheux, 31.

1er état, avant la lettre. Les livres placés à droite et à gauche du portrait ne portent pas d'écriture. — Très-belle épreuve.

— Colbert (Charles-Joachim), évêque de Montpellier. Voir plus haut, n° 720.

722. Corneille (Pierre), 1606-1684. — Pet. in-8°. H. 0,142. L. 0,090. (Le B., 28.) *

Voir Faucheux, 34. — D'après Ch. Le Brun.

4° état, avec le nom des artistes dans la marge. — Très-belle épreuve, avec marges.

723. Crébillon (Prosper JOLYOT DE), 1674-1762. — In-8°. H. 0,144. L. 0,090. (Le B., 30.)

Voir Faucheux, 37. — D'après Aved.

1er état, avant la lettre; avec l'encadrement fait d'un seul trait; avec la loupe sous l'œil gauche du personnage.

Belle épreuve.

724. Descartes (René), 1596-1650. — In-12. H. 0,058. L. 0,048. (Le B., 33.) *

Voir Faucheux, 39. — D'après Fr. Hals.

1er état, avec le premier trait de la bordure. Rare. — Belle épreuve.

3e état. — In-8°. H. 0,120. L. 0,075. — Très-belle épreuve.

725. Eisen (Charles), peintre, graveur et dessinateur français, 1721-1778. — In-12. H. 0,112. L. 0,071. (Le B., 42.) *

Voir Faucheux, 51. — D'après Vispré.

5e état. — Très-belle épreuve.

Frontispice du tome II des *Contes de La Fontaine*, édition dite des *Fermiers généraux*; Amsterdam, 1762.

726. Fénelon (François DE SALIGNAC, DE LA MOTHE), célèbre prélat français, 1651-1715. — In-8°. H. 0,145. L. 0,091. (Le B., 49.)

Voir Faucheux, 58. — D'après J. Vivien.

3e état, sans les noms des artistes, — Très-belle épreuve.

4o état, avec le nom des artistes; celui du graveur, au bas du tr. c., à dr., est écrit : *Fiquet.* — Belle épreuve.

727. La Fontaine (Jean DE), 1621-1695. — In-12. H. 0,114. L. 0,072. (Le B., 52.) *

Voir Faucheux, 61. — D'après Hyacinthe Rigaud.

2e état, où le prénom du peintre est écrit *Hiacinte*. Très-rare. — Très-belle épreuve.

7e état. — In-12. H. 0,117. L. 0,074. — Très-belle épreuve.

728. La Fontaine (J. DE), le même que le précédent. — In-12. H. 0,102. L. 0,062. (Le B., 53.) *

Voir Faucheux, 62. — D'après Hyacinthe Rigaud.

2e état, où le prénom du peintre est écrit *Hyacinte*. Très-rare. — Superbe épreuve.

4e état. — In-12. H. 0,110. L. 0,069. — La faute du prénom est rectifiée. — Très-belle épreuve.

729. La Mothe Le Vayer (François DE), écrivain et philosophe français, 1588-1672. — In-8°. H. 0,142. L. 0,095. (Le B., 98.)

Voir Faucheux, 84. — D'après Nanteuil.

3e état, avant la lettre et la figure non achevée. — Très-belle épreuve.

4o état; la figure achevée, mais avant la lettre. — Très-belle épreuve.

5e état, avec la lettre. — Belle épreuve.

— **Langle** (Pierre DE), évêque de Boulogne. — Voir plus haut; n° 720.

730. Leibniz (Godefroi-Guillaume, baron DE), illustre philosophe allemand, 1646-1716. — In-fol. H. 0,220. L. 0,160

Voir Faucheux, 87.

Belle épreuve.

731. **Mairan** (Jean-Jacques Dortous de), physicien et écrivain français, 1678-1771. — In-fol. H. 0,222. L. 0,162. (Le B., 86.) *

. Voir Faucheux, 41. — D'après L. Toqué.
Belle épreuve.

732. **Mignard** (Pierre), appelé *le Romain,* célèbre peintre, 1610-1695. — In-8°. H. 0,145. L. 0,097. (Le B., 93.) *

Voir Faucheux, 99. — D'après Hyacinthe Rigaud.
Le prénom du peintre est écrit *Hiacinte* et le nom du graveur *Fiquet.*
Très-belle épreuve.

733. **Molière** (Jean-Baptiste Poquelin de), 1622-1673. — In-8°. H. 0,145. L. 0,096. (Le B., 95.) *

Voir Faucheux, 101. — D'après Coypel.
4° état, avant le nom des artistes. — Superbe épreuve (100 à 150 fr.)
5° état. — Très-belle épreuve.

734. **Montaigne** (Michel Eyquem de), 1533-1592. — In-8°. H. 0,145. L. 0,092. (Le B., 96.)

Voir Faucheux, 102. — D'après Dumoustier.
3° état, avant le nom des artistes. — Très-belle épreuve.

735. **Prévost** (Antoine-François d'Exiles, abbé), fécond romancier, 1697-1763. — In-8°. H. 0,143. L. 0,103. (Le B., 112.) *

Voir Faucheux, 118. — D'après G. F. Schmidt.
1er état, NON DÉCRIT, avant toute lettre. — Belle épreuve.

736. *Prusse :* **Charles-Frédéric II**, roi de Prusse et électeur de Brandebourg, 1712-1786. — In-8°. H. 0,142. L. 0,099. (Le B., 113.)

Voir Faucheux, 28. — D'après P....
Belle épreuve, mais rognée au trait carré.

737. **Regnard** (Jean-François), poëte comique, 1655-1709. — In-8°. H. 0,145. L. du socle, 0,095. (Le B., 118.)

Voir Faucheux, 122. — D'après H. Rigaud.

3e état, avant le nom des artistes. — Très-belle épreuve.
4e état. — Belle épreuve.

738. Rousseau (Jean-Baptiste), 1670-1741. — Pet. in-8°. H. 0,119. L. 0,075. (Le B., 125.) *

Voir Faucheux, 131. — D'après Aved.

1er état, avant toute lettre et avant que les angles de la corniche du haut ne soient terminés ; la tablette du socle est blanche. — Superbe épreuve.

2e état. — Les angles de la corniche sont terminés, la tablette du socle est couverte d'une seule taille horizontale, mais sans aucune lettre. — Très-belle épreuve.

739. Rousseau (Jean-Jacques), 1712-1778. — In-8°. H. 0,120. L. 0,075. (Le B., 126.) *

Voir Faucheux, 132. — D'après De la Tour.
4e état. Très-rare. — Très-belle épreuve.

740. Saugrain (Guillaume-Claude), libraire à Paris, mort le 27 avril 1762, fils de Claude-Marin Saugrain, auteur du *Code de la librairie.* — In-12°. H. 0,114. L. 0,064. (Le B., 131.) *

Voir Faucheux, 135.

2e état. Le nom du graveur sous le tr. c., à g., est écrit *Fiquet.* — Belle épreuve.

—Soanen (Jean), évêque de Senez. — Voir plus haut, n° 720.

741. *Suède :* **Charles XII,** roi de Suède, 1682-1718. — In-8°. H. 0,142. L. 0,096. (Le B., 138.)

Voir Faucheux, 26. — D'après Crafts.
2e état, d'après Le Blanc, avec l'adresse d'Odieuvre. — Belle épreuve.

742. Vadé (Jean-Joseph), poëte et littérateur français, 1719-1757. — In-8°. H. 0,153. L. 0,092. (Le B., 148, *s. n.*) *

Voir Faucheux, 150. — D'après Richard.
Le quatrain sur la face du piédestal est ainsi orthographié :

> *Bon citoyen, Ami fidéle,*
> *Plaisant sans fiel et galand* (sic) *sans fadeur;*
> *Il n'eut de maître que son Cœur,*
> *La nature fût son modéle.*

Belle épreuve.

FIESINGER (J. Gabriel),

graveur au burin et au pointillé, né à Offenbach ; travailla en Allemagne
et en France ; mort au commencement du xix° siècle.

743. Beauharnais (Alex., vicomte DE), général français,
1760-1794. — In-4°. H. de la planche, 0,165. L. 0,110. H.
de l'ovale, 0,090. L. 0,077.

En buste, dans un ovale entouré d'un seul trait. Vu de profil, tourné
à droite, tête nue ; vêtu d'un habit à collet montant et entr'ouvert sur
le devant. — Sous le tr. c., parallèlement à l'ovale, à g. : *Dessiné par
J» Guerin* ; — à dr. : *Gravé par Fiesinger.* — Au milieu, dans la marge :
Alexandre Beauharnois || *Député de Blois* || *à l'Assemblée Nationale en*
1789. || *élù Président les 18 Juin et 30» Juil* 1791. — Plus bas : *A Paris,
chez l'Auteur*, etc.
Gravé au pointillé et imprimé en bistre. — Belle épreuve.

744. Lameth (Charles-Malo-François, comte DE), homme
politique français, 1757-1832. — In-8°. H. de la planche,
0,165. L. 0,113. H. de l'ovale, 0,090. L. 0,077. (Le B., 19,
s. n.)

En buste, dans un ovale entouré d'un seul trait. Vu de profil, tourné
à gauche, tête nue, les cheveux relevés sur le devant ; vêtu d'un habit
entièrement boutonné et à collet montant. — Sous le tr. c., parallèlement à l'ovale, à g. : *Dessiné par J. Guerin* ; — à dr. : *Gravé par Fie-
singer.* — Dans la marge au milieu : *Charles Lameth* || *Député de l'Ar-
tois* || *à l'Assemblée Nationale en* 1789. || *élu Président le 2 Juil.* 1791.
— Plus bas : *A Paris chez l'Auteur*, etc.
Gravé au pointillé et imprimé en bistre. — Belle épreuve.

FIRENS (Pierre),

graveur au burin et éditeur, d'origine flamande, mort à Paris avant 1639.

745. France : Henri IV, 1553-1610. — In-fol. H. 0,335.
L. 0,290. (Le B., 158.)*

En buste. Vu presque de face, tourné légèrement à droite ; les cheveux relevés sur le devant, la couronne sur la tête. Il porte autour du
cou une fraise et les colliers des ordres ; les épaules couvertes par
le manteau royal fleurdelisé, avec agrafe et cordon à glands sur l'épaule

droite. A gauche du personnage, les écussons accolés et couronnés de *France* et de *Navarre,* au bas desquels est le chiffre couronné du roi, entrelacé de feuillage ; le tout environné des colliers de St.-Michel et du St.-Esprit. — A droite, entouré de deux branches de laurier, surmonté d'une banderole sur laquelle on lit : *Dvo protegit vnvs,* se trouve le chiffre du roi entrelacé d'une main de justice et d'un bâton fleurdelisé, posés en sautoir, et, verticalement, au milieu du chiffre, une épée surmontée d'une couronne. — Au haut du portrait, dans une marge de 0,020, on lit : *Le Povrtraict de treshavlt trespvissant tresexcellent Prince* || *Henry le Grand, par la grace de Dieu Roy de France et de Navarre, treschrestien,* || *tresauguste tresvictorieux, & jncomparable en Magnanimité, & clemence, qui trespassa en son Palais du L'ouure ce* 14º *may* 1610. — Sous le tr. c., les seize vers suivants sur deux colonnes :

> *A la fleche en Anjou Henry le grand conceu,*
> *Eut a Pau L'Orient de sa viue lumiere,*
> *A Corase il passa la saison la premiere*
> *De ses ans, puis il fut en Cour des Lys reçeu.*
> *Croissant en aage* (sic)*, il creust en vertux Incroyables,*
> *Actif, vaillant, prudent partout il s'est monstré,*
> *Il s'est victorieux sans effroy rencontré*
> *Ou les hazardz* (sic) *de Mars estoient plus effroiables.*
> *Grand Roy, grand Cappitaine* (sic)*, egallement Clement,*
> *Il à regi son Peuple en Paix, accreu la france*
> *Plus que n'ont tous les Roys, soubmis a sa vaillance*
> *Les rebelles, gardant son fidelle serment.*
> *Vn Impie Assassin a fermé ses Journees*
> *Estant sur le chemin de cinquante sept ans,*
> *Mais ses gestes parfaictz touts autres surmontans,*
> *D'aucuns termes n'auront leurs louanges bornees.*

— Au-dessous : *Petrus Firens fecit et excu.* — Ces vers sont séparés par le chiffre couronné du roi, qu'accompagne en dessous une fleur de lis, le tout entouré de feuillage, entre l'extrémité des branches duquel se trouvent les initiales : *J. D. F.*

Superbe épreuve.

746. *France :* **Louis XIII,** 1601-1643, et **Anne d'Autriche,** 1601-1666. — In-8°. en travers. L. 0,238. H. 0,159.

En buste, chacun dans un médaillon ovale orné de perles. A gauche, Louis XIII, jeune, vu de 3/4, tourné vers la droite. En costume royal ; la couronne sur la tête, cheveux courts et relevés sur le devant, les épaules couvertes du manteau d'hermine fleurdelisé ; il porte, autour du cou, les colliers de divers ordres, et tient dans sa main droite le sceptre surmonté d'une fleur de lis. — Autour de l'ovale : *Lvdovicvs XIII Dei gratia Franciæ et Navarre* (sic) *Rex christi.* — Sous l'ovale, à g., dans une bande pointillée : *Firens fecit.* — A droite, Anne d'Autriche, également jeune, est vue de 3/4, tournée vers la gauche. Une couronne sur la tête, les cheveux relevés sur le devant. Vêtue d'une robe semée de fleurs de lis; les épaules couvertes d'une pèlerine d'hermine; elle porte un collier de deux rangs de perles avec brillants. — Autour de l'ovale : *D. Anna d'Avstria Hispaniarvm Infans catolicı Regis.* — Dans le haut, au milieu, entre les médaillons, des nuages entourant deux cœurs surmontés de la couronne de France, et retenus par trois attaches sur lesquelles on lit : *Caritas.* || *Spes.* || *Fides.* — Au-dessous des cœurs, sur une banderole : *Nunquam marcescent.* — Au bas, entre les médaillons, un ange, en buste, tient sa main droite sur l'écusson couronné : de *France*, parti de *Navarre*, au-dessous duquel est un *L* couronné; sa main gauche est sur un autre écusson couronné : de *France*, parti d'*Espagne*, accompagné au-dessous d'un *A* couronné. — Dans la marge, au-dessus des portraits, en caractères d'imprimerie, au milieu : *Av Lectevr.* — A g., au-dessus de Louis XIII :

> *Ne trouble pas longtemps son aise :*
> *Ce Roy, bien qu'il soit enflammé*

— Au-dessus de la reine, à dr. :

> *Est si discret qu'il ne la baize* (sic),
> *Que lors que le liure est fermé.*

Renouvier, *Des Types et manières des maîtres graveurs*, cite ce même quatrain, mais avec des modifications dans les deux premiers vers. — Sous le tr. c., ce quatrain, sur deux colonnes :

> *Le gravevr a faict ce me semble*
> *Ce que vous mesmes desirez :*
> *Il vovs a mis tovs devx ensemble,*
> *Bien que vovs soyez separez.*

— Au verso, à g. : *L'imprimevr.* Quatre lignes de texte commençant par : *I'ay esté si pressé de l'Autheur*, etc., et finissant par : *ie te prie Lectevr, de vouloir excuser.* — A dr. : *Avx* || *Chevalliers de ces covrses*, Sept lignes de texte : *I'Ay mis plus de temps à chercher*, etc., se terminant par : *grande Reyne du monde.* — Le volume où figure cet état serait intitulé : *Camp de la place royale* (par Laügier de Porchère).

1er état, avec le texte imprimé. — Très-belle épreuve.

2e état, sans le texte imprimé. — L. 0,233. H. 0,176. — La faute *Navarre* a été rectifiée *Navarræ.* — Dans le bas, à la place du texte imprimé, on a ajouté une banderole qui s'étend sous les deux médaillons et contient, dans la partie placée sous le portrait du roi, le quatrain suivant :

> *Voycy du grand Henry la viue ressemblance*
> *Louys son successeur, et son fils bien-aymé*
> *Lequel doibt trauerser de sa guerriere lance*
> *Lennemy des Chrestiens le plus enuenime.*

— Sous celui de la reine :

> *Ceste vnique beauté, des vertus la Princesse.*
> *A vn si grand pouuoir sur le Roy des francois,*
> *Qu'il la retient desia* (sic) *pour sa chere Maistresse,*
> *Et luy done* (sic) *l'habit des femmes de nos Roys.*
>
> M. C.

— Entre ces quatrains, sur la partie concave de la banderole : *Aemula terra polo, complectitur astra* || *duorum.* || *Sol Ludouicus adest, veniet mox* || *Diana.* — Sous la banderole, au-dessus du tr. c., à dr. : *P. Firens f. et excud.* — Fort rare. — Très-belle épreuve.

On croit cet état antérieur au précédent : la faute *Navarre* rectifiée prouve le contraire. — Il manque au Cabinet des estampes.

747. *France :* **Marie de Médicis,** 1575-1642. — In-8°. H. 0,108. L. 0,073. *

A mi-corps, dans un ovale tronqué sur les côtés , avec coins triangulaires. Vue de 3/4, tournée vers la droite, regardant de face; tête nue, les cheveux frisés sur le devant, ornés d'une étoile en brillants, et relevés en forme de chignon. Vêtue d'une robe à ramages, avec grand col montant; collier de perles et pendants d'oreilles en forme de poire. — Autour de l'ovale : *Marie de Medicis Royne de France et de Navarre.* — Sous le tr. c., le quatrain suivant :

> *Quand l'auguste grandeur (dont tu vois le pourtrait)*
> *Prist naissance ça bas : le Ciel la terre, l'onde*
> *S'esiouirent* (sic) *disants voicy l'œuure parfait*
> *D'ou naistront des enfants, tous Monarque du Monde.*
>
> *S. Hacquin.*

Très-belle épreuve, quoique rognée.

FLAMENG (Léopold),

graveur à l'eau-forte contemporain.

748. **Pompadour** (Jeanne-Antoinette Poisson, marquise de), maîtresse de Louis XV, 1721-1764. — In-4°. H. 0,148. L. 0,104.

En pied. Assise sur une chaise près de laquelle est une guitare. Vue de 3/4, regardant vers la gauche, le corps tourné vers la droite; tête nue, cheveux courts ; vêtue d'une robe à ramages, corsage décolleté jusqu'aux seins. Le bras gauche accoudé sur un meuble, elle tient dans ses mains un cahier de musique ouvert. Ses pieds, l'un sur l'autre, sont chaussés de souliers découverts à haut talon. — Sous le tr. c. à g., tracé à la pointe : *Maurice-Quentin de la Tour. p.*; — à dr. : *Leopold Flameng sc.*

Magnifique eau-forte. — Gravé pour la *Gazette des Beaux-Arts.*

FLIPART (Jean-Charles),

graveur au burin, né vers 1684 à Paris, où il mourut le 23 mai 1751, âgé de 67 ans, selon son acte de décès.

749. Choppin (René), célèbre jurisconsulte français, 1537-1606. — In-fol. H. 0,346. L. 0,260. (Le B., 5, *s. n.*) *

A mi-corps, debout, vu de 3/4, tourné vers la droite. Vêtu de la robe d'avocat et coiffé de la toque; il est appuyé sur le dessus de la tablette, tenant dans la main gauche un rouleau de papier. — Sur l'encadrement de la tablette, au haut, à g. : *Jannet pinx.*; — à dr. : *j. Ch. Flipart Sculp.* — Sur la face de la tablette : *René Choppin Avocat en Parlem*[t]. || *Dédié à Messire Augustin Jean Baptiste Choppin, Chër.* || *Seigneur de Chassoy, Chevalier et Capitaine du Guet de la Ville* || *et Faubourg de Paris.* — *Par son tres-Humble et tres Obeissant Serviteur Demortain.* — Cette dédicace est coupée, au milieu, par un médaillon renfermant les armoiries : *D'azur au cerf ailé d'or, passant sur un essieu du même, posé en fasce à la pointe de l'écu.* — Au-dessus du tr. c., au milieu de la baguette du cadre qui est interrompue : *Se vend à Paris chez Demortain*, etc.

Très-belle épreuve.

FLIPART (Jean-Jacques),

graveur au burin, né le 15 février 1719 (et non en 1723) à Paris, où il mourut le 10 juillet 1782. Fils du précédent et élève de Laurent Cars.

750. *Bourgogne* : **Jean sans Peur, duc de Bourgogne,** 1371-1419. — In-fol. H. 0,356. L. 0,215.

En buste, dans un cadre sculpté supporté par une console. Vu de 3/4, tourné à droite où il regarde. Coiffé d'un chapeau en étoffe, orné sur le côté de perles, avec brillant. Son vêtement est garni d'un collet en fourrure. — Sur le milieu de la console : *Jean Duc de Bourgogne* || *Fils de Philippe le Hardy* || *Tiré sur un Tableau des Chartreux en 1723.* — Sous le tr. c., à g. : *A. Humblot delinea.*; — à dr. : *Flipart Sculp.*

Belle épreuve.

51. Dumont (Jacques-Edme), dit *le Romain*, peintre français, 1761-1844. — In-fol. H. 0,364. L. 0,253. (Le B., 12, *s. n.*)

Jusqu'aux genoux. Assis devant une table couverte de feuilles de papier sur l'une desquelles on voit l'esquisse d'une femme. Il est vu de 3/4, regardant à gauche, le corps tourné à droite, coiffé d'un mouchoir enveloppant la tête et noué sur le devant; vêtu d'une robe de chambre entr'ouverte sur le devant, le col de sa chemise déboutonné; les bras posés sur la table, il tient dans sa main droite des pinceaux ainsi que sa palette garnie de couleurs. — Derrière lui, une colonne dont le socle est caché par une draperie.

1er état, avant la lettre. — Belle épreuve.

2e état. — Sur la tablette du cadre : *Jacques Dumont le Romain ‖ Peintre du Roy, Chancelier, Recteur ‖ et ancien Directeur de l'Académie royale ‖ de peinture et de sculpture.* — Sous le tr. c., à g. : *De Latour pinx.;* — à dr. : *J. J. Flipart. Sculp.* — Les noms des artistes sont gravés à la pointe. — Belle épreuve.

52. Favart (Marie-Justine-Benoîte, DURONCERAY, Mme), actrice française, 1727-1772. — In-8°. H. 0,142. L. 0,094. (Le B., 18, *s. n.*)*

En buste, dans un médaillon retenu dans le haut par un nœud de ruban. Vue de profil, tournée à droite, tête nue; les cheveux courts, relevés et bouclés sur le devant, ornés de quelques fleurs. Autour du cou, un ruban auquel est suspendu un bijou. Corsage très-décolleté, garni de dentelles. Sur une tablette figurée en marbre, placée un peu au-dessous du médaillon, ce quatrain de Voltaire :

> *Pour charmer la raison, la gaîté l'a choisie,*
> *L'embellit de ses agrémens;*
> *Et, comme autant de fleurs, fit naître ses talens,*
> *Pour en offrir un Bouquet à Thalie,*
>
> *V.....*

— Sous le tr. c., à g. : *Dessiné par C. N. Cochin fils 1753.;* — à dr. : *Gravé par J. J. Flipart en 1762.*

1er état. — Belle épreuve.

2e état. — Dans le haut de la gravure : *Frontispice du Tome. V.* — Belle épreuve.

53. Greuze (Jean-Baptiste), célèbre peintre français, 1726-1805. — In-4°. H. 0,185. L. 0,128. (Le B., 17.)*

En médaillon. Portrait de forme ovale, appuyé contre un mur que simule le cadre. Vu de profil, tourné à droite, tête nue, les cheveux relevés sur le devant et bouclés sur le côté. — Sur la tablette supportant l'ovale : *Jean B*ᴵᵉ. *Greuze || Peintre du Roy.* || *en son Acad. Rˡᵉ. de Peint. et Sculpt*ʳᵉ. || *dessiné par lui même.* — Sous le tr. c., à g. : *J. B. Greuze del;* — à dr. : *Gravé par son Ami J. J. Flipart en* 1763. — Plus bas : *A Paris chés Flipart Graveur du Roy,* etc.

Belle épreuve.

FORNAZERIS (Jacques de),

graveur au burin du xviiᵉ siècle. — Son œuvre est décrit dans Robert-Dumesnil, t. X, pp. 172-197, et XI, pp. 105-106. — Voir aussi Renouvier, *Des Types et manières.*

754. *France :* **Henri IV,** 1553-1610. — In-fol. H. 0,473. L. 0,350.

> Voir Rob.-Dum., 42.
> Extrêmement rare. — Très-belle épreuve (400 et 500 fr. et plus).

755. *France :* **Henri IV,** 1553-1610, et **Marie de Médicis,** 1575-1642. — In-fol. H. 0,271. L. 0,168.*

> Voir Rob.-Dum., 4.
> Dans l'angle droit, sous les vers, se trouve le monogramme **EI** non indiqué par Robert-Dumesnil, et qui est celui de l'auteur des vers.
> Fort rare. — Belle épreuve.

756. *France :* **Anne d'Autriche,** 1601-1666. — In-4°. H. 0,165. L. 0,115.

> Voir Rob.-Dum., XI, 106.
> *Jusqu'aux genoux* et non *à mi-corps,* debout, etc.
> 1ᵉʳ état. — Très-belle épreuve.

757. **Grégoire de Valence,** de la Société de Jésus. — In-8°. H. 0,141. L. 0,107.

> Voir Rob.-Dum., 40.
> Belle épreuve.

FORSTER (François),

graveur au burin, membre de l'Institut, né le 22 août 1790, au Locle (Suisse), mort à Paris le 24 juin 1872. Élève de P.-J. Langlois et de l'École des Beaux-Arts.

758. **Dürer** (Albert), célèbre peintre et graveur allemand, 1471-1528. — Pet. in-fol. H. 0,248. L. 0,189. (Le B., 22.)

> A mi-corps, vu de face, tête nue, longs cheveux bouclés retombant

sur les épaules. Il porte toute sa barbe. Vêtu d'une houppelande à collet de fourrure. La main droite, vue du revers, est appuyée contre sa poitrine. — A gauche, à la hauteur de la tête du personnage, le monogramme d'Albert Dürer, surmonté du millésime 1500. — A dr., sur une tablette peu apparente : *Albertus Durerus Noricus || ipsum me proprijs sic effin. || gebam coloribus ætatis. || anno* XXVIII. — Fond noir. — Sous le tr. c., à g. : *Gem. v. Alb. Dürer.;* — à dr. : *Gest. v. F. Forster.;* — au milieu : *Albrecht Dürer. || Mannheim bey Artaria und Fontaine.*

2ᵉ état, avec la lettre terminée. — Très-belle épreuve, avec marges.

759. **Humboldt** (Frédéric-Henri-Alexandre, baron DE), illustre naturaliste, 1769-1859. — Pet. in-fol. H. 0,168. L. 0,133. (Le B., 24, *s. n.*)

A mi-corps, vu de 3/4, tourné vers la gauche, regardant à droite ; tête nue, cheveux bouclés. Vêtu d'une redingote. — Sous le tr. c., à g. : *Steuben pinxᵗ.* 1814.; — à dr. : *Forster sculpᵗ.* 1818. — Au-dessous, au milieu, entouré de parafes : *Alex.ᵈʳᵉ de Humboldt.*

Très-belle épreuve sur papier de chine. (Lettres gothiques doubles.)

FOSSEYEUX (JEAN-BAPTISTE),

graveur au burin, né à Paris en 1752. Élève de N. Delaunay et de J.-M. Moreau.

760. **Godoy** (Don Manuel DE), prince de la Paix et de Bassano, favori de Charles IV, roi d'Espagne, 1767-1851. — In-fol. H. 0,409. L. 0,285. (Le B., 6.)

En pied, debout sur une terrasse qui domine un lac bordé par des montagnes. Personnage vu presque de face, tête nue, cheveux courts. Vêtu du costume de major général des gardes du corps ; habit brodé, à col droit et à revers rabattus ; culotte courte, bottes à l'écuyère. Il porte sur la poitrine les décorations de plusieurs ordres ; celui de la Toison d'or est suspendu par un ruban à son cou. Une écharpe, retenue par un ceinturon rehaussé de dorures et dont la plaque porte gravé un monogramme, lui ceint la taille. Épée au côté. Il tient dans sa main droite, le bras étant le long du corps, son chapeau garni d'un plumet ; dans sa main gauche, est sa canne sur laquelle il s'appuie. Derrière lui, à droite, sur l'angle de la balustrade bordant la terrasse, une sphère contre laquelle sont appuyés un ancre et un gouvernail. — Sous le tr. c., à g. : *Steven pinxit;* — à dr. : *J. B. Fosseyeux Sculpsit;* — au milieu : *S. A. S. le Prince de la Paix.* || 1807.

Belle épreuve.

FROSNE (Jean),

graveur au burin, de la seconde moitié du XVII° siècle (voy. Jal).

761. Fay (Gaspard DE), de Saint-Jouin, maître des requêtes.
— In-fol. H. 0,361. L. 0,268. *

En buste, dans un cadre octogone sculpté, formé de feuilles de
chêne et supporté par un piédestal. Vu de 3/4, tourné vers la droite; en
costume de sa charge; le sommet de la tête couvert par une calotte;
cheveux blancs et bouclés. — Sur le dessus du piédestal, à g. : *Ferdinand. Maior. Pinxit.; —* à dr. : *I. Frosne. Sculpsit* 1659. — Au milieu du
piédestal, un écusson renfermant ses armoiries : *De gueules à la croix
d'argent, cantonnée de quatre merlettes du même;* l'écusson est surmonté d'une couronne de comte et d'un casque couronné, vu de face,
orné de ses lambrequins; soutenants : deux levriers colletés.
Très-belle épreuve.

762. *France :* **Catherine-Henriette de Bourbon,** fille légi-
timée de Henri IV et de Gabrielle d'Estrées, et épouse de
CHARLES II DE LORRAINE, duc d'Elbeuf, 1596-1663. — In-fol.
H. 0,320. L. 0,248. *

A mi-corps, dans un ovale équarri supporté par un socle. Les angles
supérieurs du cadre sont garnis : celui de gauche, d'une croix de Lorraine; celui de droite, d'une fleur de lis. Ceux du bas contiennent : à
gauche, une fleur de lis; à droite, une croix de Jérusalem. — Elle est
vue de 3/4, tournée vers la gauche, en costume de veuve, un long voile
attaché derrière la tête; les épaules couvertes par une large guimpe;
corsage de robe plissé sur le devant. — Sur le dessus du socle, à
g. : *P. Vary. Pinxit.; —* à dr. : *I. Frosne. Sculpsit.* 1659. — Sur la ta-
blette : *Madame Catherine Henriette Legitimée || de France Duchesse
d'Elbeuf &c.* — Cette inscription accompagne un écu renfermant les
armoiries : *de* Lorraine, *parti de* France, *au bâton de gueules en bande,
chargé de trois lionceaux d'argent, qui est* Bourbon; comte de la Marche;
l'écusson est surmonté d'une couronne et environné des cordelières de
veuve ainsi que du manteau d'hermine.
Belle épreuve.

763. Gondrin (Louis-Henri DE PARDAILLAN DE), prélat français, 1620-1673. — In-fol. H. 0,324. L. 0,261. *

En buste, dans un ovale équarri, dont les angles sont garnis de médaillons. Vu de 3/4, tourné vers la droite, la tête couverte d'une calotte;
cheveux longs et bouclés. En petit costume d'archevêque; les épaules

couvertes par la pèlerine. Autour du cou, suspendue à un ruban, la simple croix pectorale. — Dans le médaillon du haut, à gauche, un pied de lis fleuri, avec la devise : *Candorem Prœtulit ostro*; à droite, un soleil rayonnant sur une rose feuillée dont la tige est terrassée ; autour du médaillon, cet exergue : *Nascentem Purpura Cingit.* Ceux du bas contiennent, à gauche, une poule couvant ses poussins ; la devise est : *Voce Ciens Sparsos sub pennas Conuocat omnes*, à droite, un laurier terrassé, avec l'exergue : *Cumulat Crescendo Coronas.* — Entre l'ovale et ce dernier médaillon : *J Frosne sculpsit.* — Au bas du portrait, recouvrant l'ovale et la tablette, les armoiries dans un ovale figuré par un simple trait. L'écusson est surmonté d'une couronne de marquis et des attributs épiscopaux.

Belle épreuve.

GAILLARD (René),

graveur au burin, né vers 1719, mort à Paris le 11 avril 1790, âgé d'environ 71 ans, selon son acte de décès. Bien que le portrait de l'abbé Duchesne (voir ci-dessous) porte en toute lettre le prénom du graveur, Le Blanc en a fait un Robert, qui, selon lui, serait né en 1722 et mort en 1785.

764. Beaumont (Christophe DE), archevêque de Paris, 1703-1781. — In-fol. H. 0,368. L. 0,258. (Le B., 12, *s. n.*) *

A mi-corps, dans un ovale équarri figuré en pierre et supporté par un socle. Vu de 3/4, tourné vers la droite, tête nue, cheveux relevés sur le devant. En petit costume d'archevêque, les épaules couvertes par la pèlerine. Il porte au cou la croix du Saint-Esprit. Au bas du portrait, sur la bordure de l'ovale et la corniche du socle, un médaillon contenant un écusson armorié environné du manteau d'hermine, surmonté d'une couronne de marquis, et accompagné de la croix et du chapeau de cardinal. Les armoiries sont : *De gueules à la fasce d'argent chargée de trois fleurs de lys d'azur.* — Sur le dessus de la corniche du socle, à g. : *Peint par J. Chevallier.*; — à dr. : *Gravé par R. Gaillard.* — Sur la tablette : *Cristophorus de Beaumont.* || *Archiepiscopus Parisiensis, Dux et Par Franciœ* || *Regii ordinis S^{ti}. Spiritus Commendator.* — Sous le tr. c., à g. : *A Paris chés Chevallier, Peintre,* etc.; — à dr. : *Et chés Vanheck, Peintre;* etc.

Très-belle épreuve.

765. Bertin (H.-Léon.-J.-Bapt.), contrôleur général des finances, 1719-1792. — In-fol. H. 0,414. L. 0,325. *

Presque entier. Assis dans un fauteuil; les jambes croisées; près d'un bureau et d'un coffre-fort. Vu de 3/4, tourné à gauche, regardant de face; tête nue. Vêtu d'un magnifique habit, avec manchettes en dentelle ; culotte courte. Sur la poitrine, la croix du Saint-Esprit, et le grand cordon passé en sautoir. Le bras du fauteuil est en partie caché par le pan gauche de son habit. Les mains appuyées sur sa cuisse, il tient, dans la gauche, son tricorne. Son épée est couchée, près de lui, sur le fauteuil. — Sous le tr. c., à g. : *Roslin pinxit;* — à dr. : *R. Gaillard sculp.* — Au milieu : *Henri Léonard Jean Baptiste Bertin,* || *Commandeur des Ordres du Roi Ministre et Secretaire d'Etat.* || *Offerebat Augustus Ludovicus Bertin ab uxore Nepos.* — Cette inscription est séparée au milieu par un cartouche couronné, contenant ses armoiries : *Ecartelé : au 1, d'azur à une épée d'argent mise en pal; aux 2 et 3, d'argent à un rosier sur une terrasse* (de sinople ; la couleur n'est pas indiquée) *fleuri de trois pièces de gueules; au chef d'azur chargé de trois étoiles d'argent; au 4, d'azur au lion d'or.*

Belle épreuve.

766. Castanier (Franç.), receveur général des finances. — In-fol. H. 0,457. L. 0,333. (Le B., 13.) *

A mi-corps, dans l'embrasure d'une fenêtre cintrée dans le haut; le montant gauche est caché par une draperie attachée par un cordon à glands et dont l'extrémité couvre une partie de l'appui de la fenêtre. Personnage debout près d'une table chargée d'une sphère et d'une écritoire munie d'une plume d'oie. Vu de 3/4, tourné à droite, regardant de face; en longue perruque. Vêtu d'un habit avec manches à parements d'où sortent des manchettes de dentelle; son manteau lui couvre l'épaule droite. Il tient, dans la main, une lettre datée de *Cadix.* Derrière lui, deux colonnes. Dans l'interstice du montant droit de la fenêtre et la première colonne, l'on découvre la mer avec un vaisseau à l'ancre. — Sous l'appui de la fenêtre, au milieu, surmontant un cartouche oblong, un écusson couronné contenant les armoiries : *D'or à un châtaignier de sinople posé sur une terrasse de même; au chef d'azur, chargé d'un croissant d'argent entre deux étoiles de même.* — Au milieu du cartouche oblong : *François Castanier.* — Au-dessus du tr. c., sur toute la largeur de la gravure : *Hanc cordi alte impressam civi, bonoque reipublicæ semper consultori offerebat D*** Anno MDCCLI.* — Sous le tr. c., à g. : *Hyacinthe Rigaud Pinx. ;* — à dr. : *R. Gaillard Sculp.*

2e état, avec la lettre. — Belle épreuve.

767. Duchesne (Blaise), abbé de Sainte-Geneviève à Paris. — In-fol. H. 0,378. L. 0,282. *

A mi-corps, dans une ogive figurée en pierre et supportée par un socle concave au milieu duquel est un cartouche ailé contenant les armes de *France,* accompagné de deux jeunes enfants sur un nuage, l'un tenant la mitre et l'autre la crosse abbatiale. Personnage vu presque de face, le corps légèrement à gauche. Vêtu d'un surplis, avec une simple croix; sa calotte lui couvre le sommet de la tête. — Autour de l'ogive : *Blasius Duchesne Abbas S^{te}. Genovefæ Parisiens. Præpos. Général. Canon. Regul. Congreg. Gal. Ætat.* 79. — Sur la corniche, de chaque côté du socle, on voit des volumes. — Sous le tr. c., à g. : *Peint par J. Chevallier en* 1752.; — à dr. : *Gravé par René Gaillard en* 1753.; — au milieu : *Dilectus Deo et hominibus. Ecclesiastique Cap.* 45. *V.* 1. Belle épreuve.

768. *France:* **Marie-Louise-Thérèse-Victoire de France,** 4e fille de Louis XV, appelée *Madame Victoire,* 1733-1799. — In-fol. en travers. L. 0,352. H. 0,245. *

Jusqu'aux genoux. Figure allégorique représentant l'élément *l'Eau.* Elle est assise sur un tertre, dans la campagne. Vue de face, la tête nue, les cheveux relevés sur le devant, ornés de fleurs et de perles. Vêtue d'une longue tunique décolletée, à manches courtes, laissant les épaules nues jusqu'à la naissance des seins. Du bras droit plié et en partie caché par une draperie, elle est accoudée sur une urne renversée au pied d'un tronc d'arbre et de laquelle s'échappe de l'eau, figurant une source. Son bras gauche également plié est placé devant sa poitrine, la main touchant la main droite. Près de l'urne, un gouvernail appuyé contre l'arbre, derrière lequel on voit des roseaux. — Sous le tr. c., à g. : *J. M. Nattier pixit* (sic) 1756.; — à dr. : *R. Gaillard Sculp.;* — au milieu : *Madame Marie-Louise-Therese-Victoire de France*‖ *L'Eau.* ‖

> *Sur d'éternelles loix je mesure ma course*
> *Avec plus de l'enteur, ou de rapidité :*
> *Toujours avec la pureté*
> *Que l'on admire dans ma Source.*

— A dr., à la hauteur de l'avant-dernier vers : *par M^r. Roy, Chevalier de S^t. Michel.* — A g. du dernier vers : *Gravé d'après un des 4 Tableaux du Cabinet de M^r. Le Dauphin à Versailles.;* — à dr. : *a Paris chez Jollain,* etc. *Avec Privilege du Roy.* Belle épreuve.

769. **Galitzine** (Catherine Cantemir, épouse du prince Dmitri), morte à Paris en 1761. — In-fol. H. 0,302. L. 0,238. (Le B., 17, *s. n.*)

Jusqu'aux genoux. Assise dans un fauteuil, le coude droit appuyé sur un clavecin. Vue presque de face, le corps tourné vers la gauche, tête nue, les cheveux relevés sur le devant, avec une longue mèche bouclée retombant sur les épaules; un collier de deux rangs de perles. Vêtue d'une robe à corsage décolleté, avec manches courtes, garnies de dentelle, laissant les bras à demi nus. Sur le côté gauche du corsage, retenu par un nœud de ruban, un riche médaillon, surmonté de la couronne impériale, renferme le buste de l'impératrice de Russie. L'épaule droite couverte par un manteau de velours doublé d'hermine. Les bras garnis de bracelets de perles. De sa main gauche, elle tient la patte droite d'un chien bouledogue couché sur ses genoux, la tête vue de face. — Sous le tr. c., au milieu, les armoiries de *Galitzine*, accolées à celles de *Cantemir*, environnées du manteau d'hermine et surmontées d'une couronne de prince.

1er état, NON CITÉ, avant toute lettre. — Très-belle épreuve, avec grandes marges.

2e état. — Sous le tr. c., à g. : *Van Loo pinxit;* — à dr. : *R. Gaillard Sculp.* — Les armoiries sont accompagnées de cette inscription : *Catherine Princesse de Galitzin* || *Née Princesse de Cantémir* || *Dame du Portrait de Sa Majesté L'Imperatrice* || *de toutes les Russies, Elisabeth* Iere. *Ambassadrice* || *à la Cour Imperiale Royale Apostolique.* — Sous les armoiries, à dr. : *Baisiez Scripsit.* — Belle épreuve.

770. **Joly de Fleury** (Guill.-Franç.), procureur général au parlement de Paris, 1675-1756. — In-fol. H. 0,437. L. 0,330.

A mi-corps, dans un médaillon ovale placé entre deux pilastres à rainures, et supporté par un entablement; le tout figuré en pierre. Deux branches de chêne attachées avec un ruban, au-dessus du médaillon, retombent de chaque côté. Personnage assis dans un fauteuil, vu presque de face, en costume de procureur général; en grande perruque bouclée. Derrière lui, les rayons d'une bibliothèque chargés de volumes. — Sur la tablette de l'entablement : *Guillelmus Franciscus*|| *Joly de Fleury,* || *Procurator Catholicus* || *N.* 11. *Novembris* 1675. *M.* 25. *Martii* 1756. — Cette inscription est coupée par un cartouche couronné, soutenu par deux lions couchés, au milieu duquel sont les armoiries: *Écartelé : aux* 1 *et* 4, *d'azur au lis de jardin d'argent; au chef d'or, chargé d'une croix pattée de sable; aux* 2 *et* 3, *d'dzur au léopard d'or.* — Sous le tr. c., à g. : *Didier pinx.;* — à dr. : *R. Gaillard Sculp.*
Belle épreuve.

771. **La Martinière** (Germain PICHAULT DE), premier chirurgien du roi. — Gr. in-fol. H. 0,510. L. 0,375. *

Jusqu'aux genoux, Debout, accoudé du bras gauche sur le socle d'une pyramide, la main pendante. Vu de 3/4, regardant vers la droite, le corps de face; tête nue. Vêtu d'un habit à manches avec parements, manchettes en dentelle. Sur son gilet à ramages, entr'ouvert jusqu'à la ceinture, est passé en sautoir le grand cordon, avec la croix de Saint-Michel suspendue sur le côté. Le bras droit est écarté et plié, la main vue du côté de la paume, et l'index dirigé vers un champ de bataille, à gauche, où des soldats couchent sur une civière un blessé pour le transporter aux voitures d'ambulance stationnant non loin de là. A droite, accroché à la pyramide, un médaillon à l'effigie de Pichault, couronné de laurier. Au bas du médaillon, un ange soufflant dans une trompette et tenant dans la main gauche, le bras élevé, une branche de laurier. Sur le socle de la pyramide, une Minerve coiffée d'un casque, les épaules couvertes d'un manteau fleurdelisé, la main gauche posée sur le cœur, regarde une esquisse que lui montre de la main gauche un autre ange, et au haut de laquelle on lit : *Ecole*|| *pratique*. — Devant eux, regardant la Minerve, un troisième ange, en buste, au bras droit duquel sont attachées par un ruban plusieurs médailles, tient dans ses mains des feuilles de papier qu'il déroule et sur lesquelles on lit : *Etablissement* (sic) || *d'Ecoles* || *Publiques* || *de Chirugie* (sic) || *Bordeaux* || *Toulon* || *Toulouse* || *Lyon* || *Orleans* || *Nantes* || — Sur la tablette du cadre : *D. D. Germano Pichault de la Martinière S^{ti}.Michaelis* || *Equiti torquato, Consil. Regis Ludov. XV. Chirurgo Primario; Regiæ. Academ. totiusque Regni. Chirurg. Præsidi &.* || *Quod utilem operam, auspice Ludovico Rege Dilectissimo,* || *tum in conservandis civibus, tum in promovendâ arte suâ* || *Bello, Domi, præstiterit.* — Cette inscription est coupée par un médaillon avec cartouche couronné contenant les armoiries : *De gueules à la fasce d'argent chargée de quatre vairs, accompagnée en chef de deux étoiles d'argent et en pointe d'une rose du même.*. — Un peu à dr. de la dernière ligne de l'inscription : *Offerebat amoris et obsequii Pignus* || *Remig L. B. D.'Olblen.* — Sous le tr. c., à g. : *Latinville Pinx.; —* à dr. : *R. Gaillard Sculp.*

Très-belle épreuve.

772. Potier de Gesvres (Étienne-René), cardinal, évêque et comte de Beauvais, 1697-1774. — In-fol. H. 0,464. L. 0,324. (Le B., 18.) *

A mi-jambes, dans le cadre architectonique d'une fenêtre cintrée dans le haut, figurée en pierre. Debout, vu presque de face; le corps tourné vers la gauche; les cheveux relevés sur le devant et bouclés sur les côtés. En petit costume d'évêque; surplis magnifiquement brodé, recouvert de la pèlerine. Au cou, la croix du Saint-Esprit. Il tient dans la main droite une lettre ouverte, dont il tourne, de la main gauche, le recto. — Au milieu de la tablette, un médaillon contenant un cartouche armorié, environné du manteau d'hermine, surmonté d'une couronne de comte, accompagnée de la croix et du chapeau de cardinal. Les armoiries sont : *Écartelé : au 1, de Luxembourg; au 2, de Bourbon; au 3, de Lorraine ; au 4, de Savoie; sur le tout : de Potier.*

D'après le tableau de Pompeo Battoni peint en 1758. Gravé en 1761, suivant le P. Lelong.

1er état, NON CITÉ, avant toute lettre. — Très-belle épreuve.

773. *Suède :* **Louise-Ulrique de Prusse**, épouse d'Adol-
phe-Frédéric, roi de Suède, 1720-1782. — In-fol. H. 0,400.
L. 0,287.

Jusqu'aux genoux, dans le cadre architectonique d'une fenêtre cintrée
dans le haut, figurée en pierre. Assise sur des nuages, vue presque de
face, la tête ceinte d'un diadème, les cheveux relevés et bouclés sur le
devant, retombant par derrière en longues frisures. Vêtue d'une robe à
corsage bordé de perles et décolleté jusqu'à la naissance des seins ;
manches courtes, laissant les bras à demi nus. Les genoux couverts en
partie par une draperie semée de couronnes qu'elle tient dans la main
droite, le bras appuyé sur cette draperie. De la main gauche, elle
tient un flambeau antique allumé. Au-dessus de sa tête, rayonne une
étoile. — Sur le cintre de la fenêtre : *Novo quæ spargit lumine terras.* —
Sur la tablette, au milieu : *Ludovica Vlrica* || *Friderici Wilhelmi Boruss.
Regis Filia* || *Nata D. 13. Julii M.DCC.XX.* || *Nupta Adolpho Friderico
succ. Princ. Hœred.* || *die 18 Augusti M.DCC.XLIV.* — Sur la plinthe :
Offerebat obsequintissimus || *Devotissimus ac Deditissimus* || *Servus N.R.
D'Arcy.* — Cette dédicace est coupée, ainsi que l'inscription, par un
cartouche ailé surmonté d'une couronne royale et contenant le blason
de *Suède,* accolé à *l'aigle de Prusse.* — Sous le tr. c., à g. : *Latinville
pinx.;* — à dr. : *R. Gaillard Sculp.*
Très-belle épreuve.

GANTREL (Étienne),

dessinateur, graveur au burin et éditeur, né vers 1646, mort à Paris le 1er novembre 1706, âgé de 60 ans. Il était fils de Pierre Gantrel, marchand tanneur
de la ville de Toul, et épousa (1674) Marguerite Boudan, veuve de Jean Lenfant, graveur. Dans son acte de décès il est qualifié de « graveur ordinaire du
Roy, marchand de taille-douce et bourgeois de Paris .»

774. Albert-d'Ailly (Ch. d'), duc **de Chaulnes**, pair de
France, 1625-1698. — Très-gr. in-fol. H. 0,634. L. 0,538. *

En buste, aussi grand que nature, dans un ovale équarri, tronqué sur
les côtés. Vu de 3/4, tourné vers la droite, regardant de face ; en grande
perruque. Vêtu d'une armure sur laquelle passe en sautoir le grand
cordon ; cravate de dentelle. — Autour de l'ovale : *Charles d'Ailly* (sic)
Dvc de Chavlnes. — Au bas du portrait, dans le blanc intérieur de
la bordure : *la Borde Pinxit — Gantrel Sculpsit.* — Au milieu, sous
le tr. c. : *Offerebat Joannes Franciscus Bossart de Verriere Rhedonensis.*
Belle épreuve.

775. Barentin (Charles-Honoré), maître des requêtes, intendant à Dunkerque en 1698. — In-fol. H. 0,422. L. 0,350. (Le B., 20.) *

En buste, dans un ovale. Vu de 3/4, tourné vers la gauche, regardant de face. En costume de sa charge; les boucles de sa perruque lui retombent sur les épaules. — Autour de l'ovale : *Carolus Honoratus Barentin Regi a sanctioribus consiliis &c.* — Dans le blanc extérieur de la bordure : *Offerebat Petrus Georgivs de la Haye Iprensis* 1701. — Sur le dessus du piédestal, à g. : *H. Rigauld* (sic) *pinxit;* — à dr. : *Steph. Gantrel sculp.* — Au bas du portrait, sur la bordure et le piédestal, un médaillon oblong contenant un cartouche avec ses armoiries : *D'azur à trois fasces : la première d'or et les deux autres ondées d'argent; accompagnées en chef de trois étoiles d'or;* couronne de marquis; supports : deux lions.

Le tableau original a été peint par Rigaud en 1699.

Très-belle épreuve.

776. Catinat (Nicolas DE), maréchal de France, 1637-1712. — Gr. in-fol. H. 0,522. L. 0,438. *

En buste, dans un ovale équarri, dont les côtés sont tronqués. Vu de 3/4, regardant à droite, tourné vers la gauche, le corps de face; tête nue, en longue perruque frisée. Il est couvert d'une armure, sur laquelle retombe le col en dentelle de sa chemise. — Autour de l'ovale : *D. Nicolaus de Catinat Franciæ Marescallus.* — Dans le coin à gauche, au-dessus du tr. c. : *Stephanus Gantrel Sculp.;* — dans le coin à droite : *Parisiis Vid jacobed sub. sig. S*tt. *Mauri.* — Sous le tr. c., sur une planche rapportée de 0,047 de hauteur, on lit, sur deux lignes, les quatre vers suivants :

> *Capta tibi æternum, Catinate, Sabaudia nomen,*
> *Bisque cruore Padi decolor unda, facit.*
> *At quod pulcrius est, lauroque insignius omni;*
> *Victorem laudat victus amatque suum.*

— A gauche et au-dessous des deux premiers vers : *J. C. S. J.* — Au milieu, séparant les vers, un cartouche avec ses armoiries : *D'argent à la croix de gueules, chargée de neuf coquilles d'or;* l'écu surmonté d'une couronne accompagnée des bâtons de maréchal passés en sautoir derrière l'écu; supports : deux lions.

Portrait NON CITÉ, de toute rareté. — Très-belle épreuve.

777. Colbert (André), évêque d'Auxerre, mort en 1702. — In-fol. H. 0,439. L. 0,346. *

A mi-corps, dans un ovale supporté par un socle. Vu presque de face, le corps tourné légèrement vers la gauche. La tête couverte d'une calotte; cheveux abondants et bouclés. Vêtu du petit costume d'évêque, les épaules couvertes par la pèlerine. La croix pectorale attachée à un large ruban passé sous le rabat. — Autour de l'ovale : *D. Andreas Colbert Episcopus Antissiodorensis.* — Au bas du portrait, dans le blanc intérieur de la bordure : *Offerebat Gabriel Georgius Bouzi d'Assigny Genabicus.* — Sur le dessus de la corniche du socle, à g. : *Ménard pinxit ;* — à dr. : *Step. Gantrel sculp.* — Au milieu du socle, dans un ovale à fond blanc, les armoiries des *Colbert,* surmontées d'une couronne de marquis, accompagnée de la mitre, de la crosse et du chapeau d'archevêque.

Belle épreuve.

778. Estampes (J.-Bapt. D'), évêque de Marseille, mort en 1684. — In-fol. H. 0,432. L. 0,336. (Le B., 25, *s. n.*) *

En buste, dans un ovale avec piédestal. Vu de 3/4, tourné vers la gauche, regardant de face. Vêtu du petit costume d'évêque, la calotte sur le sommet de la tête, cheveux abondants et bouclés ; les épaules couvertes par la pèlerine, la croix pectorale suspendue à un large ruban passé sous le rabat. — Autour de l'ovale : *Ioannes Baptisia* (sic) *d'Estampes Massiliensivm Episcopvs ;* — Dans le blanc intérieur de la bordure, au bas du portrait : *Le Dart pinxit — Steph. Gantrel Sculp ;* — Au milieu du piédestal, tenant à la bordure, un ovale à fond blanc, contenant un écusson armorié : *D'azur à deux girons d'or, posés en chevron ; au chef d'argent, chargé de trois couronnes ducales de gueules ;* l'écusson surmonté d'une couronne de comte, accompagnée de la mitre, de la crosse et du chapeau d'évêque. — Sur le dessus du piédestal, séparé par les armoiries : *Offerebat F. Franciscus Grange Augustinianus Massilianus anno.*

Belle épreuve, mais rognée.

779. *France :* Louis XIV, 1638-1715. — Gr. in-fol. H. 0,523. L. 0,395. H. du portrait, 0,125.

Bas-relief en buste, dans un médaillon entouré d'une bordure. Vu de profil, tourné à gauche ; en longue perruque bouclée. — Autour du portrait : *Lvdovicvs Magnvs Regvm Maximvs.* — Sous le portrait : XIIII. — Au-dessous et sur la bordure intérieure blanche du médaillon : *Step. Gantrel Sculp.* — Dans la bordure, treize médaillons représentant les portraits des rois de France du nom de Louis. — Ce médaillon avec son cadre s'appuie sur une bannière frangée, portant au milieu un soleil, et qui recouvre un piédestal avec cette inscription sur la frise : *Hoc vno orbem implet,* et cette autre sur la plinthe : *Bello et pace magnvs.* — La tablette, destinée à recevoir le titre de l'ouvrage auquel cette estampe devait servir de frontispice, est restée en blanc. — Le médaillon et le piédestal sont accompagnés de drapeaux, d'armes, de trophées de guerre, etc., ainsi que de deux figures assises, enchaînées, représentant des prisonniers de guerre : celle de gauche est un homme jeune, complétement nu ; celle de droite est une femme vêtue à l'antique. — Au-dessus du médaillon, un soleil surmonté d'une couronne et entouré de la devise du roi : *Nec pluribus impar.* — Une guirlande de fleurs, chargée de nombreuses médailles avec inscriptions, sert d'encadrement à la partie supérieure de l'estampe. Elle est retenue à des anneaux, aux angles du cadre, par des rubans formant banderoles. — Dans l'angle gauche, au bas, sur l'un des trophées : *Step. Gantrel ex.*

Rare. — Très-belle épreuve.

780. *France :* **Louis XIV.** — Gr. in-fol. H. 0,511. L. 0,397.

En pied, vu de 3/4, tourné vers la droite. En costume d'empereur romain, et en perruque. Assis sur un nuage, il tient par la main une vierge, placée à sa gauche, représentant le Commerce. De nombreuses figures allégoriques entourent cette scène principale. — Dans la partie inférieure, à gauche, une femme tient déployée une draperie blanche qui était destinée à recevoir le titre de l'ouvrage auquel cette estampe devait servir de frontispice. — Au bas, dans la gravure : *Car. le Brun in. et delin. a Paris chez Est. Gantrel a limage S. Maur.*

Rare. — Belle épreuve.

781. **Gué de Bagnols** (Dreux-Louis DU), maître des requêtes, 1645-1709. — In-fol. H. 0,421. L. 0,341. *

En buste, dans un ovale équarri, avec coins, posé sur un piédestal. Vu de 3/4, tourné vers la droite, regardant de face. Vêtu du costume de sa charge ; longue perruque bouclée retombant sur les épaules. — Autour de l'ovale : *Drusus Ludovicus du Gue* (sic) *de Bagnols Rei Iudiciar : Civil : Ærarii* || *in Belgio Prœfect.* — Dans le blanc extérieur de la bordure, à g. : *Steph. Gantrel Sculp.* 1688. — Au bas du portrait, couvrant la bordure et le milieu du piédestal, un cartouche contenant ses armoiries : *D'azur au chevron accompagnée de trois étoiles, celle de la pointe surmontée d'une couronne royale, le tout d'or ;* l'écusson est surmonté d'une couronne de marquis et soutenu par deux palmes liées ensemble par un ruban. — Sur le dessus du piédestal, séparé par le cartouche : *Offerebat Carolus Livinus de Valicourt.*

Très-belle épreuve.

782. **La Chaize** (François DE), jésuite français, confesseur du roi Louis XIV, 1624-1709. — In-fol. H. 0,448. L. 0,349.*

En buste, dans un ovale équarri, avec coins, supporté par un socle, et orné dans le haut de banderoles retombant de chaque côté de l'ovale. Vu de 3/4, tourné vers la gauche, regardant de face. Vêtu d'un surplis garni de dentelle ; coiffé d'une calotte, les épaules couvertes d'un manteau. — Autour de l'ovale : R. *Pater Franciscus de la Chaise Societatis Jesu Regi a Confess.* — Sur le dessus du socle, à g. : *Stephanus Gantrel sculp.* 1694. — Au milieu du socle, dans un cartouche oblong, un médaillon contenant, au milieu de rayons, le signe de la rédemption, accompagné au-dessous de trois clous réunis par leur pointe.

Belle épreuve.

783. La Meilleraye (Paul-Louis DE LA PORTE-MAZARINI, duc DE), gouverneur de Port-Louis, 1666-1731. — In-fol. H. 0,386. L. 0,310. *

En buste, dans un ovale équarri, supporté par un piédestal et orné de médaillons dans les angles. Vu de 3/4, tourné à droite, regardant de face. Vêtu d'une cuirasse, avec cravate de dentelle ; la tête couverte d'une longue perruque bouclée retombant sur les épaules. — Autour de l'ovale : *M. de la Melleraye* (sic) *Dvc et Pair de France.* — Dans le blanc intérieur de la bordure : *Offerebat Joannes Le Goué* 1679. — Sur le dessus du piédestal, à g. : *Bon de Boulogne pinxit;* — à dr. : *Stephanus Gantrel sculp.* 1679. — Au bas du portrait, couvrant la bordure et le milieu du piédestal, un ovale formé d'un trait, renfermant un écusson couronné, environné du manteau d'hermine, avec les armoiries : *De gueules au croissant d'hermine.* — Les médaillons du haut ont pour exergues, celui de g. : *Et spe fvlminis ardet;* — celui de dr. : *Nec me laboris te gravabit.;* — ceux du bas, à g. : *Avt solem avt fvlmina;* — à dr. : *Qvocvmqve præcedes.*

Très-belle épreuve.

784. Miramion (Marie BONNEAU, dame DE), veuve du sieur DE MIRAMION, conseiller au parlement; institutrice et supérieure des filles de la communauté de Sainte-Geneviève, 1629-1696. — In-8°. H. 0,126. L. 0,085. *

A mi-corps, dans un ovale équarri, avec coins marbrés, supporté par un socle. Vue de 3/4, tournée vers la droite, en costume de veuve, coiffée d'une capeline qui lui couvre les épaules. — Sur le dessus du socle, à dr. : *E. Gantrel. fe.* — Au milieu du socle, un cartouche contenant un écusson couronné et entouré d'une cordelière, avec les armoiries des Bonneau : *D'azur à trois grenades d'or, feuillées et tigées de même, ouvertes de gueules.*

Très-belle épreuve.

785. Rochechouart-Mortemart (M.-Mad.-Gabr. DE), abbesse de Fontevrault, 1645-1704. — In-fol. H. 0,438. L. 0,344. *

A mi-corps, dans un ovale supporté par un socle. Vue de 3/4, tournée vers la gauche. En costume de religieuse ; sur la tête, un long voile couvrant son béguin ; sur la poitrine, une simple croix. — Autour de l'ovale : *Marie Magdne. Gabriéle de Rochechovard de Mortemart Abbesse Chef et Generale de lAbbaye et Ordre de Fontevravld.* — Sur le dessus du socle, à g. : *Stephanus Gantrel Sculpsit* 1693. — Au milieu du socle, un médaillon à fond blanc, contenant les armoiries : *Fascé-nébulé d'argent et de gueules;* l'écu surmonté d'une couronne et d'une crosse d'abbesse ; supports : deux anges.

Très-belle épreuve.

786. Tourville (Anne-Hilarion DE COSTENTIN, comte DE), maréchal et vice-amiral de France, 1642-1701. — In-fol. H. 0,411. L. 0,296. *

A mi-corps, dans un ovale supporté par un piédestal. Vu de 3/4, tourné vers la droite, regardant de face. Vêtu d'une cuirasse, avec cravate de dentelle ; les boucles de sa grande perruque lui retombent sur les épaules. — Autour de l'ovale : *Anna Hilario de Cotentin* (sic) *de Tovrville Eqves ordinis S. Ioannis Hierosolymitani et Regiarvm Classivm Præfectvs.* — Au bas du portrait, tenant à la bordure et au milieu du piédestal, un cartouche contenant un écu armorié soutenu par deux licornes. — Dans le blanc extérieur de la bordure, à g., des armes : *Mathu Menard pinxit;* — à dr. : *Ste. Gantrel sculp.* — Sur le dessus du piédestal, des deux côtés du cartouche : *Offerebat Fr. Franciscvs Valleau.*

Belle épreuve, mais rognée.

787. Tressan (Louis DE LA VERGNE MONTENARD DE), évêque du Mans, mort en 1712. — In-8º. H. 0,109. L. 0,070. *

En buste, dans un ovale supporté par un piédestal armorié. Vu de 3/4, tourné vers la gauche, regardant de face. Cheveux couvrant en partie le front, bouclés sur les côtés; calotte sur le sommet de la tête. En petit costume d'évêque, la pèlerine sur les épaules. Une simple croix suspendue à un large ruban passé sous le rabat. — Autour de l'ovale : *Lovis de Lavergne - Montenard de Tressan Evesqve dv Mans.* — Sur le dessus du piédestal, des deux côtés d'un petit médaillon à fond blanc, renfermant les armoiries : *Steph. Gantrel ad vivum faciebat* 1677.

Très-belle épreuve.

788. Turgot (Jacques), président au parlement de Nor-
mandie, mort en 1659. — In-fol. H. 0,393. L. 0,317. (Le
B., 38.) *

En buste, dans un ovale sur piédestal. Vu de 3/4, tourné légèrement
à gauche, tête nue, cheveux longs et bouclés. En costume de sa charge.
— Autour de l'ovale : *Iacobvs Tvrgot in Svpremo Normanniæ Senatv
Præses Infvlatvs.* — Dans le blanc intérieur de la bordure, sous le
portrait : *Offerebat Jacob'. Maheult.* 1679. — Sur le dessus du piédestal,
à dr. : *Steph. Gantrel Sculp;* — au milieu, couvrant en partie la bordure
de l'ovale, un écusson contenant les armoiries : *D'hermine treillissé
de gueules;* l'écu environné du manteau d'hermine, surmonté d'une
couronne de marquis accompagnée d'un casque vu de face, orné de ses
lambrequins; soutenants : deux licornes.
Très-belle épreuve.

GAUCHER (Charles-Étienne),

dessinateur et graveur au burin, né en 1740 à Paris, où il mourut en 1804. Élève
de Bazan et de Le Bas.

789. Barry (Marie-Jeanne Gomart de Vaubernier, comtesse
du), 1746-1793. — In-8º. H. 0,118. L. 0,079. *

En buste, dans un médaillon ovale placé au milieu d'un cadre, et
entouré de guirlandes de roses retenues dans le haut par un ruban.
Vue presque de face, le corps légèrement tourné à droite, tête nue, les
cheveux relevés en boudins et retombant par derrière en longues frisures. Vêtue d'un peignoir très-décolleté laissant les seins à demi nus;
des fleurs en guirlande sur le devant du corsage. — Au bas du portrait,
un carquois avec flèches, mis en sautoir avec un arc et une torche, liés
ensemble par un ruban retenu à la bordure de l'ovale par un clou.
— Sur la tablette inférieure du cadre : *Madame la Comtesse du Barry.*
— Sous le tr. c., à g. : *Peint par Drouais.;* — à dr. : *Gravé par Cʰ. Gau-
cher.* — Plus bas : *à Paris chés l'Auteur*, etc. || *A. P. D. R.* || 1770.
Très-belle épreuve.

790. Desportes (Phil.), abbé de Tyron et poëte français,
1546-1606. — In-12. H. 0,107. L. 0,065.

En buste, dans un ovale supporté par un socle. Vu presque de face,
le corps légèrement tourné à droite; tête nue, les cheveux relevés sur le
devant. Vêtu d'une houppelande garnie de fourrure. — Sur la tablette

du socle : *Philippe Desportes.* || *Né en* 1546, *mort en* 1606. — Sous le tr. c., au milieu : *C. S. Gaucher del et inc.*

Belle épreuve.

791. *France :* **Louis XV**, 1710-1774. — In-fol. H. 0,258. L. 0,181.

A mi-corps, dans un ovale supporté par un socle et encastré dans un cadre, orné dans le haut de branches de laurier, et, dans le bas, des fleurs de lis de jardin placées sur le dessus du socle. Vu de 3/4, tourné vers la droite où il regarde, le corps légèrement à gauche ; tête nue. Couvert d'une cuirasse, avec le grand cordon en sautoir ; les épaules couvertes d'un manteau fleurdelisé, doublé d'hermine ; autour du cou, les insignes de l'ordre de la Toison d'or suspendues à un large ruban. — Sur la tablette du socle : *Louis le Bien Aimé* || *Né le* 15. *Fevrier.* 1710. — Sous le tr. c., à g. : *M. Vanloo Eq. effig. Pinx;* — à dr. : *Carol. Gaucher ex Academ. Angl. effig. Sculp.* — Plus bas, à g. : *AParis chez Bligny, Lancier,* etc.

Belle épreuve.

792. **Fréron** (Élie-Catherine), critique français, 1749-1776. — In-4°. H. 0,178. L. 0,127. (Le B., 11, *s. n.*) *

En buste, dans un médaillon équarri retenu dans le haut par un nœud de ruban. Vu de profil, tourné à droite ; tête nue, les cheveux relevés sur le devant, bouclés sur les côtés et attachés derrière par un ruban. — Sous le médaillon, dans la gravure : *E. C. Fréron.* — Au dessous, ce quatrain :

Du mauvais Goût Censeur inexorable,
De l'Ignorance il dédaigne les cris :
Sa plume aux Ecrivains l'a rendu redoutable,
Et son Cœur, cher à ses amis.

Sous le tr. c., à g. : *Dessiné par Ch. N. Cochin* 1770. ; — à dr. : *Gravé par Ch. E. Gaucher* 1771. || *A Paris chés l'Auteur, de l'Academ. des Arts d'Angleterre,* etc. || *Avec Privilége du Roi.*

Belle épreuve.

793. **Gillet** (Louis), maréchal des logis. — Gr. in-4°. H. 0,177. L. 0,121. (Le B., 12.)

En buste, dans un médaillon placé sur un piédestal et surmonté d'une couronne de chêne attachée par une banderole sur laquelle on lit : *Pour servir la beauté le François n'a point d'age.* Vu de 3/4, tourné vers la droite, regardant de face. Vêtu du costume de son grade, la tête couverte d'un tricorne. — Au haut de l'ovale : *Louis Gillet Ma-*

réchal des Logis. — Sur la face de la corniche du piédestal, un quatrain sur deux lignes :

> *Intrépide Soldat, Citoyen magnanime,*
> *Il servit cinquante ans et l'Etat et son Roi,*
> *Et de ses derniers jours éternisant l'emploi;*
> *Il vengea la vertu des attentats du crime.*
>
> *Par M. Herivaux.*

— Sur la tablette, en bas-relief, la reproduction d'un épisode de sa vie décrit ci-dessous. — Sur la plinthe : *A Monsieur le Gouverneur de l'Hôtel Royal des Invalides.* || *Par son très humble et très obéissant Serviteur. Gaucher.* — Sous le tr. c. : *Dessiné et Gravé par Ch. E. Gaucher, des Academies Royales de Rouen, Caen, Londres, &c*ᵃ. — Un peu au-dessous : *Le Sieur Gillet, Maréchal des Logis au Regiment d'Artois-cavallerie, âgé de* 73 *ans, se retiroit à Autin, sa patrie, près* Sᵗᵉ.*Menehoud,* || *lorsque traversant une forest il entend des cris perçans, s'approche et voit attachée à un arbre une jeune fille qui alloit être victime de la* || *brutalité de deux Scélérats. Il vole à son secours; abbat d'un coup de sabre la joue d'un des brigans qui prend la fuite; coupe le poignet* || *du second armé d'un pistolet; rassure la jeune infortunée et la reconduit chez ses parens. Pénétrés de reconnaissance ils offrent leur fille en* || *mariage à son liberateur: A mon âge, répond le généreux Militaire, il est plus facile de sauver la vie à une jeune fille que de faire son bonheur.* — Au-dessous : *à Paris chés l'Auteur,* etc.

Belle épreuve.

794. Hénault (Ch.-J.-Franç.), historien français, 1685-1770. — Pet. in-fol. H. 0,199. L. 0,127.

En buste, dans un médaillon ovale retenu, dans le haut, par un ruban à un anneau, et entouré d'un cadre. Vu de profil, tourné à gauche; en longue perruque bouclée. — Sur la tablette du cadre : *Charles Jean François Henault* || *Présid*ᵗ. *Honor*ᵉ. *du Parlem*ᵗ. *de Paris,* || *de l'Acad*ⁱᵉ. *franç*ᵉ. *et de celle des Inscriptions.* || *Mort à Paris sa Patrie en* 1770. — Sous le tr. c., à g. : *Dessiné par C. N. Cochin ;* — à dr. : *Gravé par C. E. Gaucher.*

Belle épreuve.

795. Montausier (Ch. DE SAINTE-MAURE, marquis, puis duc DE), gouverneur du Grand Dauphin, 1610-1690. — In-12. H. 0,131. L. 0,080.

A mi-corps, dans un médaillon ovale, avec tablette échancrée, au bas, et retenu dans le haut par un nœud de ruban. Vu de 3/4, regardant de face, le corps tourné légèrement à droite; les boucles de sa perruque lui retombent sur les épaules. Couvert d'une cuirasse, avec le

grand cordon en sautoir. — Sur la tablette : *Charles de Sainte
Maure,* || *Duc de Montausier.* || *Né le* 6 *Octobre* 1610, *Mort le* 17 *Mai* 1690.
— Sous le tr. c., à g. : *Peint par Ferdinand.;* — à dr. : *Gravé par C.
S. Gaucher de l'acad*e. *des arts de Londres* 1781.

Belle épreuve.

796. Pope (Alexandre), célèbre poëte anglais, 1688-1744. —
In-12. H. 0,112. L. 0,075.

En buste, dans un médaillon avec dehors marbrés formant un cadre
rectangulaire, retenu dans le haut par un nœud de ruban. Vu de profil,
tourné à gauche, tête nue, cheveux relevés sur le devant. Vêtu d'une
houppelande à collet de fourrure.

État avant toute lettre. — Belle épreuve.

797. Piis (Pierre-Antoine-Augustin, chevalier DE), poëte et
littérateur français, 1755-1832. — In-12. H. 0,085. L. 0,056.

En buste, dans un médaillon ovale entouré d'un cadre et orné de
guirlandes. Vu de 3/4, tourné vers la droite, regardant de face. Tête
nue, les cheveux bouclés sur le côté et attachés derrière par un ruban.
Vêtu d'un habit ouvert laissant voir son jabot de dentelle. — Au-dessous du portrait, sur le dessus de la tablette, un cartouche surmonté
d'une couronne de baron, et renfermant ses armoiries : *De gueules
à trois pommes de pin d'or.* — De chaque côté du cartouche, divers
attributs de musique. — Sur la tablette : *A. P. A. de Piis* || *Ecuyer,
Secretaire-Interprete* || *de Monseigneur, Comte d'Artois.* — Sous le tr. c.,
à g. : *H. J. François pinx.;* — à dr. : *C. S. Gaucher inc.*

Belle épreuve.

798. Vergennes (Charles GRAVIER, comte DE), homme d'État
français, 1717-1787. — In-12. H. 0,090. L. 0,058. (Le B.,
26, *s. n.*)

En buste, dans un médaillon ovale entouré d'un cadre. Vu presque
de face, regardant vers la gauche, le corps tourné légèrement à
droite; tête nue, cheveux relevés sur le devant et bouclés sur les
côtés. Le grand cordon passé en sautoir sur son habit, avec la croix du
Saint-Esprit. — Au milieu, au-dessous du portrait : *Le Comte* || *de Ver-
gennes.;* — à g., dans l'angle du cadre, une sphère sur laquelle sont
tracés les contours de l'*Amérique sept.,* et que surmonte une branche
de laurier; — à dr., une lampe antique, allumée, près d'un rouleau de
papier déroulé sur lequel on lit : *Traité* || *de paix* || *de M.DCC.LXXXIII.;*
— Sous le tr. c. : *Gravé d'après le tableau original de A. Callet, de
l'Acad. R*le. *de Peinture,* || *par C. E. Gaucher, des Academ. de Londres,
Rouen &c.* 1784.

Belle épreuve.

GAUCHEREL (Léon),

graveur au burin contemporain.

799. **Verrue** (Jeanne-Baptiste d'Albert de Luynes, comtesse de), dame bibliophile, épouse de Joseph-Ignace-Auguste de Scaglia, 1670-1736. — In-4°. Dimensions de la planche : H. 0,190. L. 0,133.

En buste, dans une bordure ovale entrelacée de feuillages et supportée par des arabesques. Vue presque de face, la tête nue, les cheveux relevés sur le devant. Vêtue d'un peignoir laissant la poitrine à découvert. — Sous la bordure, entre les arabesques, un médaillon contenant les armoiries des Scaglia : *D'argent à la croix de sable, cantonnée de quatre losanges du même;* accolées à celles des d'Albert : *Ecartelé : aux 1 et 4, d'Albert; aux 2 et 3, de* Rohan ; les deux écussons surmontés d'une couronne ducale. — Au milieu, sous les arabesques, tracé à la pointe : *Léon Gaucherel Sct.*

1er état, avant la lettre. — Très-belle épreuve.

2e état. — Autour du portrait, dans la bordure : *Jeanne d'Albert de Luynes, Comtesse de Verrue.* MDCLXX-MDCCXXXVI. — La signature du graveur, tracée à la pointe, est remplacée par cette suscription gravée au burin : *Léon Gaucherel sc.* — Au-dessous : *D'après la miniature du Cabinet de M*r*. le Baron J. Pichon.* — Plus bas, dans le coin gauche : *Salmon Impr.* — Très-belle épreuve.

GAULTIER (Léonard),

fécond graveur au burin, né vers 1561 à Mayence, dit-on, mort après 1628. Les renseignements sur sa vie font défaut. Mariette le croit élève d'Étienne de Laulne. Outre un grand nombre de portraits, il exécuta une quantité considérable de frontispices pour des libraires de Nancy, de Pont-à-Mousson et de Paris. Il fit aussi des estampes sur les dessins de Jean Cousin. La difficulté de se procurer et même de voir tout ce qui est sorti du burin de cet artiste explique l'absence d'un travail spécial sur lui. Une longue notice lui a été consacrée par Renouvier, dans ses *Types et manières des maîtres graveurs,* 3e part.; pp. 50-52, et une autre, contenant de nouveaux renseignements, se trouve dans la *Nouvelle Biographie générale,* où l'auteur qualifie à tort notre artiste de graveur allemand. L. Gaultier tantôt signait ses gravures tout au long, tantôt y mettait son monogramme 𝕲.

800. *Povrtraictz de plvsievrs Hommes illvstres qvi ont ‖ flory en France depvis lan* 1500 *ivsques a present.* — Collection de cent quarante quatre portraits; connue sous le nom de

Chronologie collée. — Dim. de ces portraits : H. 0,034. L. 0,027. H. totale y compris l'inscription 0,044. (Le B., 156.)

Cette suite peu commune est accompagnée des notices biographiques, imprimées en petit caractère, et sur le recto seulement des grands placards in-folio. Le tout se compose de trois feuillets. Les portraits occupent la partie supérieure du second feuillet ; ils sont divisés en deux compartiments, dont chacun contient huit rangées de neuf portraits ; le numérotage se suit d'un compartiment à l'autre par rangées. Le titre ci-dessus est gravé dans une bordure occupant le haut des portraits dans toute la largeur des deux compartiments.

En tête du premier placard se trouve ce titre : *Briefs Eloges des Hommes illvstres,* || *desquels les portraicts sont icy representez.* || *Par Gabriel Michel Angeuin, Aduocat en Parlement;* — et à la fin du troisième, cette souscription : *A Lyon,* || *Chez Claude Savary, & Barthelemy Gavetier, ruë Merciere,* || *à la Toyson d'Or, & Imprimerie de Taille-douce,* 1636. — Il est bon de savoir que certaines dates qu'on rencontre dans ces Éloges sont aujourd'hui rectifiées d'après des documents.

Je ne possède que les portraits seuls, sans titre, découpés séparément. En voici la liste, qui, à ma connaissance, n'a jamais été donnée :

1. Comines (Phil. DE), 1445-1509.
2. Amboise (Ch. II D'), 1473-1511.
3. Foix (Gaston DE), tué en 1512.
4. Boisy (Arthur GOUFFIER, seigneur DE), 1475-1519.
5. Bayard (Pierre DU TERRAIL, seigneur DE), 1475-1524.
6. La Trimouille (Louis II DE), 1460-1524.
7. La Palice (Jacques II DE CHABANNES, seigneur DE), tué en 1525.
8. Bonnivet (Guillaume GOUFFIER, seigneur DE), 1488-1525.
9. Trivulce (J.-Jacques), 1448-1518.
10. Bourbon (Ch. DE), 1490-1527.
11. Lautrec (Odet DE FOIX, sr. DE), mort devant Naples en 1528.
12. Vaudemont (Louis de LORRAINE, comte DE), mort au siége de Naples en 1528.
13. Trivulce (Théodore), 1458-1533.
14. Villiers (Phil. DE), 1464-1534.
15. François de France, dauphin de Viennois, 1517-1536.
16. Bellay (Guillaume DU), seigneur de *Langey,* 1491-1543.
17. Chabot (Ph. DE), mort en 1543.
18. Charles de France, duc d'Orléans, 1522-1545.
19. Bourbon - Vendôme (François DE), duc d'Enghien, 1519-1546.
20. Albret (Henri D'), roi de Navarre, 1503-1555.
21. Bourbon - Vendôme (Jean DE), comte d'Enghien, 1528-1557.
22. Strozzi (Pierre), 1500-1558.
23. Cossé (Charles DE), comte de Brissac, 1505-1564.
24. Bourbon-Vendôme (Antoine DE), roi de Navarre, 1518-1562.
25. Lorraine (François DE), duc de Guise, 1519-1563.
26. Brichanteau (Nicolas DE), sr. de Beauvais-Nangis, 1510-1564.
27. La Roche du Maine (Charles TIERCELIN, sr. DE), mort en 1567.
28. Montmorency (Anne DE), 1492-1567.

29. La Valette (Jean Parisot de), 1494-1568.
30. Cossé (Timoléon de), comte de Brissac, 1543-1569.
31. Andelot (François de Coligny, sieur d'), 1521-1569.
32. Birague (Louis de), 1509-1572.
33. Coligny (Gasp. II de), 1517-1572.
34. Montluc (Blaise de), 1501-1577.
35. Strozzi (Philippe), 1541-1582.
36. Savoie (Jacques de), duc de Nemours, 1531-1583.
37. Laval (Guy-Paul de Coligny, comte de), mort en 1586.
38. Joyeuse (Anne, duc de), 1561-1587.
39. Bourbon-Condé (Henri, prince de), 1552-1588.
40. Lorraine (Henri de), dit le Balafré, 1550-1588.
41. La Valette-Nogaret (Bernard de), 1553-1592.
42. La Noue (François de), dit Bras de fer, 1531-1591.
43. Biron (Armand de Gontaut, duc de), 1524-1592.
44. Givry (Anne d'Anglure de), 1560-1594.
45. Nevers (Louis de Gonzague, duc de), 1539-1595.
46. Saint-Luc (François d'Espinay, seigneur de), 1554-1597.
47. Gaguin (Robert), vers 1425-1522.
48. Amboise (George d'), 1460-1510.
49. Lorraine (Charles de), cardinal de Guise, 1524-1574.
50. Bourbon-Vendôme (Charles II, cardinal de), 1523-1590.
51. Coligny (Odet de), 1515-1571.
52. Birague (René de), 1506-1583.
53. Espinac (Pierre d'), mort en 1599.
54. Faucon (François de), 1485-1565.
55. Viole (Guil.), mort en 1567.
56. Morvilliers (J. de), 1507-1577.
57. Amyot (Jacques), 1513-1593.
58. Thou (Nicolas de), 1528-1598.

59. Despence (Claude), 1511-1571.
60. Billy (Jacques de), 1535-1581.
61. Hervet (Gentian), 1499-1584.
62. Olivier (François), 1497-1560.
63. L'Hospital (Michel de), vers 1504-1573.
64. Hurault de Chiverny (Phil.), 1528-1599.
65. Montholon (François de), vers 1490-1543.
66. Lemaistre (G.), vers 1499-1562.
67. Thou (Christophe de), 1508-1582.
68. Harlay (Christ. de), 1504-1573.
69. Seguier (Pierre), 1504-1580.
70. Pibrac (Gui du Faur, seigneur de), 1529-1584.
71. La Guesle (Jean de), mort en 1588.
72. Brisson (Barnabé), 1531-1591.
73. Faye (Jacques), sr. d'Espeisses, 1543-1590.
74. Duranti (J.-Etienne), 1534-1589.
75. Budé (Guillaume), 1467-1540.
76. Montholon (François II de), mort en 1590.
77. Tiraqueau (André), vers 1480-1558.
78. Mesnil (J.-Bapt. du), 1517-1569.
79. Bourdin (Gilles), 1515-1570.
80. Lesrat (Guil. de), 1546-1589.
81. Decio ou Decius (Phil.), 1454-1535.
82. Alciat (André), 1492-1550.
83. Duaren (François), 1509-1559.
84. Baron (Eguinaire), 1495-1550.
85. Baudouin (François), ou Balduinus, 1520-1573.
86. Cujas (Jacques), 1520-1590.
87. Leconte (A.), vers 1526-1586.
88. Hotman (François), 1524-1590.
89. Doneau (Hugues), 1527-1591.
90. Robert (Jean), mort en 1590.
91. Chartier (Mathieu), 1475-1559.
92. Moulin (Ch. du), 1500-1566.
93. Luc (Jean du), vivant sous le règne de Henri II.

94. **Pithou** (Pierre), 1539-1596.
95. **Grimaudet** (Fr.), 1520-1580.
96. **Matharel** (Ant.), vivant en 1575.
97. **Fernel** (Jean), 1497-1558.
98. **Dubois** (Jacques), en latin *Sylvius*, 1478-1555.
99. **Rabelais** (François), 1495-1553.
100. **Rondelet** (Guil.), 1507-1566.
101. **Gorris** (Jean DES), 1505-1577.
102. **Joubert** (Louis ou Laurent), 1529-1582.
103. **Dalechamp** (Jacques), 1513-1587.
104. **Vesale** (André), 1514-1564.
105. **Paré** (Ambroise), 1517-1590.
106. **Marot** (Clément), 1495-1544.
107. **Saint-Gelais** (Mellin DE), 1491-1558.
108. **Dorat** (Jean), 1508-1588.
109. **Ronsard** (Pierre DE), 1524-1585.
110. **Bellay** (Joach. DU), vers 1524-1560.
111. **Desmasures** (Louis), vers 1510-1580.
112. **Jodelle** (Étienne), 1532-1573.
113. **Belleau** (Remy), 1528-1577.
114. **Garnier** (Robert), 1534-1590.
115. **Sainte-Marthe** (Charles DE), 1512-1555.
116. **Baïf** (Jean-Ant. DE), 1534-1589.
117. **Sève** (Maurice), vivant en 1559.
118. **Érasme** (Désiré), de Rotterdam, 1467-1536 (v. s).

119. **Longueil** (Christ. DE), 1490-1522.
120. **Vatable** (Fr.), mort en 1547.
121. **Tusan** (Jacques), mort en 1547.
122. **Postel** (Guillaume), 1505-1581.
123. **Finé** (Oronce), 1494-1555.
124. **Lefèvre** d'Étaples (Jacques), vers 1455-1537.
125. **Scaliger** (J.-César), 1484-1558.
126. **La Ramée** (Pierre), en latin *Ramus*, 1515-1572.
127. **Turnèbe** (Adrien), 1512-1565.
128. **Belon** (Pierre), vers 1517-1564.
129. **Notredame** (Michel DE), en latin *Nostradamus*, 1503-1566.
130. **Philandrier** (Guil.), 1505-1565.
131. **Stadius** (Jean), 1527-1579.
132. **Mercator** (Gérard), nom latinisé de KAUFMANN, 1512-1594.
133. **Œrtel** ou **Ortell** (Abraham), 1527-1598.
134. **Muret** (Marc-Ant.), 1526-1585.
135. **Belleforest** (Fr. DE), 1530-1583.
136. **Thévet** (André), 1502-1590.
137. **Vigenère** (Blaise DE), 1523-1596.
138. **Estienne** (Robert Ier), 1503-1559.
139. **Plantin** (Christ.), 1514-1589.
140. **Garamond** (Cl.), mort en 1561.
141. **Clouet** (François), dit *Janet*, 1510-1580.
142. **Caron** (Ant.), vers 1520-1598.
143. **Pilon** (Germ.), vers 1515-1590.
144. **Olivier** (Aubin), vivant en 1585.

Bien que le nom du graveur ne figure sur aucun de ces portraits, exécutés avec une grande finesse et précision, on y reconnaît la main de L. Gaultier. Quelques auteurs ont cru y voir aussi celle de Th. de Leu. Cette collection rare est d'autant plus intéressante qu'on ne connaît point d'autres portraits de certains personnages.

801. **Ayrault** (Pierre), lieutenant-général du présidial d'Angers et maire de cette ville, 1536-1604. — In-fol. H. 0,240. L. 0,158. (Le B., 84, *s. n.*) *

En buste, dans une bordure ovale placée dans un cadre festonné, avec coins ornés de fleurs. Vu de 3/4, tourné vers la droite, regardant de face; tête nue, cheveux courts; il porte toute sa barbe. Vêtu d'une robe à grands ramages, ouverte sur le devant. — Sur le dessus du cadre, dans un cartouche, ces armoiries : *D'azur à deux chevrons d'argent;* l'écu timbré d'un casque de profil, orné de ses lambrequins, et surmonté d'une banderole avec cette devise : *It fama per orbem.* De chaque côté du cartouche, deux femmes assises; celle de gauche personnifie *la Justice,* celle de droite, *la Vérité.* — Autour de l'ovale : *Petrvs Ærodivs Qvæsitor Andegavvs Obiit die XXI. Men. Ivll. Ann. M.DCI. Æt. svæ LXV.* — Au-dessous du cadre, sur une tablette, le quatrain suivant :

> Sic decreta trium cogunt, sic pensa Sororum,
> Cocyti infernas vt subeamus aquas.
> His mea se opponunt Decreta, vetantque Sororum
> Me patrem Aonidum, Iustitiæque mori.

— Un peu à dr. de ce dernier vers : *L. Gaultier incidit* || 1615. Belle épreuve.

Portrait extrait d'un livre de jurisprudence, avec texte imprimé au verso. Au cabinet des estampes, il y en a une épreuve avec le verso blanc.

802. Amyot (J.), littérateur français, 1513-1593. — In-4°. H. 0,156. L. 0,127. (Le B., 86, *s. n.*) *

En buste, dans un ovale. Assis devant une table. Vu de 3/4, tourné vers la droite. Vêtu du costume d'évêque avec pèlerine à capuchon; la tête couverte du bonnet carré. Il porte une croix pectorale. Sa main droite repose sur un livre placé à plat sur la table, et à droite duquel on lit : *L. Gaultier* || *incidit.* — Autour de l'ovale : *Messire Iaqves Amyot Evesqve d'Avxerre.*

Très-belle épreuve, mais sans marges.

803. Bayard (Pierre DU TERRAIL, seigneur DE), surnommé *le Chevalier sans peur et sans reproche, 1475-1524.* — In-4°. H. 0,177. L. 0,114. (Le B., 88, *s. n.*) *

A mi-corps, debout devant une table sur laquelle est posé son casque. Vu de 3/4, tourné vers la gauche. Couvert d'une armure. Il tient dans la main droite une lance; le bras gauche accoudé sur la table, la main appuyée sur le casque. — Au-dessus de la tête du personnage, sur une tablette : *Le Chevalier Bayard.*

Très-belle épreuve, avant l'adresse de Mariette.

804. Bérault (Josias), commentateur de la Coutume de Nor-

mandie et avocat au parlement de Rouen, 1563-v. 1640.
— In-4°. H. 0,159. L. 0,122. (Le B., 89, *s. n.*).*

En buste, dans une bordure ovale. Vu de 3/4, tourné vers la droite,
regardant de face; tête nue, les cheveux courts et relevés sur le devant.
Vêtu d'une robe ouverte sur le devant laissant voir un gilet à grands
ramages. — Autour de l'ovale : *Iosias Berault Aagé* (sic) *de cinqvante et
vn an, Annee* (sic) *M.DC.XIIII.* — Sous le tr. c., ce quatrain :

> *La plume et le burin combattent pour ton liure,*
> *Et te donnent vn rang entre les beaux esprits :*
> *Mais le Graueur se plaint que les traits de son cuiure*
> *Dureront moins que ceux de tes doctes escrits.*

— Au-dessous, à dr. : *L. Gaultier incidit.* 1614.
Belle épreuve.

805. Bouchart de Blosseville (Alex.), 1564-1634. — Pet.
in-fol. H. 0,215. L. 0,160. (Le B., 92, *s. n.*) *

En buste, dans une bordure ovale équarrie. Vu de 3/4, tourné vers
la gauche. Le personnage est chauve et porte toute sa barbe; il a une
collerette autour du cou. — Sur la bordure, on lit : *Alexandre Bov-
chart Viscomte de Blosseville Conseiller av Parlement de Roven, Agé
de* 49. *ans,* 1613. — Sous le tr. c., à g. : *D. Dumonstier pinxit;* — à dr. :
L. Gaultier incidit.
Belle épreuve.

806. Brisson (Barnabé), jurisconsulte français, 1531-1591.
— In-12. Dimensions de l'ovale : H. 0,083. L. 0,059. *

A mi-corps, dans une bordure ovale autour de laquelle on lit : *Tv ne
cede malis sed contra avdentior ito.* Il est debout, devant une table.
Vu de 3/4, tourné vers la droite, regardant de face. La tête couverte
d'un bonnet carré; il porte moustaches et barbe. Vêtu d'une robe à
grands ramages, avec collerette. De ses deux mains, appuyées sur la
table, il tient un livre fermé. — A gauche de l'ovale, le monogramme
du graveur; — à dr. : la date, 1581 ; — Sous l'ovale, quatre vers latins :

> *Ô Vtinam mores, Animumque effingere posset*
> *Vultum ut Brisso tuum picta tabella Refert*
> *Cernendos oculis paruo præberet jn Orbe*
> *Virtutum eximios vna tabella Choros.*

Très-belle épreuve.
Renouvier dit que c'est un des premiers portraits gravés par Gaultier.

807. Charron (Pierre), philosophe français, 1541-1603. —

In-8°. H. 0,145, dont une marge de 0,025. L. 0,091. (Le B., 96, s. n.) *

À mi-corps, dans une bordure ovale placée dans un cadre festonné avec coins ornés de feuillages. Vu de 3/4, tourné vers la droite; tête chauve. Il porte toute sa barbe. Vêtu d'une houppelande ouverte laissant voir une robe boutonnée et paraissant serrée à la ceinture. Large col. — Autour de l'ovale : *Pierre Charron Parisien Aagé de 62. ans. Il Deceda a Paris le 16. Novemb. 1603.* — Sous le cadre, dans la marge, le quatrain suivant :

> *Pour donner au portraict de Charron quelque vie,*
> *Et quelque langue aussy, le Peintre ha iceluy*
> *Ioint aux sages discours de sa Philosophie,*
> *Qui le rendent viuant, et qui parlent pour luy.*
>
> N. R. P.

Belle épreuve.

Le P. Lelong indique, à tort sans doute, deux portraits différents de ce personnage, l'un qu'il désigne comme portant les initiales N. R. P. et l'autre qu'il dit gravé par Gaultier. Ces indications réunies se rapportent au portrait décrit ci-dessus, qui a été fait pour la 2e édition du livre *De la Sagesse;* Paris, D. Douceur, 1604.

808. **Épernon** (Jean-Louis DE NOGARET DE LA VALETTE, duc D'), pair et amiral de France, 1554-1642. — In-8°. H. 0,104. L. 0,090. *

En buste, dans une bordure ovale supportée par un socle concave dont le pied est orné d'arabesques. Sur le dessus du socle, deux enfants, assis de chaque côté de la bordure, tiennent une corne d'abondance. Divers attributs attachés par un ruban pendent de chaque côté du socle. — Personnage vu de 3/4, tourné vers la droite, tête nue, cheveux relevés; collerette tuyautée. Vêtu d'un pourpoint recouvert d'un manteau; large cordon. — Autour de la bordure : *Iean-Loys de Nogaret, de la Valette, Dvc d'Espernon, Pair de France.* — A droite du pied du socle, sous l'arabesque, le monogramme du graveur. — Sous le tr. c., ce quatrain :

> *Faire que ce Crayon proprement vous resemble* (sic),
> *Ce n'est pas imiter vne bouche et des yeux*
> *C'est peindre la Fortune et le merite ensemble*
> *Et joindre la faueur des hoñes et des Dieux.*

Très-belle épreuve.

Gravé en 1587 suivant le P. Lelong.

L. Gaultier a gravé un second portrait du même personnage.

809. Fauchet (Claude), historien français, 1530-1601. —
In-4°. H. 0,193, dont une marge de 0,025. L. 0,129. (Le B.,
100, *s. n.*)*

En buste, dans une bordure ovale équarrie. Vu de face, tête nue,
cheveux rares et courts sur le sommet. Il porte une longue barbe. —
Autour de l'ovale : *Clavdii Falchetii Francicar. Antiqvitat. Scrip. Ætatis
Anno LXX. Sal. M.D.LXXXXIX.* — Sous le tr. c., deux vers en quatre
lignes, sur deux colonnes :

> *Ce qui estoit espars* ‖ *et délaissé*
> *Ha ce Fauchet, aux* ‖ *françois amassé :*

— Au milieu, séparant les vers, un écusson surmonté d'un casque de
profil, orné de ses lambrequins, et accompagné de deux râteaux mis
en sautoir et surmontés d'une banderole avec cette devise : *Sparsa et
neglecta coegi ;* les armoiries sont : *De pourpre à trois chevrons crénelés
d'argent.* — Au bas, à g. et à dr. de l'écusson : *L. Gaultier sculp.* 1610.
Belle épreuve.

810. *France :* **Henri III**, 1551-1589. — Pet. in-fol. H. 0,243,
dont une marge de 0,038. L. 0,168. (Le B., 107.)*

En buste, dans un encadrement rectangulaire bordé d'oves. Vu de
3/4, tourné vers la droite, regardant de face. La tête couverte de son
chapeau orné de plumes, et rehaussé d'un brillant. Il porte des moustaches, et, à son oreille droite, un pendant en forme de poire, retenu
par trois anneaux. — A gauche, au-dessus de l'épaule du roi, le
monogramme du graveur. — Au milieu de la marge, sous le portrait, le
quatrain suivant :

> *Le peintre n'a pourtraict que la beauté des Yeux*
> *De ce Roy magnanime & non pas sa vaillance*
> *Car il la doict grauer luymesme dans les Cieux*
> *Mille fois plus au vif par le fer de sa lance.*

.1587.

— Au-dessous, à dr. : *Honeruogt.*
Très-rare. — Superbe épreuve.

811. *France :* **Louise de Lorraine,** épouse du roi HENRI III,
1553-1601. — In-12. H. 0,081. L. 0,065. *

A mi-corps, dans une bordure ovale, autour de laquelle est inscrit :
Lodoica Lotharinga Franc. Regina. — Elle est vue de 3/4, tournée vers
la droite, regardant à gauche, tête nue ; les cheveux relevés en forme
de rouleaux sur le devant et les côtés. Collerette montante. Collier de

perles et corsage garni de même. — A g. de l'ovale, la date : 1581 ; —
à dr. : le monogramme du graveur.

2e état. — Belle épreuve.

Le 1er état, qui n'est connu que dans la collection de M. Meaume,
est anonyme et sans le millésime 1581. L'ovale n'y est caractérisé que
par un simple filet, tandis que ce filet est double dans le 2e état.

812. *France :* **Louise de Lorraine.** — In-8°. H. 0,113. L. 0,102. *

A mi-corps, dans un encadrement bordé d'oves. Vue de 3/4, tournée
vers la gauche, tête nue, et coiffée comme sur le portrait précédent.
Collerette montante ; collier de perles formant chaîne sur le devant.
Vêtue d'une robe à corsage à pointe, avec manches à crevés. — Dans
le haut de l'encadrement : *Loise de Lorraine Royne de France.* — Sous
le tr. c., ce quatrain :

> *Trois dieux furent parrins* (sic) *du troisiesme Henry*
> *Jupiter, Mars, Phebus : ceste perle lorrainne*
> *Vnne* (sic) *triple deesse ut pour triple marreine*
> *Pallas, Venus, la grace au chef tousiours fleury.*

— A dr., au-dessus du dernier vers : ₲ *fecit.* 1588.

Fort rare. — Très-belle épreuve.

813. *France :* **Louise de Lorraine.** — In-8°. H. 0,135. L. 0,110. *

A mi-corps, dans un ovale formé d'une guirlande de feuilles de laurier, entourée par un ruban, et posée sur un encadrement rectangulaire
bordé de perles. Vue de 3/4, tournée vers la gauche, regardant à
droite. En costume de veuve ; le corsage de sa robe en pointe et attaché
par de nombreux boutons. — Dans le haut de l'encadrement : *Loyse
de Lorraine Dovairiere de France.* — Sous le tr. c., même quatrain
qu'au portrait précédent, avec des modifications d'orthographe. — A
dr., à la hauteur du second vers : *Pour la veuf. Jaquet* || *A Paris
au* || *Pallais* (sic) || *Leona. gaultier* || *Fecit.*

1er état. Fort rare. — Très-belle épreuve.

Dans le 2e état, l'adresse de la veuve Jaquet a été remplacée par :
I. le Clerc ex.

Ce portrait, qui sert de pendant à un portrait de Henri III, avec les
mêmes ornements, est une copie de celui gravé par Th. de Leu (Rob.
Dum., 446).

814. *France :* **Henri III,** 1551-1589, et **Henri IV,** 1553-1610. — In-4°. H. 0,211. L. 0,140.

En pied, assis tous les deux, chacun sur un trône placé au sommet d'un pilastre timbré des armoiries accolées de *France-Pologne* et de *France-Navarre.* Le roi Henri III est à gauche, vu de 3/4, tourné vers la droite, la couronne royale sur la tête, les épaules couvertes du manteau fleurdelisé. Il tient dans la main droite le sceptre, et, dans la gauche, la main de justice. — Henri IV est à droite, vu de 3/4, tourné vers la gauche. Il est dans la même attitude qu'Henri III, habillé de même et avec les mêmes insignes de royauté. — Entre les deux personnages, est une sphère surmontée de la couronne de France. — A gauche et à droite, sur les marches terminant les pilastres, on voit des femmes assises, représentant l'une, *la Justice,* et l'autre, *la Loi.* — Au milieu, dans un ovale bordé d'oves, placé entre les pilastres, on lit : *Les* || *Remonstrances* || *de Messire* || *Iacqves de la Gvesle* || *Procvrevr General* || *dv Roy.* || *Dediees* || *A la Royne Regente.* — Au-dessous, sur une tablette placée au milieu d'un cartouche rattaché à l'ovale et supporté dans le bas par deux cornes d'abondance : *A Paris,* || *Chez Pierre Chevalier,* || *au mont St. Hilaire* || *a la cour d'Albret.* — Entre les cornes d'abondance, dans un médaillon ovale, les initiales *P* et *C,* accompagnent la marque de l'imprimeur. — Sur la face des dernières marches terminant les pilastres, à g. : *Auec priuilege du Roy.;* — à dr. : *L. Gaultier sculpsit.* — Au milieu, au-dessus du tr. c., l'année *M.DC.XI.*

Gravure servant de frontispice. — Très-belle épreuve.

815. *France :* **Henri IV.** — In-8°. H. de la planche 0,163, avec marge de 0,039. L. 0,100. *

A mi-corps, dans une bordure ovale équarrie. Vu de 3/4, tourné vers la droite, tête nue, les cheveux relevés sur le devant. Couvert d'une cuirasse, avec écharpe en sautoir, nouée sur l'épaule gauche. Il tient dans la main droite une épée posée contre son épaule, la pointe en haut ; la main droite est appuyée sur la hanche. — Autour de l'ovale : *Henry IIII Roy de France et de Navarre.* — Sous le portrait, dans la marge : *A Henry IIII Avgvste,* || *Roy de France et de Navarre,* || *Tres Chrestien Tres Valevrevx,* || *Tres Clement Tres Magnanime,* || *Restavratevr de son Royavme,* || *Pere de son Pevple.* — Un peu au-dessous, à dr. : *L. Gaultier sculp.*

Rare. — Très-belle épreuve.

816. *France :* **Henri IV.** — In-8°. H. 0,134. L. 0,085.

A cheval. Vu de 3/4, la tête, couronnée de laurier et tournée vers la gauche, où il regarde ; le corps à droite. Couvert d'une armure, avec une écharpe fleurdelisée en sautoir. Il tient dans la main droite et appuyé sur la hanche, le bâton de commandement ; de la main gauche, les rênes du cheval dont la tête est ornée d'un panache avec aigrette. — Au fond, deux armées, dont l'une vivement poursuivie par l'autre, semble être en pleine déroute ; c'est sans doute le champ de bataille d'Ivry

(1590). — Sous les pieds de derrière du cheval : *L. Gaultier sculp.* — Sur une tablette, dont les extrémités sont ornées d'attributs : *Timebunt gentes nomen tuum : et* || *omnes Reges terræ gloriam tuam* || *Psal.* 102. Rare. — Belle épreuve.

Portrait extrait des *Œuvres* de Jean Metezeau (Paris, Guill-Loyson, 1610, in-8°).

817. *France :* **Henri IV**. — In-8°. H. 0,179. L. 0,128. (Le B., 114.) *

A mi-corps, dans un ovale équarri. Vu presque de face, tête nue, cheveux relevés sur le devant. Vêtu d'un pourpoint attaché par de nombreux boutons ; la croix du Saint-Esprit suspendue à un large ruban. — Autour de l'ovale : *Henry IIII. Roy de France et de Navarre.* — Sous l'ovale, dans la marge, ce quatrain :

> *Après plusieurs combatz heureusement finiz*
> *Par le bras de ce Roy, qui restablit la France,*
> *Paris ore à bon droict luy rend pour recompense*
> *Des Triomphes de gloire, et lauriers infiniz.*

— A g. de ce dernier vers : *N. de Mathoni-* || *ere excud. ;* — à dr. : *L. Gaultier* || *sculpsit.* 1610.
Très-belle épreuve.

818. *France :* **Henri IV**. — In-4°. H. 0,166. L. 0,111. (Le B., 116.)

En buste, dans un ovale équarri, avec coins moirés. Vu de 3/4, tourné vers la droite. La tête couverte d'une toque ornée de plumes sur le côté gauche. Vêtu d'un pourpoint ; l'épaule gauche couverte par le manteau. — Autour de l'ovale : *Henry IIII Roy de France et de Navarre.* — Sur la tablette supportant l'ovale, le quatrain suivant :

> *De la France deffaicte* (sic) *ayant refaict la France*
> (*Miracle de mon bras*) *Je l'ay mise en repos,*
> *Pour conseruer son heur, J'ay faict vne alliance,*
> *D'où naistront des cœsars qui seront ses suppos.*

— Au-dessous, à g. : *L. Gaultier fecit. ;* — à dr. : *I. le Clerc excu. ;* — au milieu : *Auec priuilege du Roy.*
Superbe épreuve.

819. *France :* **Henri IV**. — In-8°. H. 0,143 y compris une marge de 0,044. L. 0,084.

A mi-corps, dans un ovale équarri, bordé de perles et dont les coins sont ornés, ceux du haut : de l'initiale *H* retenue par un ruban à deux bâtons en sautoir fleurdelisés, accompagnée au milieu d'une épée et

de deux branches de feuillage; ceux du bas : de trophées d'armes.
— Deux palmes soutiennent l'ovale. — Le roi est vu presque de face, le
corps tourné à droite. Couvert d'une cuirasse, avec une écharpe en
sautoir, nouée sur l'épaule droite. La tête ceinte d'une couronne de
laurier. — Au-dessus de la bordure de l'ovale : *Dvo protegiit vnvs. Dvo
protegiit vnvs.* — Sous le tr. c. : *A Henry IIII. Avgvste,* || *Roy de France
et de Navarre,* || *Tres chrestien Tres valeureux,* || *Tres clement Tres ma-
gnanime,* || *Restavratevr de son Royavme,* || *De Pere* (sic, pour : *Pere de*)
son Pevple. — Au-dessous, à dr. : *L. Gaultier sculp.*

1er état, avec la faute à la dernière ligne de l'inscription. Rare. —
Belle épreuve.

820. *France :* **Henri IV.** — In-8°. H. 0,134. L. 0,086.

A genoux sur un coussin posé sur la première marche d'un trône
et devant un prie-Dieu recouvert d'un tapis orné des armes accolées
de *France* et de *Navarre.* Le roi est vu de profil, tourné à droite,
tête nue, les yeux levés au ciel où apparaît, au milieu de rayons, un
mot hébreu; les mains jointes; les épaules couvertes par le manteau
royal fleurdelisé avec le collier de l'ordre du Saint-Esprit. A sa droite,
par terre, la couronne de France et le sceptre, près desquels, à gauche,
on lit : *L. Gaultier sculp.* — Au-dessous, au milieu d'une tablette dont
les extrémités sont ornées d'attributs : *Quid retribuam Domino : pro* ||
omnibus quæ retribuit mihi? || *Psal.* 115.

Belle épreuve.

Gravure extraite du livre intitulé........ *chrestienne.*

821. *France :* **Henri IV.** — In-fol. H. 0,349. L. 0,217. (Le
B., 115).

A mi-corps, dans un cadre rectangulaire bordé d'oves. Vu de 3/4,
tourné à gauche, regardant de face, physionomie souriante. Tête nue,
les cheveux relevés sur le devant; une longue mèche pend derrière.
Collerette tuyautée. Vêtu d'un pourpoint entièrement boutonné, avec
le grand cordon passé en écharpe; les épaules couvertes d'un manteau.
— Sous le portrait, dans une marge, le quatrain suivant sur deux
colonnes :

> *La palme bien qu'heureuse est basse recompense*
> *Pour Ceinturer le chef d'vn tant braue guerrier*
> *Le ciel qui l'ayme fort luy a pour son laurier*
> *Gardé malgré l'ennij la couronne de france.*

Sous ces vers, au-dessus du cadre, à g. : *Honeruogt;* — à dr. :
Leonardus gaultier, sculp.

Rare. — Très-belle épreuve.

822. *France :* **Henri IV, 1553-1610. — Gabrielle d'Estrées,** 1565-1599. — **César de Bourbon**, duc de **Vendôme,** 1594-1665. — **Catherine-Henriette de Bourbon,** vers 1596-1663. — In-fol. en travers. L. 0,311. H. 0,250. (Le B., 119.) *

Tous en pied, dans une chambre, avec encadrement formé de deux doubles traits. Le roi, assis dans un fauteuil, est vu de 3/4, tourné vers la gauche, la tête couverte d'un chapeau orné d'une plume retenue par un brillant. Vêtu d'un pourpoint à raies, entièrement boutonné. Le cordon du Saint-Esprit passé en sautoir, avec la croix pendue sur le côté. Pantalon à pieds avec maillot. Le bras gauche appuyé sur le fauteuil. Il tient, de la main droite, le bras étendu, la main gauche de sa fille Catherine-Henriette, âgée de six ans, tenue sur les genoux de sa gouvernante qui est assise sur un petit tabouret, devant le roi. Vue de 3/4, tournée vers la droite. Coiffée d'un bonnet orné d'une aigrette, vêtue d'une robe avec tablier à épaulettes festonné. Collier de perles. Le bras droit pendant. Sur la gauche de l'enfant et à la droite du roi, Gabrielle d'Estrées, assise sur une chaise. Vue de 3/4, tournée vers la droite, regardant de face. Les cheveux relevés sur le devant, ornés d'un brillant en forme d'étoile, et terminés par derrière en chignon. Vêtue d'une robe à panier dont le corsage est à raies. Collerette montante et collier de perles formant chaîne. Dans la main gauche, appuyée sur son genou, elle tient un mouchoir. A la gauche du roi, près de son fauteuil, se tient debout son fils César, âgé de huit ans. Vu de 3/4, tourné vers la gauche, regardant de face ; tête nue, cheveux courts et relevés sur le devant. Vêtu d'un pourpoint ; culotte courte avec maillot. Épée au côté. La main gauche appuyée sur la hanche, il tient de la main droite son chapeau, orné d'une plume, contre sa poitrine. Derrière lui, sur une table recouverte d'un tapis, est étendu le manteau du roi avec les insignes du Saint-Esprit brodés dessus. — Entre Gabrielle d'Estrées et le roi, les ministres se tiennent groupés derrière son fauteuil, dans diverses poses et la tête découverte. — Dans le fond, à droite, une porte entr'ouverte ; à gauche, une draperie relevée. — Sur les dalles de la chambre, à g., au-dessus du tr. c. : *I. le Clerc excu.*; — à dr. : *L. Gaultier sculpcit* (sic) || 1602. — Dans un encadrement au bas de l'estampe et faisant corps avec elle, les quatrains suivants sur quatre colonnes, séparées par des moitiés de losanges quadrillés :

> *O que ce prince croist, les enfans des Monarques*
> *Qui sont les filz de Dieu ne tardent a venir,*
> *Du Roy son Pere il a et les traictz et les marques*
> *Puisse il un Jour son heur et ses vertus tenir.*

> *Dieu vueille que de tout a son Pere il ressemble,*
> *Affin qu'il soit l'hercule et le mars des francois,*

Qu'a ses septres (sic) acquis des conquis il assemble,
Les gaignant par son bras les gardant par ses lois   ?

Le Ciel qui m'a donné deux septres par ma dextre,
Se souçenant de moy le fauorisera,
Ie croy qu'on le verra aultant qu'Alexandre estre,
Et que tout l'vniuers ne le contentera.

Ie croisteray cependant pour luy faire seruice,
Fidelle consacrant ma vie a son besoing,
Indigne Je seroys que d'vn Roy Je naquisse,
Si de son filz dauphin aux combatz Jestois loing.

Très-belle épreuve. — 200 à 300 fr.

Il faut noter que chacun de ces quatrains est mis dans la bouche d'une des quatre principales personnes de l'estampe. Le premier est attribué sans doute à la gouvernante; le second, à Gabrielle d'Estrées; le troisième, au roi, et le dernier à son fils légitimé César.

On croit généralement, dans l'absence de toute indication positive à cet égard, que cette gravure représente le roi avec sa famille légitime et non pas avec celle de *la main gauche*, et qu'il faut y voir Marie de Médicis, le jeune Louis XIII et sa sœur Élisabeth. La date que porte l'estampe détruit cette supposition. En effet, en 1602, Louis XIII n'avait qu'un an, tandis que le fils royal représenté sur la gravure paraît en avoir sept à huit : âge qui correspond fort bien à celui de César de Vendôme. Au surplus, le quatrain mis dans la bouche de ce dernier, et où il fait allusion au *dauphin, fils du roi* (Louis XIII), ne laisse subsister aucun doute.

En outre, la sœur de Louis XIII n'est venue au monde que dans l'année de l'exécution de cette estampe, tandis que la petite fille qu'on y voit paraît âgée de cinq à six ans.

823. *France :* **Marguerite de Valois,** première épouse d'Henri IV, 1553-1615. — In-4°. H. 0,133. L. 0,111. (Le B., 141.) *

En buste, dans une bordure ovale équarrie. Vue de 3/4, regardant vers la droite. Coiffure formée de rouleaux surmontés de perles en guirlandes. Vêtue d'une robe à corsage très-décolleté, laissant la gorge à nu; collier de perles; grande collerette montante. — Autour de l'ovale : *Margverite de Valois Royne de Navarre.* — Sous le tr. c., au milieu, le quatrain suivant :

Si le pinceau pouuoit animer cette Image
De la plus belle Reine et d'esprit, et de corps,
Celui qui la verroit, il confesseroit lors;
Qu'il n'y a rien d'humain en ce diuin ouurage.

A droite, à la hauteur de l'avant dernier vers : *Leonard gaultier || fecit.*
Très-belle épreuve.

824. *France* : **Marguerite de Valois.** — In-8°. H. 0,100. L. 0,067.

En buste, dans une bordure ovale placée dans un cartouche et accompagnée, à gauche, de la déesse Cythère, avec un enfant ailé, et à droite, de Minerve, la tête ceinte d'un casque, tenant toutes les deux une couronne de laurier posée sur une autre couronne surmontant l'ovale. Vue de 3/4, tournée vers la droite ; cheveux relevés sur le devant et bouclés ; coiffée d'une petite toque, ornée, sur le devant, de plumes avec brillant ; pendant d'oreille en forme de poire ; grande collerette sur un corsage de robe rehaussé de perles. — Sur la bordure de l'ovale, au-dessus et au-dessous du portrait, la lettre *A ;* — sur les côtés, la lettre *R.* — Sur une tablette retenue au cartouche, ces vers :

> *Palla il Saper ti diede e l'honestate,*
> *Et Citherea la gratia e la beltate.*

— A g. de la tablette, au-dessus du tr. c. : le monogramme du graveur. Fort rare. — Très-belle épreuve.

825. *France :* **Marie de Médicis,** seconde épouse d'HENRI IV, 1575-1642. — In-4°. H. 0,164. L. 0,111. (Le B., 130.) *

En buste, dans un ovale avec coins moirés. Vue de 3/4, tournée vers la gauche ; cheveux relevés et crêpés, ornés, sur le devant, d'une étoile en brillants, et, sur le côté droit, d'une branche de fleur ; pendants d'oreille en perles, de forme allongée ; large collerette sur un corsage à grands ramages, rehaussé de quatre rangs de perles. — Autour de l'ovale : *Marie de Medicis Royne de France et de Navarre.* — Au-dessous de l'ovale, sur une tablette, un quatrain :

> *Si le Ciel veult donner a ceste monarchie*
> *Par moy des successeurs, comme leur Pere preux,*
> *Plus qu'aultre elle sera de lauriers enrichie,*
> *Qui l'iront* (sic, pour *lieront) d'oliuier nos Peuples bienheureux.*

Au-dessous, à g. : *I. le Clerc excu.;* — à dr. : *L. Gaultier fecit.* 1603 ; — au milieu : *Auec priuilege du Roy.*
Fort rare. — Très-belle épreuve.

826. *France :* **Marie de Médicis.** — In-4°. H. 0,176, y compris une marge de 0,026. L. 0,126. (Le B., 129.)

A mi-corps, dans un ovale équarri. Vue de 3/4, tournée vers la gauche où elle regarde ; tête nue, cheveux relevés et crêpés, ornés de brillants sur les côtés et sur le devant ; pendants d'oreilles. Collerette montante à dents festonnées ; collier à deux rangs de perles. Vêtue d'une robe à ramages. — Autour de l'ovale : *Marie de Medicis Royne de France et de Navarre.* — Dans la marge, sous le tr. c., le quatrain suivant :

> *Royne l'amour du Ciel et l'heur de l'vniuers,*
> *A qui la France doit sa paix et sa fortune*
> *Vous voiez de Paris l'allegresse commune*
> *Qui de pompe, et de voix, vous faict honneurs diuers.*

— A g., à la hauteur du dernier vers : *N. de Mathoni= || ere excud.;* — à dr. : *L. Gaultier || sculps. || 1610.*

Fort rare. — Très-belle épreuve.

827. *France :* **Marie de Médicis.** — In-12. H. 0,096. L. 0,072.

A mi-corps, dans une bordure ovale placée dans un encadrement rectangulaire, avec coins quadrillés. Vue presque de face, en costume de veuve; corsage de robe en pointe. — Autour de l'ovale : *Marie de Medicis Royne Rege. de France et de Navarre.* — Sur le cadre, au bas, à g. : *I. le Clerc excud.;* — à dr. : *L. Gaultier sculp.*

Fort rare. — Belle épreuve.

828. *France .* **Catherine de Bourbon,** sœur d'Henri IV, 1558-1604. — In-4°. H. 0,135. L. 0,110. *

A mi-corps, dans un médaillon ovale, entouré de branches d'olivier, et surmonté d'une tablette avec l'inscription : *Catherine de Bovrbon Sœvr Vnicqve dv Roy.* Elle est vue de 3/4, tournée vers la droite; tête nue, les cheveux relevés et ondulés; collerette tuyautée. Vêtue d'une robe à corsage en pointe, garni d'ornements en perles. — Sous le tr. c., le quatrain suivant :

> *Sy quelqu'un a desir, voir le geste, et l'image,*
> *De ceste vnicque fleur, du tÿge (sic) de Bourbon,*
> *Qu'il contemple cest œil, ou la perfection*
> *Bonté, honneur, vertu, vont faire leur hommage.*

— A g., à la hauteur du second vers : *Leonardus gaultier || feciz (sic);* — à dr. : *Pour la veufue (sic) || Jacquet au pallais || A paris.*

Fort rare. — Très-belle épreuve.

829. *France :* **Catherine de Bourbon.** — In-12. H. 0,065. L. 0,047.

A mi-corps, dans un encadrement rectangulaire, autour duquel on lit : *Catherine de Bovrbon Sœvr Vniqve dv Roy.* Vue de 3/4, tournée vers la droite, regardant de face; tête nue, les cheveux relevés et ondulés, avec une bouffette de ruban sur le sommet; grande collerette tuyautée.

Vêtue d'une robe à corsage en pointe, orné de trois doubles rangs de perles ; manches bouillonnées. — Sous l'encadrement, le quatrain suivant :

> *Ces traits pleins de naïfueté*
> *Representent vne Princesse,*
> *Qui porte en l'esprit la sagesse*
> *Et dans le cœur la pieté.*

— Un peu à dr. du dernier vers, le monogramme du graveur. Fort rare. — Très-belle épreuve.

830. *France :* **Louis XIII**, 1601-1643, et **Élisabeth de France** (appelée *Madame*), sa sœur, 1602-1644. — In-fol. en travers. L. 0,292. H. 0,247. (Le B., 120.)

En pied tous les deux. Louis XIII, âgé de trois ans, est à gauche, en avant d'une colonne cachée en partie, dans le haut, par une draperie. Il est debout, vu presque de face, tourné vers la droite, la tête couverte d'un chapeau légèrement incliné et orné de plumes. Vêtu d'une robe à taille avec une écharpe en sautoir. Il tient de la main droite une lance dont la pointe est ornée de rubans. Sa main gauche est appuyée sur le dessus d'un piédestal supportant un casque orné d'un panache. Au milieu de la face du piédestal entre deux dauphins, dans une bordure ovale, deux personnages allégoriques armés d'arcs, placés sur des nuages et entourés de cette devise qu'on lit sur la bordure : *Splendore orbem, cælumqᶜ replebunt.* — Elisabeth, âgée de deux ans, est à droite, aussi en avant d'une colonne cachée en partie par une draperie ; sur la face supérieure du socle, on lit : *L. Gaultier fecit* 1604, et au bas, sur la plinthe : *I. le Clerc exc.* Elle est debout, vue presque de face, tournée vers la gauche. Coiffée d'un bonnet avec garniture de dentelle tuyautée. Collerette montante. Vêtue d'une robe à corsage légèrement décolleté ; collier à deux rangs de perles et formant chaîne sur le devant. Elle tient dans sa main droite, le bras levé et à demi ployé, une branche de feuillage. Le bras gauche est pendant. — Près d'elle, à sa droite, se trouve un autre piédestal supportant un vase à deux anses, contenant un pied de fleurs de lis qu'entourent des abeilles. Au milieu de la face du piédestal, une pomme feuillée, entourée d'une bordure ovale avec cette devise : *Tres vni cedent.* — Entre les deux colonnes, dans une large embrasure formant le fond, on voit la mer, sur laquelle nage un dauphin couronné et entouré de navires à voiles gonflées par les vents, qui sont représentés par quatre têtes d'enfants, placées au-dessus d'une banderole portant cette inscription : *Nunc via tvta maris ventos custodit et arcet.* — Sur une tablette terminant le cadre en haut, on lit : *Les hevrevses et fatales devises de Monseignevr le Davphin et de Madame Fille vniqve de Henry IIII. Roy de France et de Navarre.* — Dans le bas quatre tablettes aux extrémités arrondies, et dont chacune porte un quatrain :

La mer èst calme et les vents irrités
Qui menaçoient nostre nef de naufrage
D'vn bras diuin sont ores arrestés
Et retenus sous vn puissant seruage.

Comme Arion par vn Dauphin sauué
France sera par vn Dauphin sauuée
C'est l'Alcion en nos guerres trouué
Qui nous ameine vnne (sic) paix approuuée.

Les deitez (sic) qui pour la pomme d'or
Eurent debas (sic), toutes trois vous la cedent,
Plus vous croistrés vous acquesteres encor
Tous les tresors que les vertus possedent.

Par vn hymen ia au Ciel arresté
De quelque Roy vous aures l'alliance
Qui fera naistre à la posterité
Des deffensseur (sic) qui deffendront la France.

— Plus bas, entre les traits du cadre, à dr. : *I. de Fonteni.*
Fort rare. — Très-belle épreuve. — 200 fr. et plus.

831. *France* : **Louis XIII.** — In-4°. H. 0,187, y compris une marge de 0,028. L. 0,125. (Le B., 124.)

En pied, debout, dans une chambre garnie de chaque côté de draperies formant rideaux auxquels sont accrochés, à gauche, un écusson surmonté d'une couronne avec les armoiries du *Dauphin;* à droite, dans un médaillon ovale, à fond d'azur, *une aigle éployée ayant deux couronnes passées autour du cou et tenant un monde lié à ses pattes;* autour de la bordure, cette devise : *Crescit spes altera Romæ.* — Jeune enfant, vu presque de face, coiffé d'un bonnet orné sur le devant d'une aigrette retenue par un brillant. Vêtu d'une robe à taille ; collerette montante ; deux rangs de perles formant collier auquel est attaché un médaillon. Il tient dans la main droite un hochet garni de grelots et retenu par une chaînette passée en sautoir ; dans sa gauche, sont trois fleurs de lis de jardin réunies à une même tige. Un coussin se trouve sous ses pieds. Derrière lui, une petite chaise portant un traversin. A sa droite, une table recouverte d'un tapis semé de fleurs de lis ; à sa gauche, un berceau. — Dans le haut, sur une tablette terminant l'encadrement, cette inscription : *Portraict Av Natvrel de Monseignevr le Davlfin* (sic) *ne* (sic) || *à Fontaineblav le 27. Septembre a 10. Hevres de Nvict.* 1601. — Au-dessous du portrait, entre les doubles traits de l'encadrement, à g. : *L. Gaultier fecit.;* — à dr. : *I. le Clerc excu.* — Dans la marge, sur deux colonnes, ces huit vers :

Tous les coniurateurs de L'Empire françois,
Ne pourront empescher que sa gloire augmentée

Par ta naissance (o Prince) vn Jour ne soit plantée .
Par tout c'est (sic) vniuers, qui n'aura que tes lois.
Par toy nous esperons que cet Empire vn Jour.
Comme Rome sera le chef de tout le monde,
Ton Pere maintenant les commencementz (sic) fonde,
Et tu accompliras tout le reste a son (sic) tour.

Très-belle épreuve.

832. *France :* Louis XIII. — In-4°. H. 0,176, y compris une marge de 0,025. L. 0,124. (Le B., 126.) *

A mi-corps, représenté à l'âge de 9 ans, debout, dans un médaillon ovale équarri dont les coins sont ornés, ceux du haut, des écussons accolés de *France* et de *Navarre;* ceux du bas, de l'initiale *L* couronnée. Vu presque de face, coiffé d'un chapeau à côtes; vêtu d'un pourpoint attaché par de nombreux boutons; le grand cordon avec la croix du Saint-Esprit en sautoir. La main gauche est appuyée, du revers, sur la hanche. — Autour de l'ovale : *Lovys XIII. Roy de France et de Navarre.* — Dans la marge, sous le tr. c., le quatrain suivant :

Sacré gage du Ciel, Majesté d'estinee (sic)
Pour estre la deffence (sic) et le bon heur des lys :
La France soit par vous longuement dominee,
Et vos suiectz (sic) ne soient de troubles assaillis.

A g., un peu au-dessus du dernier vers : *N. de* || *Mathoniere* || *excud.;* — à dr. : *L.* || *Gaultier* || *sculp.;* — au milieu, sous le dernier vers, le millésime 1610.

Fort rare. — Très-belle épreuve.

833. *France :* Louis XIII. — In-8°. H. 0,152, dont une marge de 0,029. L. 0,090. *

En pied, représenté à l'âge de 10 ans, debout, vu de 3/4, légèrement tourné vers la gauche. Coiffé d'un chapeau orné de plumes avec aigrette. Vêtu d'un pourpoint, le grand cordon avec la croix du Saint-Esprit en sautoir. La main droite est appuyée, du revers, sur la hanche; l'épaule et en partie le bras gauche sont cachés par un manteau, la main étant posée sur la garde de l'épée. Culotte collante avec maillot. A sa droite, sur une table recouverte d'un tapis armorié, semé de fleurs de lis, un coussin supportant le sceptre, la main de justice et la couronne royale. Un peu en arrière, sur sa gauche, un fauteuil. Dans le haut, à gauche et à droite, des draperies frangées, relevées sur les côtés; entre ces draperies, le fond semé de fleurs de lis. — Au bas du portrait, à gauche, entre les traits indiquant la hauteur de la frange du tapis à grands ramages posé par terre, on lit : *L. Gaultier sculpsit.*

1611. — *I. Messager excudit.* — Dans la marge, bordée d'un cadre festonné, le quatrain suivant :

Ce Roy plus grand d'esprit que ne permet son age,
Rauit d'amour son peuple; et comme en vn miroir
Henry le Grand en luy derechef se fait voir
Tout plein de Iugement, d'attraictz, et de courage.

— Au-dessous, à dr. : *Du-Peyrat Aumosnier du Roy.*
Fort rare. — Très-belle épreuve.

834. *France :* **Louis XIII.** — In-12. H. 0,096. L. 0,072.

A mi-jambes, debout, dans une bordure ovale encadrée. Vu de 3/4, tourné vers la droite, tête nue, les cheveux relevés. Vêtu d'un pourpoint; le grand cordon avec la croix du Saint-Esprit en sautoir ; les épaules couvertes d'un manteau. — Autour de l'ovale : *Lovys XIII. Roy de France et de Navarre.* — Au bas, sur l'encadrement, à g. : *I. le Clerc excud.;* — à dr. : *L. Gaultier sculp.*
Rare. — Très-belle épreuve.

835. *France :* **Louis XIII.** — In-4°. H. 0,183. L. 0,123. *

A mi-corps, dans un encadrement rectangulaire, bordé de festons. Debout, vu de 3/4, tourné vers la gauche ; la tête ceinte de la couronne royale. Vêtu du manteau royal fleurdelisé, avec pèlerine d'hermine ; le grand cordon et le collier de l'ordre du Saint-Esprit autour du cou. — Il tient, dans la main droite, le sceptre, et, dans la gauche, la main de justice. — Au bas du portrait, sur une tablette attenant à l'encadrement : *Lovis XIII. Roy de France || et de Navarre.* — Un peu à dr. : *L. Gaultier incidit.*
Très-belle épreuve.

836. *France :* **Louis XIII.** — In-8°. H. 0,134. L. 0,086. *

A genoux, sur un coussin posé sur la première marche du trône, devant un prie-Dieu recouvert d'un tapis semé de fleurs de lis, avec les armoiries accolées de *France* et de *Navarre.* Représenté jeune, vu de profil, tourné à droite, tête nue, les yeux levés au ciel, où l'on voit, au milieu de rayons un mot hébreu ; les mains jointes. Vêtu du manteau royal sur lequel est passé en écharpe le collier de l'ordre du Saint-Esprit. A sa droite, par terre, sur un coussin garni de glands, le sceptre et la couronne de France. — A g., dans le blanc formé par le dallage : *L. Gaultier sculp.* — Au dessous sur une tablette : *Sic benedicam te in vita mea : et in || nomine tuo leuabo manus meas. || Psalm.* 63. — Les extrémités de cette tablette sont ornées des insignes de la royauté avec une banderole portant cette devise : *Dvo protegit vnvs.*
Gravure extraite d'un livre.
Rare. — Belle épreuve.

837. *France :* **Louis XIII.** — In-fol. H. 0,437. L. 0,315.

En buste, dans un encadrement rectangulaire, avec volutes et
bordé d'oves. Représenté à l'âge de 15 ans, vu de 3/4, tourné vers la
droite, tête nue. Vêtu d'un magnifique pourpoint. — Au-dessus du
personnage, sur une bande blanche, on lit : *Lovis XIII. par la Grace
de Diev Roy de France. et de Navarre.* — Au bas du portrait, sur une
tablette dont les extrémités sont ornementées, le quatrain suivant :

> *Surgeon de Sainct Loÿs, & fils du Grand Henry,*
> *Qui doibs tes actions à ces deux grands exemples*
> *Voy* (sic) *les Palmes de l'vn, et de l'autre les Temples,*
> *Et sois par leurs vertus de ton Peuple chery.*

— Sous les ornements de la tablette, à g. : *Avec privilege du Roy.* ; —
à dr. : *I. le Clerc excudit.* — Sur l'encadrement, au milieu de la
volute : *L. Gaultier incidit* ‖ 1616.
Extrêmement rare. — Très-belle épreuve (500 fr. et plus).

838. *France :* **Anne d'Autriche,** épouse du précédent, 1602-
1666. — In-fol. H. 0,437. L. 0,317.

Pendant du portrait précédent avec le même encadrement. La reine
est représentée à l'âge de 24 ans, en buste, vue de 3/4, tournée vers la
gauche ; cheveux courts et bouclés, la tête ceinte d'un diadème de perles
rehaussé d'une aigrette avec brillant ; superbe collerette. Vêtue d'une
magnifique robe à grands ramages ; collier à deux rangs de perles
avec une croix de pierres fines. — Au-dessus du portrait, sur la bande
blanche : *Anne D'avtre. par la Grace de Diev Royne de Fra. et de Navar.*
— Au-dessous, sur une tablette aux extrémités ornementées, le quatrain
suivant :

> *Ce visage divin, plein de Majeste saincte,*
> *Rendant à sa vertu tout courage soubmis*
> *Convertit les esprits, & en chasse la crainte,*
> *Et promet aux François tous les Destins amis.*

— Sous les ornements, à g. : *Avec privilege du Roy.* ; — à dr. : *I. le
Clerc excudit.* — Sur l'encadrement au milieu de la volute : *L. Gaultier
incid.* ‖ 1626.
Extrêmement rare. — Très-belle épreuve (500 fr. et plus).
Il y a encore un troisième portrait gravé par L. Gaultier et formant
pendant des deux précédents : c'est celui d'Élisabeth, sœur de
Louis XIII.

839. *France :* **Henri de Bourbon,** duc de Montpensier,
dernier de sa branche, appelé *Prince de Dombes,* du vivant

de son père, 1573-1608. — In-12. H. 0,060. L. 0,049. (Le B., 139, *s. n.*)

A mi-corps, dans un encadrement bordé de perles. Vu de 3/4, tourné vers la droite, tête nue, les cheveux relevés sur le devant. Vêtu d'un pourpoint ; le cordon du Saint-Esprit autour du cou. La main gauche sur la hanche. De chaque côté du personnage, des draperies frangées garnissent les angles du cadre. — Sous le tr. c. : *Henry Dvc de Montpensier* || *Pair de France.* — Un peu à dr., le monogramme du graveur.

Fort rare. — Très-belle épreuve.

840. *France :* **Henri II de Bourbon**, prince **de Condé**, appelé *Monsieur le Prince*, père du Grand Condé, 1588-1646. — In-4°. H. 0,163. L. 0,107. (Le B., 98.) *

A cheval, tourné à gauche. Vu de 3/4, coiffé d'un chapeau orné d'une aigrette avec brillant. Vêtu d'un pourpoint. Son manteau flottant lu couvre l'épaule droite ; épée au côté. Le cheval, dressé sur ses pieds de derrière, est sur un tertre garni d'arbustes. — Sur la partie éclaircie du tertre, à g. : *I. le Clerc excu.* — Dans l'angle droit en haut, sur un petit écriteau encadré, on lit : *Henry de Bourbon* || *prince de Condé* || *Agé de XV ans.* — Au bas du tertre, sur une tablette dont les côtés sont concaves, le quatrain suivant :

> *Le bouclier d'Achilles, deux choses présageoit* (sic),
> *Vn Mars vangeur* (sic) *du mal, et de paix la plaisance :*
> *Mars a conquis la paix, en toy est l'esperance*
> *De bien la maintenir, contre qui que ce soit.*

— A g. , de la tablette, vis-à-vis la concavité, le monogramme du graveur.

Fort rare. — Belle épreuve.

841. *France :* **Henri II de Bourbon** (le même que le précédent). — In-8°. H. 0,129, y compris une marge de 0,026. L. 0,079. *

A mi-corps, dans une bordure ovale, entourée d'un encadrement bordé de perles. Vu presque de face, tête nue, les cheveux relevés sur le devant et légèrement bouclés. Vêtu d'un pourpoint, entr'ouvert dans le haut ; un large col festonné lui couvre les épaules. — Autour de l'ovale : *Henry de Bovrbon Prince de Conde. A. de 16. ans. 1604.* — Sur l'encadrement, à dr. de l'ovale : *L. Gaultier fecit.* — Dans la marge ce quatrain :

> *Dedans ces yeux et dessus ce visage*
> *Mille vertus pourtraites on peut voir,*

> *Et soubs l'espoir d'vn grand et fort courage*
> *Durer encor de ses Ayeulx l'espoir.*
>
> I.P.S.

Très-belle épreuve.

842. *France :* Henri II de Bourbon (le même que le précédent). — In-4°. H. 0,155, y compris une marge de 0,027. L. 0,101.

A mi-corps, dans un ovale posé sur un encadrement rectangulaire bordé de festons, avec coins ornés de branches de laurier. Vu de 3/4, tourné vers la droite, tête nue, cheveux relevés et légèrement bouclés, il porte barbe et moustaches. Vêtu d'un pourpoint uni; le grand cordon du Saint-Esprit en sautoir, avec la croix pendue sur le côté droit. — Autour de l'ovale : *Henry de Bovrbon Prince de Conde.* — Au-dessus de l'ovale, sur une tablette : *Non volvisse sat est.* — Dans la marge, le quatrain suivant :

> *Aux exploicts de ce Mars Hercul' ne peut atteindre*
> *Ny moins encor' Cesar de trofées vétu;*
> *Mieux que ces deux Herôs ce Prince s'est fait peindre*
> *Dans le Temple Sacré d'Honneur et de vertu.*

— Au-dessous, à dr. : *L. Gaultier sculpsit.* 1612.
Fort-rare. — Très-belle épreuve.

843. *France :* Henri II d'Orléans, duc de Longueville, prince souverain de Neufchâtel (Suisse), gouverneur de Picardie, 1595-1663. — In-4°. H. 0,170. L. 0,118. (Le B., 144.) *

A mi-corps, dans un ovale équarri, avec coins ornés de palmes et de branches d'olivier; timbrés dans le haut, à gauche, des armoiries de *Longueville;* à droite, de celles de la principauté de *Neufchâtel.* Vu de 3/4 tourné vers la droite, tête nue, cheveux bouclés; collerette dentelée montante. Vêtu d'un pourpoint à petits ramages. — Autour de l'ovale : *Henry d'Orleans Dvc de Longveville. Govvernevr Gen^al. pōvr le Roy en Picardie.* — Sur la tablette soutenant l'ovale, le quatrain suivant :

> *Le Peintre qui vouloit de crayons diuers*
> *Imitant voz vertus, mōnstrer vostre nature,*
> *Traça Mars et Pallas d'vne seule peinture,*
> *Et choisit pour son champ tout ce vaste vniuers.*

— Au-dessous, à g. : *I. le Clerc excudit.;* — à dr. : *L. Gaultier incidit.*
Très-belle épreuve.

844. *France :* François de Bourbon, prince de Conti,

3e fils de Louis 1er de Bourbon-Condé, 1558-1614. — In-4°. H. 0,134. L. 0,110.

A mi-corps, dans une bordure ovale formée d'une guirlande de feuilles de laurier entourée d'un ruban, posée sur un encadrement rectangulaire orné de perles et dont le haut est terminé par une tablette sur laquelle on lit : *Francois de Bovrbon Prince de Conty.* Personnage vu de 3/4, tourné vers la droite, tête nue, cheveux relevés. Il porte barbe et moustaches. Vêtu d'un pourpoint à raies transversales entre lesquelles sont de petits crevés. Il porte la croix du Saint-Esprit suspendue à un large ruban passé en écharpe. L'épaule gauche est couverte par le manteau. — Sous le tr. c., ce quatrain :

> *Vous ne degeneres* (sic) *de la grande vaillance*
> *De vos braves ayeulx du tige* (sic) *de Bourbon*
> *Qui fet* (sic) *qu'en admirant les princes de renom*
> *On vous admire aussi sur tous par excellence.*

— A la hauteur du second vers, à g. : *Pour la veuf.* (sic) *Jaquet.* || *A Paris.* ; — à dr. : *Leonardus* || *gaultier fecit.*

1er état. — Très-belle épreuve.

Le Cabinet des estampes possède de ce portrait un 2e état où, à la suite du nom de l'éditeur, se trouve son adresse.

845. **François de Sales** (saint), évêque et prince de Genève, 1567-1622. — In-8°. H. 0,153. L. 0,098. (Le B., 152.)

A mi-corps. Vu de 3/4, tourné vers la droite, tête nue et rasée, n'ayant qu'une couronne de cheveux. En petit costume d'évêque, les épaules couvertes de la pèlerine à capuchon; un large ruban passé en écharpe avec une simple croix d'argent. — A gauche, au-dessus du personnage, une petite tablette retenue dans le haut par un anneau et sur laquelle on lit : *Vixit ann.* 56. *dies* || 17. *Obijt dié* 28. || *Dec. ann.* 1622, — Dans l'angle droit, est figurée une ouverture, où saint François de Sales est représenté dans une cellule, à genoux, en prière, les mains jointes, appuyées sur un prie-Dieu, devant un crucifix. Des flammes s'élèvent au-dessus de lui. — Au bas du personnage, sur une tablette encadrée : *Le vray povrtrait dv bien-hevrevx* || *Messire François de Sales Eves-* || *qve et Prince de Geneve.* — Au-dessous, sur l'encadrement de la tablette : *Leonard°. Gaultier incidit.* 1624.

Très-belle épreuve.

Estampe extraite de l'*Histoire catholique du XVIe siècle.*

846. **Gamaches** (Philippe DE), théologien français, 1568-1625. — Pet. in-fol. H. 0,290. L. 0,190. (Le B., 131, *s. n.*) *

A mi-corps. Vu de 3/4, tourné à droite, tête nue, cheveux courts, relevés sur le devant. Il porte barbe et moustaches, et est vêtu d'une robe à parements, ouverte sur le devant, laissant voir son pourpoint attaché par de nombreux boutons. — Au haut, à gauche du personnage, un cartouche contenant un écusson d'armoiries : *Fascé d'argent et de sinople de huit pièces.* — A droite, une petite tablette accrochée au mur, sur laquelle on lit : *Anno œtatis suœ* 57. || *Obijt* 21. *Iulij* 1625. — Au bas du portrait, sur une banderole, quatre vers latins :

> *Vix bene tam paruâ Spiras Gamæchæe tabellâ*
> *Nec par in œre nitet qui fuit ore lepor.*
> *Sed tua te Viuâ depinxit Jmagine Virtus,*
> *Huic Doctrina oculos præbuit, illa manum.*

— Au-dessous du dernier vers, à dr. : *L. Gaultier incidit.*
Belle épreuve.

Ce portrait se trouve au verso du faux titre de l'ouvrage intitulé : *Philippi* || *Gamachæi* || *Svmma theologica.*

847. L'Hospital (Michel DE), célèbre chancelier de France, 1504-1573. — In-4°. Dimensions de la planche : H. 0,157. L. 0,114. *

A mi-corps, assis dans un fauteuil, devant une table. Vu de profil, tourné à droite. Il est chauve et porte une longue barbe. Vêtu d'une robe ouverte par devant. Sa main gauche est appuyée sur une cassette placée sur la table où l'on voit aussi un livre ouvert dont il tient de la main droite deux feuillets. — Sur la face verticale de la table, à dr., le monogramme du graveur. — Sous le tr. c. : *Michael Hospitalis.*

> *Urbanæ decus iste togæ, caput iste Senatus*
> *Supremj, grauis in'q; foro, grauis in'q; camœnis.*

— Au milieu, le millésime 1586.; — à droite. : *I. Avratvs.*
Très-belle épreuve.

848. Lorraine (François DE), duc de Guise, appelé *Monsieur d'Aumale*, grand-maître de France, fils de Claude Ier de Lorraine, 1519-1563. — In-8°. H. 0,117. L. 0,111. *

A mi-corps, dans un encadrement bordé de perles, au haut duquel, au milieu, sur une petite tablette, on lit : *Fev Monsievr de Gvyse.* Vu de 3/4, tourné vers la gauche, tête nue, cheveux très-courts. Il porte toute sa barbe et pendants d'oreille. Couvert d'une cuirasse par-dessus un pourpoint ; long cordon autour du cou avec un médaillon. Il tient dans la main droite un bâton. — Sous le tr. c., ce quatrain :

> *L'espaigne & le tombeau de l'antique Sereyne*
> *A leur perte ont Conneu Ce Mars Victorieux* (sic)
> *La Vertu prent* (sic) *tousiours son Chemin Vers les Cieux*
> *Mais mourir pour la foy c'est vn traict de lorrayne.*

— Au-dessous, à g. : *P. Gourdelle excu.;* — à dr. :   *fecit.*
Très-rare. — Belle épreuve.

849. Lorraine (Henri Ier DE), prince de Joinville, duc **de Guise,** surnommé *le Balafré,* fils aîné du précédent, 1550-1588. — In-8°. H. 0,148, y compris une marge de 0,035. L. 0,100.

A mi-corps, dans un encadrement rectangulaire bordé d'oves, au haut duquel, sur une petite tablette, on lit : *Le dvc de Gvyse.* Vu de 3/4, tourné vers la droite, tête nue, les cheveux relevés ; une large cicatrice à la joue gauche. Couvert d'une armure, avec le ruban et la croix du Saint-Esprit en écharpe. Il tient, de son bras gauche, un bouclier, et, dans sa main droite, une épée appuyée sur son épaule, la pointe en haut. — Sous l'encadrement, dans la marge, ce quatrain :

> *La vertù la grandeur et la Sagesse exquise*
> *De se (sic) duc triumphant par se rond Vniuers*
> *Plante la peur couarde en l'Ame des peruers*
> *& fait en dieu florir la Catholicque Eglise.*

— A droite, à la hauteur des deux derniers vers : ₲ *fecit* || 1589. Fort rare. — Très-belle épreuve.

850. Lorraine (Charles DE), duc **de Mayenne,** grand chambellan de France, frère du précédent, 1554-1611. — In-4°. H. 0,116. L. 0,107.

A mi-corps, dans un encadrement bordé de perles, dans le haut duquel, sur une petite tablette, on lit : **Mr*le*Dvc*dv*Meine** (Mayenne). Vu de 3/4, tourné vers la droite, tête nue, les cheveux relevés. Large collerette tuyautée. Couvert d'une armure, avec le ruban et la croix du Saint-Esprit en écharpe. — Sous le tr. c., le quatrain suivant :

> *Fils et frere de mars aus armes Indomté*
> *Ce grand duc Ce grand prince acroist sa Renommee*
> *De Cent nouueaulx lauriers dont sa gloire animee*
> *Ne Couche riens (sic) de moins que de L'eternité.*

— Un peu à dr., le millésime 1588. — Au-dessous : ₲ *fecit.* *P. Gourdelle excud.* (Les deux premières lettres du nom sont entrelacées.) Belle épreuve.

851. Lorraine (Charles DE), duc **de Guise,** grand-maître de France, fils aîné du *Balafré,* 1571-1640. — In-4°. H. 0,154. L. 0,106.

A mi-corps, dans un médaillon ovale bordé intérieurement de perles

et entouré d'un cadre rectangulaire supporté par une tablette. Vu de
3/4, tourné vers la gauche, regardant à droite, tête nue, les cheveux
relevés. Couvert d'une armure avec une écharpe en sautoir, nouée sur
l'épaule droite. — Autour de l'ovale : *Charles de Lorraine Dvc de Gvise
Pair de France Lievten. Gener. povr le Roy en Provence, &c.* — Au milieu
des coins du cadre, au bas, à g. : *leonard ‖ gaultier fecit.* — à dr. : *Iean
le Clerc ‖ excu.* — Sous le cadre, au milieu de la tablette, le quatrain
suivant :

> *Son grand Pere entre ces hauts faictz*
> *Chassa les Anglois de Calais,*
> *Et luy d'vne valeur pareille*
> *Met l'Espagnol hors de Marseille.*

Très-belle épreuve.

852. Metezeau (Jean), architecte français et secrétaire de Catherine de Bourbon, comtesse de Bar, sœur de Henri IV, 1568-1610. — In-8°. H. 0,134, y compris une marge de 0,022. H. 0,085. *

A mi-corps, dans une bordure ovale équarrie, avec coins ornés, ceux
du haut, de lettres entrelacées et de palmes; ceux du bas, de deux
femmes assises symbolisant, l'une la *Foi*, l'autre l'*Espérance;* entre elles,
sous l'ovale, une banderole avec cette devise : *Spe nvtrita fides.* —
Personnage vu de 3/4, tourné vers la droite, tête nue, cheveux relevés
sur le devant. Vêtu d'un pourpoint uni attaché par de nombreux boutons. — Autour de l'ovale : *In Domino sperans non confvndar. Psa.* 30.
— A droite de la tête du personnage, au-dessous de la bordure, dans le
sens de l'ovale : *Ætat.* 42. ‖ 1610. — Sous le tr. c., dans la marge, le
quatrain suivant :

> *T'on œil ne voit que les traitz du visage*
> *De Metezeau, son esprit est empraint* (sic),
> *D'vne autre main, en c'est* (sic) *œuure tout sainct,*
> *Ou l'on en voit parfaitement l'image.*

Belle épreuve.

Portrait extrait des *Œuvres* de Jean Metezeau (Paris, Guillaume
Loyson, 1610, in-8°). Voir *Notice biographique sur la famille Metezeau,*
par J. Job ; Chartres, 1875, in-8°.

853. Mornay (Philippe DE), plus connu sous le nom de *du Plessis-Mornay,* seigneur du Plessis-Marly, homme po- litique et controversiste français, 1549-1623. — In-4°. H. 0,250. L. 0,185. (Le B., 140, *s. n.*) *

En buste, dans une bordure ovale équarrie. Vu de 3/4, tourné à droite,
tête nue, cheveux relevés et bouclés. Vêtu d'un pourpoint à ramages. Il

porte toute sa barbe. — Autour de l'ovale : *Arté et Marté. Anno Ætatis LXII.M.DC.XI.* — A g., de l'ovale, dans la gravure : *L. Gaultier sculpsit.*

Rare. — Belle épreuve, mais rognée au tr. c.

854. *Navarre :* **Jeanne d'Albret,** reine de Navarre, mère de Henri IV, 1528-1572. — In-4°. H. 0,158. L. 0,105.

A mi-corps, dans une bordure ovale, supportée par une tablette. Vue de 3/4, tournée vers la droite, la tête couverte d'une coiffure de veuve ; cheveux courts et bouclés. Vêtue d'une robe à corsage uni et à pointe; un collier de deux rangs de perles, formant chaîne par devant, qu'elle tient de la main droite. Devant elle, est une table avec une feuille de papier, sur laquelle est appuyée sa main gauche. A sa droite, une écritoire. — Autour de l'ovale : *Ianne d'Albret Royne de Navarre Mere de Henry IIII Roy de France et Navar.* — A droite dans la gravure, au-dessus de la tablette : *Paul^s. de la houue* || *excu.* — Sur la tablette ce quatrain :

> *Lecteur contemple ycy en ce tableau si rare*
> *Le vray pourtrait de celle ou la vertu gisoit*
> *La bonté et doulceur, et qui Jadis estoit*
> *Mere de nostre Roy de France et de Nauarre.*

— A g. de la tablette, dans la gravure : **Œ** || 1598. ; — à dr. : *La veufue* (sic) || *gourdelle* || *exc.*

Fort rare. — Très-belle épreuve.

855. **Pasquier** (Étienne), jurisconsulte et historien français, 1529-1615. — In-fol. H. 0,311. L. 0,195. *

En buste, dans une bordure ovale équarrie, à coins ornés de fleurs. Vu de 3/4, tourné vers la droite ; la tête couverte d'une calotte. Moustaches et barbe frisées. Vêtu d'une robe à haut collet. — Autour de l'ovale : *Steph. Paschasivs Regiorvm Rationvm Patronvs. Anno œtatis* || 87. — Sur la tablette, cette inscription : *Nulla hic Paschasio manus est, Lex Cincia quippe* || *Caussidicos nullas sanxit habere manus.* — Au milieu : *L. Gaultier incidit* || 1617.

Portrait extrait de l'ouvrage de Pasquier : *Les Recherches de la France;* Paris, 1621 in-fol.

Belle épreuve.

855 *bis*. **Pasquier** (Étienne), le même que le précédent. — In-8°. H. 0,146. L. 0,093. (Le B., 146, *s. n.*) *

Copie réduite.

Très-belle épreuve.

Portrait extrait des *Lettres* de Pasquier; Paris, 1619, 3 vol. in-8°.

856. *Savoie :* **Anne d'Este-Ferrare**, duchesse de Nemours, célèbre au temps de la ligue, veuve de François DE GUISE (M. d'Aumale), et épouse de Jacques DE SAVOIE, duc de Nemours, 1531-1607. — In-8°. H. 0,113. L. 0,109.*

A mi-corps, dans un cadre bordé de perles, au haut duquel, sur une tablette, on lit : *M. la Dvch. de Nemovrs.* Vue de 3/4, tournée à droite ; les cheveux courts et bouclés. En costume de veuve. — Sous le tr. c.:

> *Cette plante voiant vne grande tempeste*
> *Qui faisoit Chanceller deca dela le lis*
> *Fleurit pour l'appuyer, de trois genereux fils*
> *Sans le secours desquels il n'eust peu (sic) faire teste.*

— Au-dessous, à g., le monogramme du graveur ; — à dr. : *PGourdelle excu.* (Les deux premières lettres du nom sont entrelacées.)
Très-belle épreuve.

857. Sillery (Nicolas BRUSLARD, marquis DE), 1544-1624. — In-8°, H. 0,121, y compris une marge de 0,018. L. 0,079. (Le B., 93, *s. n.*) *

A mi-corps, dans une bordure ovale entourée d'un encadrement rectangulaire bordé de perles. Vu presque de face, tête nue, les cheveux courts et relevés sur le devant ; il porte toute sa barbe. Vêtu d'un pourpoint attaché par de nombreux boutons avec brandebourgs. — Autour de l'ovale : *Nicolas Brvlart Chevalier Sr. de Sillery Chancellier de France.* — Sous l'encadrement : *Discité Iustitiam Gallj dum iura tuetur ‖ Sil lerus, aut nunquam discité Iustitiam.* — Au-dessous, à dr. : *L. Gaultier sculp.* — Au verso de l'estampe, se trouvent ces vers :

> *Colosse releué dans le temple d'Astree.*
> *Hault Atlas qui soubstiens tout le faix de l'Estat ;*
> *Permets que ces discours sur ta grandeur i'estaye,*
> *Afin qu'à ton appuy ce mien foible labeur*
> *Esleue les humains iusqu'au Ciel Empyree.*

Belle épreuve.

PORTRAITS DONT LA GRAVURE PEUT ÊTRE ATTRIBUÉE
A LÉONARD GAULTIER.

858. *France :* **Henri III.** — In-fol. H. de la planche : 0,302. H. de la gravure : 0,203. L. 0,204.*

A mi-jambes, debout, vu de 3/4, tourné vers la droite, tête nue, les cheveux relevés. Pendant en forme de poire. Couvert d'une armure, avec le grand cordon et la croix du Saint-Esprit en écharpe. La main droite appuyée sur la hanche ; accoudé du bras gauche sur un piédestal où est posé un casque. Épée au côté. — Dans la marge, sous le tr. c., au milieu : *Sonnet;* — au-dessous, quatorze vers en deux colonnes, dont huit dans la première :

> *Voyant en ce recueil ceste troupe diuine*
> *Il me semble, Thevet, ꝗ rauy hors de moy*
> *Aux champs Elysiens ie me trouue auec toy,*
> *Comme le Phrygien guidé par sa Deuine*
> *Là tu vas remarquant en chacun plus insigne*
> *Ce qu'il monstre de rare & memorable en soy :*
> *Mais i'y voy entre tous l'jmage de mon Roy,*
> *Qui du premier honneur seule (sic) se monstre digne.*
> *Si tu voulois, Thevet, mettre deuant les yeux*
> *Les exemples diuers des actes glorieux,*
> *Le portrait de Henry seul te pouuoit suffire.*
> *Car toutes les vertuz que le hault Ciel depart,*
> *Tout ce qui peut orner tous les autres à part*
> *On le voit en luy seul heureusement reluyre.*

— Au-dessous de ce dernier vers : *Par Sceuole de S^{te}. Marthe* ‖ *Tresorier general de France.*

Superbe épreuve.

Ce portrait figure en tête de l'ouvrage d'A. Thevet, intitulé : *Les Vrais Portraits et vies des hommes illustres* (Paris, 1584, in-fol.), et dédié au roi Henri III.

859. *France :* **Henri IV.** — In-32. H. 0,063. L. 0,048.

A mi-corps, dans un ovale équarri entouré d'un encadrement rectangulaire bordé de perles et portant dans les coins des banderoles avec cette devise : *Bon* ‖ *heure* ‖ *de Bon* ‖ *Roy.* — Vu de 3/4, tourné vers la gauche, regardant vers la droite ; tête nue, les cheveux relevés sur le devant. Vêtu d'un pourpoint, avec écharpe en sautoir.

Rare. — Très-belle épreuve, mais sans marges.

860. **Gondy** (Henri DE), prélat français, 1570-1622. — In-8°. H. 0,103. L. 0,078. *

A mi-corps, dans une bordure ovale équarrie, avec coins moirés. Vu de 3/4, tourné vers la droite ; tête nue, les cheveux courts et relevés sur le devant ; il porte barbe et moustaches. En petit costume d'évêque, la pèlerine à capuchon lui couvre les épaules. Il tient dans la main droite un volume. — Autour de l'ovale : *Henry de Gondy Evesqve de Paris.*

Rare. — Très-belle épreuve, mais sans marges.

861. Le Fèvre de la Boderie (Nicolas), précepteur du roi Louis XIII, 1544-1612. — In-8°. H. 0,139. L. 0,102. *

A mi-corps, dans une bordure ovale équarrie, autour de laquelle on lit : *Nicolavs Faber Lvd. XIII. Franc. et Nav. Regis Christianiss. Consil. et Præceptor. Ætat. 69.* || 1612. — Vu de 3/4, tourné vers la gauche, tête nue, les cheveux courts et relevés sur le devant. Il porte barbe et moustaches. L'œil droit est plus petit que le gauche. Vêtu d'une robe ouverte par devant sous laquelle est un pourpoint à grands ramages. — Sous le tr. c., quatre vers latins :

> *Rité quidem referunt animum tua scripta, tabella*
> *Effigiem, mores actaꝗ vita tuos.*
> *At melius, mores dum in regia pectora fundis,*
> *Te, Faber, Augustis exprimis ipse animis.*

Rare. — Belle épreuve.

GAUTIER,

graveur au burin. C'est probablement Jean-Baptiste Gautier, dit *l'aîné*, mortsousla Restauration, fils d'un Étienne Gautier, aussi graveur. (Voy. Jal et Renouvier.)

862. Cadoudal (George), célèbre chef de la chouannerie bretonne, 1771-1804. — In-8°. H. 0,162. L. 0,107.

En buste, vu de face, tête nue, les cheveux bouclés ; légers favoris. Vêtu d'une redingote fermée. — Fond en pointillé et de forme ovale, placé dans un encadrement rectangulaire. — Sous le portrait, sur une tablette : *George Cadoudal* || *dit Larive*. — Sous le tr. c., à g. : *Dumontier del.;* — à dr. : *Gautier Sculp.*
Belle épreuve.

GÉRARDIN,

graveur au burin du siècle dernier.

863. Sorel (Agnès), appelée *la belle Agnès*, maîtresse du roi Charles VII, 1409-1449. — In-fol. H. 0,410. L. 0,285.

A mi-corps, dans un médaillon ovale figuré en pierre et supporté par un socle. Vue de 3/4, tournée vers la gauche, la tête couverte par un voile retombant sur les épaules. Vêtue d'une robe dont le corsage d'hermine légèrement décolleté est garni de perles. — Fond noir. — Sur l'ovale, au haut : *Agnes Sorelle* (sic) ; — au bas : *Morte au Chateau du Menil le 9. Fev. 1449. agée de 39 ans.* — Sur le milieu de la tablette du socle, le quatrain suivant :

> *Gentille Agnès, plus d'honneur tu merites*
> *La cause étant de France recouvrer*

Que ce que peut dedans un cloitre ouvrer
Clause nonain ou bien dévot hermitte.

François I^r, Roi de Fr.

— Sur la plinthe, à dr. : *Gravé par Gerardin.* — Sous le tr. c. : *D'après le tableau original qui étoit dans le cabinet de Monsieur Fontenelle, et qui est à présent dans || celui de Monsieur Gallyot Bailly de Meudon.* Belle épreuve.

GIFFART (Pierre),

graveur au burin et imprimeur-libraire, membre de l'Académie royale de peinture (reçu le 2 janv. 1682), né vers 1638, mort à Paris le 20 avril 1723, âgé de 85 ans ou environ, selon son acte de décès. De son mariage avec Anne Thomassin, sœur de Simon, le graveur connu, il eut un fils : Pierre-François.

864. *France :* **Louis de France**, surnommé le **Grand Dauphin**, fils de Louis XIV, 1661-1711. — Très-gr. in-fol. H. 0,643. L. 0,480.

En buste, aussi grand que nature, dans un médaillon ovale équarri dont trois côtés sont tronqués ; coins ornés d'une fleur de lis. Vu de 3/4, tourné vers la droite, tête nue, cheveux bouclés. Couvert d'une cuirasse, avec le grand cordon en sautoir ; cravate en riche dentelle ; manche de pourpoint à grands ramages. — Autour de l'ovale : *Louis Dauphin de France Fils de Louis le Grand.* — Au bas du portrait, sur la partie intérieure blanche de l'ovale : *AParis Chez P. Giffart Graveur du Roy., etc. avec Priv : de sa Majesté.* — Sur le piédestal, fixée par trois pointes, une large banderole avec une inscription française et latine sur deux colonnes ; nous transcrivons celle en français : *Louis Dauphin de France || Fils de Loüis le Grand Roy de France et de Nauarre et || de Marie Therese d'Autriche Nacquit a Fontainebleau || le 1er de Nouembre 1661. Cet Auguste et Aymable Prince || à Epousé en 1680 l'jllustre Princesse Marie Anne, Christine, Victoire de Bauiere qui donna le 6e. Aoust 1682. vn Prince || à la France que le Roy au moment de sa Naissance || nomma Duc de Bourgogne.* — Plus bas : *AParis Chez P. Giffart Graueur,* etc.

Fort rare. — Belle épreuve.

865. *France :* **Marie-Anne-Christine-Victoire de Bavière**, appelée la *Dauphine de Bavière*, épouse du précédent, 1660-1690. — Très-gr. in-fol. H. 0,601. L. 0,485. (Le B., 37.)

Pendant du précédent. En buste dans une bordure ovale tronquée, avec fleurs de lis dans les coins. Vue de 3/4, tournée vers la gauche, tête nue, les cheveux frisés, ornés de perles, de longues boucles retombant sur les épaules légèrement découvertes; collier de perles. Vêtue d'un corsage à grands ramages, garni dans le haut de dentelle et attaché sur le devant avec de magnifiques agrafes. — Autour de l'ovale : *Marie Anne Victoire de Baviere Davphine de France*. — Sur la partie intérieure blanche de l'ovale : *A Paris Chez P. Giffart Graueur*, etc. avec *Pri : de sa Maje*.

Fort rare. — Belle épreuve, mais rognée au-dessus du socle.

Dans la partie inférieure qui manque, se trouve représentée la naissance du duc de Bourgogne.

866. Maintenon (Françoise d'Aubigné, marquise de), 1635-1719. — In-fol. H. 0,384. L. 0,310. (Le B., 42, *s. n.*)*

En buste, dans une bordure ovale équarrie supportée par un socle et ornée aux angles de médaillons emblématiques. Vue de 3/4, regardant de face, le corps tourné à droite; tête nue, les cheveux, entremêlés de perles, réunis en un chignon; collier de perles; pendant d'oreille. Son épaule droite est entièrement à nu, le corsage de sa robe, ainsi que sa chemise garnie de dentelle, étant baissés. — Autour de la bordure : *Francoise dAvbigny Marqvise de Maintenon &.* — Dans les angles du haut, le médaillon de gauche représente une fleur, droite sur sa tige, au milieu d'un parterre; la banderole porte la devise: *autant modeste qu'esleuée.*; celui de droite, un parterre avec la même fleur, inclinée sur la tige et surmontée, un peu à droite, d'un soleil; la banderole porte pour devise : *par mes respects l'attire ses regards*. — Les emblèmes des angles du bas sont : pour le médaillon à gauche, un soleil sortant de l'onde et éclairant à droite un fort; devise : *Ie ne parois que pour faire du bien;* dans celui de droite : une main dextre sortant d'un nuage tient suspendu à un anneau un morceau d'aimant qui attire une chaînette; la banderole porte : *ma vertu me fait estimer*. — Sur le dessus du socle, à g. : *fait par P. Giffart Graueur du Roy. Avec priuil.?*; — à dr.: *Rue St. Jacques a Ste. Therese.* — Sur la tablette : *Par son tres humble et tres Obeissant seruiteur* || *le Blanc de Neauville;* — au milieu du socle, un médaillon renfermant un cartouche couronné avec les armoiries de la marquise : *De gueules au lion d'hermine, armé, lampassé et couronné d'or.*

Très-belle épreuve (100 fr. et plus).

Gravé, suivant le P. Lelong, en 1687. C'est le meilleur morceau de Giffart.

867. Louvois (François-Michel Le Tellier, marquis de), homme d'État français, 1639-1691. — Très-gr. in-fol. H. 0,645. L. 0,475.

En buste, aussi grand que nature, dans une bordure ovale équarrie

garnie dans les angles de médaillons emblématiques, et supportée par un socle. Vu de 3/4, tourné vers la droite; en grande perruque bouclée retombant sur les épaules; magnifique cravate de dentelle. — Autour de l'ovale : *Michael Franciscvs Le Tellier Marchio de Lovvois Regni Secretarivs ac Minister &c.* — Sur la partie blanche intérieure de la bordure, au bas du portrait : *AParis Chez P. Giffart Graueur du Roy et de son Academie Royalle* (sic) *de Peinture et sculpture Rue St. Iacques a l'jmage sᵉ. Thérèse auec Pr. du Roy.* — Les médaillons dans les angles du haut représentent, celui de gauche, au milieu des signes du zodiaque, un soleil éclairant un paysage, avec la devise : *Tanta negotia solvs. Horat.;* celui de droite, une aigle s'essorant, tenant des flammes dans ses serres; pour devise : *Mihi Ivssa capessere fas est virg.* — Ceux du bas, à g., une aigle perchée fixant le soleil; la banderole porte pour devise : *Vnico Gavdens Horat.;* à dr., une grue établie sur une plate-forme, soulève un énorme poids; la devise est : *Omne capax movet. Horat.* — Sur le dessus du socle, à g. : *P. Giffart sculptor Regius fecit.* — Sur la tablette, une large banderole fixée par trois pointes, porte, sur deux colonnes, une inscription en français et en latin; nous transcrivons celle en français : *Michel François Le Tellier Marquis de Louuoys ‖ et de Courtanuaux, Baron de Montmirel, Comte de Tonnerre ‖ &c. Commandeur et Chancelier des Ordres du Roy, Minis= ‖ tre et Secretaire d'Estat, Surjntendant des Bastimens de ‖ sa Majesté et Protecteur de Son Academie Royalle de ‖ Peinture et Sculpture. Grand Vicaire general de l'Ordre de ‖ Nostre Dame de Mont Carmel et de St. Lazare, de Jeru= ‖ salem. Grand Maistre des Postes de France; né le ‖ de 16 Et marie auec Dame Anne de Souuray ‖ de Courtenuaux le 19. de mars. 1662.*
Très-belle épreuve.

868. **Perier** (Antoine), jésuite, général de l'ordre des Minimes. — In-fol. H. 0,373. L. 0,312. *

A mi-corps, dans une bordure ovale équarrie, supportée par un piédestal, et ornée aux angles de petits médaillons renfermant des lettres entrelacées. Vu de 3/4, tourné vers la gauche, la tête couverte d'une calotte. Vêtu du costume de son ordre, robe de bure retenue à la ceinture par une cordelière; le capuchon à demi relevé. — Autour de l'ovale : *Rᵐᵘˢ. P. Antonivs Perier Generalis Ordinis Minimorvm.* — Sur le dessus du piédestal, à g. : *P. Giffart fecit sculptor Regius* (ce dernier mot a été corrigé : il y avait primitivement *Regis*). — Au milieu du piédestal, un médaillon avec cartouche renfermant les armoiries surmontées du chapeau d'évêque et d'une banderole avec cette devise : *Mediis Tvtata procellis.*
Belle épreuve.

GIFFART (Pierre-François),

graveur au burin, né le 13 avril 1677, à Paris, mort en 17...
Fils et élève du précédent.

869. Giavarina (Barthélemi), diplomate vénitien. — Pet. in-fol. H. 0,280. L. 0,223. (Le B., 39, *s. n.*)

A mi-corps, dans l'embrasure d'une fenêtre architectonique, cintrée, ornée à droite d'une urne funéraire avec initiales entrelacées, supportée par un pilier avec jointures simulées ; le montant de la fenêtre, à gauche, est caché en partie par une draperie frangée dans le bas et retenue dans le haut par des cordons à glands. Personnage vu de 3/4, tourné vers la droite, en longue perruque bouclée retombant sur les épaules. Vêtu d'un habit à parements ; cravate de dentelle. La main gauche posée à plat sur l'appui de la fenêtre, il tient dans la droite un pli portant cette inscription : *AL Ser^{mo} || Pripe di Venetia || &c.* — Sur la tablette de l'appui, l'inscription suivante : *Bartholomæus Giavarina in au-|| la Cæsarea apud Leopoldum Impe- || ratorem Venetæ Legationis Se-cre-|| tari? : Postea apud Lud. XIV. Gall^m. Regem || eodem munere fungens Sereniss^a. Reip. ac Excel- || lentiss^i. Senat? a Secretis elect? An°. M.DCC. Æt. s^æ. XXXV.* — Sous le tr. c., à g. : *J. Van schuppen Pinxit Parisijs.* 1700 ; — à dr. : *P. Giffart filius sculpsit Parisijs* 1700.

Cette signature indique assez que le graveur du portrait est Giffart fils, inconnu à Le Blanc qui l'a attribué au père.

Très-belle épreuve.

870. Mabillon (Jean), célèbre érudit français, 1632-1707. — In-8°. H. 0,130. L. 0,074.

En buste, dans un ovale supporté par un socle. Vu de 3/4, tourné vers la droite. Vêtu du costume de bénédictin, la tête couverte par le capuchon. Le côté droit de la figure est marqué de verrues. — Sur la corniche du socle : *Dom Jean Mabillon R. Benedictin, né || au diocese de Reims en 1632. mort a P^s. en 1707.* — Sur la tablette, au milieu du socle, le quatrain suivant :

> *Au plus profond sçavoir joindre Lhumilité,*
> *Cherir egalement la paix, la verité,*
> *Allier la douceur avec la vie austere,*
> *Ce fut le propre Charactere* (sic)
> *Du fameux Mabillon icy representé.*

— Sous le tr. c., à g. : *P. Franc. Giffart sculp.*
Belle épreuve.

GIRARD (Alexis-François),

graveur au burin et au pointillé, né à Vincennes en 1789, mort en 18... Élève de Regnault.

871. **Villemain** (Abel - François), littérateur et homme politique, 1790-1871. — In-fol. H. 0,317. L. 0,258.

A mi-jambes, assis dans un fauteuil. Vu presque de face, le corps tourné vers la droite; tête nue. Vêtu d'une redingote boutonnée à la taille ; les coudes appuyés sur le fauteuil, la main droite posée dans la paume de la gauche. — Fond noir. — Sous le tr. c , à g. : *Ary Scheffer Pinx;* — à dr. : *F*. *Girard sculp.;* — au milieu : *Imprimé par Alfred Chardon jeune,* etc.
Épreuve avant la lettre. — Belle lithographie.

GOURMONT (Jean de),

graveur au burin du xvi° siècle.

872. *France :* **Charles de Bourbon-Condé,** cardinal, cousin germain d'Henri IV, 1562-1594. — In-8°. H. 0,157. L. 0,119. (Le B., 5, *s. n.*)

En pied, dans un simple encadrement pointillé. Assis dans un fauteuil, près d'une table sur laquelle est un crucifix. Personnage vu de 3/4, tourné vers la droite, la tête couverte du bonnet carré. Vêtu du petit costume de cardinal ; les épaules couvertes de la pèlerine à capuchon. Le bras gauche étendu, il tient dans sa main, par le haut, un livre ouvert posé sur la table ; son bras droit est appuyé sur le fauteuil. — Derrière lui, une tapisserie à grands ramages forme le fond; elle est ornée de deux médaillons ovales, dont celui de gauche renferme les armoiries des *Condé* , et celui de droite, *une fleur de lys poussée au milieu d'épines,* avec la devise : *superat candore et odore.* — Sur la bordure de la tapisserie, en haut: *Carolvs Cardinalis a Borbonio. Anno œtatis.* 28. — Dans le bas, au-dessus de l'encadrement, sur une dalle : *J. Gourmont fé.* (les deux premières lettres du nom sont entrelacées).
Rare. — Belle épreuve.

GRANTHOMME (Jacques),

graveur au burin de la seconde moitié du xvi° et du commencement du xvii° siècle. Son œuvre est décrit dans Robert-Dumesnil, t. X, pp. 248-270 et t. XI, pp. 108-110.

873. *Allemagne :* **Isabelle-Auguste,** fille d'Emmanuel, roi

de Portugal, et épouse de CHARLES-QUINT, empereur, 1503-
1539. — In-12. H. de l'ovale 0,091. L. 0,071.

NON DÉCRIT par Rob.-Dum.

A mi-corps, dans une bordure ovale autour de laquelle on lit : *.Diva.
.Isabella..Avgvsta.*.Caroli*.V.*.VX.*. Vue de 3/4, tournée vers la
droite, regardant à gauche. Sur le sommet de la tête, une coiffure formée d'une tresse et ornée sur le devant d'un diamant avec perle; longs
cheveux ondulés. Vêtue d'un magnifique corsage à grands ramages.
Collier de pierres précieuses auquel est suspendu un médaillon à l'effigie
de l'empereur. — Fond chiné. — A gauche de l'ovale : *Jac Grant;* —
à dr. : *excudit.*

Excessivement rare. — Belle épreuve.

874. *France :* **Catherine de Médicis,** épouse de HENRI II,
1519-1589. — In-8°. H. 0,113. L. 0,098. (Le B., 35, s. l.) *

A mi-corps, dans un encadrement rectangulaire bordé de perles.
Vue de 3/4, tournée vers la gauche. En costume de veuve; corsage en
pointe, garni sur le devant de nombreux boutons. — Sous le tr. c.,
dans la marge, le quatrain suivant :

> *La mere de nos Roys, mere encor' puis ie dire*
> *De la saincte vnion, &, du bien de la Paix :*
> *Jamais ce bel esprit na fleschy sous le faix*
> *Digne Atlas de ce sceptre & lheur de ñre Empire.*

— Plus bas : *PGourdelle Excudit.* — *J. Granthôme fe. An.* 1588.
Belle épreuve.

Cette épreuve diffère de celle décrite dans Rob-Dum. 47, qui indique
sur la partie supérieure de la bordure l'inscription : *La R^ne. Mère du
Roy.* Celle que je possède est sans doute antérieure.

875. *France :* **Élisabeth d'Autriche,** épouse de CHARLES IX,
1554-1592. — In-8°. H. 0,118. L. 0,103. *

Voir Rob.-Dum., 49.
Belle épreuve.

876. *France :* **Henri II de Bourbon,** prince de Condé,
premier prince du sang, chef des conseils pendant la mi-
norité de Louis XIV, 1588-1646. — In-8°. Dimensions
de la planche, H. 0,132 dont 0,028 de marge. L. 0,083.

NON DÉCRIT par Rob.-Dum.

A mi-corps, dans une bordure ovale, autour de laquelle on lit :
Henry de Bovrbon Prince de Conde Æt. XVI. Personnage vu de 3/4,

tourné vers la gauche, tête nue, cheveux relevés. Vêtu d'un pourpoint à raies dentelées. — Fond noir. — Sous le tr. c., dans la marge :

> *Orphelin delaissé au plus bas de mon âge,*
> *J'ay pour pere un grand Dieu, pour tuteur un grãd Roy,*
> *Puis donc que i'ay le ciel, et la terre pour moy*
> *La terre, ni le ciel ne me peut faire outrage.*

— Au-dessous : *Jacques Granthôme fe.*
Fort rare. — Très-belle épreuve.

877. *France :* **Henri IV,** 1553-1610, et **Marie de Médicis,** 1575-1642. — In-fol. H. 0,310. L. 0,210. (Le B., 24.)

Voir Rob.-Dum., 33.
Belle épreuve, mais coupée sur le côté gauche.

878. **L'Hospital** (Michel DE), chancelier de France, 1504-1573. — In-12. H. 0,094. L. 0,070.

Voir Rob.-Dum., 64.
2º état. — Belle épreuve.

879. **Lorraine** (Charles DE), cardinal de Guise puis de Lorraine, 1524-1574. — In-8º. H. 0,124. L. 0,111. (Le B., 40, *s. n.*)

NON DÉCRIT dans Rob.-Dum.
A mi-corps, dans un cadre bordé de perles, au haut duquel on lit sur une tablette : *Fev + M + L + Cardinal + De + Lorreine* (sic) +. Il semble être assis, vu de 3/4, tourné vers la gauche, regardant de face. En petit costume de cardinal, les épaules couvertes de la pèlerine à capuchon. Coiffé du bonnet carré. Devant lui, dans l'embrasure d'une fenêtre, un crucifix. — Dans la marge, sous le tr. c., le quatrain suivant :

> *Si lenuieuse mort de l'heur plus grand des hommes*
> *Nous eust voulu laisser iusques a ce iourd'huy*
> *Ce tresrare Prelat de la France l'appuy,*
> *Nons* (sic) *ne serions (peut estre) ou maintenant nous sommes.*

— Au-dessous, à g. : *PGourd ex;* — à dr. : *Ja Grant F.*
Très-belle épreuve.

880. *Parme :* **Alexandre Farnèse,** duc de Parme, 1544-1592. — In-8º. H. 0,118. L. 0,105. (Le B., 42, *s. n.*)

Voir Rob.-Dum., 75.
Très-belle épreuve.

881. *Rome* : **Sixte V** (Felice Peretti), pape, 1521-1590. —
In-8°. H. 0,115. L. 0,102.

> Voir Rob.-Dum., 79.
> Belle épreuve.

GRATELOUP (Jean-Baptiste de),

dessinateur et graveur à l'aqua-tinta, né le 25 février 1735, à Dax, où il mourut le 18 février 1817. Il n'a gravé que neuf portraits dont celui de Fénelon, qui manque à ma collection, est le plus rare. Son œuvre a été décrit par Faucheux (*Catalogue raisonné*, etc.; Paris, 1864, in-8°; tiré à 100 exempl.).

882. **Bossuet** (Jacques-Bénigne), 1627-1704. — In-12. Dimensions de la planche : H. 0,108. L. 0,074. — Dimensions de l'ovale : H. 0,065. L. 0,056. (Le B., 1, *s. n.*)

> En buste.
> Voir Faucheux, 2. — D'après H. Rigaud.
> 3e état. — Très-belle épreuve sur papier ordinaire, avec marges.
> Commencé à la fin de 1769, ce portrait à été terminé en 1770.

883. **Bossuet** (J.-B.), le même que le précédent. — In-8°.
Dimensions de la planche : H. 0,128. L. 0,091. — Dimensions de la gravure : H. 0,119. L. 0,085. (Le B., 2, *s. n.*)

> En pied.
> Voir Faucheux, 1. — D'après H. Rigaud.
> 2e état. — Superbe épreuve sur papier de Chine doublé (100 fr. et plus).
> La gravure de ce portrait, commencée en février 1771, a été terminée en septembre suivant. C'est le dernier travail de cet artiste.

884. **Descartes** (René), 1596-1650. — Pet. in-8°. Dimensions de la planche : H. 0,105. L. 0,072. — Dimensions de la gravure : H. 0,098. L. 0, 068. (Le B., 4, *s. n.*)

> Voir Faucheux, 3. — D'après F. Hals.
> 3e état. — Très-belle épreuve, mais rognée aux traits de la planche.
> Commencé à être gravé en mars 1769.

885. **Dryden** (Jean), poëte et critique anglais, 1631-1701. —
In-12. Dimensions de la planche : H. 0,101. L. 0,072. —
Dimensions de la gravure : H. 0,097. L. 0,068. (Le B., 5, *s. n.*)

> Voir Faucheux, 4. — D'après G. Kneller.

3e état. — Très-belle épreuve sur papier de Chine non doublé.
Portrait commencé en août 1765. C'est le second essai de l'auteur.

886. **Lecouvreur** (Adrienne COUVREUR, *dite*), actrice fran-
çaise, 1692-1730. — In-8°. Dimensions de la planche :
H. 0,126. L. 0,091. — Dimensions de la gravure : H. 0,118.
L. 0,085.

Voir Faucheux, 6.
1er état. — Superbe épreuve (100 fr. et plus).
Portrait commencé en 1767, terminé en 1768.

887. **Montesquieu** (Charles DE SECONDAT, baron DE LA BRÈDE
et DE), 1689-1755. — In-12. Dimensions de la planche :
H. 0,108. L. 0,071. — Dimensions de la gravure : H. 0,100.
L. 0,069. (Le B., 7, *s. n.*)

Voir Faucheux, 7. — Gravé d'après une médaille de Dassier.
2e état. — Très-belle épreuve sur papier de Chine doublé de papier
ordinaire.
Commencé en juillet 1768, et terminé la même année.

888. **Polignac** (Melchior DE), cardinal, diplomate et écrivain
français, 1661-1742. — In-12. Dimensions de la planche :
H. 0,105. L. 0,113. — Dimensions de l'ovale : H. 0,052.
L. 0,043. (Le B., 8, *s. n.*)

Voir Faucheux, 8. — D'après H. Rigaud.
1er état. Fort rare. — Très-belle épreuve.
Portrait commencé le 30 avril 1765 ; c'est le premier travail de ce
graveur.

889. **Rousseau** (Jean-Baptiste), 1670-1741. — In-12. Dimensions de la planche : H. 0,107. L. 0,074. — Dimensions de
la gravure : H. 0,099. L. 0,069. (Le B., 9, *s. n.*)

Voir Faucheux, 9. — D'après J. Aved.
Très-belle épreuve sur papier de Chine doublé de papier ordinaire.
Portrait commencé en mars 1766 ; c'est le troisième de l'œuvre.

GRIGNON (Jacques), dit *le Vieux,*

graveur au burin du dix-septième siècle. « Il s'étoit formé à Paris, dit Mariette, « dans son *Abecedario,* un nombre d'excellents artistes qui travailloient à l'en- « vie l'un de l'autre à se surpasser pour la parfaite exécution de la gravure, « dont ils faisoient leur principale étude. Jacques Grignon se distinguoit parmy « eux. La couleur de son burin étoit extrêmement douce, et il possédoit une « égalité de tailles qui n'étoit qu'à luy. » — Sur treize portraits décrits ci-dessous, trois seulement sont cités par Le Blanc.

890. *Deux-Ponts :* **Adolphe-Jean**, général suédois, second fils de Jean-Casimir, duc de Deux-Ponts, 1629-1681. — In-fol. H. 0,297. L. 0,183. (Le B., 2, *s. n.*)

En buste, sur piédouche posé sur un piédestal de forme cylindrique dont le haut est orné de têtes de lion retenant des guirlandes. Vu de 3/4, tourné vers la gauche, regardant à droite. En longue perruque bouclée retombant sur les épaules qui sont enveloppées d'un manteau laissant à découvert le masque d'un lion formant l'épaulette gauche de sa cuirasse. Derrière le buste, une draperie à grands ramages, retenue, dans le haut, par un cordon à glands, et relevée à gauche, laisse voir le fond figurant le ciel. Le piédestal est supporté par une tablette, sur laquelle sont couchés des canons recouverts en partie par des drapeaux et accompagnés d'un trophée d'armes.

D'après David Klocker.

1er état, avant toute lettre et avant l'achèvement des travaux dans le fond resté en blanc. — Superbe épreuve.

891. **Cœur** (Jacques), natif de Bourges, mort en 1456. — In-fol. H. 0,321. L. 0,208. (Le B., 6, *s. n.*) *

A mi-corps, dans un ovale supporté par un socle. Vu presque de profil, tourné à droite. Coiffé d'un bonnet bordé de fourrure; vêtu d'une blouse à ramages, et boutonnée sur le devant. Derrière lui, l'on voit le dossier d'un siége. — Autour de l'ovale : *Iacqves Cœvr Seignevr de S. Fargeav, de Pvysaye, Tovcy, &c. Svrintendant des Finances sovs le Roy Charles VII. En* 1450. — Sur le dessus du socle, à g. : *I. Grignon sculp.* — Sur la tablette du socle, un écusson contenant les armoiries : *D'azur à la fasce d'or, chargée de trois coquilles de sable et accompagnée de trois cœurs de gueules;* l'écu timbré d'un casque de profil, avec une draperie dentelée passant derrière l'écu et le casque; ladite draperie attachée à la tablette par des nœuds bouffants retenus par des rubans.

Belle épreuve.

892. **Courcelles** (Marie DE NEUFVILLE, fille de Charles de

Neufville, marquis d'Alincourt, veuve en premières noces d'Alexandre DE BONNE, seigneur d'Auriac, vicomte de Tallard, et épouse de Louis-Charles DE CHAMPLAIS, seigneur DE), morte au mois d'août 1688. — In-fol. H. 0,286. L. 0,218. *

A mi-corps, dans un ovale équarri supporté par un socle. Vue de 3/4, tournée vers la droite, regardant de face; tête nue, cheveux longs et frisés, terminés en chignon par derrière et ornés de perles. Collier de perles. Vêtue d'une robe à corsage décolleté jusqu'à la naissance des seins et garni, sur le devant, de rangées de perles avec brillants; manchettes en mousseline, garnies aux poignets d'un nœud de velours. Les bras croisés; la main droite, vue du revers, placée à hauteur de la poitrine, et la main gauche soutenant le coude droit. — Fond noir. — Autour de l'ovale : *Marie de Nevfville vevfve du Comte Doriat* (sic), *et maintenant Dame de Covrselle* (sic) *Agée de 20 ans l'année* 1633. — Au bas du portrait, couvrant la bordure de l'ovale et le socle, un médaillon, à fond blanc, contient les armoiries : *Parti : d'argent à trois fasces de gueules, surmontées de trois aiglettes de sable,* qui est de Champlais, *et d'azur au chevron d'or accompagné de trois croix ancrées du même,* qui est de Neufville; l'écusson timbré d'une couronne de marquis. — A droite, sur le dessus du socle : *Grignon. fe,*

Rare. — Très-belle épreuve, à toutes marges.

893. Fieubet (ANNE DE), seigneur de Launac, maître des requêtes, 1632-1705. — In-fol. H. 0,327. L. 0,260. *

A mi-corps, dans un ovale équarri placé sur un socle. Vu de 3/4, tourné à droite, regardant de face. En longue perruque retombant sur les épaules. Vêtu d'une robe noire, avec rabat. — Autour de l'ovale : *Annævs de Fievbet D. de Lavnac Libellorvm Svpplicvm in Regia Magister.* — Sur le dessus du socle, à g. : *Montaigne pin.;* — à dr. : *Grignon sculp.* — Au milieu du socle, couvrant le bas de la bordure de l'ovale, un médaillon, à fond blanc, contenant les armoiries : *Écartelé : au 1, d'azur au chevron d'or, accompagné en chef de deux croissants d'argent et en pointe d'un rocher de même,* qui est Fieubet; *au 2, d'azur au chevron d'argent, accompagné de trois palmes d'or, 2 en chef et une en pointe; au 3, d'or à la vache de gueules, accornée et clarinée d'azur; au chef d'azur chargé de trois molettes d'or; au 4, d'azur semé de quintefeuilles d'or; au franc quartier d'hermines.*

Rare. — Très-belle épreuve.

894. *France :* Charles VII, dit le *Victorieux*, 1403-1461. — In-fol. H. 0,325. L. 0,213. *

A mi-corps, dans un médaillon formé d'une couronne d'olivier et

dont les dehors sont marbrés. Le médaillon est supporté par un socle.
Vu de 3/4, tourné à droite; la tête ceinte d'une couronne de laurier.
Couvert d'une armure. A droite, par une ouverture, on aperçoit, au
fond, une forteresse couronnant une hauteur, et sur le versant de laquelle se livre un combat de cavalerie. Derrière le socle, à gauche et
à droite, deux trompettes. — A droite, sur la corniche du socle : *Grignon
sculp.* — Au milieu du socle, un médaillon blanc, ovale, renfermant les
armes de *France;* l'écu surmonté de la couronne royale est entouré
d'une branche d'olivier et d'une palme. — Sur la face du socle, l'ins-
cription suivante coupée par les armes : *Charles VII. Roy de France.* ||
Svrnommé. le Victorievx.

Fort rare. — Très-belle épreuve.

895. *France :* **Jean d'Orléans,** comte de Dunois et de Longueville, grand chambellan, fils naturel de Louis de France,
duc d'Orléans, 1403-1468. — In-fol. H. 0,325. L. 0,212. (Le
B., 7, *s. n.*) *

A mi-corps, dans un ovale équarri dont la bordure est recouverte par
une couronne d'olivier; l'ovale supporté par un piédestal. Vu de
3/4, la tête tournée à droite, où il regarde, le corps étant à gauche.
Coiffé d'un bonnet noir. Couvert d'une armure. Au côté gauche, l'épée
dont on ne voit que le haut de la poignée. Derrière lui, un casque orné
de plumes blanches. Une draperie, formant fond, relevée à gauche par
un cordon à glands, laisse voir dans le lointain un combat de cavalerie
se livrant près d'une ville dont les clochers bordent l'horizon. — Sur
le dessus de la corniche du piédestal : *Iean d'Orleans Comte de Dvnois
et de Longveville.* — Au milieu du piédestal, un médaillon ovale à fond
blanc, renfermant les armoiries : d'*Orléans, au bâton de gueules mis en
bande* (sic), au lieu de : d'*Orléans, au bâton d'argent mis en barre;*
l'écu surmonté de la couronne fleurdelisée et accompagné d'une branche
d'olivier et d'une palme reliées par une banderole avec cette devise :
Palmas Annectit Olivis. — Sur la face du piédestal, une inscription
latine et française accompagne de chaque côté les armoiries; à gauche,
celle en latin forme cinq lignes, commençant par : *Aureliano Heroï,* etc.
et finissant par : *Lib. 2. Tit. 14 Art. 8.* — A droite, la traduction fran-
çaise est ainsi conçue : *Ce Heros de la Maison d'Orleans peut* || *estre
aussi iustement nommé le Res=* || *taurateur de la France, que Camille
fut* || *autrefois nommé le Restaurateur de* || *Rome.* — Au-dessous : *René
Choppin, &c.* — Sur le dessus de la plinthe, à dr. : *I. Grignon Sculp.*

Fort rare. — Très-belle épreuve.

896. *France :* **César de Bourbon,** duc **de Vendôme,** fils
légitimé de Henri IV et de Gabrielle d'Estrées, surintendant

général de la navigation (amiral), 1595-1665. — In-fol.
H. 0,373. L. 0,356. (Le B., 3.) *

A mi-corps, dans une couronne d'olivier entourée de trophées et
d'attributs de marine, et placée sur la poupe d'une trirème, voguant
sur les ondes. Vu de 3/4, tourné à gauche, regardant de face. En longue
perruque retombant sur les épaules. Couvert d'une armure, avec rabat
en dentelle brodée ; la croix du Saint-Esprit au cou ; écharpe en sautoir. — Dans les angles du haut, retenus à des cordages, deux médaillons emblématiques. Celui de gauche représente deux aiglons s'éle-
vant dans les airs au-dessus des montagnes ; l'exergue porte : *Patrio
par a la vigori;* celui de droite a pour devise : *Simili sibi prole svper-
bit.*, et représente trois soleils, dont deux, au milieu des nuages, éclairent le sommet des montagnes. — Dans la bordure intérieure de la
couronne formant ovale, à g. : *Mignard pinx.;* — à dr. : *I. Grignon Sculp.*
— Au bas du portrait, couvrant la couronne et cachant la poupe de la
trirème, un médaillon ovale contenant les armoiries : *De France, au bâton
de gueules péri en bande, chargé de trois léopards d'argent;* l'écu surmonté
de la couronne fleurdelisée et environné du manteau d'hermine ; deux
ancres en sautoir derrière l'écusson. — A gauche et à droite des armoiries, près des rames, deux grandes ancres retenues par des cordages. — Dans le bas de l'estampe à droite, sur les vagues de la mer,
on lit : *F. Chauueau orname. deline.*

Rare. — Très-belle épreuve.

C'est à tort que Le Blanc désigne ce personnage sous le nom de duc
d'Angoulême.

897. Marie de Jésus (Charlotte DE HARLAY, en religion la
Vénérable Mère), veuve de Pierre, sire de Bréauté, vicomte
d'Hotot; carmélite en 1605, morte à Paris en 1655. — In-fol.
H. 0,292. L. 0,238. *

A mi-corps, dans un ovale équarri supporté par un socle. Vue de 3/4,
tournée vers la gauche. En costume de carmélite, les mains jointes sur
la poitrine. — Autour de l'ovale : *Charlotte de Harlay Vevfve de Monsr.
de Breauté à este Carmelite 50 Ans sovbs le nom de Mere Marie de Iesvs,
est morte en 1652 (sic). agée de 73 ans.* — Sur le dessus du socle, à dr. :
Grignon. fe. — Au milieu du socle, couvrant le bas de l'ovale, une tablette avec les armoiries : *D'argent à deux pals de sable;* l'écusson entouré de la cordelière de veuve.

Belle épreuve.

898. Montausier (Charles DE SAINTE-MAURE, marquis, puis

duc DE), gouverneur du Grand Dauphin, 1610-1690. —
In-fol. H. 0,402. L. 0,320. *

À mi-corps, dans une bordure ovale équarrie, supportée par un socle.
Vu de 3/4, regardant de face, la tête tournée vers la droite, et le corps
vers la gauche. En longue perruque bouclée retombant sur les épaules.
Légères moustaches. Couvert d'une armure; cravate de dentelle; grand
cordon passé en sautoir avec la croix du Saint-Esprit. — Fond noir. —
Autour de l'ovale : *C. de Sainte Mavre, Dvx Montavserivs, Franc. Par,
Reg. Ord. Eq. Torq, Nevstriæ Prorex, Ser. Gall. Delp. Institvtioni Præfectvs.* — Sur le dessus du socle, à g. : *C. le Febre Pinxit;* — à dr. :
I. Grignon sculp. — Au bas du portrait, couvrant en partie la bordure
de l'ovale et le socle, un médaillon, à fond blanc, renferme les armoiries : *D'argent à une fasce de gueules;* l'écusson timbré de la couronne
ducale, environné des colliers des ordres et du manteau de pair.
Très-belle épreuve.

899. Montpezat de Carbon (Jean), archevêque de Bourges
en 1644, puis de Sens en 1674, mort en 1686. — In-fol.
H. 0,332. L. 0,264. *

En buste, dans un ovale équarri supporté par un socle. Vu de 3/4,
tourné à droite, regardant de face; cheveux longs et bouclés; le sommet de la tête couvert d'une calotte. En petit costume d'archevêque; la
pèlerine à capuchon lui couvre les épaules. La croix pectorale suspendue à un large ruban passant sous le rabat. — Autour de l'ovale :
*Ioan. de Montpezat de Carbon Patriarcha Archiepiscop² Bitvricensis Aqvi-
taniarvm Primas. &c.* — Au bas du portrait, couvrant l'ovale et le socle,
un médaillon, à fond blanc, renferme les armoiries : *Ecartelé : aux 1
et 4, de gueules à une balance d'or; aux 2 et 3, de gueules au lion d'or;
sur le tout : d'azur à un monde surmonté d'une croix d'or;* l'écusson
couronné et accompagné de la croix archiépiscopale et du chapeau
d'archevêque. — Sur le dessus du socle, à g. : *Blanuin Pinxit;* — à dr. :
J. Grignon sculp.
Très-belle épreuve.
Gravé, suivant le P. Lelong, en 1671.

900. Vallot (Antoine), sieur DE MAGNAN D'ANDEVILLE, premier
médecin du roi Louis XIV, 1594-1671. — In-fol. H. 0,356.
L. 0,292. *

À mi-corps, dans un ovale équarri supporté par un socle. L'ovale est
retenu dans le haut par des rubans formant banderoles et est entouré
dans le bas de branches d'olivier avec fleurs de lis naturelles. Personnage vu de 3/4, tourné vers la gauche; coiffé d'une calotte. Vêtu

d'une robe noire avec rabat. — Fond noir. — Autour de l'ovale : *Anto-nivs Vallot Regi ab omnibvs Consiliis et Archiatrorvm Comes.* — Au bas du portrait, sur l'ovale et le socle, un cartouche avec les armoiries : *D'azur à un chevron d'or, accompagné en chef de deux étoiles du même, et en pointe de trois glands d'or tigés et liés d'argent;* l'écusson timbré d'un casque de face orné de ses lambréquins. — Sur le dessus du socle, à g. : *Ia. Grignon sculp.*

Très-belle épreuve.

901. Villeroy (Nicolas DE NEUFVILLE, marquis, puis duc DE), maréchal de France, 1598-1685. — In-fol. H. 0,298. L. 0,220. *

A mi-corps, dans un ovale équarri posé sur un socle. Vu de 3/4, tourné vers la gauche, regardant vers la droite. Tête nue, cheveux longs et bouclés. Il porte moustaches et barbiche. Vêtu d'une armure, avec une grande collerette attachée par un cordon à glands; écharpe festonnée passée en sautoir. — Autour de l'ovale : *Nicolas de Nevfville Dvc de Villeroy Pair et Mar^al. de France Govvr. dv Roy Lovis XIIII et des Proces. de Lionnois Forets et Beavieollois.* — Au bas du portrait, couvrant l'ovale et le socle, un médaillon, à fond blanc, non terminé dans le haut, renferme les armoiries : *D'azur au chevron d'or, accompagné de trois croix ancrées du même;* l'écusson surmonté de la couronne de duc, avec les insignes de maréchal de France passés en sautoir derrière l'écu, le tout environné du manteau de pair. — Sur le dessus du socle, à dr. : *Grignon. fe,.*

Belle épreuve.

902. Vincent de Paul (saint), 1576-1660. — In-fol. H. 0,285. L. 0,201. *

A mi-corps, dans un ovale équarri, placé sur une tablette. Vu de 3/4, tourné vers la gauche, regardant à droite; la tête couverte d'une calotte. Vêtu d'une robe noire boutonnée; les épaules couvertes d'un manteau. — Sur le dessus de la tablette, à g. : *Herault Pinxit — Grignon sculp.* — Sur la face de la tablette : *Le Vray Portrait de Monsieur Vincent de Paul Instituteur et Premier superieur || General de la Congregation des Prestres De la Mission, Decedé le 27. septembre || 1660. Agé de 85. Ans. || Euangelizare Pauperibus misit me. &c. Luc. c. 4.*

Dedié aux Dames de la Visitation de S^t (sic) Marie, par leurs tres-humble et tres-obeissant || seruiteur A. Herault. — Au-dessous à g. : *se vend A Paris Chez le sieur Herault,* etc.

Belle épreuve.

GUDIN (Jean-Marie),

dessinateur et graveur au burin, né à Paris en 1782, mort en 18...
Élève de Desnoyers.

903. *France :* **Caroline-Ferdinande Louise de Bourbon-Sicile**, duchesse **de Berry**, fille de François Ier, roi des Deux-Siciles, et épouse de Charles-Ferdinand, duc de Berry, petit-fils de France, 1798-1870. — In-fol. H. 0,345. L. 0,278.

A mi-corps, dans une bordure ovale équarrie, supportée par un socle. Des branches de fleurs de lis naturelles entourent l'ovale. Elle est vue presque de face; tête nue, les cheveux frisés, séparés au milieu et terminés sur le sommet par une tresse formant couronne. Vêtue d'une robe à pois, avec corsage tuyauté et décolleté jusqu'à la naissance des seins ; manches courtes laissant les bras à nu. Ceinture ornée de pendants. — Au bas de l'ovale et sur la corniche du socle, deux écussons ovales, accolés et surmontés d'une couronne, renferment les armoiries des d'*Artois* et des *Bourbon-Sicile ;* le tout entouré, à gauche, d'une branche de chêne, et à droite, d'une branche de lis. — Sur la tablette échancrée du socle : *S. A. R. Caroline Ferdinande Louise, Duchesse de Berri,* || *Née le 5 Novembre* 1798. — Sous le tr, c., à g. : *Peint par Hesse..; —* à dr. : *Dessiné et Gravé par J» M» Gudin.* — Au-dessous, sur toute la longueur de la marge : *Dédié a S. A. R. Monseigneur le Duc de Berri.* || *Colonel Général des Chasseurs et Cheveau-Légers-Lanciers,* || *Par son très humble et très obéissant Serviteur*

J» M» Gudin.

Très-belle épreuve.

GUÉRIN (Jean),

graveur au burin du dix-septième siècle.

904. **Roncherolles** (Pierre, marquis DE), gouverneur de Landrecy, né vers 1610. — In-fol. H. 0,360. L, 0,283. *

A mi-corps, dans un ovale équarri, dont les coins sont ornés du chiffre entrelacé du personnage, surmonté d'une couronne de marquis. Vu de 3/4, regardant à droite, le corps tourné vers la gauche. En longue perruque bouclée lui cachant les épaules. Il porte des moustaches. Couvert d'une armure, avec rabat à ramages. Large cordon passé en sautoir. — Fond noir. — Autour de l'ovale : *Petrvs de Roncherolles illivs loci Marqvio et vrbis Landrectii Gubernator.* — Sous le portrait, couvrant l'ovale et le milieu du socle, un médaillon à fond blanc, dont les contours ne sont pas parfaitement tracés, renferme les armoiries :

Contre écartelées, portant sur le tout : *d'argent à deux fasces de gueules, qui est* Roncherolles; l'écu timbré d'une couronne de marquis; soutenants : deux lions. — Sur le dessus du couronnement du socle, à g. : *I. Guerin sculpsit.*

Très-belle épreuve.

GUÉRIN (CHRISTOPHE),

dessinateur et graveur au burin, né à Strasbourg en 1758, mort en 1830. Élève de Jeulain et de F. Muller. (Voir une notice sur lui dans Renouvier, *Histoire de l'art pendant la Révolution,* p. 285-286.)

905. **Cagliostro** (Alexandre, comte DE), célèbre imposteur, vers 1745-1795. — In-4°. H. 0,202. L. 0,137.

En buste, dans une bordure ovale, ornée dans le haut d'un nœud de ruban. Vu de 3/4, le corps tourné vers la gauche; tête nue, les cheveux relevés et bouclés sur les côtés. Le col de sa chemise déboutonné. — Au haut de la bordure : *Le Comte de Cagliostro.* — Au-dessous de l'ovale, une tablette pointillée et échancrée dans le bas, porte le quatrain suivant :

> *De lAmi des Humains reconnoisses les traits,*
> *Tous ses jours sont marqués par de nouveaux bienfaits,*
> *Il prolonge la Vie, il secourt l'indigence,*
> *Le plaisir d'être utile est seule sa récompense.*

Très-belle épreuve avant le nom du graveur.

Suivant Renouvier, ce portrait a été dessiné d'après nature et gravé par Guérin en 1781.

GUÉRINEAU (RENÉ),

graveur au burin et éditeur du dix-septième siècle.

906. *France :* **Gaston de France** (Jean-Baptiste), duc d'Orléans, troisième fils de Henri IV, 1608-1660. — In-fol. H. 0,359. L. 0,258. *

En pied, debout, vu de 3/4, tourné vers la droite, regardant de face; tête nue, cheveux longs et bouclés retombant sur les épaules. Il porte moustaches et barbiche. Vêtu d'un pourpoint, serré à la taille par une ceinture. Large col festonné, un cordon en sautoir, auquel est attachée la croix du Saint-Esprit. Bottes à l'écuyère retenues au-dessus des genoux par des aiguillettes. Pantalon brodé; au côté, une épée dont on ne voit que l'extrémité. Le bras gauche étendu, il tient dans la main le bâton de commandement; la main droite est appuyée du revers sur la hanche. Derrière le personnage, un piédestal, avec mascaron sur la

tablette, est en partie recouvert par des draperies frangées formant
fond ; celle du côté droit est relevée et laisse voir une forteresse, au
haut d'un rocher escarpé dont la mer baigne le pied; un fallot allumé
sert de signal à des vaisseaux qui se dirigent vers cet endroit. — Sous
le tr. c., le dizain suivant sur deux colonnes :

> Le Destin a vostre naissance
> Nous promit vn Gaston de jois (sic),
> Mais le Ciel releuant cent fois
> Plus haut encor nostre esperance,
> Nous asseure que vos vertus
> Apres cent monstres abatus
> Forceront la fiere Hesperide
> D'aduouer que les fleurs de lys
> Sont l'inuincible fer d'Alcide
> Dans les mains de son petit fils.

— Entre les deux colonnes de vers : *Guerineau excud auec Priuilege
du Roy.*
  Fort rare. — Très-belle épreuve.

907. Richelieu (Armand-Jean DU PLESSIS, cardinal DE), 1585-1642. — In-fol. H. 0,364. L. 0,259. *

En pied, dans une chambre. Vu de 3/4, tourné vers la gauche, regardant de face. La tête couverte du bonnet carré. En petit costume de
cardinal, avec la croix du Saint-Esprit attachée à un ruban passé sous
son large col. Le bras gauche pendant, il tient dans la main un livre
de prières à moitié fermé, l'index pris entre les feuillets. La main
droite, dont le pouce orné d'une chevalière, est appuyée sur un meuble recouvert d'un tapis frangé ; sous ses doigts, une enveloppe. Sur
le meuble, au milieu, une pendule quadrangulaire avec cadran sur
chacun de ses côtés. Au-dessus du meuble, par l'ouverture d'une fenêtre ogivale, la vue s'étend sur un jardin orné d'une statue et d'un
jet d'eau. — Derrière le personnage, à droite, un fauteuil dont le dossier est en partie recouvert par une draperie relevée et formant fond.
— Sous le tr. c., sur deux colonnes, les vers suivants :

> L'on dit que les siecles empirent ;
> Mais iamais nos predecesseurs
> Nous, ny nos derniers successeurs,
> Ne voyons ne verront ne virent,
> Des faueurs pareilles que Dieu
> Nous prodigue en vn Richelieu
> Au bien et salut de la France
> De qui la juste integrité
> Fait paroistre en leur Eminence
> Les Armes et la Piete.

— Entre les deux colonnes de vers: *Guerineau excud auec Priuilege.*
  Fort rare. — Belle épreuve.

HABERT (Nicolas),

graveur au burin et éditeur, né à Paris en 1660, mort en 17...

908. Dominique (Joseph Biancotelli, dit), acteur italien, connu sous le nom **d'Arlequin**, 1640-1688. — Pet. in-fol. H. 0,244. L. 0,172. *

A mi-corps, dans un ovale équarri supporté par un socle. Vu de 3/4, tourné à droite, regardant de face. En longue perruque retombant sur les épaules. Vêtu d'une robe à grands ramages, entr'ouverte sur le devant et laissant voir son jabot de dentelle. Il tient un masque dans sa main droite appuyée sur la bordure de l'ovale. — Autour de l'ovale : *Harlequin* (ce nom est en plus petit caractère que ce qui suit) *Joseph Dominique Né a Boulogne en Italie.* — Sur la bordure blanche intérieure de l'ovale : *Decedé A Paris le 2e Aoust 1688.* — Sur le dessus du socle, à g., au-dessous de divers attributs de comédie : *Ferdinand Pingebat.*; — à dr. : une batte près d'un chapeau, sous lequel on lit : *N. Habert Sculpebat.* — Sur la tablette du socle, ce quatrain :

> *Bologne est ma patrie et Paris mon Séjour,*
> *J'y regne avec Eclat sur la Scene Comique*
> *Harlequin sous le masque y cache Dominique*
> *Qui reforme en riant et le peuple et la Cour.*

2e état, avec la date de décès. — Très-belle épreuve.

909. *Espagne* : **Marie-Louise d'Orléans**, épouse de Charles II, roi d'Espagne, 1662-1689. — Gr. in-fol. H. 0,473. L. 0,399. (Le B., 12, *s. n.*)

En buste, dans un ovale dont les côtés sont tronqués et les coins ornés d'une fleur de lis. Vue de 3/4, tournée vers la gauche, regardant de face. Tête nue, les cheveux frisés, tombant en longues boucles sur les épaules. Pendants en forme de poire ; collier de perles. Décolletée jusqu'à la naissance des seins ; corsage garni d'une magnifique dentelle. — Fond noir. — Autour de l'ovale : *Portrait de Marie Louise d'Orleans Fille de Monsievr Reyne d'Espagne.* — Au bas du portrait, sur la bordure blanche intérieure : *Habert Faciebat.* — A gauche de l'ovale, dans la gravure : *rue de la vieille ;* — à dr. : *Bouclerie* 1679.

Fort rare. — Très-belle épreuve.

Le Blanc indique que cette gravure a été faite d'après Phil. de Champagne.

910. Fontanges (Marie-Angélique Scorailles de Roussille, duchesse DE), favorite de Louis XIV, 1661-1681. — Gr. in-fol. H. 0,498. L. 0,416.

En buste, dans un ovale équarri à côtés tronqués. Vue presque de face, les cheveux bouclés avec deux longues frisures retombant sur les épaules. Pendants d'oreille en forme de poire; collier de perles. Décolletée jusqu'à la naissance des seins. Vêtue d'une robe à grands ramages, dégrafée sur le devant et laissant voir sa chemise, garnie dans le haut d'une magnifique dentelle. — Fond noir. — Autour de l'ovale : *Marie Angeliqve de Scoraille Dvchesse de Fontanges.* — Au bas du portrait, dans la partie blanche extérieure de l'ovale, à g. : *Mignard Pinxit.;* — à dr. : *Habert sculpebat.* — Dans les angles du bas et dans la gravure, à g. : *ruë St. Jacques proche St. Seuerin*; — à dr. : *a la Maison Royale.*

Fort rare. — Très-belle épreuve (100 fr. et plus).

911. *France :* **Marie-Anne-Christine-Victoire de Bavière**, épouse du GRAND DAUPHIN, 1660-1690. — Gr. in-fol. H. 0,499. L. 0,419.

En buste, dans un ovale dont les côtés sont tronqués et les coins ornés d'une fleur de lis. Vue de 3/4, tournée vers la gauche, regardant de face. Tête nue, cheveux frisés, retombant sur les épaules en longue boucles. Décolletée jusqu'à la naissance des seins. Corsage bordé de dentelle et rehaussé de pierres précieuses. A gauche, sur une tablette, la couronne de Dauphin. — Fond noir. — Autour de l'ovale : *Marie Anne Victoire de Bavieres* (sic) *D'Avphine de France.* — Au bas du portrait, sur la bordure blanche intérieure : *T. Macolin ad viuum Pingebat nuper ante ejus aduentum in Galliam;* — sur celle extérieure : *Habert Sculpebat.* — A gauche de l'ovale, dans la gravure : *chez Habert rue St Iacques*; — à dr. : *proche S. Seuerin.*

Fort rare. — Très-belle épreuve.

912. *France :* **Marie-Anne-Christine-Victoire de Bavière**, la même que la précédente. — Pet. in-fol. H. de la planche, 0,244. H. du portr. 0,194. L. 0,169. *

A mi-corps, debout, vue de 3/4, regardant de face, le corps tourné à gauche. Tête nue, cheveux bouclés, entremêlés de ruban et de perles; longues frisures retombant sur les épaules. Collier de perles. Vêtue d'une robe dont le corsage est décolleté jusqu'à la naissance des seins. Elle tient dans ses mains une guirlande de fleurs. Sa taille est enveloppée dans un châle, dont une extrémité repose sur le bras gauche, à demi nu et garni d'un bracelet. — Derrière le personnage, une draperie formant fond, relevée à gauche, couvre une colonne et laisse voir la campagne au milieu de laquelle un homme, accompagné d'un chien, joue de la trompe. — Sous le tr. c., l'inscription suivante : *Marie, Anne, Christine, Françoise Josephe Therese, Antoinette ‖ Cajetanne Hiacynte Felice Victoire de Bauiere D'auphine de France ‖ Fille de Ferdinand-Marie Duc de Bauiere, Prince et Electeur du S^t. ‖ Empire, et de Henryette Adelayde de Sauoie, Naquit le 28 nouembre 1660. à Epousée à Munick le 28 Januier 1680. Louis D'auphin de France ‖ Fils vnique de Louis 14. Roy de Fran-ce et de Nauarre, et de Marie ‖ Therese Dautriche. La Benediction de ce Mariage renouuellée à Châlons le 7 mars ‖ suiuant, Dont sont Issus Messeigneurs les Ducs de Bourgogne, et Danjou.* — Plus bas, à g. : *à Paris chez Habert rüe S. Jacques.* — Au milieu, sous le portrait, séparant en deux les six premières lignes de l'inscription ci-dessus, un petit médaillon à fond blanc, contenant les armoiries du *Dauphin,* accolées à celles de *Bavière;* l'écu couronné et entouré de palmes.

Belle épreuve.

913. *France :* Henri-Jules de Bourbon-Condé, duc d'Enghien, grand maître de France, 1643-1709. — Gr. in-fol. H. 0,478. L. 0,408.

En buste, dans un ovale équarri dont les côtés sont tronqués et les angles ornés d'une fleur de lis. Vu de 3/4, regardant de face, le corps tourné à droite. En longue perruque bouclée retombant sur les épaules. Couvert d'une armure. Le grand cordon en sautoir, en partie caché par les bouts en dentelle de sa cravate. — Fond noir. — Autour de l'ovale : *Henry Ivles de Bovrbon Dvc D'Angvien Grand Me de France.* — Dans le bas, à gauche de l'ovale, dans la gravure : *A Paris Chez N. Habert;* — à dr. : *rüe St Iacques.*

Très-belle épreuve.

914. *France :* Louis III, duc de Bourbon-Condé, maréchal de France, fils du précédent, 1668-1710. — Gr. in-fol. H. 0,490. L. 0,403.

En buste, dans un ovale équarri dont les côtés sont tronqués et les coins marbrés et ornés d'une fleur de lis. Représenté jeune, vu de 3/4, regardant de face, le corps tourné à droite. En longue perruque frisée dont les boucles retombent sur les épaules. Couvert d'une armure, parsemée de fleurs de lis sur le bras droit. Cravate avec longs bouts en dentelle. — Fond noir. — Autour de l'ovale : *Lovis de Bovrbon Fils de Monseignevr le Dvc d'Enghien.* — Au bas du portrait, sur la bordure blanche intérieure de l'ovale : *N. Habert Faciebat.*

Très-belle épreuve.

21

915. Furetière (Ant.), de l'Académie française, 1620-1688. — Pet. in-fol. H. 0,249. L. 0,173. *

A mi-corps, dans un ovale supporté par un socle. Vu de 3/4, regardant de face, tourné à droite. En perruque. Couvert d'un manteau entr'ouvert sur le devant et laissant voir un rabat sur une robe noire boutonnée. — Fond noir. — Autour de l'ovale : *Antoine Fvretiere Abbé de Chalivoy Parisien Agé de LXVI Ans* 1687. — Dans le bas de l'ovale, sur la partie blanche extérieure : *Decedé a Paris le 14. May* 1688. — Sur la tablette du socle, les deux vers :

> *Multùm scire nocet : si non tam Docta Locutvs,*
> *Fœlix ingenio Viveret ille suo.*

— Au-dessous, à dr. : *Santolius Victorinus;* — à g. : *N. Habert Sculp.* Belle épreuve.

916. Lasne (Michel), célèbre graveur, 1596-1667. — Pet. in-fol. H. 0,249. L. 0,176. (Le B., 23, s. n.) *

A mi-corps, dans un ovale équarri, supporté par un socle. Vu de 3/4, regardant de face, le corps tourné à droite. Tête nue, cheveux longs et crépus, légèrement chauve. Il porte moustaches et barbiche. Vêtu d'un pourpoint noir, avec un grand col rabattu sur les épaules; manchettes relevées aux poignets. Il tient, dans sa main droite, une plaque de cuivre sur laquelle il s'appuie, le bras étant plié contre sa poitrine. Sur ladite plaque de cuivre, est tracée la silhouette d'un âne. — Fond noir. — Sur la tablette du socle : *Michel Lasne Designateur* (sic) *et Graueur ordinaire* || *du Roy, natif de Caën, decedé a Paris dans son logemēt* || *des Galeries du Louure, en l'année* 1667. *agé de* 72 ans. — Au-dessous, à g. : *C. le Brun pinxit.;* — à dr. : *N. Habert sculp.* 1700.

Très-belle épreuve.

917. Molière (J. B. POQUELIN DE), 1622-1673. — Pet. in-fol. H. 0,250. L. 0,175. *

A mi-corps, dans un ovale équarri, supporté par un socle. Vu presque de face, regardant à gauche, le corps tourné à droite. En longue perruque bouclée, retombant sur les épaules. Vêtu d'une robe à ramages, entr'ouverte dans le haut, laissant voir la dentelle de son jabot. Il tient, dans sa main droite, un livre ouvert, où, sur le feuillet recto, est écrit : *Le* || *Tartuffe.* — Fond noir. — Autour de l'ovale : *Jean Baptiste Pocquelin de Moliere.* — Sur la bande blanche intérieure de l'ovale : *decedé a Paris le* 17. *Fevrier* 1673. — Sur celle extérieure : *Mignard Pinxit.* — Sur le dessus du socle, à g. et à dr. de l'ovale, divers attributs de comédie entremêlés de feuillages, parmi lesquels, à gauche, est un livre fermé, couché à plat et supportant un masque; d'entre les feuillets du livre, sort une feuille de papier sur laquelle on lit: *Habert Sculp.* || *à Paris* || *rue St. Jacques* || **83** (168, les chiffres étant retournés). — Sur la tablette du socle, le quatrain suivant :

> *Pour reformer nos mœurs, pour regler notre vie*
> *En vain ont travaillé les plus doctes esprits*
> *De cet Acteur fameux la fine raillerie*
> *Nous en dit plus que leurs ecrits.*

— Sous le tr. c. : *A Paris chez Masson rue*, etc.
Très-belle épreuve.

Le P. Lelong indique la date de 1686 comme étant celle de la gravure.

918. Montespan (Françoise-Athénaïs DE ROCHECHOUART, marquise DE), maîtresse de Louis XIV, 1641-1707. — Gr. in-fol. H. 0,497. L. 0,416.

En buste, dans un ovale équarri dont les côtés sont tronqués. Vue de 3/4, regardant à droite, le corps de face. Tête nue, les cheveux bouclés, entremêlés de pierres précieuses; deux longues frisures retombent sur les épaules. Pendant d'oreille en forme de poire. Collier de perles. Décolletée jusqu'à la naissance des seins. Chemisette garnie de dentelle; magnifiques agrafes sur le devant, ainsi que sur l'épaule droite. — Autour de l'ovale : *Diane Françoise Athenaiste*, (sic) *de Rochechovart M. de Montespan.* — Sur la partie blanche extérieure dans le bas de l'ovale : *N. Habert Faciebat.* — A g. de l'ovale, au-dessus du tr. c., dans la gravure : *A Paris Chez Habert rue St. Jacques;* — à dr. : *proche St. Seuerin à la maison Royale.*

Fort rare. — Très-belle épreuve.

919. Muguet (Franç.), imprimeur, mort à Paris en 1702. — Pet. in-fol. H. 0,246. L. 0,175. *

A mi-corps, dans un ovale équarri, supporté par un socle. Vu de 3/4, regardant de face, le corps tourné vers la droite. En longue perruque. Vêtu d'un pourpoint entr'ouvert dans le haut et laissant voir la dentelle de son jabot. L'épaule gauche couverte par son manteau. — Fond noir. — Autour de l'ovale : *François Muguet Per. Imprimeur du Roy et du Clergé de France Age de 68 Ans 1698.* — Au milieu du socle, un petit médaillon, à fond blanc, contient les armoiries : *D'azur à un chevron d'or, accompagné en chef de deux branches de muguet d'argent, et en pointe d'une colombe posée sur une terrasse et tenant dans son bec un rameau, le tout du même;* l'écu timbré d'un casque orné de ses lambrequins.

Etat avant les noms des artistes.
Belle épreuve.

920. Rabelais (François), v. 1495-1553. — Pet. in-fol.
H. 0,247. L. 0,174. *

En buste, dans un ovale équarri, placé sur un piédestal. Vu de 3/4,
regardant de face, tourné vers la gauche. Coiffé d'un bonnet carré.
Vêtu d'une houppelande à larges parements, ouverte sur le devant,
et sous laquelle il porte une robe noire boutonnée et garnie de fourrure dans le haut. — Fond noir. — Sur le dessus du piédestal, à dr. :
N. Habert Sculp. — Sur la tablette : *François Rabelais, de Chinon en
Touraine, Docteur en Me=‖ decine de la Faculté de Montpellier : Mede-
cin, Lecteur et Bibliothecaire ‖ de Jean Cardinal du Bellay Evesque de
Paris : Curé de Meudon : mort ‖ a Paris l'an* 1553 *et inhumé dans le Ci-
metiere de la Paroisse de S^t. Paul.*
Belle épreuve.
Le P. Lelong donne la date de 1699 comme étant celle de la gra-
vure.

921. Rancé (Arm.-Jean LE BOUTHILLIER DE), 1626-1780.
In-fol. H. de la planche, 0, 333. L. 0,254. *

A mi-corps, dans un ovale équarri, supporté par un socle. Vu presque de profil, tourné à droite. Vêtu du costume de trappiste, le capuchon relevé sur la tête; les bras sur la poitrine, les mains cachées
dans les manches de sa robe. Derrière lui, une crosse d'abbé. — Fond
noir. — Autour de l'ovale : *Le R. P. Armand Iean Boutillier de Rancé
Abbé de la Trappe Agé de LXVI Ans* 1692. — Sur le dessus du socle, à
g., deux volumes, l'un placé verticalement et l'autre couché, retenant une feuille de papier sur laquelle est écrit : *Explication ‖ de la
Regle ‖ de S^t. Benoist;* — à dr., sur une feuille de papier repliée sur elle-
même à son extrémité, et retenue par deux volumes couchés l'un sur
l'autre, on lit : *Devoirs ‖ de la Vie ‖ Monastique.* — Sur la tablette du
socle : *Quàm angusta porta, & arcta via est quæ ducit ‖ ad vitam : &
pauci sunt, qui inveniunt eam !*
Math. 7. *V.* 14.
— A gauche de la tablette, sur le socle : *F. C. de la Grange jusciùm
pinx.;* — à dr. : *N. Habert Sculpebat an.* 1692. — Sous le tr. c., à g. :
A Paris chez Gautrot, etc.
Belle épreuve.

922. Sainte-Marthe (Abel Ier DE), seigneur d'Estrepied,
avocat au parlement de Paris, 1566-1652. — Pet. in-fol.
H. jusqu'au bas du médaillon armorié, 0,220. L. 0,169. *

A mi-corps, dans un ovale équarri. Vu de 3/4, légèrement tourné à
droite. Tête nue, les cheveux relevés. Il porte toute sa barbe. Vêtu

d'une robe noire boutonnée; large collerette plissée. Ceinture au milieu de la taille. — Fond noir. — Autour de l'ovale : *Abel de Ste Marthe Cher Coner d'Estat et Garde de la Bibliotheque de Font.* — Sur la partie blanche intérieure de l'ovale : *N. Habert Sculpebat.* — Sous le tr. c. : *Il naquit le 3e. May 1566. et fut l'ainé des fils de Scevole de Ste. Marthe* || *President des Tresoriers de France de Poictou. Il se distingua dans* || *le Barreau par son Sçavoir, par son éloquence et par ses ecrits, Il* || *en composa par le commandement du Roy Louis 13. sur des affaires* || *d'Estat et pour la défense des droits de la Couronne, dont ce Prince fut si satisfait,* || *qu'il luy donna des pensions et une place dans son Conseil en 1621. et en 1627.* || *la Charge de Garde de sa Bibliotheque de Fontainebleau. Il mourut le 7e* || *Novembre 1652. Abel de Ste. Marthe son fils Doyen de la Cour des Aydes à toûjours* || *eu le même amour pour les lettres et le même Zéle pour le Service de son Prince.* — Au bas du portrait, couvrant la bordure de l'ovale et séparant par le milieu quatre lignes de l'inscription ci-dessus, un médaillon ovale, à fond blanc, renferme les armoiries : *D'argent à la fasce fuselée de trois pièces et deux demies de sable; au chef du même;* l'écu timbré d'un casque de face, orné de ses lambrequins.

Très-belle épreuve, avec marges.

Le P. Lelong indique la date de 1699 comme étant celle de la gravure.

HAINZELMANN (Elias),

graveur au burin, d'origine allemande, né en 1640, à Augsbourg, où il serait mort en 1693. Élève de Fr. de Poilly, il travailla longtemps à Paris.

923. *Lorraine :* **Charles V** (Charles-Léopold-Nicolas-Sixte), duc de Lorraine, 1643-1690. — In-fol. H. 0,414. L. 0,331.

A mi-jambes, dans un ovale équarri. Debout près d'une table recouverte d'un tapis. Il est vu de 3/4, regardant vers la gauche, tourné à droite. En grande perruque frisée, retombant sur les épaules. Couvert d'une armure, avec cravate à longs bouts de dentelle, sous lesquels pend l'ordre de la Toison d'or. Écharpe à grands ramages, nouée autour de la taille; manchettes en dentelle. Il tient dans la main droite, posée sur la hanche, le bâton de commandement; la main gauche est appuyée sur un casque placé sur la table. Derrière le personnage, une draperie frangée forme le fond. — Sous le tr. c. : *Carolvs V. Dei Gratia Lotharingiæ et Barri Dux. &c.* — Au-dessous, à g. : *C. Herbel pingebat. ;* — à dr. : *E. Hainzelmann Sc. Aug. Vind.*

Rare. — Très-belle épreuve.

924. *Lorraine :* **Eléonore-Marie de Hongrie,** fille de Ferdinand III, empereur d'Allemagne, veuve de Michel-Cori-

but WISNIOWIECKI, roi de Pologne, et épouse du précédent, morte le 11 décembre 1697. — In-fol. H. 0,416. L. 0,331.

A mi-jambes, dans un ovale équarri. Debout près d'une table recouverte d'un tapis sur laquelle est placée la couronne de Pologne. Elle est vue de 3/4, regardant de face, tournée vers la gauche. Tête nue, les cheveux ondulés, ornés d'un diamant, et terminés en deux longües frisures retombant sur les épaules. Collier de perles. Vêtue d'une robe à grands ramages; corsage décolleté, garni de dentelle avec diamants pour agrafe ; manches courtes, garnies d'hermine avec brillants. Les bras à demi nus recouverts par les larges manches, en magnifique dentelle, de sa chemisette. Le bras gauche pendant, elle tient dans la main un pli de sa robe; le bras droit recourbé, la main appuyée sur sa poitrine près du diamant servant d'agrafe. — Sous le tr. c. : *Eleonora Regina Poloniæ Magna Ducissa Lithuaniæ Ducissa || Lotharingiæ et Barri, Nata Archiducissa Austriæ $\mathcal{E}_c^a$.* — Au-dessous à g. : *C. Herbel pingebat.;* — à dr. : *E. Hainzelmann Sc. Aug. Vind.*

Pendant du portrait précédent.

Rare. — Très-belle épreuve.

HAINZELMAN (JEAN),

graveur au burin, d'origine allemande, probablement le frère cadet du précédent. Né à Augsbourg en 1641. Il fut élève de François Ier de Poilly, et, après avoir abjuré le protestantisme, il épousa, à Paris, en 1677, Françoise-Charlotte Clousier, fille du libraire Germain Clousier. Dans l'acte de son mariage, il est dit fils d'Élie Hainzelman, d'Augsbourg. Il eut le titre de graveur du roi, et mourut à Berlin en 1693. (Voir Jal.)

925. Louvois (Fr.-M. LE TELLIER, marquis DE), 1639-1691. — In-fol. H. 0,297. L. 0,212. (Le B., 16, *s. n.*) *

En buste, dans un ovale équarri, supporté par un socle. Vu de 3/4, regardant de face, tourné à gauche. En longue perruque bouclée, retombant sur les épaules. Couvert d'un manteau sur le côté gauche duquel est brodée la croix du Saint-Esprit, dont on n'aperçoit qu'une branche. Magnifique rabat en dentelle. — Autour de l'ovale : *Michel François Le Tellier Marqvis de Lovvois Secret^r et Ministre d'Estat.* — Au bas du portrait, couvrant la bordure de l'ovale, un petit médaillon, à fond blanc, renferme les armoiries : *D'azur à trois lézards d'argent, posés en pals, rangés en fasce; au chef cousu de gueules, chargé de trois étoiles d'or ;* l'écu surmonté d'une couronne de marquis et entouré du collier du Saint-Esprit. — Sur le dessus du socle, à g. : *Ferdinandus Voet pinxit. || J. Hainzelman del. et sculp.;* — à dr. : *avec Priuil. du Roy.* 1686. — Sur le socle, au-dessus du tr. c., de chaque côté d'une tablette laissée en blanc, à g. : *A Paris, chez le*

d'.Hain. || rue Galande proche la ; — à dr. : place Maubert, attenant || la
Croix blanche.

Très-belle épreuve.

926. **Pologne** : **Sobieski** (Jean), roi sous le nom de **Jean III**,
1624-1696. — In-fol. H. 0,300. L. 0,214. (Le B., 17, s. n.)

A mi-corps, dans un ovale équarri, supporté par un socle. Vu de 3/4,
regardant de face, tourné vers la droite. Tête nue, les cheveux courts
et relevés. Il porte moustaches. Couvert d'une armure, avec le grand
cordon en sautoir ; les épaules couvertes d'un manteau bordé de fourrure et retenu par une agrafe en diamant. — Autour de l'ovale :
*Iohannes III. D. G. Rex Poloniæ, Magnvs Dvx Lith. Rvss. Prvss. Samog.
Masov. Kiov. Volhyn. Podol. Podlach. Livon. Smolensc. Sever. Czernie-
choviæo* (sic). — Au bas du portrait, couvrant la bordure de l'ovale,
un petit médaillon renfermant les armoiries : *Écartelé : de Pologne et
de Lithuanie*; l'écu surmonté de la couronne royale, environné du
collier du Saint-Esprit et du manteau d'hermine. — Sur le dessus du
socle, à g. : *J. Hainzelman del. et sculp.* ; — à dr. : *avec Privil. du Roy,
1684.* — Sur la tablette du socle, le huitain suivant :

> *Venir, voir, secourir, remporter la victoire*
> *releuer de l'Empire et le Trosne et la gloire*
> *proteger les Chrétiens, Terrasser le Croissant*
> *rendre son effort ympuissant*
> *Sa valeur, confuse et trompée,*
> *c'est pour vous, O grand Roy l'ouurage de deux mois*
> *et ce qui donne encor l'esclat a tant d'exploits*
> *c'est que Dieu s'est seruy de vostre Seule Epée.*

— Sur la face du socle, dans la gravure, à g. de la tablette : *à Paris
chez le d'.Hain^n. Sur le ; — à dr. : petit pont à Lescharpe blanche.*

Très-belle épreuve.

927. **Solleysel** (Jacques DE), écuyer du roi, 1617-1680. —
In-4°. H. 0,239. L. 0,175. (Le B., 19.) *

A mi-corps, dans un ovale équarri, placé sur un piédestal. Vu de 3/4,
tourné vers la droite. En longue perruque bouclée, retombant sur les
épaules. Couvert d'une armure, avec écharpe en sautoir, nouée sur
l'épaule droite. Cravate avec longs bouts en dentelle. — Autour de
l'ovale : *Iaqves Desolleysel* (sic) *Escvyer Sievr dv Clapier et de la Berar-
diere Escvyer dv Roy dans sa Grande Escvyrie* (sic)*, Aagé de LXIII Ans.*
— Sur la bordure de l'ovale, au bas du portrait, un écusson d'armoiries dont les émaux ne sont point indiqués, sauf sur quelques
pièces : *Écartelé : aux 1 & 4,....... à trois croisettes......; aux 2 et 3,.....
au chevron de gueules* (la couleur n'est indiquée que sur la moitié)

accompagné en chef de deux roses.... et en pointe d'un lion d'azur; sur le
tout..... à un soleil...; l'écu timbré d'un casque orné de ses lambre-
quins. — Sur le dessus de la corniche du piédestal, à g. : *J. Hainzelman*
ad viuum; — à dr. : *delin. et sculp.* 1680. — Sur la tablette, le quatrain
suivant :

> *Le Peintre dont la main, a tracé c'est (sic) Image*
> *Ne presente a nos yeux que les traits du dehors*
> *Mais c'est Illustre Autheur dans ce scauent ouurage*
> *Peint bien mieux son esprit que le peintre son Cors.*

— Sous le tr. c., au milieu : *A Paris sur le petit pont, a l'escharpe*
blanche. ; — à dr. : *auec priuil du roy.*
2e état, avec la lettre. — Belle épreuve.

928. Tavernier (Jean-Baptiste), chevalier, baron d'Aubonne, célèbre voyageur français, 1605-1689. — In-4°. H. 0,208. L. 0,133. (Le B., 20.) *

En pied, debout entre deux colonnes recouvertes par une draperie
relevée au-dessus de la tête du personnage et retenue à gauche par un
cordon à glands. Vu de 3/4, regardant de face, la tête tournée à
gauche et le corps à droite. Coiffé d'un turban. Vêtu d'une robe à ramages, retenue à la taille par une large ceinture. Les épaules couvertes d'un manteau avec collet de fourrure et doublé de même. La
main droite appuyée sur la hanche. Le bras gauche pendant. — A
droite, sur le socle de la colonne, les initiales : *I. B. T.* — Près des
pieds du personnage, sur le tapis, à dr. : *J. Hainzelman del. et*
sculp. || *cum priuil. Regis A Paris* 1379; (le chiffre 6 retourné). — Sous
le tr. c., à g. : *chez le d'.H. sur le petit pont à Lescharpe blanche.*
1er état. — Belle épreuve, avec marges.
2e état. — L'adresse ci-dessus changée et remplacée par celle-ci :
chez le d'.H. rüe Galande proche la place Maubert attenant la Croix
blanche. — Très-belle épreuve, mais rognée au tr. c.

929. Tavernier (J.-Bte.), le même que le précédent. — Gr. in-4°. H. 0,238. L. 0,174. *

A mi-corps, dans un ovale équarri, placé sur un petit socle. Vu de
3/4, regardant de face, tourné vers la droite. Tête nue, les cheveux
longs. Vêtu d'une robe à ramages, avec cravate de dentelle. — Autour de l'ovale : *Iean Baptiste Tavernier Chevalier Baron d'Avbonne.*
Age de LXXIV Ans. 1679. — Au bas du portrait, couvrant la bordure de l'ovale, un petit médaillon renfermant les armoiries : *D'or à*
la bande de gueules chargée d'un cimeterre d'argent, la poignée d'or; ac-
compagnée de deux têtes de Maure de sable, tortillées d'argent; l'écu

surmonté de la couronne de baron. — Sur la tablette du socle, les vers suivants :

> *De Paris, a Delly, du Couchant à l'Aurore,*
> *Ce fameux Voïageur courut plus d'vne fois.*
> *De l'Inde et de l'Hydaspe, il frequenta les Rois,*
> *Et sur les bords du Gange on le reuere encore.*
> *En tous lieux sa Vertu fut son plus séur (sic) apui,*
> *Et bien qu'en nos climats de retour aujourd'hui,*
> *En foule a nos yeux il presante*
> *Les plus rares tresors que le Soleil enfante,*
> *Il n'a rien raporté de si rare que lui.*

— Sur le socle, dans la gravure, à g. de la tablette : *Joan. Hainzelman* || *ad viuum del. et sculp.* || *cum priuil. Regis* 1679; — à dr.: *A Paris chez le d'.Hain.* || *sur le petit pont à* || *Lescharpe blanche.*

Très-belle épreuve.

HALLIER,

graveur au burin du siècle dernier.

930. *France* : **Élisabeth-Philippe-Marie-Hélène de France**, appelée *Madame Élisabeth*, 1764-1794. — In-4°. H. 0,160. L. 0,101.

A mi-corps, dans un ovale au milieu d'un cadre bordé d'oves et orné de fleurs, placé sur une tablette. Vue presque de profil, tournée vers la droite. Tête nue, les cheveux relevés sur le devant, et se terminant par derrière en longues frisures retombant sur les épaules. Fleurs avec perles et nœud de ruban sur le sommet de la tête. Vêtue d'un corsage légèrement décolleté, avec manches bouillonnées. Le bras gauche est recouvert par une draperie fleurdelisée. — Une draperie frangée recouvre la tablette sur laquelle on lit l'inscription suivante: *Elisabeth Philippe Marie* || *Hélène de France Sœur du Roi* || *née à Versailles le 3 Mai* 1764. — Sous le tr. c., à g. : *Queverdo Sculp.;* — à dr.: *Hallier Sculp..*

Hallier grava le portrait, et Queverdo, les ornements du cadre.

Belle épreuve, avec marges.

HEMERY (Antoine-François),

graveur au burin, né à Paris en 1751, mort en.....

931. Netscher (Gaspard), peintre allemand, 1639-1684. — In-fol. H. 0,318. L. 0,264. (Le B., 12, *s. n.*)

Jusqu'aux genoux, debout, dans un large cadre. Vu de 3/4, tourné

vers la gauche, regardant de face. Tête nue, cheveux longs, retombant
sur les épaules. Vêtu d'un pourpoint noir, boutonné, à manches
courtes et à crevés. Cravate blanche avec bouts en dentelle. La taille
enveloppée dans un manteau recouvrant l'épaule droite, et en partie
le bras, dont on voit la main du côté de la paume. Il tient de la main
gauche le manteau contre sa poitrine. — Sur la tablette du bas, dans
la gravure : *Portrait de Gaspard Netscher* || *Peint par lui-même* || *né en*
1639 mort à la Haye en 1687 (sic). — Sous le tr. c., à g. : *G. Netscher*
Pinx.; — à dr. : *Ant. Hemery Sculp.* ; — au milieu : *A. J. S. A. direc.*
— Au-dessous, sur toute la largeur de l'estampe : *d'après le Tableau*
Original de même grandeur. Tiré du Cabinet de Monsieur le Comte de
Baudouin. || *Brigadier des Armées du Roy. Capitaine aux Gardes Fran-*
coises. — Plus bas : *A Paris chez la Veuve Jardinier*, etc.
Belle épreuve.

HENRIQUEL-DUPONT (Louis-Pierre),

dessinateur et graveur à l'eau-forte, à la manière noire et au burin, membre de
l'Institut, né à Paris le 13 juin 1797. Élève de Bervic, P. Guérin et Paul Delaroche.

932. **Bertin** (Louis-François), publiciste français, fondateur
et directeur du *Journal des Débats*, 1766-1841. — Gr. in-fol.
H. 0,340. L. 0,281. (Le B., *13, s. n.*)

Jusqu'aux genoux, assis dans un fauteuil. Vu de face, le corps tourné
vers la gauche, tête nue. Vêtu d'une redingote, avec gilet entr'ouvert
dans le haut; breloques pendantes au côté droit. Les mains appuyées
sur les genoux. — Fond noir. — Dans l'angle gauche, au-dessus du
personnage, tracé en lettres grises : *J. Ingres Pinxit.* || 1832. — Dans
l'angle droit : *L-F. Bertin.* — Sous le tr. c., à g., tracé à la pointe :
Ingres; — au milieu, le millésime 1844; — à dr. : *Henriquel Dupont.*
Œuvre capitale de l'artiste.
Magnifique épreuve sur papier de Chine, doublé de papier blanc,
avec les signatures autographes de : *Ingres* et *Henriquel Dupont.*

933. **Brongniart** (Alexandre), célèbre chimiste et géologue
français, 1770-1847. — In-fol. H. 0,287. L. 0,234. (Le B.,
14, s. n.)

Jusqu'aux genoux, assis dans un fauteuil. Vu de face, tête nue et
légèrement inclinée vers l'épaule droite. Vêtu d'une redingote boutonnée; un ruban à la boutonnière. Accoudé du bras gauche sur le
bras du fauteuil, les mains l'une dans l'autre appuyées sur la cuisse.

Sous le tr. c., à g·., tracé à la pointe : *dessiné en* 1836 ; — au milieu : *Henriquel Dupont ;* — à dr. : *gravé en* 1850.

Eau-forte, avant le nom du personnage. — Très-belle épreuve sur papier de Chine doublé.

934. Chénier (André-Marie DE), célèbre poëte français, 1762-1794. — In-4°. H. 0,097. L. 0,083. (Le B., 16, *s. n.*)

A mi-corps, assis sur une chaise dont le dossier est passé sous l'aisselle du bras gauche. Vu de 3/4, tourné à droite, tête nue. Le col de sa chemise dégrafé. Vêtu d'une redingote boutonnée, à large collet rabattu. — Au-dessus de la main gauche, appuyée sur le montant de la chaise, dans la gravure, à dr. : *Peint à St-Lazare* ‖ *Le* 29 *Messidor L'An* 2 ‖ *Par J B Suvée.* — Sous le tr. c., au milieu, dans la marge : *HDupont* 1838 (les deux premières lettres du nom sont accolées).

Eau-forte et pointe. — Très-belle épreuve sur papier de Chine doublé.

935. Feuillet de Conches (Mme), première épouse de M. Feuillet de Conches, ancien introducteur des ambassadeurs. — In-4°. H. de la pl., 0,204. L. 0,162. H. du portrait, 0,086.

En buste. Vue de 3/4, tournée à gauche, regardant de face. Tête nue, cheveux frisés. Vêtue d'une robe décolletée. — Au bas du portrait, tracé à la pointe : *Dessiné et Gravé par HDupont* 1826 (les deux premières lettres du nom sont accolées).

Très-belle épreuve sur papier de Chine doublé, au bas de laquelle, à droite, est écrit à l'encre : *à Mon ami Caron.*

936. *France :* **Auguste-Marie-Jeanne**, princesse de Bade, épouse de LOUIS D'ORLÉANS, duc d'Orléans, fils du Régent, 1704-1726. — In-fol. H. 0,255. L. 0,180.

A mi-corps, dans une bordure ovale, ornée dans le haut d'un nœud de ruban retombant de chaque côté en banderoles. Vue de 3/4, tournée vers la droite. Tête nue, cheveux légèrement bouclés et entremêlés de fleurs. Décolletée jusqu'à la naissance des seins. Vêtue d'une robe à ramages, dont le corsage est garni, dans le haut, de dentelle et de perles. — Autour de l'ovale, dans sa partie supérieure : *Auguste Marie Jeanne de Baden-Baden Duchesse d'Orléans.* — Sous le tr. c., au milieu, tracé à la pointe : *Henriquel Dupont* 1846.

Gravure à la pointe. — Belle épreuve sur papier de Chine, doublé de papier blanc, à grandes marges. Le chine est entouré d'un cadre rectangulaire.

937. *France* : **Louis-Philippe**, 1773-1850. — Très gr. in-fol. H. 0,545. L. 0,363.

En pied, debout au bas des marches du trône, près d'une table recouverte d'un tapis et sur laquelle est placé un livre ouvert, orné de fermoirs, posé sur un coussin ayant sur le recto du feuillet cette inscription : *Charte* || *de* || 1830. Vu de 3/4, tourné à droite, où il regarde, le corps de face. Tête nue, cheveux bouclés. Vêtu du grand costume de général de division, avec décorations et le grand cordon en sautoir. Épée au côté. Il tient dans la main gauche, le bras pendant, son chapeau, bordé de plumes ; son bras droit est étendu, et la main posée sur la Charte. Derrière lui, le trône, surmonté de la couronne accompagnée du sceptre et de la main de justice en sautoir ; au milieu, sont brodées ses initiales accolées *L P*, entourées de deux branches de laurier. — Sur la gauche, on voit des colonnes dont le fût, dans le haut, est recouvert d'une draperie frangée. — Sous le tr. c., au milieu : *Henriquel Dupont* 1837.

D'après le baron Gérard.

1er état. — Superbe épreuve d'artiste, sur papier de Chine doublé.

938. *France* : **Ferdinand-Philippe-Louis d'Orléans**, duc de Chartres, puis *duc d'Orléans*, prince royal, 1810-1842. — In-fol. H. 0, 252. L. 0,184. (Le B., 32, *s. n.*)

En pied, debout dans un salon. Vu de profil, tourné à gauche, tête nue, les cheveux bouclés sur les côtés. En uniforme, avec diverses décorations ; épée au côté. Il tient sa main gauche dans la poche de son pantalon. Son chapeau galonné et orné de plumes est appuyé sur la hanche et retenu par son bras droit ; il tient des gants dans la main. Derrière lui, est une magnifique table supportant, avec divers objets, un superbe vase sculpté. Des draperies, recouvrant en partie un canapé, forment le fond. — Sous le tr. c., à g. : *Dessiné par Eugène Lami ;* — à dr. : *Gravé par Dupont.* Ces inscriptions sont tracées à la pointe.

Gravure à l'eau-forte et à la pointe. — Très-belle épreuve.

939. *France* : **Hélène-Louise-Élisabeth de Mecklembourg-Schwerin**, *duchesse d'Orléans*, épouse du précédent, 1814-1858. — In-8°. H. 0,089. L. 0,069.

En buste, dans un ovale équarri avec coins teintés. Vue de 3/4, tournée vers la droite, regardant de face. Tête nue, cheveux lissés et en bandeaux, ornés de dentelle et d'une plume. Les épaules légèrement découvertes. Agrafe en perles au haut du corsage. — A droite, dans le fond, près de l'ovale, les initiales accolées *H D*.

D'après Meurcy.

Gravure à la pointe. Rare. — Très-belle épreuve sur papier de Chine doublé.

940. *France :* **Marie-Christine-Caroline d'Orléans** (*mademoiselle de Valois*), fille du roi Louis-Philippe, et épouse de Frédéric Guillaume-Alexandre, duc de Wurtemberg, 1813-1839. — In-fol. H. 0,239. L. 0,201.

En pied, assise sur une chaise. Vue de profil, tournée à gauche, regardant une esquisse placée devant elle sur un chevalet. Tête nue, les cheveux en bandeaux, retenus derrière par un peigne. Vêtue d'une robe simple, avec collerette de mousseline. Placée devant un pupitre, le bras droit allongé, elle tient dans la main un porte-crayon avec lequel elle dessine ; sa main gauche fermée est appuyée sur le pupitre retenant la feuille de papier. — Sous le tr. c., à g.; les initiales entrelacées *A S ;* — à dr., les lettres *H D* accolées.

D'après Ary Scheffer.

Gravure à la pointe. Rare. — Belle épreuve.

941. *France :* **Napoléon** (Eugène-Louis-Jean-Joseph), prince impérial, fils de Napoléon III, né le 16 mars 1856. — Gr. in-fol. H. de la planche, 0,595. L. 0,285. H. de l'ovale, 0,199. L. 0,149.

A mi-corps, dans un ovale formé d'un simple trait. Représenté debout, âgé de trois ans, vu de face ; tête nue, cheveux bouclés et séparés par une raie sur le côté gauche. En costume de sergent des grenadiers de la garde. Il tient, de la main gauche, le baudrier retenant le sabre dont on ne voit que la poignée. Le bras droit est étendu. — Sous l'ovale, tracés à la pointe : *Peint par Édouard Dubufe* 1859. — *Gravé par Henriquel.*

Très-belle épreuve sur papier de Chine, doublé de papier blanc, à toutes marges.

942. **La Riboisiére** (Jean-Ambroise Baston, comtè de), général français, 1759-1812, et son fils, officier de carabiniers. — Gr. in-fol. H. de la planche, 0,475. L. 0,380. H. de la pl. gravée, 0,360. L. 0,286.

En pied tous les deux. Le général, assis sur l'affût d'un canon, est vu de 3/4, tourné vers la droite, tête nue. Vêtu de l'uniforme de son grade, il porte en sautoir le grand cordon de la Légion d'honneur, et sur la poitrine, plusieurs décorations. Sa taille est serrée d'une écharpe; le sabre au côté. Il est chaussé de bottes à l'écuyère; celle de la jambe gauche recouvre un linge avec lequel la jambe est bandée. Sur les épaules, un manteau dont le pan recouvre la jambe droite. Appuyé de l'aisselle droite sur la culasse du canon, il tient dans la main un rouleau de papier déplié, sur lequel est figuré un plan de campagne. De la main gauche, il presse sur son cœur la main droite de son fils qui est debout près de lui, vu de 3/4, la tête nue et tournée vers la droite, le corps étant à gauche. Il est en grand costume d'officier de carabiniers, et tient sous le bras gauche, à demi ployé, son casque. Derrière le général, sur la gauche, deux drapeaux pris à l'ennemi recouvrent le canon et cachent en partie un cavalier tenant par la bride le cheval de l'officier. Sur la traverse de l'affût du canon, est posé, avec des rouleaux de papier, le chapeau du général près duquel, par terre, est un portefeuille avec cette inscription : *Cte Lariboisière || Pr. Ins^r. G^l. de l'Art^ie.* — A droite, des trompettes sonnent la charge. Dans le fond, vue d'une bataille. Sur le devant, à droite, des boulets près d'un caisson rempli de papiers et en avant duquel est couché par terre un portefeuille, avec une plaque au milieu, portant le mot *Russie.* — Sous le tr. c., tracées à la pointe, les inscriptions suivantes, à g. : *peint par Gros en* 1814 ; — à dr. : *gravé par Henriquel Dupont* 1852.

Superbe épreuve sur papier de Chine, doublé de papier blanc, à toutes marges.

Cette belle gravure représente le général de La Riboisière faisant ses adieux à son fils, sur le champ de bataille de la Moskova où ce jeune officier trouva la mort.

943. **Mirabeau** (Honoré-Gabriel RIQUETTI, comte DE), célèbre orateur français, 1749-1791. — In-fol. H. 0,221. L. 0,162. (Le B., 25, *s. n.*)

En pied, debout à la tribune. Vu presque de face; en perruque. Vêtu d'une redingote ouverte, laissant voir son gilet. Il s'appuie de la main gauche sur le dessus de la tribune, ayant le bras droit étendu. Sa jambe droite dépasse la tribune et permet de voir sa culotte courte et son soulier à boucles. Derrière lui, dans une tribune plus élevée, est assis le président de l'Assemblée; vu presque de face, accoudé du bras droit, tenant son menton dans sa main ; tête nue; légèrement incliné vers l'épaule. — Sous le tr. c., à g. : *Paul Delaroche ;* — au milieu, le millésime 1847 ; — à dr. : *Henriquel Dupont.*

Gravure à l'eau-forte et à la pointe.

1er état, avant le nom du personnage. — Magnifique épreuve offerte par l'artiste à M. Didot, en 1856.

944. **Pasta** (Judith), cantatrice italienne, 1798-1865. — In-fol. H. 0,296. L. 0,232. (Le B., 34.)

Jusqu'aux genoux. Debout, vue de face, dans le rôle d'*Anna Bolena*, la tête ceinte d'une couronne accompagnée d'un rang de perles posé sur le front. Les cheveux en bandeaux et retenus derrière par un voile flottant. Vêtue d'une robe de velours noir, dont le corsage est garni dans le haut de brillants et rehaussé d'agrafes en perles ; longues manches ouvertes avec agrafes, laissant les bras nus. Décolletée jusqu'à la naissance des seins. Un collier de deux rangs de perles. Elle tient dans sa main gauche l'un des rangs du collier, et, de la droite, elle tourne les feuillets d'un livre placé près d'elle sur un pupitre sculpté que surmonte un jeu d'orgue. — Sous le tr. c., au milieu : *Dessiné et Gravé par HDupont Paris* 1832.

Dans cette inscription, tracée à la pointe, les lettres *H* et *D* sont accolées et la lettre *a* du mot Paris est à l'envers.

Gravure à l'aqua-tinta. — Belle épreuve.

945. **Pastoret** (Claude-Emmanuel-Joseph-Pierre, comte, puis marquis DE), homme d'État et membre de l'Académie française, 1756-1840. — Gr. in-fol. H. 0,292. L. 0,222. (Le B., 35.)

Presqu'entier, assis dans un fauteuil, et accoudé du bras droit. Vu de 3/4, tourné vers la droite, où il regarde, le corps étant de face. Tête nue, légèrement inclinée et appuyée sur deux doigts de la main droite. Cheveux courts et séparés au milieu par une raie. En costume de chancelier de France, avec deux décorations sur le parement de sa robe, dont l'une est en partie cachée par le grand cordon passé autour du cou, avec la croix du Saint-Esprit. Le bras gauche appuyé sur le fauteuil, la main tenant l'extrémité du bras. — A gauche, derrière le personnage, un pilastre à rainures. — Sous le tr. c., à g. : *Peint par Paul De La Roche*; — à dr. : *Gravé par Henriquel Dupont.*; — au milieu : le millésime 1838.

Eau-forte. — État avant le nom du personnage. — Superbe épreuve sur papier de Chine, doublé de papier blanc, à grandes marges.

946. **Rachel** (Élisabeth-Rachel FÉLIX, dite), célèbre tragédienne française, 1821-1858. — In-fol. H. 0,210. L. 0,171. (Le B., 37.)

En buste. Vue de 3/4, tournée vers la droite, regardant de face. Coiffée en bandeaux, les cheveux ondulés ; la tête couverte d'une fanchon en tulle noir. — Dans l'angle du haut, à droite, le nom : *Ra-*

chel. — Sous le tr. c., à g. : *H. Lehmann* 20 *Mars* 1851 ; — à dr. : *Henriquel* 1852.

Gravure au burin.

1er état, avec le nom des artistes tracé à la pointe. — Très-belle épreuve sur papier de Chine doublé ; le chine entouré d'un encadrement rectangulaire formé d'un trait.

947. *Rome :* **Grégoire XVI** (Mauro CAPPELLARI), 1765-1846. — In-fol. H. 0,259. L. 0,207. (Le B., 21, *s. n.*).

Jusqu'aux genoux, assis dans un fauteuil. Vu de 3/4, regardant vers la gauche, le corps tourné à droite, la tête couverte d'une calotte. Vêtu des habits pontificaux ; les bras appuyés sur le fauteuil. — A droite du personnage, à hauteur de la tête, les armes papales, surmontées de la tiare, accompagnée des clefs de St-Pierre, posées en sautoir. — Au-dessous de l'écusson, on lit : *Vatican* || MDCCCXLIV. — Sous le tr. c., au milieu : *Grégoire XVI.* || *Gravé par Henriquel - Dupont d'après l'étude dessinée, au Vatican en 1844, par Paul Delaroche.* — Au-dessous : *London. E. Gambart, Junin & Cº,* etc. — *Paris, Goupil & Vibert, Éditeurs.* — *A Rome, chez Jean Gallarini,* etc. — Au-dessous et au milieu : *Imprimé par Chardon aîné & Aze.*

Eau-forte. — Superbe épreuve sur papier de Chine, doublé et entouré d'un double filet noir.

948. **Sauvageot** (Alexandre-Charles), amateur de curiosités, membre de l'académie de musique, 1781-1860. — In-fol. H. 0,226. L. 0,173. (Le B., 40.)

Jusqu'aux genoux, debout près d'une table recouverte d'un tapis, et sur laquelle est placée une statue. Vu de 3/4, regardant de face, le corps tourné vers la gauche ; la tête légèrement inclinée, couverte d'une calotte ornée d'un gland. Vêtu d'un veston à l'orientale, à larges manches, ouvert sur le devant. Il tient dans la main droite une magnifique aiguière, et, sous le bras gauche, un plat. — Dans l'angle gauche, au-dessus du personnage : *Aldre. Chles. Sauvageot* || *de l'Acadie. Royle. de Musique.* — Sous le tr. c., au milieu : *Dessiné en 1833 et Gravé en 1852 par son ami Henriquel Dupont.*

Gravure à la pointe. — Belle épreuve.

949. **Scheffer** (Ary), peintre français, 1795-1858. — Gr. in-fol. H. de la planche, 0,410. L. 0,310. H. de la planche gravée, 0,282. L. 0,224.

A mi-corps, dans un encadrement formé d'un seul trait. Il est représenté assis, vu de 3/4, tourné vers la gauche, où il regarde, le corps étant à droite. Tête nue, cheveux relevés. Il porte barbiche et moustaches. Vêtu d'une redingote ouverte. Il tient dans la main droite un monocle, le bras étant appuyé sur le dossier du siége. — Sous le tr. c., à g. : *Peint par F,, L,, Benouville.* ; — à dr. : *Gravé par Henriquel Dupont* ; — au milieu, dans la marge : *Ary Scheffer,* — Au-dessous : *Imprimé et publié par Goupil et C*ie *le* 1er *octobre* 1858 || *Paris-London.* ; — à g. : *Berlin-Verlag von Goupil et C*ie*.* ; — à dr. : *New-York - Published by M. Knœdler.*

Très-belle épreuve sur papier de Chine, doublé de papier blanc, à toutes marges.

950. **Vernet** (Antoine-Charles-Horace), appelé *Carle Vernet*, peintre, 1758-1836. — In-4°. H. 0,148. L. 0,117. (Le B., 43.)

A mi-corps, dans un cadre rectangulaire formé de simples traits au haut duquel on lit : *L'Artiste.* Vu presque de profil, tourné vers la droite; tête nue, cheveux rarés et ébouriffés sur le sommet. Il porte des favoris. Vêtu d'une redingote avec le ruban attaché à la boutonnière. — Sous le tr. c., à g. : *Dessiné par Paul Delaroche* ; — à dr. : *Gravé à l'eau forte par HDupont* 1837 ; — au milieu et au-dessous : *Carle Vernet.*

Gravure à l'eau-forte et à la pointe. — Belle épreuve.

HENRIQUEZ (Benoit-Louis),

graveur au burin, né en 1732, à Paris, où il mourut en 1806. Élève de C. Dupuis. Il fut agréé à l'Académie en 1782 (et non en 1779, comme le disent Huber et Rost).

951. **Alembert** (Jean Le Rond d'), 1717-1783. — In-fol. H. 0,315. L. 0,211. (Le B., 17, *s. n.*)

A mi-corps, dans un cadre rectangulaire bordé d'oves. Il est assis devant une table chargée de papiers, de livres et d'un étui de mathématiques. Vu de 3/4, tourné vers la droite, tête nue, les cheveux relevés sur le devant, bouclés sur les côtés et attachés derrière par un nœud de ruban. Vêtu d'une redingote ouverte, avec manches à parements garnis de boutons ; gilet entr'ouvert laissant voir son jabot de dentelle. Accoudé du bras droit, il tient dans la main une plume d'oie ; la main gauche, appuyée sur la table, tient un compas. — Sur la gauche du personnage, une mappemonde, des rouleaux de papier et des livres sont placés sur un meuble. — Sur la tablette, aussi ornée d'oves, on lit : *J. d'Alembert.* — Sous le tr. c., sur deux lignes : *Dessiné par N. R. Jollain, Peintre du Roi ; et Gravé par B. L. Henriquez, Graveur de S. M. I. de* || *toutes les Russies, et de l'Académie Impériale des Beaux-Arts de S*t*-Pétersbourg.*

Belle épreuve.

952. Bossut (Ch.), célèbre géomètre français, 1730-1814. — In-4°. H. 0,146. L. 0,106.

A mi-corps, assis devant un bureau. Vu de 3/4, tourné vers la gauche, où il regarde ; le corps à droite. Tête nue, cheveux bouclés et relevés sur le devant. Vêtu du costume ecclésiastique, avec rabat. La main droite, tenant un compas, est appuyée sur des feuilles de papier posées sur le bureau. — Sous le tr. c., à g. : *Peint par Mr Duplessis Peintre du Roi.;* — à dr. : *Gravé par B. L. Henriquez Graveur du Roi, &c. &c.;* — au milieu : *Charles Bossut || de l'Académie Royale des Sciences, &c. &c.* — Plus bas : *A Paris chez Henriquez, etc. Avec Privilège du Roi.*
Belle épreuve.

953. *France :* **Louise-Marie-Adélaïde de Bourbon-Penthièvre,** appelée successivement *duchesse de Chartres* et *duchesse douairière d'Orléans,* fille de Louis-Jean-Marie de Bourbon, duc de Penthièvre, épouse de LOUIS-PHILIPPE-JOSEPH D'ORLÉANS, appelé *Philippe-Égalité,* et mère du roi Louis-Philippe, 1753-1821. — In-fol. en travers. L. 0,486. H. 0,372. *

Assise sur l'herbe et adossée à un rocher surplombant la mer, les jambes allongées, accoudée sur un tertre du bras gauche, la main pendante. Vue presque de face, tournée vers la gauche, où elle regarde ; le corps légèrement à droite. Tête nue, cheveux abondants, relevés sur le devant et terminés derrière en longes boucles. Vêtue d'une robe à corsage décolleté jusqu'à la naissance des seins, avec mante retenue à la taille par une ceinture. Chaussée de sandales. Elle tient dans la main droite, le bras appuyé sur le côté, une pointe avec laquelle elle vient de tracer sur le rocher deux lignes dont on lit: ..... *et vainement je veux lire || à chaque mot.....* — A droite, près d'elle sur l'herbe, un livre de poésies ouvert ; à gauche, dans le fond, voguant sur la mer, des vaisseaux dont les voiles sont gonflées. — Ciel nuageux. — Sous le tr. c., à g. : *Peint par Mr. Duplessis, Peintre du Roi.;* — à dr.: *Gravé par B. L. Henriquez Graveur du Roi, et de S. M. Imple. de Russies de l'Académie Imple. de St. Pétersbourg.* — Au milieu, un écusson couronné, contenant les armes des *d'Orléans,* parti de *Bourbon-Penthièvre;* soutenants : deux anges sur des nuages, environnés de rayons. — L'inscription suivante accompagne les armoiries : *Louise Marie Adelaïde de Bourbon, Duchesse de Chartres.* — Au-dessous, des deux côtés des armoiries : *A Paris chez Henriquez, etc. A. P. D. R.*
Belle épreuve.

954. Mailly (Louise-Julie DE NESLE, comtesse DE), maîtresse de Louis XV, 1710-1751. — In-fol. H. 0,336. L. 0,272.

Jusqu'aux genoux, dans un cadre rectangulaire. Elle est assise sur un tertre, près du tronc d'un arbre auquel est pendu un arc et un car_quois rempli de flèches. Vue de face, le corps légèrement tourné vers la droite, tête nue, cheveux courts et bouclés, ornés de roses sur le côté droit. En chemisette, avec une tunique attachée à la ceinture. Très décolletée, ayant l'épaule droite à nue. Elle tient dans ses mains une flèche, dont elle essaye la pointe sur l'index de sa main gauche. — Sous le tr. c., à g. : *Nattier Pinxit;* — à dr. : *B. L. Henriquez Sculp.;* — au milieu : *La Chasseuse aux Cœurs;* — au-dessous : *A Paris chez Basan.*

Belle épreuve, mais coupée aux traits du cadre.

HORTHEMELS (MARIE-ANNE),

graveur au burin, née en 1682, à Paris, où elle mourut le 24 mars 1727, âgée de quarante-cinq ans. L'aînée des trois filles de Daniel Horthemels, libraire, elle épousa d'abord Germain Lecocq, écuyer-pâtissier de la bouche du roi, et en eut Germain-Jacques Lecocq, peintre, né en 1709. Elle s'unit en secondes noces, le 20 avril 1712, à Nicolas-Henri Tardieu, graveur. Ses deux sœurs épousèrent, l'une Charles-Nicolas Cochin, et l'autre, Alexis-Simon Belle. Toutes les trois elles ont manié le burin ; et comme elles signaient leurs œuvres de plusieurs manières, cela a jeté un trouble dans l'esprit de leurs biographes et leur fit commettre de fausses attributions. D'ailleurs, toutes les notices qui leur ont été consacrées sont remplies d'erreurs, sauf celle dressée sur pièces authentiques, par M. Alex. Tardieu (*Archives de l'art français,* t. IV, p. 49 et suiv.), qui se complète avec quelques nouveaux renseignements donnés par Jal.

955. *France :* **Philippe II**, duc **d'Orléans**, Régent de France, 1674-1723. — In-fol. H. 0,360. L. 0,253.

A mi-corps, dans un cadre rectangulaire, supporté par un socle. Vu de 3/4, regardant de face, le corps tourné à gauche. En longue per-ruque bouclée, nouée à son extrémité. Couvert d'une armure, avec le cordon en sautoir. Cravate et manchette en mousseline. Le bras gauche étendu, la main appuyée sur l'extrémité d'un bâton de com-mandement fleurdelisé. Large écharpe autour de la ceinture. La main droite posée sur la hanche. — Sur le dessus du socle, à g. : *peint par J. B. Santerre. ;* — à dr. : *gravé par Marie Horthemels.* — Au milieu du socle, un médaillon, à fond blanc, renferme les armoiries des d'*Orléans,* surmontées d'une couronne et entourées de deux palmes. — Sur la tablette accompagnant les armoiries, l'inscription suivante : *Philippe Duc d'Orleans || Regent du Royaume.* — Plus bas, au-dessus de la plinthe : *A Paris chez Marie Horthemels,* etc. 1716.

Belle épreuve.

HOUËL (Jean-Pierre-Louis-Laurent),

peintre et graveur à l'eau-forte, né à Rouen en 1735, mort à Paris en 1813. Élève de Lemire, de Descamps et de Casanova. (Voir sur lui Renouvier, *Hist. de l'art pendant la Révolution.*)

956. Bachaumont (Louis Petit de), littérateur, mort le 28 avril 1771. — In-fol. H. 0,276. L. 0,171. (Le B., 2 et 3, *s. n.*) *

En pied, assis dans un fauteuil, les jambes croisées. Vu de profil, tourné à gauche. Une verrue sur la joue gauche. En perruque bouclée. Vêtu d'un habit avec manches à parements garnis de boutons. Culotte courte. Chaussé de souliers à boucles. Il tient dans ses mains un livre fermé et appuyé sur ses genoux. Sa canne est près de lui, posée sur le fauteuil. — A gauche, une haute colonne surmontée d'un observatoire. — Dans le fond, un arbre et des maisons dont l'une est en partie démolie, et, à la droite, on voit un palais, avec colonnade. — Sous le tr. c., à g. : *L. C. De Carmontelle delin.* 1761.; — à dr. : *Hoüel sculpsit:* — Plus bas, au milieu : *Columna stante quiescit.*

Belle épreuve.

Le Blanc a fait de cette pièce deux articles. La colonne à laquelle fait allusion la devise ci-dessus, colonne représentée d'ailleurs sur l'estampe, est celle qui était placée devant l'hôtel de Soissons (sur l'emplacement où est aujourd'hui la halle au blé) et qui avait été sauvée par les soins de Bachaumont.

HUBERT (François),

graveur au burin, né à Abbeville en 1744, mort en 1809. Élève de Jacques Beauvarlet.

957. *France :* Louis-Philippe Ier d'Orléans, appelé d'abord *duc de Chartres*, puis *duc d'Orléans*, 1725-1785. — In-4°. H. 0,156. L. 0,103.

A mi-corps, dans un médaillon ovale, retenu dans le haut par une pointe et orné de rubans formant banderole ; placé sur un socle avec une tablette. Vu de 3/4, tourné vers la droite. La tête couverte d'un tricorne bordé de plumes et orné d'une cocarde blanche. Vêtu d'un habit chamarré, avec la croix du Saint-Esprit et les insignes de la Toison d'or. Le grand cordon en sautoir. — Au milieu de la tablette, un écusson aux armes des *d'Orléans*, surmonté d'une couronne et entouré d'une guirlande, partage en deux l'inscription suivante: *Louis Philippe* || *Duc d'Orleans* || *Né le 12 Mai,* 1725. — Sous le tr. c., à g. :

Dessiné et gravé par Hubert. — Plus bas : *A Paris chez Esnauts et Ra-*
pilly, etc. *A. P. D. R.*

Belle épreuve, avec marges.

958. *France :* **Louise-Henriette de Bourbon-Conti,** fille
de Louis-Armand II, prince de Conti, épouse du précédent
et mère du prince *Philippe-Égalité,* 1726-1759. — In-fol.
H. 0,481. L. 0,351.

Presqu'entière, dans un cadre rectangulaire dont la tablette du bas
est plus large, et sur laquelle on lit : *Mme La Duchesse de *** en Hebé.*
Elle est représentée assise sur des nuages, la jambe droite pliée. Vue
de 3/4, la tête ornée de fleurs, inclinée vers l'épaule gauche ; le corps
de face. Cheveux bouclés avec deux frisures retombant sur les épaules.
Vêtue d'une longue robe à corsage droit et très-décolleté ; manches
courtes laissant les bras à demi-nus. Ceinture de perles. Guirlande de
fleurs en sautoir. Le bras droit plié, elle tient dans la main une
coupe ; le bras gauche, également plié, est levé à hauteur de l'épaule,
et, dans la main, une magnifique aiguière. A gauche, près d'elle, un
aigle, les ailes ouvertes, tient la foudre dans ses serres et regarde la
coupe. — Fond noir. — Sous le tr. c., à g. : *Nattier pinx ;* — à dr. :
Hubert sculp. — Au milieu : *A Paris chez Basan et Poignant rue et*
Hotel Serpente.

Très-belle épreuve.

Le tableau se trouve au musée de Versailles.

959. *France :* **Marie-Antoinette d'Autriche** (Josèphe-
Jeanne), 1755-1793.— In-8°. H. 0,129. L. 0,081. (Le B., 6.)

A mi-corps, dans une bordure ovale, équarrie, ornementée dans le
haut d'une couronne sculptée et de branches de laurier ; l'ovale est
supporté par un socle. Vue de profil, tournée à gauche, tête nue, les
cheveux relevés sur le devant, bouclés, et terminés en longues frisures
retombant sur les épaules. Pendant d'oreille de forme allongée. Collier de perles. Vêtue d'une robe à corsage décolleté, garni de dentelle.
Manteau semé de fleurs de lis, retenu sur l'épaule gauche par un
brillant et attaché au corsage par une agrafe de perles. — Sur la
tablette du socle : *Marie Antoinete || Archiduchesse d'Autriche || Dau-*
phine de France. Cette inscription est coupée au milieu par un
cartouche couronné renfermant les armes du *Dauphin,* accolées à
celles d'*Autriche.* — Sous le tr. c., à g. : *d'Avène Pinx. ;* — à dr. :
Hubert Sculp. — Plus bas : *A Paris chez M^r. Gaudrau,* etc. || *et chez*
M^r. Boursier, etc.

Belle épreuve.

960. *France :* **Marie-Thérèse de Savoie**, comtesse **d'Artois,** 1756-1805. — In-4°. H. 0,162. L. 0,115.

En buste, dans un médaillon ovale, retenu à un panneau par un nœud de ruban et supporté pas un socle. Vue presque de face. Cheveux relevés sur le devant et terminés derrière en longues frisures retombant sur les épaules. La tête couverte d'un chapeau en dentelle, orné de plumes et d'une aigrette. Vêtue d'un corsage décolleté jusqu'à la naissance des seins. Manteau bordé d'hermine. — Sur la corniche du socle, un cartouche renfermant les armes de *France*, accolées à celles de *Savoie,* surmonté d'une couronne et accompagné de guirlandes de fleurs retenues à des anneaux. — Sur la tablette du socle : *Marie Therese* || *Comtesse d'Artois,* || *Née le 31 Janvier 1756,* || *Mariée à Versailles le 16 Novembre 1773.* — Sous le tr. c., à g. : *J. Ferdink pinx.*; — à dr. : *Hubert sculp.* — Plus bas : *A Paris chés Esnauts et Rapilly,* etc. *Avec Priv. du Roi.*

Belle épreuve, avec marges.

961. Fréron (Élie-Catherine), critique français, 1719-1776. — In-4°. H. 0,162. L. 0,114.

En buste, dans un ovale encadré, orné dans le haut de guirlandes de fleurs retenues à des pointes. Vu de profil, tourné à gauche ; tête nue, cheveux relevés sur le devant, bouclés sur les côtés et attachés derrière par un nœud de ruban. — Sur une tablette placée au milieu du socle de l'encadrement, on lit : *E. C. Fréron.* — Sous le tr. c., à g. : *Dessiné par Ch. N. Cochin* 1770. ; — à dr. : *Hubert sculp.* ; — au milieu, le quatrain suivant :

> *Du mauvais gout, Censeur inéxorable,*
> *De l'ignorance il dédaigne les cris :*
> *Sa plume, aux Ecrivains, l'a rendu redoutable,*
> *Et son cœur, cher à ses amis.*

Belle épreuve.

HUOT (François),

dessinateur et graveur au burin, de la seconde moitié du dix-huitième siècle. Élève de Nic. de Launay.

962. Launay (Nic. de), graveur français, 1739-1792. — In-4°. H. 0,179. L. 0,120. (Le B., 3.)

En buste, dans un médaillon retenu dans le haut par un nœud de ruban et supporté par un socle. Vu de profil, tourné à gauche. Tête nue, cheveux relevés sur le devant, bouclés sur les côtés et retenus derrière par un ruban. Vêtu d'un habit ouvert, laissant voir sa cravâte de dentelle. — Sur la face du couronnement du socle : *N. de Launay graveur du Roi.* — Sur la tablette : *À Monsieur Nicolas De Launay,* || *De l'Académie Royalle (sic) de Peinture et Sculpture* || *Et Membre de celle des beaux Arts de Dannemarck.* || *Par son très Humble et très Obeissant Serviteur et Eleve F Huot.* — Sous le tr. c., au milieu : *Gravé d'après le Dessein d'Augustin de S^t. Aubin, de l'Académie Royalle (sic) de Peinture et Sculpture* || *par F. Huot, en* 1780.

1er état. — Belle épreuve.

2e état. — H. 0,189. L. 0,120. — On lit autour du médaillon en haut : *Nicolas De Launay, Graveur du Roi.* — La disposition du socle est changée ; le couronnement est plus haut, et sa base est terminée par une plinthe. Les inscriptions sont modifiées et disposées ainsi qu'il suit :

Sur la face du couronnement du socle : *À Monsieur Nicolas De Launay,* || *De l'Académie Royale de Peinture et Sculpture* || *Et Membre de celle des beaux Arts de Dannemarck.* || *Par son très-Humble et très-Obeissant Serviteur et Elève F. Huot.* — Sur la tablette, le quatrain suivant :

Célébre dans son Art, Citoyen vertueux,
Bon parent, bon ami, pardessus tout bon Père ;
Ses Talents, et son cœur toujours certains de plaire
Feront chérir son nom à ses derniers neveux.

— Sous le tr. c., au milieu, comme au 1er état. — Belle épreuve.

HURET (Grégoire),

dessinateur et graveur au burin, né à Lyon vers 1600 (et non en 1610), mort à Paris en 1670.

963. **Boyceau** (J.), horticulteur français. — In-fol. H. 0,273. L. 0,199. (Le B., 72, *s. n.*)*

A mi-corps, dans une bordure blanche, ovale, surmontée d'un mascaron retenant dans ses volutes deux cornes d'abondance qui cachent, en partie, deux pilastres supportés par une balustrade pleine, et dans laquelle sont incrustés, à gauche et à droite, des médaillons emblématiques. Celui de gauche représente un parterre et une femme habillée à l'antique, au-dessous de laquelle on lit : *Agricvltvra ;* elle est debout, le bras droit levé, l'index en l'air, et s'appuie de la main gauche sur une bêche ; la devise est : *Hic labor. Inde favor.* Celui de droite, une prairie, bordée, à gauche, par deux troncs d'arbre munis de quelques feuillages, et, à droite, par un taillis ; dans la prairie, six chenilles au-dessus desquelles voltigent six papillons ; devise : *Natvs hvmi post opvs Astra peto.* L'ovale est supporté par un second mascaron tenant dans la gueule un cartouche oblong. — Personnage représenté de 3/4, tourné vers la gauche, regardant de face. La tête couverte d'une calotte. Il porte toute sa barbe. Collerette tuyautée. Il est enveloppé dans son manteau, dont il tient, de la main gauche, les pans. — Autour de l'ovale : *Iacques Boyceav Escvyer Sievr de la Baravderie.* — Au milieu du cartouche oblong, le quatrain suivant :

> *J'ay représenté son Visage*
> *Selon mon art & mon pouuoir*
> *Mais son Esprit & son scauoir*
> *Sont mieux depeints en son ouurage.*

A gauche du médaillon, au-dessus du tr. c. : *A. de Vris, pinxit.*; — à dr. : *Gr. Huret, s.*
Belle épreuve.

964. Coislin (Pierre-Arnaud DE CAMBOUT DE), cardinal français, 1636-1706. — In fol. H. 0,298. L. 0,243. *

A mi-corps, dans un ovale équarri et marbré. Vu de 3/4, tourné vers la gauche, regardant à droite. Tête nue, cheveux longs et bouclés, séparés par une raie au milieu. Vêtu du costume d'abbé, soutane boutonnée, large col retenu par un cordon à glands ; les épaules couvertes d'un manteau. — Au bas du portrait, sur la bordure de l'ovale, un médaillon à fond blanc, renfermant les armoiries : *De sinople* (au lieu de *gueules*) *à trois fasces échiquetées de pourpre* (au lieu d'*azur*) *et d'argent;* l'écu couronné et surmonté des attributs épiscopaux. Deux palmes entourent l'écu. — A droite de l'ovale, au-dessus du tr. c. : *Greg. Huret, ad viuum sculp.* 1655.
Belle épreuve.

965. Fouquet (François), évêque de Bayonne, puis archevêque de Narbonne, frère aîné du surintendant, mort en 1673. — In-fol. H. 0,302. L. 0,244. *

En buste, dans une bordure ovale, équarrie. Vu de 3/4, tourné vers la gauche, regardant de face. La tête couverte de la calotte; cheveux bouclés. En costume d'évêque, les épaules couvertes de la pèlerine. La croix pectorale suspendue à un large ruban passé sous son col rabattu. — Au bas du portrait, couvrant l'ovale, un cartouche contenant les armoiries : *D'argent à l'écureuil rampant de gueules;* l'écu couronné et surmonté du chapeau d'évêque.
Avant toute lettre. — Belle épreuve.

966. *France :* Henri IV, 1553-1610, et Louis XIII, 1601-1643. — In-fol. H. 0,327. L. 0,221. (Le B., 83.)

En pied. Placés tous les deux sur la gauche de l'estampe, debout au haut d'un perron sur les marches duquel est couchée, aux pieds de

Louis XIII, une femme accoudée du bras droit, tête nue, les cheveux retenus par un ruban, avec un masque attaché sur le sommet de la tête.Enveloppée d'une draperie laissant le corps à moitié nu, elle tient dans la main droite un tronçon d'épée appuyé sur un livre posé près d'elle, et sur le recto duquel on lit : *Tantum || potuit.|| suadere || malorum.* Louis XIII est vu de 3/4, tourné à droite, regardant de face, tête nue, les cheveux longs et bouclés. Représenté en Hercule, il est vêtu à l'antique, drapé dans un manteau et chaussé de sandales. Le bras gauche tendu en avant, il s'appuie de la main droite sur une massue posée sur la tête d'un animal qu'elle écrase, et porte cette inscription : *Erit hæc quoque cognita monstris.* A gauche de Louis XIII, Henri IV, vu de 3/4, regardant de face, le corps tourné à gauche; tête nue, penchée sur l'épaule gauche.Vêtu à l'antique et également drapé dans un manteau. Les bras en l'air, il tient de la main gauche la poignée d'une porte, et, de l'autre, une clé. — Planant au-dessus d'eux, une Minerve ailée, tient dans chaque main une couronne de laurier qu'elle vient poser sur leur tête. — Le fond de l'estampe représente les contours d'un monument, orné dans le haut de trophées d'armes. De l'aile en retour, et par une porte, que tient ouverte une Furie, s'élance une cohorte de guerriers vêtus à l'antique, dont les physionomies respirent la haine et la vengeance. Les uns sont armés de lances et de boucliers, et les autres brandissent des torches. Ils descendent en courant les degrés du monument et occupent toute la droite de l'estampe. En tête de la cohorte, l'un des guerriers tient un drapeau flottant, sur lequel on voit un combat de coqs ayant pour témoin un renard assis sur ses pattes de derrière. Au-dessous, on lit : *Infurias jgnemque ruunt.* — Sur la face principale du monument, se trouve, dans un cadre, l'inscription suivante : *Histoire || des Gverres || Civiles || de France || Par H. C. Davila. || De la traduction || de I. Bavdoin.* — Entre les jambes des premiers guerriers : *Greg. Huret jnu. et fecit.* — Sur toute la largeur de l'estampe, sous le tr. c. : *A Paris, Par P. Rocolet, Impr. et Libr. ord. du Roy,* etc. *Auec Priuilege.*

Belle épreuve.

Gravure servant de frontispice au livre dont le titre est rapporté ci-dessus.

967. *France :* **Louis XIII,** 1601-1643. — **Anne d'Autriche,** son épouse, 1601-1666. — **Louis XIV,** dauphin, 1638-1715. — Gr. in-fol. H. 0,448. L. 0,335. (Le B., 71.)

En pied. Le roi et la reine à genoux sur des coussins devant l'aute d'une chapelle dont la magnifique voûte se projette dans le fond, et à l'extrémité de laquelle, on voit un jardin orné d'un jet d'eau. Sur la gauche, Louis XIII, vu de 3/4, tourné vers la droite; tête nue, les cheveux longs et bouclés. Vêtu du manteau royal avec pèlerine d'her-

mine. Les bras étendus, il tient dans ses mains la couronne et le sceptre qu'il offre à la sainte Vierge. Anne d'Autriche, placée à gauche du roi, est vue de 3/4, tournée vers la droite, tête nue, cheveux bouclés. Vêtue d'une robe légèrement décolletée, parsemée de fleurs de lis. Collier de perles. Elle tient dans ses bras le Dauphin, au maillot, avec collerette et bonnet de dentelle. A droite, au-dessus de l'autel, la Vierge, vue de 3/4, tournée à gauche, assise sur des nuages et soutenue par des anges, tient de la main droite le bras de l'enfant Jésus, qui est debout, près d'elle. Ils reçoivent le vœu du roi et de la reine. — Au-dessus du tr. c., à gauche, près de l'ombre porté du manteau du roi, on lit : *Cum Priuil Reg.* — Sous le tr. c., au milieu : *Lvdovicvs XIII. Rex Franc. et Nauar. Anna Regina Christianiss. Principp.* ‖ *Deiparæ* ‖ *Sese suaq̃. Regna, et feliciss. Imperij Hæredem* ‖ *Votis Primis solutis, Votis secundis susceptis, Votis Mvltis.* ‖ *DD.CC.* — *Pro Rege* — *Greg. Huret, faciebat. an. D.M.VIᶜ. XXXVIII.*
Très-belle épreuve.

968. *France :* **Anne d'Autriche**, 1601-1666, et **Louis XIV**, 1638-1715. — In-fol. H. 0,282. L. 0,241.

En pied. Ils sont représentés dans la campagne, agenouillés sur des coussins. La reine mère est vue de 3/4, tournée à gauche, les yeux levés au ciel, en costume de veuve, avec un long voile. Cheveux relevés en arrière, ondulés et se terminant sur les côtés par deux mèches ornées de bouffettes. Large col couvrant les épaules. Les bras étendus, elle tient son fils âgé de sept ans, placé devant elle. Il est vu de 3/4, tourné à gauche, le regard levé, tête nue, cheveux longs. Vêtu d'une tunique brodée ; les épaules couvertes du manteau fleurdelisé. Il tient dans ses mains, les bras élevés, le sceptre dans la gauche, et la couronne dans la droite, qu'ils offrent à la Sainte-Eucharistie, portée par deux anges, agenouillés sur des nuages et planant au-dessus d'une ville qu'on voit dans le fond. — Dans le haut, au milieu, trois têtes d'anges encadrées de nuages qui garnissent l'angle droit de l'estampe. — Des rayons, partant de l'angle gauche, éclairent la régente et son fils. — Au bas de l'estampe, à gauche, sous le tronc d'un arbre, dans une partie blanche du terrain, on lit : *Gr. Hurel, f. Cum Priuil.* — Sous le tr. c., sur toute la largeur : *Lvdovicvs XIV. Anna Avstriaca Parens, RR. Christianissimi* ‖ *Sacro-Sanctæ Hostiæ Diuionensis venerabundi Clientes, Baculum, cultûs exhibendi Tesseram, per manus* ‖ *acceptum Solemniter tradiderunt Die XVIII. Iunij, An. M.DC.XXXXV.*
Belle épreuve.

969. **Guébriant** (Jean-Baptiste Budes, comte de), maréchal

de France, 1602-1643. — In-fol. en travers. L. 0,412. H. 0,326. *

Acheval. Vu de 3/4, tourné à droite, regardant vers la gauche. Un signe sur la joue droite. En longue perruque. Couvert d'une armure avec un large col bordé de dentelle ; écharpe en sautoir. Il tient dans la main droite le bâton de commandement, le bras étendu en arrière. — Dans le fond, un aperçu de la bataille de Kempten ; à droite, la cavalerie française chargeant les Impériaux, et à gauche, l'infanterie mettant en déroute celle de l'ennemi. Derrière les pieds du cheval, à gauche, dans un pli de terrain : *Greg. Huret, Jnuen. et fecit.* — Dans le haut, à droite, deux anges soutiennent un écusson portant sur le tout : *D'argent à sept macles d'azur, posées* 3, 1, 3 ; l'écu timbré d'une couronne, surmontée d'un casque couronné, accompagné de ses lambrequins et des insignes de maréchal, passés derrière en sautoir. — Au-dessus du personnage, vers le milieu, dans le haut, un ange, tenant de la main gauche deux trompettes de Renommée et une couronne de laurier dont il veut orner la tête du maréchal.

Belle épreuve.

970. **La Rochefoucauld** (François DE), évêque de Senlis, puis cardinal, grand aumônier de France, 1558-1645. — Petit. in-fol. H. 0,180. L. 0,150. *

A mi-corps. Vu de 3/4, tourné vers la droite, regardant de face. La tête couverte du bonnet carré. Il porte sa barbe. Les épaules couvertes de la pèlerine avec capuchon ; large col rabattu. La croix du Saint-Esprit suspendue à un ruban passé autour du cou. — Fond noir. — A gauche, entre le bord de l'estampe et la tête du personnage, les armoiries des *La Rochefoucauld,* renfermées dans un cartouche surmonté du chapeau d'archevêque ; l'écu entouré des insignes de l'ordre du Saint-Esprit. — Sous le tr. c., à g. : *Huret, fecit.*

Belle épreuve.

971. **Mazarin** (Jules, cardinal DE), 1602-1661. — In-fol. H. 0,305. L. 0,250. *

A mi corps, dans une bordure ovale, équarrie, formée d'une guirlande de feuilles de chêne, entrelacées de ruban ; les coins sont ornementés. Vu de 3/4, tourné vers la droite, regardant de face. La tête couverte de la calotte, cheveux bouclés. Il porte moustaches et barbiche. Vêtu du costume de cardinal, les épaules couvertes de la pèlerine à capuchon ; large col rabattu retenu par un cordon à glands. — Sur la bordure extérieure de l'ovale, au bas du portrait : *Ph. Champagne Pinxit.* — *Greg. Huret Fecit.*

Belle épreuve,

972. Ventadour (Marguerite DE MONTMORENCY, épouse d'Anne DE LEVIS, duc DE), mère du suivant, morte en 1660, âgée de 88 ans. — In-fol. H. 0,300. L. 0,246. *

A mi-corps, dans une bordure ovale, encadrée et marbrée, dont les coins sont chargés d'écussons entourés du manteau d'hermine, aux armes des familles *Levis* et *Montmorency*. Vue de 3/4, tournée vers la droite, regardant de face. Les cheveux relevés derrière en chignon et légèrement bouclés sur les côtés ; la tête en partie couverte d'un voile retombant par derrière, et les épaules, d'une guimpe fermée, sur le devant, par trois attaches de cordon.— Au bas du portrait, couvrant la bordure de l'ovale, un écusson couronné, environné d'un lac et entouré du manteau d'hermine ; les armoiries sont : *Parti : au 1, écartelé au 1, de* Levis ; *au 2, de* Thoire-Villars ; *au 3, de* Bermond d'Anduze ; *au 4, de* Layre ; *sur le tout: de* Ventadour ; *au 2, de* Montmorency. — Dans le bas, à droite, sur la baguette du cadre : *Greg. Huret, fecit.*

Belle épreuve.

973. Ventadour (Louis-Hercule DE LEVIS DE), évêque de Mirepoix, mort en 1679. — In-fol. H. 0,296. L. 0,242. *

A mi-corps, dans une bordure ovale, équarrie, recouverte par une guirlande de feuilles de chêne, avec coins marbrés. Vu de 3/4, tourné vers la gauche, regardant de face. Une calotte sur la tête. Il porte de légères moustaches avec barbiche. Les épaules couvertes de la pèlerine à capuchon ; large col rabattu. Une croix d'argent, ornée d'un cœur entouré d'une couronne d'épine, est suspendue à un ruban passé autour du cou. — Au bas du portrait, cachant la bordure, un médaillon ovale renferme les armoiries : *Écartelé : au 1, de* Levis *au 2, parti de* Thoire-Villars *et de* Montmorency ; *au 3, de* Bermond d'Anduze ; *au 4, de* Layre ; *sur le tout: de* Ventadour ; l'écu timbré d'une couronne surmontée du chapeau d'archevêque, le tout environné du manteau d'hermine.

Très-belle épreuve.

INGOUF (PIERRE-CHARLES),

dessinateur et graveur au burin, né en 1746, à Paris, où il mourut vers 1800.
Élève de J.-J. Flipart.

974. Luynes (M.-Ch.-L. D'ALBERT DE), duc **de Chevreuse,** 1717-1771. — In-fol. H. 0,322. L. 0,210. (Le B., 2.) *

En buste, dans une bordure ovale, encastrée dans un pilastre avec échancrures ; retenue dans le haut par un nœud de ruban à une patère et accompagnée de chaque côté, en haut, de guirlandes entourées de ruban. Vu de profil, tourné à gauche. En grand costume d'officier de dragons, avec les insignes de l'ordre du Saint-Esprit sur son habit et le grand cordon en sautoir. — Sur le dessus du socle du pilastre, entourant le bas de l'ovale, des trophées d'armes, parmi lesquels, à gauche, son guidon avec son chiffre couronné. — Sur le socle du pilastre : *Marie Charles Louis d'Albert Duc de Luynes || et de Chevreuse, &c. &c. &c. || Pair de France, Chevalier des Ordres du Roy, Lieutenant général de ses Armées, || Colonel Général des Dragons, Gouverneur et Lieutenant Général de la Ville || Prévôté et Vicomté de Paris. Présenté par son très humble et très obéissant Serviteur, Ingouf.* — Sous le tr. c., à g. : *J. F. Guillet del.* ; — à dr. : *P. C. Ingouf Sculp.* 1770. ; — au milieu : *A Paris chéz l'Auteur,* etc.

Belle épreuve.

975. **Wille** (J.-G.), graveur, 1715-1808. — In-4°. H. 0,195. L. 0,136. (Le B., 5.)*

En buste, dans un médaillon équarri, avec volute dans le haut, retenant deux guirlandes de laurier, et supporté par une tablette évasée dans le bas. Vu de profil, tourné à droite, les cheveux relevés sur le devant et retenus derrière par un nœud de ruban. Vêtu d'un habit laissant passer la dentelle de son jabot. — Sur la tablette : *Jean George Wille || Graveur du Roi, de leur M. Impériales et Royale || et de Sa M. Le Roi de Dannemarck, des Académies || de Paris; Vienne, Rouen, Ausbourg* (sic), *et Dresde.* — Sous le tr. c., à g. : *Dessiné par P. A. Wille fils* ; — à dr. : *Gravé par P. C. Ingouf* 1771.

L'adresse citée par Le Blanc, comme étant dans la marge, est rognée dans cette estampe.

Belle épreuve, mais coupée à la marge, un peu au-dessous du tr. c.

INGOUF (ROBERT-FRANÇOIS), dit *le Jeune,*

frère du précédent, dessinateur et graveur au burin, né en 1747, à Paris, où il mourut le 17 juin 1812, âgé de 65 ans. Élève de J. J. Flipart.

976. **Dow** (Gérard), peintre hollandais, 1613-1680. — In-fol. H. 0,351. L. 0,262. (Le B., 4.)

A mi-corps, debout dans l'embrasure d'une fenêtre cintrée, ombragée par un cep de vigne et garnie intérieurement d'une draperie. Vu presque de profil, tourné vers la gauche. La tête couverte d'une coiffure de velours, ornée de perles. Cheveux longs et bouclés; moustaches et barbiche. Vêtu d'un veston boutonné, il joue du violon, le coude gauche appuyé sur une draperie frangée, à ramages, recouvrant une partie de la tablette de la fenêtre, sous laquelle sont sculptés des enfants traînant un bouc par les cornes. Devant lui, sur le dessus de la pierre d'appui, est posé un livre de musique ouvert. Sur le montant gauche de la fenêtre, est accrochée une cage d'oiseau. Dans le fond de la chambre, près d'un chevalet portant une toile, deux hommes, dont l'un broie des couleurs, et l'autre, coiffé d'un chapeau, est assis sur une chaise et fume une pipe. — Sous le tr. c., les noms des artistes tracés à la pointe, à g. : *Gerard Dou* (sic) *Pinxit;* — à dr. : *Ingouf Junior Sculpsit. Anno* 1776.

1er état, avant l'inscription, au milieu, dans la marge. — Très-belle épreuve.

2e état. — Sous le tr. c., à g. : *Gerard Dow pinx;* — à dr. : *Ingouf jor. sculp.* 1776.; — au milieu : *Le Portrait de Gerard Dow,* || *Célèbre Peintre Hollandois, peint par lui-même.* — Au-dessous : *A Paris chez Basan et Poignant M^ds. d'Estampes,* etc. — Belle épreuve.

977. **Flipart** (J.-J.), graveur français, 1723-1789. — In-4°. H. 0,195. L. 0,136. (Le B., 5.) *

En buste, dans un médaillon équarri, retenu dans le haut par un anneau à un nœud de ruban, et supporté par une tabletté évasée dans le bas ; les dehors du médaillon sont marbrés. Vu de profil, tourné à droite, tête nue, les cheveux relevés sur le devant, bouclés sur les côtés et attachés derrière par un ruban. Vêtu d'un habit ouvert laissant passer son jabot. — Sur la tablette : *Jean Jacques Flipart,* || *Graveur du Roy et de leurs Majestées Imp^les. et Roy^les.* || *Dessiné et Gravé,* || *Par son très Humble et très Obeissant Serviteur et Eleve,* || *Ingouf le Jeune. An.* 1772. — Sous le tr. c., sur toute la largeur : *A Paris chez l'Auteur,* etc.

Très-belle épreuve.

978. **Marivaux** (P. Carlet de Chamblain de), romancier et auteur dramatique français, 1688-1763. — In-8°. H. 0,142. L. 0,091.

A mi-corps, dans un médaillon ovale, équarri, orné dans le haut de guirlandes de fleurs et supporté par un appui au milieu duquel est une tablette. Vu de 3/4, tourné à gauche, regardant de face ; tête nue, cheveux relevés sur le devant, bouclés sur les côtés et ornés derrière d'un nœud de ruban. Vêtu d'un habit ouvert laissant passer un jabot de dentelle. — A gauche du médaillon, sur l'appui, on voit des volumes posés debout, et auprès, un encrier avec plume d'oie placé sur des feuilles de papier portant ces inscriptions : *marianne — le Paisan* || *parvenu.* — Sur le milieu du dessus de l'appui, divers attributs de la comédie. — A droite, appuyé contre le médaillon, un livre ouvert; sur le verso du feuillet gauche, on lit : *Thédtre* || *de* || *Marivaux.* — Aux extrémités de la tablette, deux masques sont accrochés par des rubans,

et sur le milieu est cette inscription : *Pierre Carlet de Chamblain* ||
de Marivaux. || *de l'Académie Françoise.* || *né en 1688. mort en 1763.* —
Sous le tr. c., à g. : *Pougin de St.-Aubin effig. Pinx.* ; — au milieu :
C. P. Marillier ornam. del. ; — à dr. : *Ingouf Junior Sculp. 1781.*
Belle épreuve.

979. Rousseau (Jean-Jacques), 1712-1778. — In-4°. H. 0,187.
L. 0,134. *

En buste, dans un ovale équarri, supporté par une tablette. Au-dessus
de l'ovale, retenue par deux clous, une banderole avec ces mots :
Vitam impendere vero. Vu de 3/4, tourné vers la droite. En perruque
bouclée. Vêtu d'un habit ouvert. — Au milieu de la tablette : *J. J. Rousseau.* — Sous le tr. c., à dr. : *Ingouf Junr Sculp.* 1779. — Un peu au-
dessus du tr. de la planche, au milieu : *A. P. D. R.* ; — à dr. : *Imprimé
par J. C. Morel.*

1er état, avant l'inscription. — Très-belle épreuve.

2e état. — Sous le tr. c., sur toute la largeur de la gravure : *Dédié
aux Citoyens de Genève.* || *Gravé par Ingouf le Jeune d'après le Buste* ;
— au-dessous : *a Paris Maison de Madame Duchesne Libraire, Rue
St-Jacques.* — Au-dessus du tr. de la planche, à g. : *Avec Privilege du
Roi* ; — à dr. : *Imprimé par J. C. Morel.* — Belle épreuve.

980. Simon (P.-Guill.), imprimeur français, 1722-1741. —
In-4°. H. 0,244. L. 0,167.

A mi-corps, dans une bordure ovale, supportée par un socle. Vu
de 3/4, tourné vers la gauche. En perruque bouclée. Cravate de dentelle. Vêtu d'un habit ouvert. — Sur la tablette du socle : *Pierre-Guil-
laume Simon,* || *Imprimeur du Parlement, Né le 10 Avril 1722 Reçu en
l'Année 1735.* || *Adjoint et en survivance de Pierre Simon son Pere Décédé
le 29 Juin 1741.* — Sous le tr. c., à g. : *Pougin de St Aubin Pinx.* 1770. ;
— à dr. : *Ingouf Junior Sculp.* 1786. — Au milieu, au-dessus du tr. de la
planche : *Imprimé par Sampier.*
Belle épreuve.

ISAAC (Jaspar ou Gaspard),

graveur au burin, d'origine flamande, mort le 22 mai 1654, à Paris.

981. Danès (Pierre), prélat et helléniste français, 1497-1577.
— In-4°. H. 0,140. L. 0,123. (Le B., 29, *s. n.*) *

A mi-corps. Vu de 3/4, tourné vers la droite. Tête nue et tonsurée,
cheveux courts. Vêtu d'une robe avec collet de fourrure ; manches à
crevés garnis également de fourrure. Une croix d'argent suspendue à

un ruban. — A gauche, dans un petit rectangle à hauteur de la tête du personnage, un écusson portant les armes : *D'azur à un chevron, accompagné de trois croisettes pattées, le tout d'argent ;* l'écu surmonté d'une crosse d'évêque et entouré de deux branches d'olivier. — Sous le tr. c., au milieu :

> B. Petrus Danesius
> Episcop. vavrensis Gal.
> Magnus budæus maior danesius
> Arginos norat, iste etiam ille Reliquos
> O fœlix, O fortunata Lutetia secto
> Quæ nobis uno lumina tanta tulit.

— A droite, à la hauteur de la seconde ligne de l'inscription : *genebrardus* || *trincauelus* || 1535 ; — plus bas, à la hauteur des deux derniers vers : *Isac fecit.*

Belle épreuve.

982. *France :* **Charlotte-Catherine de la Trémoille,** seconde épouse de HENRI Ier DE BOURDON, prince DE CONDÉ, morte le 28 août 1629. — In-4º. H. 0,150, y compris une marge de 0,027. L. 0,094. *

A mi-corps, dans une bordure ovale, équarrie, dont les coins sont ornés d'emblèmes. Vue de 3/4, tournée vers la droite. Cheveux relevés et terminés derrière en chignon ; le côté gauche de la tête couvert d'un chaperon. Large col en éventail, avec guimpe couvrant les épaules, et retenue par une agrafe en pierres noires. Corsage en pointe ; manches bouillonnées. Collier de perles formant chaîne par devant. Le restant du corps est caché par un mur avec couronnement. — Autour de l'ovale : *M.M. Charlote Caterine* (sic) *de La Trimoville Princesse Dovairiere de Condé.* — Au-dessous de l'ovale, dans la marge encadrée d'un trait :

> L'Auteur au Graueur
> Graueur tu monstre auoir, trop de presumption
> Voulant portrairé icj, Cette Auguste Princesse
> Veux tu la peindré au uraij, d'une gentille adresse?
> peins au uif la Vertu et la Religion.
>
> Jaspar Isac fecit.

Belle épreuve.

983. Le Caron, dit **Charondas** (Louis), jurisconsulte français, 1536-1617. — In-fol. H. 0,279. L. 0,171. (Le B., 28.) *

A mi-corps, dans une bordure ovale, équarrie, dont les coins sont ornés de fleurs. Vu de 3/4, tourné à droite, tête presque chauve. Il porte toute sa barbe. Verrues sur les joues et une sur le bout du nez. Vêtu d'une houppelande ouverte laissant voir une robe boutonnée. — Autour de l'ovale : *Lovys Charondas Le Caron Ivrisconsvlte Parisien en L'an de son Aage LXXVIII.* — Sous la bordure ovale, dans une marge encadrée d'un simple trait :

In iconem Ludov. Charondæ Ivriscon.
Si placet Vraniam, Phæbvmqve, et Pallada pingi,
Hæc reddet ternos vna tabella Deos.
Imŏ cvm Mvsis, Phæboqve, et Pallade, recti
Consultam hæc reddet picta tabella Themin.

— Au-dessous : *Fran. Ambosius I. C. et libellorum supplicum in regia Magister.* || *Iaspar Isac fecit 1613.*

Belle épreuve.

984. Loyseau (Charles), jurisconsulte français, 1566-1627. — In-4°. H. de la planche, 0,205. H. du portr., 0,132. L. 0,129. (Le B., 33. *s. n.*)*

A mi-corps, dans un ovale formé de deux branches de chêne, surmonté dans le haut d'un petit écusson blanc chargé de trois alérions et portant au-dessus le millésime 1610 ; les branches de chêne sont enroulées, de chaque côté, de ruban formant banderoles sur lesquelles on lit, à gauche : *Bonis;* à droite : *Avibvs.* — Personnage vu de 3/4, tourné vers la droite, tête nue ; cicatrice au haut du front. Il porte toute sa barbe. Vêtu d'une houppelande ouverte, à grands ramages ; large col rabattu. — Entre les extrémités des branches de chêne : *Iaspar. Isac. fecit.* — Au-dessous, le quatrain suivant :

Le peintre a seulement icy tracé le trait
De lautheur de ce livre en peignant son visage
Mais luy pour animer vivement son pourtrait
Fait voir son bel esprit dedans son ouvrage.
Lamberdiere.

Portrait qui figure dans *les Œuvres de Charles Loyseau.* 2 vol. in-fol.

Belle épreuve, sur feuillet imprimé au verso.

JANINET (JEAN-FRANÇOIS),

dessinateur et graveur au burin et en couleurs, né en 1752 à Paris, où il mourut le 1er novembre 1814 (et non en 1813), âgé de 62 ans. (Voir sur lui Renouvier, *Histoire de l'art pendant la Révolution.*)

985. Crillon (Louis DE BERTON DE), célèbre général français, 1541-1615. — In-fol. H. 0,251. L. 0,211.

En buste, dans un ovale. Vu presque de face, la tête nue, les cheveux

courts. Couvert d'une cuirasse damasquinée; le grand cordon en sautoir. Large col rabattu sur les épaules. — Au bas du portrait, à g.,
parallèlement à l'ovale : *le Barbier pinx^t,, ; —* à dr. : *F,, Janinet Sculp^t.*
— Au milieu, dans la marge : *Louis de Berton, dit Le Brave Crillon,* ||
Mort en decembre 1615,,

A l'aqua-tinta, imprimé en couleurs.

Belle épreuve.

986. Dugazon (Louise-Rosalie Lefèvre, Mme), actrice française, 1755-1821. — In-8°. H. 0,117. L. 0,098.

A mi-corps, dans un ovale. Vue de 3/4, tournée à droite, regardant
de face. Cheveux bouclés et étagés, recouverts au sommet d'une mousseline retenue par un ruban et formant bonnet. Vêtue d'une robe dont
le corsage est décolleté et laisse voir la naissance des seins ; les épaules
couvertes d'un fichu rayé, noué sur le devant du corsage. — Sous le
portrait, à droite et parallèlement à l'ovale : *f. Janinet. — sculp.*

1er état, avant la lettre. — Magnifique épreuve.

JEAURAT (Edme),

graveur au burin, né vers 1672, à Paris, où il mourut en 1738, demeurant *au bas
des Fossez St-Victor.* Élève de Bernard Picart, Il était frère du peintre Étienne
Jeaurat et père d'Edme-Sébastien, astronome.

987. Puget (P.), peintre, sculpteur et architecte français,
1622-1694. — In-fol. H. 0,292. L. 0,217. (Le B., 104). *

En buste, dans un ovale figuré en pierre et supporté par un socle.
Vu de face, la tête inclinée vers l'épaule droite. Tête nue. Drapé dans
un manteau, laissant voir son habit déboutonné dans le haut. — Sur
le socle, à gauche de l'ovale, une feuille de papier déroulée, portant
le tracé d'un plan de fortifications, est retenue par un compas et
des ciseaux de sculpteur placés dessus près d'un maillet, dont le
manche est appuyé sur la bordure de l'ovale ; — à dr., des pinceaux
passés dans le doigté d'une palette chargée de couleurs. — Sur la ta-
blette du socle : *Pierre Puget* || *le Michel Ange de la France.* — Sous
le tr. c., à g. : *Peint par sont* (sic, le *t* est légèrement effacé) *Fils* ; —
à dr. : *Gravé par Jeaurat.* ; — au milieu : *A Paris chez Jeaurat,* etc.

Belle épreuve.

988. Wleughels (Nicolas), peintre français, v. 1669-1737.
— In-fol. H. 0,325. L. 0,024. (Le B., 105.) *

A mi-corps, assis dans un fauteuil devant un chevalet portant un tableau représentant des femmes. Vu de 3/4, tourné vers la gauche, re-

gardant de face ; le corps de profil. La tête couverte d'un bonnet noir assez haut de forme, posé sur le côté droit. Cheveux courts. Deux verrues sur la joue gauche, l'une près de l'œil et l'autre près du nez. Vêtu d'une veste bordée de fourrure ; le col de sa chemise déboutonné. Il est en train de peindre. Dans la main gauche, le pouce passé dans le doigté de la palette munie de couleurs, il tient des pinceaux. — Le bras du fauteuil est recouvert par son manteau à collet de fourrure.

1er état, NON DÉCRIT, avant toute lettre et avant les armes. — Très-belle épreuve.

2e état. — Sous le tr. c., à g. : *Ant. Pesne pinx. ; —* à dr. : *E. Jeaurat scul.* 1725. — Sous toute la largeur de l'estampe : *Nicolaus Vleughels Parisiensis, Santi* (sic) *Michaelis Eques,* || *Pictor Regius,* || *et Academiæ Regis Christianis-simi in Urbe Præfectus.* — Cette inscription est coupée, au milieu, par un cartouche couronné renfermant les armoiries : *D'azur à une fasce de sable, accompagnée en chef de trois fleurs de lis d'argent, et, en pointe, d'un cigne du même;* l'écu entouré du collier et de la croix de Saint-Michel. — Plus bas, à dr. : *a Paris chez Jeaurat,* etc. — Très-belle épreuve.

Le tableau est conservé au musée de Versailles.

JOULLAIN (François),

graveur à l'eau-forte et au burin, et éditeur, né en 1700, à Paris, où il mourut vers 1790.

989. Desportes (Alexandre-François), peintre français, 1661-1743. — Gr. in-fol. H. 0,448. L. 0,364. (Le B., 58.) *

En pied, assis sur un tertre à l'ombre d'un chêne. Vu de 3/4, regardant de face, le corps tourné à droite. Tête nue, cheveux bouclés. Vêtu d'un habit de chasse galonné, avec pardessus ouvert. Ceinture de cuir. Chaussé de guêtres montant à mi-jambes. Il tient dans la main gauche, le bras étendu, un fusil, la crosse posée à terre ; sa main droite est appuyée sur le col d'un chien d'arrêt, assis près de lui sur ses pattes de derrière, la tête levée, regardant son maître. Près du chien, par terre, plusieurs pièces de gibier, un canard, un lièvre et des perdrix. Devant le personnage, à ses pieds, debout, un magnifique lévrier la tête tournée du côté gauche, regardant le chasseur. — Dans le fond, une campagne. — Sous le tr. c., au milieu : *François Desportes,* || *Peintre ordinaire du Roy, Conseiller en son* || *Académie Royale de Peinture & Sculpture;* || *Peint par lui-même pour sa réception à l'Académie en* 1699 : || *et gravé par Joullain, sous la conduite de l'Auteur, en* || 1733. || *Avec Privilege du Roy.* — A gauche de cette inscription, le quatrain suivant :

De ce digne Ohasseur le sublime génie
Fera dans tous les tems admirer ses vertus;

> *Il sait aux Animaux sous ses coups abatus*
> *Donner après leur mort une nouvelle vie :*

— A droite de l'inscription, ces quatre autres vers : ·

> *Empruntant de son Art ce qu'il a de plus beau,*
> *Il s'est rendu parlant dans sa propre peinture ;*
> *Et dans tous ses Tableaux rival de la Nature,*
> *Avec eux il a sû s'afranchir du tombeau.*

— Sous ce dernier vers, à g. : *Desbruslins Scrip.;* — à dr. : *Ferrarois.*
— A g., sous le dernier vers du premier quatrain : *A Paris chez Gautrot, et Joullain,* etc.

Belle épreuve.

Le tableau est au musée du Louvre.

990. Dufresnoy (Charles-Rivière), auteur dramatique français, 1648-1724. — Pet. in-fol. H. 0,284. L. 0,173. *

A mi-corps, dans un ovale équarri, tronqué sur les côtés. Assis dans un fauteuil devant un bureau. Vu de face, regardant vers la gauche. En longue perruque bouclée. Vêtu d'une robe de chambre garnie de fourrure. Cravate de dentelle. Accoudé sur le bureau, ayant devant lui une feuille de papier. Il tient dans la main gauche une plume d'oie. — A droite, une draperie tombant derrière le personnage. — Fond noir.

1er état, avant toute lettre, avant l'achèvement de la bordure et avant des travaux dans les dehors. Très-rare. — Très-belle épreuve.

2e état. — La bordure terminée et avec la lettre. — Sous le tr. c., à g. : *Ch. Coypel pinx.* 1724 ; — à dr. : *F. Joullain Sculp.* — Au milieu : *Charles Rivière Du Fresny* (sic) || *Né en 1648. Mort en 1724.* — Au-dessous : *A Paris chez Surrugue rue des Noyers.*

Très-belle épreuve.

FIN DU TOME PREMIER.